À mon père

INTRODUCTION

Tombeau pour la Syrie

Quatre décennies avant la rédaction de ce livre, en 1977-1978, je passai une année en Syrie, boursier de langue arabe à l'Institut français de Damas. C'était une étape obligée pour les arabisants en herbe, le sésame qui nous introduirait dans la caverne où étaient celés les secrets grammaticaux et phonologiques de l'Orient qui nous passionnait. À de rares exceptions près, nul n'entrait alors dans la carrière s'il n'avait séjourné au « Shâm » comme nous disions entre nous, utilisant le vieux terme sémitique encore usité dans le dialecte local qui signifie à la fois le Levant et sa capitale traditionnelle. Dans la géographie musulmane où l'on fait face à La Mecque à partir de l'Occident, le Shâm désigne la gauche, ou le Nord, et son opposé le Yémen, la droite, ou le Sud.

Aucun de mes camarades ni moi n'aurions pu imaginer que, quarante ans plus tard, ce même terme de Shâm deviendrait le cri de ralliement des jihadistes des banlieues françaises rejoignant les rangs de l'« État islamique » (ou Daesh) pour y massacrer les « apostats » – et notamment les alaouites, cette confession ésotérique à laquelle appartenait Hafez al-Assad, le président syrien (son fils

Bashar avait douze ans à l'époque) – avant de revenir tuer leurs propres concitoyens « infidèles », au Bataclan ou au Stade de France. Et dans mes pires cauchemars je n'avais jamais songé que je me retrouverais en juin 2016 condamné à mort en tant qu'arabisant chevronné par un daeshien franco-algérien de Roanne et Oran, installé dans la ville syrienne de Raqqa où l'« État islamique » avait établi son éphémère capitale. La sentence avait été prononcée *via* l'application Facebook.live utilisée par un affidé du premier, assassin franco-marocain d'un policier et de son épouse à Magnanville, dans les Yvelines. Et que je serais par voie de conséquence contraint de vivre à Paris, en plein Quartier latin, sous protection policière. Bien sûr, à l'époque Internet était inconnu, inenvisageable, impensable, et l'atlas en deux dimensions donnait à voir des États confinés par des frontières correspondant à autant de territoires délimités par d'épais traits noirs. Telle était la carte de l'Empire romain accrochée au-dessus du tableau dans la classe de Lettres supérieures en 1974 qui suscita mon rêve d'Orient et me poussa à embarquer l'été suivant sur un bateau à Venise pour Istanbul, le Levant et l'Égypte, afin de découvrir les contrées charnelles qu'elle dessinait. On ne pouvait aucunement anticiper l'infini carambolage que la toile numérique et les réseaux sociaux introduiraient dans les esprits et les représentations du monde, la confusion mentale qui irait de pair avec l'effacement de la distance et de la perspective, la disparition des repères de l'espace et du temps qui nous a fait perdre la boussole quarante ans plus tard.

Pourtant, si Damas elle-même était calme en cette fin des années 1970, le chaos n'en avait pas moins ravagé déjà le Liban voisin. La guerre civile, avec son cortège d'atrocités intimes, y faisait rage selon des lignes politico-confessionnelles témoignant de l'embrouillement de ces deux identités, entre « islamo-progressistes » et « chrétiens conservateurs ». Ces appellations hybrides exprimaient le conflit qui, autour de la présence armée des réfugiés pales-tiniens au Liban, opposait pour le pouvoir des maronites en déclin démographique, majoritairement pro-occidentaux, et des sunnites plutôt attirés par le camp socialiste – d'où leur épithète, qui paraît aujourd'hui saugrenue ou désuète, de « progressistes ». Bien peu d'observateurs percevaient alors le jeu des pétromonarchies de la péninsule Ara-bique et du wahhabisme saoudien, fabuleusement enrichis depuis les lendemains de la guerre d'octobre 1973 par l'augmentation vertigineuse des prix du pétrole qui ferait d'eux l'acteur principal de la réislamisation virulente de la région et viserait à araser l'esprit cosmopolite du Levant de ma jeunesse. Et personne n'imaginait que la révolu-tion iranienne surgirait dans la foulée, faisant des chiites autrefois marginaux, mais radicalisés à leur tour par une doctrine islamiste concurrente, la force politique majeure du Liban puis d'un vaste croissant de territoires traversant Syrie et Irak jusqu'à la Perse.

Mes camarades à l'Institut de Damas et moi étions fas-cinés par cette civilisation levantine où nous projetions nos fantasmes mêlés. Nous avions peu lu en règle générale, et n'étions guère familiers du corpus des voyageurs en Orient depuis Volney ou Chateaubriand, nos prédéces-seurs oubliés. Nous étions pour la plupart imbus d'un gauchisme sommaire dont l'idéologie régnait sur le micro-cosme estudiantin dans la décennie écoulée depuis Mai 68. En dix ans il avait toutefois perdu son dogmatisme originel et il en restait une *doxa* approximative, une vision brouillonne du monde, articulée autour de quelques certitudes, dont l'anti-impérialisme et l'antisionisme constituaient les clés de voûte. En attendant qu'elles s'écroulent, la Syrie de Hafez al-Assad, fer de lance de la résistance à Israël et champion du progressisme arabe, recevait *a priori* nos suffrages.

J'ai assez rapidement déchanté. J'aimais beaucoup la campagne syrienne – qui me rappelait le village familial de l'arrière-pays niçois des vacances enfantines et aussi la geste de l'*Odyssée* tout juste étudiée en classe préparatoire où j'avais accompli mes humanités gréco-latines. Mais cette récurrence romantique ne put occulter bien longtemps la brutalité d'un régime et la violence d'une société que j'ai retrouvées parfaitement décrites et illustrées dans les albums parus en 2014 de Riad Sattouf (lui-même né cette année 1978) *L'Arabe du futur* – exactement comme je les avais vécues ou observées moi-même. Avec mes camarades dont la liberté n'avait souffert, au Quartier latin, aucune entrave, nous apprîmes à baisser la voix en public, à nous méfier de chacun, découvrant l'ordinaire d'une dictature « de gauche », évitant de parler de ceux qui avaient disparu dans les geôles comme de fréquenter leurs proches. Et surtout, je fis la connaissance à l'Institut français de Damas du chercheur Michel Seurat, de huit ans mon aîné (il naquit en 1947). Excellent arabisant et sociologue inspiré par Alain Touraine, il consacrait ses travaux à l'analyse du régime syrien. Résidant par la suite au Liban avec sa femme et ses petites filles, il paierait de sa vie ses recherches, enlevé le 22 mai 1985 à l'aéroport de Beyrouth comme otage par une élusive « Organisation du jihad islamique » diligentée depuis Téhéran et Damas, et mourait en détention en 1986, vilipendé par ses assassins comme « chercheur espion spécialisé ».

Avant même ce traumatisme qui a marqué mon existence et profondément influencé mon regard, c'est la désillusion née du choc de la réalité syrienne qui me poussa, de retour à Paris et inspiré par l'admiration que je vouais à Michel Seurat, à délaisser les humanités classiques et la civilisation arabe ancienne qu'elles avaient hybridée pour des études politiques destinées à élucider ce drame qui se jouait au Moyen-Orient et avait mis à mal mes certitudes simplistes. À peine admis comme élève à Sciences-Po en 1978, j'avais été confronté à cet autre paradoxe : le déclenchement de la « révolution islamique » iranienne. Malgré l'année passée à Damas, je n'avais pas le recul qui m'aurait permis d'inscrire en perspective l'islamisation « révolutionnaire », chiite et anti-impérialiste de Téhéran avec son pendant « réactionnaire », sunnite et antisocialiste à Riyad. Pourtant, c'est dans ces années 1970 que commença le cycle du chaos dont les deux moteurs furent la croissance faramineuse de la rente pétrolière et l'exacerbation de l'islamisme politique – et qui démolirent le Levant. La corrélation de ces deux phénomènes a structuré le demi-siècle écoulé, couvrant l'histoire de deux générations. C'est dans le pays du Shâm qu'elle a atteint son paroxysme monstrueux, avec la proclamation, le 29 juin 2014, au début du Ramadan, du « califat » de Daesh. Cette année-là connut une chute inouïe de 70 % du prix du brut, contraignant à repenser les scénarios à moyen et à long terme pour le développement de la région, ses modèles politique, économique, social – jusqu'à la place de la religion en son sein. Cet événement était dû à plusieurs causes : l'exploitation du pétrole de schiste aux États-Unis, qui redevinrent l'un des trois premiers producteurs mondiaux, avec la Russie et l'Arabie saoudite. Mais également la transformation des comportements des consommateurs des pays de l'OCDE, avec la perspective de la généralisation des véhicules électriques – tirant les cours vers la baisse à terme par réduction de la demande. Ces phénomènes simultanés questionnent l'économie rentière telle que nous l'avons connue au cours du demi-siècle écoulé au Moyen-Orient, ainsi que la pérennité de son corollaire, l'hégémonie de l'islamisme politique propagé tant par les pétromonarchies arabes que par leurs rivaux iraniens sur la rive opposée du golfe Persique.

Un événement trivial en apparence témoigne de ce découplage inédit entre les dynasties de la péninsule et l'establishment salafiste qui a fourni durant ces décennies la légitimation religieuse de leur pouvoir, tout en se diffusant grâce à leur aval à l'ensemble du monde musulman sunnite : le décret du roi Salman d'Arabie saoudite le 26 septembre 2017 autorisant à la fin du Ramadan 2018 les femmes à conduire malgré les protestations des oulémas au nom de leur conception rigide de la morale. Ce décret passe vingt-sept ans – une génération – après que, le 6 novembre 1990, des Saoudiennes qui avaient pris le volant à Riyad y furent poursuivies et vilipendées. Confronté à la nécessité de réorganiser le marché du travail et d'y faire entrer la population féminine en permettant sa mobilité, afin d'assurer l'ère postpétrolière, le prince héritier saoudien Mohammed Ben Salman, âgé de trente-deux ans, une première dans cette monarchie gérontocratique, incrimine en novembre 2017 la surenchère extrémiste dans laquelle le pays s'est engagé selon lui depuis 1979. En effet, cette année charnière commença par le retour de

Khomeyni à Téhéran et s'acheva par l'invasion soviétique de l'Afghanistan, prélude au jihad dans ce pays – lequel ouvrit la boîte de Pandore d'un terrorisme islamiste international qui perdure depuis lors. C'est l'essence même du système saoudo-wahhabite qui est ainsi remise en question, tel qu'il avait dominé le Moyen-Orient depuis la victoire de l'arme des hydrocarbures dans la guerre d'Octobre opposant Israël aux États arabes – dont les surnoms de « guerre du Kippour » ou « guerre du Ramadan » disent aussi combien elle serait emblématique de l'engorgement à venir de l'espace politique par le dogme religieux.

Les pages qui suivent sont consacrées à mettre en perspective ces décennies chaotiques – puis à envisager les voies de sortie qui se dessinent. Parce que ce demi-siècle a coïncidé avec l'expérience de l'auteur, qui en a été sur le terrain le témoin, l'observateur et un chroniqueur, jusqu'à être aspiré dans son objet d'étude lui-même par la sentence de mort de Daesh à son encontre, elles revendiquent une interprétation personnelle qui guidera et organisera les faits, mêlant des événements simples qui me paraissent éclairants avec le recul aux scansions de la « longue durée ».

Les quatre premières décennies, depuis la guerre d'octobre 1973 jusqu'aux soulèvements connus comme « printemps arabes » qui adviennent en réalité à l'hiver 2010-2011, sont synthétisées de manière généalogique dans la première partie du livre. On y suivra la montée en gamme de l'islamisation du politique, et la spirale du jihad qui envahit peu à peu la planète – à partir de l'année 1979 où la belligérance en Afghanistan, grâce aux boutefeux américains, répond à la révolution iranienne, et aboutira à la chute de l'URSS dix ans plus tard. On y verra les

trois phases successives de ce jihadisme qui passera par le
11 septembre 2001, frappant les États-Unis en un retour
de manivelle aussi stupéfiant que dramatique – qui marque
spectaculairement le début d'un millénaire chrétien auquel
se superpose un improbable millenium islamiste. Cette
rétrospective se nourrit de la demi-douzaine d'ouvrages
publiés sur le sujet, depuis *Le Prophète et Pharaon* (1984)
jusqu'à *Terreur et martyre* (2008), n'en retenant et organisant que les matériaux qui m'ont paru pertinents pour
interpréter les phénomènes contemporains cruciaux survenus durant les années 2010.

Cette décennie paradoxale, objet de la deuxième partie
du livre, commence par l'espoir immense des « printemps
arabes » de 2011 mais se prolonge par la proclamation de
l'« État islamique » de Daesh et la généralisation du terrorisme islamiste jusque sur le territoire européen, s'achevant
par la chute du « califat » en automne 2017 avec la reconquête de Raqqa, après Mossoul. L'analyse de cette contradiction – qui voit des soulèvements démocratiques ayant
engendré tant d'attentes aboutir à l'horreur absolue de
Daesh, d'un côté, et à la remise en selle de régimes autoritaires, de l'autre, tandis que prospèrent États rogues et
zones de non-droit – s'alimente des enquêtes et recherches
sur le terrain menées des deux côtés de la Méditerranée.
Nourries des questionnements posés dans *Passion arabe*
(2013) comme dans *Terreur dans l'Hexagone* (2015), elles
passent en revue la situation dans les six pays qui ont
vécu une « révolution arabe » – respectivement la Tunisie, l'Égypte, la Libye, Bahreïn, le Yémen et la Syrie –, à
laquelle s'ajoutent des considérations sur l'Irak, car c'est
à l'articulation entre ces deux derniers États qu'est né et
a grandi le monstre Daesh. Grâce à la chute de celui-ci

à la fin de 2017, on dispose du recul nécessaire pour appréhender l'ensemble des événements de cette période tragique. Je me suis efforcé de dresser un tableau global d'une masse de faits que nous venons de connaître – ou de subir violemment – au premier degré, d'en tirer les enseignements en inscrivant l'histoire immédiate dans la mémoire longue des décennies précédentes. Le Levant et particulièrement la Syrie, auxquels sont consacrés les pages les plus nombreuses, constitue le cœur de ce livre, tant il me paraît que dans cette région se sont cristallisées et ont été portées au paroxysme les crises qui secouent la Méditerranée et le Moyen-Orient.

On proposera enfin en dernière partie d'interpréter les événements advenus à partir de l'hiver 2017-2018, dans la période qu'ouvrent la chute de Daesh et la défaite annoncée de l'insurrection syrienne, pour prendre la mesure des bouleversements tectoniques dont se précisent les signes avant-coureurs. Ce matériau, dont beaucoup d'éléments ont été recueillis de première main en parcourant l'Afrique du Nord et le Proche et le Moyen-Orient, doit nous permettre d'imputer au mieux les hypothèses de scénarios qui englobent dans un même ensemble les deux rives de la Méditerranée – pour le meilleur ou pour le pire. Quelles seront les conséquences pour le futur du jihadisme et du salafisme, de la fracturation du « bloc sunnite » et des bouleversements en cours dans la péninsule Arabique ? L'Iran assure-t-il l'hégémonie sur la région d'un « croissant chiite », ou l'affrontement avec l'Amérique de Donald Trump transformera-t-il ses succès en victoire à la Pyrrhus ? Quels arbitrages la Russie de Vladimir Poutine, redevenue une grande puissance par son implication dans la question syrienne, fera-t-elle entre des alliés aussi improbables qu'Israël, l'Arabie saoudite, la Turquie et l'Iran ? Et l'Europe, qui se retrouve au cœur d'une zone de crise l'affectant au premier chef par sa façade méditerranéenne que traversent terroristes et réfugiés, parviendra-t-elle à surmonter sa passivité et à s'imposer de nouveau comme protagoniste géopolitique ? Inhibée aujourd'hui par le blocage de ses institutions, elle assiste impuissante à la poussée centrifuge des partis d'extrême droite comme d'un populisme gauchiste mêlé d'islamisme.

Le désintérêt de la superpuissance américaine, désormais productrice majeure de pétrole et gaz de schiste, pour la région Moyen-Orient-Méditerranée, engagé sous la présidence Obama et confirmé de manière spectaculaire par son successeur Donald Trump, contraint l'Europe à assumer de plain-pied ses responsabilités. Dans cette configuration, la régénération du Levant est un enjeu cardinal. Ayant été privé de ses forces vives après que sa population la plus entreprenante eut émigré vers les rives d'un golfe Persique qui devrait être impacté par la baisse structurelle des cours du brut après les massacres qui ont épuisé les adversaires en présence, la réaffirmation du Levant à l'articulation entre l'Europe et le Moyen-Orient et dans leur continuité mutuelle est l'une des voies à frayer pour éviter un affrontement culturel perpétuant les crises vécues durant les décennies passées. C'est à définir les contours de cette exigence nécessaire que ce livre voudrait modestement contribuer pour construire notre avenir – au-delà du chaos.

Première partie

LE BARIL ET LE CORAN

1
L'islamisation de l'ordre politique
(1973-1979)

LE CRÉPUSCULE DU NATIONALISME ARABE

En assignant à la guerre d'octobre 1973 le commencement du chaos au Moyen-Orient – qui se diffusera au monde le 11 septembre 2001 puis culminera avec l'« État islamique » de Daesh en 2014-2017 –, on voudrait d'abord pointer la rupture culturelle majeure alors avec l'élite politique qui s'était emparée du pouvoir au moment de la décolonisation. Ses dirigeants les plus fameux – Nasser, Bourguiba –, ses partis les plus emblématiques, le Baath en Syrie et en Irak, l'OLP en Palestine, avaient mis à distance la légitimation islamique traditionnelle dont les dynasties musulmanes avaient usé pour asseoir leur autorité depuis la prédication du Prophète et l'ordre social qu'il avait instauré à Médine et La Mecque au début de l'ère hégirienne (622 après J.-C.).

Jusqu'aux années 1960, le Baath comme le Néo-Destour tunisien affichaient un laïcisme qui n'avait guère à envier à celui qu'avait établi Atatürk en substituant la République de Turquie à l'Empire ottoman, ou à celui qui prévalait à la cour du shah d'Iran Mohammed Reza Pahlavi. Nasser lui-même, qui avait domestiqué la millénaire mosquée-université d'Al-Azhar pour en faire un instrument de sa propagande tiers-mondiste, s'il se montrait volontiers à la prière du vendredi pour se rapprocher de la piété populaire de la masse égyptienne, multipliait les saillies anticléricales. De plus, il avait mené une répression impitoyable contre l'organisation des Frères musulmans, la matrice de l'islamisme politique sur les bords du Nil au XXᵉ siècle. Fondée en 1928 par l'instituteur Hassan al-Banna à Ismaïlia, capitale de l'enclave internationale du canal de Suez en terre égyptienne et symbole de la domination coloniale européenne, la confrérie voulait relever le flambeau après la suppression en 1924 du califat ottoman par Atatürk. Elle avait d'autant plus applaudi à la prise du pouvoir par Nasser et ses camarades les Officiers libres en 1952 qu'elle voyait en ceux-ci son bras séculier pour instaurer un État fondé sur la mise en œuvre de la charia – la loi inspirée des Écritures saintes. Le conflit entre les deux partenaires devenus adversaires se traduisit par le démantèlement de l'organisation en 1954, la pendaison de plusieurs de ses dirigeants, l'exil de ceux qui le pouvaient vers la péninsule Arabique où ils développèrent leur prosélytisme, et l'emprisonnement dans des camps à régime sévère, où la torture était routinière, des cadres arrêtés – dont le futur idéologue majeur du jihadisme contemporain, l'activiste et littérateur Sayyid Qotb.

Mais cette sécularisation orientale ne représentait qu'un simulacre de la laïcité démocratique en terre européenne. Tout d'abord parce qu'il n'y avait pas véritablement de séparation des domaines politique et religieux, mais plutôt subordination des institutions cultuelles, certes atrophiées, aux appareils du pouvoir, dans un but de contrôle social, ou pour démontrer la compatibilité de l'islam avec la doctrine nationaliste, voire socialiste officielle. Ensuite et surtout car le gouvernement avait été conquis de force par les élites ayant capté le processus de l'indépendance – quelles qu'en fussent les modalités. En dépit de la promesse démocratique censée répondre à l'aspiration à la liberté des anciens colonisés, ceux-ci avaient changé de maîtres pour passer sous la férule de coteries militaires, dynastiques ou partisanes dont la main, bien qu'indigène, s'avérait aussi lourde, sinon davantage, que celle des Européens.

Cela s'accompagna de piètres performances économiques et sociales, et l'invocation de la justice et du droit positif ne fut que le discours menteur du despotisme. Dans les États arabes, au Moyen-Orient et tout particulièrement dans les « pays du champ de bataille » voisins d'Israël, cette forfaiture était justifiée par les urgentes nécessités de la lutte contre l'ennemi. L'antisionisme constituait en effet la troisième étape d'un nationalisme d'abord manifesté au XIXᵉ siècle contre la domination ottomane, puis au début du XXᵉ contre la tutelle européenne, et qui voyait dans l'implantation de l'entité juive au cœur du Levant et sur le territoire de la Palestine l'ultime vestige du colonialisme abominé. La rhétorique politique arabe faisait de son élimination un objectif permanent.

Après l'humiliation de la *nakba* (« catastrophe ») subie par les armées arabes en 1948 et la proclamation d'Israël par Ben Gourion le 15 mai, la crise de Suez en 1956, où les forces de l'expédition tripartite anglo-franco-israélienne avaient été contraintes par la pression américaine et soviétique de se retirer du canal nationalisé par Nasser, avait réconforté ce nationalisme. Le Caire cependant s'alignait sur l'URSS et mettait en œuvre le socialisme sur le modèle soviétique. En revanche, la guerre des Six-Jours de juin 1967 déclenchée par une offensive aérienne israélienne fulgurante après que le raïs égyptien eut bloqué les détroits de Tiran, à l'entrée du golfe d'Aqaba, pour empêcher l'approvisionnement du port d'Eilat, constitua la « défaite » (*naksa*) par excellence du nationalisme arabe. L'armée de l'État juif conquit la péninsule du Sinaï, la bande de Gaza, la Cisjordanie incluant Jérusalem-Est, ainsi que les hauteurs du Golan. Par-delà l'ampleur des pertes territoriales, cette guerre éclair induisit l'échec moral ultime des dirigeants arabes issus de l'indépendance, dont la rhétorique avait crevé soudain comme une baudruche face à la réalité des faits militaires.

La *naksa*, dans le cas égyptien, fut l'estocade finale d'une série de revers extérieurs et intérieurs. L'armée s'était engluée au Yémen dans une expédition coûteuse et sanglante, où elle avait appuyé à partir de 1962 les forces républicaines contre les royalistes soutenus par l'Arabie saoudite. En 1966, faisant face au mécontentement populaire, Nasser avait fait exécuter Sayyid Qotb, le principal idéologue des Frères musulmans. Celui-ci venait de publier son manifeste, *Signes de piste*, le *Que faire ?* de la mouvance islamiste radicale. Dans ce texte fondateur pour les jihadistes de la génération suivante, l'auteur fait de la prison où les militants sont torturés la figure métonymique par excellence du nationalisme arabe exécré, qu'il qualifie de *jahiliyya* – l'ère de l'« ignorance » ou de la barbarie par laquelle les Écritures désignent l'Arabie avant la Révélation du Coran au Prophète, et que celui-ci détruisit pour instaurer l'islam. Qotb en appelle à l'identique à anéantir la « *jahiliyya* du XXᵉ siècle » dont le nassérisme est le parangon en utilisant tous les moyens, et notamment le « mouvement » (*haraka*), c'est-à-dire le jihad armé. En excommuniant, en « déclarant infidèle » (*takfir*) le régime, *Signes de piste* convoque la légitimité religieuse pour justifier la violence sacrée contre l'État. Ce coup de force – qui ne fait pas l'unanimité chez les Frères musulmans – créera le courant « radical » au sein de l'organisation, voué à d'immenses développements par la suite, de l'Afghanistan jusqu'à Al-Qaïda. En 1966, il est sanctionné par la pendaison de Qotb – l'année qui précède la défaite de 1967. Parmi ses disciples, nombreux sont convaincus que celle-ci est la punition de Nasser par Allah pour avoir supplicié Son martyr.

Le raïs démissionne puis retourne au pouvoir après qu'une foule énorme défile à travers l'Égypte aux cris de « Nasser, reviens ! ». Mais il décède trois ans plus tard, et l'idéal arabiste tel qu'il l'avait incarné ne lui survivra pas. C'est ce grand vide dans lequel s'engouffre l'islamisme politique : il trouvera en octobre 1973 un formidable levier.

L'Égypte est le principal vaincu de la guerre des Six-Jours et elle entraîne dans sa défaite le nationalisme nassérien, auquel se substitue pour un temps une cause palestinienne qui cherche à s'émanciper des États arabes. En 1969, le nouveau leader de l'Organisation de libération de la Palestine, Yasser Arafat, secoue la tutelle du Caire et fait de la Jordanie, où vivent de nombreux réfugiés palestiniens, sa base arrière pour mener la lutte armée contre Israël. En défiant de la sorte l'autorité du roi Hussein, les organisations palestiniennes accroissent la tension qui atteint un paroxysme lorsque trois avions de ligne sont détournés sur l'aéroport jordanien de Zarqa par le Front populaire

de libération de la Palestine (FPLP), un parti marxiste
dirigé par Georges Habache, le 6 septembre 1970. La
répression cause plusieurs milliers de morts palestiniens.
Après un processus enclenché par les accords du Caire
trois semaines plus tard entre Arafat, le roi Hussein et
Nasser – au terme desquels Nasser décède – les groupes
armés palestiniens finiront par quitter la Jordanie. Ils iront
se réimplanter dans les camps de réfugiés au Liban, le
pays le plus faible de la région. Ils y seront l'adjuvant de
la décomposition de ce pays cinq ans plus tard, et de la
destruction progressive du Levant qui s'ensuivra, dans
un contexte totalement transformé par l'islamisation du
politique qu'impulse la nouvelle hégémonie saoudienne
issue du conflit d'octobre 1973.

LA GUERRE DU RAMADAN D'OCTOBRE 1973 : ARME DU PÉTROLE ET PROTOJIHAD

Anouar al-Sadate, qui succède à Nasser ce même mois
de septembre 1970 comme candidat de compromis parmi
un état-major divisé, commence difficilement son mandat,
moqué par les *nukat* (blagues) populaires qui le dépeignent
comme stupide, tel Badinguet vu par Adolphe Thiers. La
pression est d'autant plus forte pour qu'il lave l'humiliation de juin 1967 par une offensive dont il n'a guère
les moyens immédiats. Ce rural matois issu d'un village
du delta du Nil saura pourtant, comme Louis-Napoléon
Bonaparte, rouler tous ceux qui l'ont sous-estimé – sauf les
jihadistes qui l'assassineront. Proche dans sa jeunesse des
Frères musulmans, il libère ceux-ci de prison et encourage
discrètement leur prosélytisme dans les campus universi-

taires où marxistes et nassériens de gauche sont ses opposants les plus virulents. En quelques années, ces derniers seront éliminés et les *gama'a al islamiyya* (associations islamiques) d'obédience qotbiste auront pris le contrôle de l'activisme estudiantin.

Dans le même temps, il prépare avec ses conseillers militaires soviétiques, qui font le lien avec le président syrien Hafez al-Assad, parvenu au pouvoir comme lui à la suite de la défaite, l'assaut sur les positions israéliennes, qui a lieu le 6 octobre 1973, maximisant l'effet de surprise du jeûne juif du Kippour qui fait tourner Israël au ralenti. La ligne fortifiée Bar-Lev est enfoncée sur le canal de Suez par les troupes égyptiennes et les Syriens pénètrent dans le Golan occupé par Israël depuis 1967. Le succès dans cette première percée vaudra aux deux leaders des surnoms élogieux, comme « le héros de la traversée » (*batal al 'oubour*) pour Sadate ou « le lion d'octobre » (*Assad tichrine*) pour Assad – dont le patronyme signifie « lion » en arabe. Mais l'issue finale de la guerre, qui sauva l'honneur des dirigeants arabes, ne serait pas advenue comme telle sans l'intervention décisive de l'Arabie saoudite et des pétromonarchies de la péninsule Arabique pour rétablir la situation à la suite de la contre-offensive victorieuse déclenchée par les Forces de défense d'Israël (Tsahal). Celles-ci ont retraversé le canal de Suez, encerclé la troisième armée égyptienne et ont atteint le kilomètre 101 sur la route de Suez au Caire. Simultanément elles sont parvenues en Syrie à 40 km de Damas. Cette avancée est rendue possible par le pont militaire aérien américain qui ravitaille quotidiennement l'État hébreu. Les 16 et 17 octobre, les pays arabes producteurs de pétrole, réunis à Koweït, décident en rétorsion une augmentation unilatérale de 70 % des prix du brut et une réduction mensuelle de 5 % des exportations jusqu'à évacuation des territoires occupés et reconnaissance des droits des Palestiniens. Le 20 octobre, le roi Fayçal d'Arabie saoudite proclame un embargo sur les livraisons aux États-Unis et aux Pays-Bas « qui soutiennent Israël ».

Ce sera l'arme fatale – sauvant la face aux dirigeants arabes du champ de bataille, mais, par-delà cet épisode politico-militaire, bouleversant l'ordre du monde en faisant de la rente pétrolière l'un des vecteurs de puissance centraux de la planète, et conférant à ceux qui la contrôlent un pouvoir exorbitant. Les cours quadruplent en quelques jours. Dans l'immédiat, cette pression économique, qui fait du conflit israélo-arabe un enjeu de politique intérieure de tous les pays importateurs d'hydrocarbures, a pour conséquence de frustrer l'État hébreu de sa contre-offensive victorieuse : Sadate et Assad ont été sauvés par Fayçal et les émirs du naphte, Tel-Aviv accepte l'armistice sous la contrainte des États-Unis et de l'Occident, affolés par la répercussion de l'inflation sur leur balance commerciale. Les pétromonarchies vont désormais consolider leur domination en utilisant leur fortune que l'envolée des cours rend fabuleuse pour financer la diffusion partout dans le monde sunnite d'une idéologie rigoriste et conservatrice. Mais il leur sera difficile de faire rentrer le génie du jihad dans sa bouteille une fois sorti, et ils seront à leur tour victimes de celui-ci.

Une large partie de la littérature populaire arabe contraste la défaite de 1967 et la « victoire » de 1973 en attribuant la première à l'irréligiosité du régime nassérien et la seconde à la piété explicite manifestée pendant cette guerre qui se déroule pendant le Ramadan, et prend ainsi la dimension légale d'un jihad. En effet, durant le mois béni, le jeûne est obligatoire du lever au coucher du soleil – une condition peu propice aux opérations militaires. Mais cet impératif peut être levé en cas de jihad, car si la communauté des croyants se trouvait en état de faiblesse pour combattre, elle risquerait de disparaître face à ses ennemis, ce qui mettrait en danger la pérennité de l'islam lui-même. Les oulémas égyptiens et syriens ont donc, pour que les soldats consomment leurs rations, proclamé, à l'instigation du pouvoir politique, que la guerre du Ramadan était un jihad. Par-delà la dimension instrumentale de cette fatwa, l'affrontement est *ipso facto* devenu effectivement tel, accompagnant le mouvement global qui a conféré la victoire finale à des pétromonarchies connues pour leur strict rigorisme. D'autres commentaires édifiants, dans la même ligne, comparent avantageusement le cri d'*Allah akbar* poussé par les troupes en 1973 qui les a conduites au succès, au « Terre ! Air ! Mer ! » imposé par la hiérarchie « impie » en 1967 qui a mené à une inéluctable défaite.

L'utilisation de l'arme du pétrole en octobre 1973 s'inscrit également dans une altération de la relation saoudo-américaine formalisée par l'accord entre Franklin D. Roosevelt et le roi Ibn Saoud le 14 février 1945 à bord du croiseur *Quincy*, amarré dans les lacs amers du canal de Suez. Arrivant directement de Yalta et souhaitant sécuriser les approvisionnements en hydrocarbures de l'Occident dans la perspective d'un « partage du monde » conflictuel avec l'Union soviétique riche des gisements azéris et sibériens, le président des États-Unis prend le relais du Royaume-Uni exsangue au sortir des combats pour assurer la protection de la monarchie saoudienne en contrepartie de l'exploitation de ses réserves par la compagnie américaine Aramco (Arabian American Oil Company). Ce pacte de la « Saint-Valentin » – une date propice à des engagements éternels – fut la première raison d'être de la présence américaine au Moyen-Orient, et il avait précédence sur la relation avec l'État juif – dont la France serait le principal fournisseur d'armements jusqu'à la guerre de 1967 (où les avions Mirage de Dassault furent la clé de la victoire israélienne). Lors de l'expédition de Suez en 1956, les États-Unis avaient exigé le retrait des troupes israéliennes du Sinaï – comme des parachutistes anglo-français du canal, démontrant que les intérêts d'Israël n'étaient pas prioritaires à leurs yeux. Ce ne fut qu'à la suite du refus de De Gaulle de continuer à approvisionner Tel-Aviv, après sa célèbre conférence de presse du 27 novembre 1967 où il critiqua l'occupation des territoires conquis durant la guerre des Six-Jours, que Washington prit le relais du soutien militaire et renversa l'accord du *Quincy* en faisant prévaloir la défense d'Israël sur le deal pétrolier. Et la partie saoudienne s'estima d'autant plus libre de porter en rétorsion un coup de canif au contrat en octobre 1973 que l'augmentation des prix du brut faisait aussi l'affaire, sur le moyen terme, des exploitants américains du Texas – parmi lesquels la Zapata Petroleum Company, fondée en 1953 par le futur président George H. W. Bush, permettant de nouer de fructueuses relations aux États-Unis. Toutefois, le changement du rapport de forces en faveur des pays producteurs leur donna l'opportunité de nationaliser les compagnies pétrolières étrangères présentes sur leur sol et d'en toucher directement les dividendes au lieu de se contenter des royalties versées jusqu'alors par les sept « majors » dites *Seven Sisters* – ce qui accrut encore la richesse des pétromonarchies et leur capacité d'influence pour remodeler le Moyen-Orient et faire progresser la réislamisation de l'ordre politique régional.

LA MISE EN PLACE GRADUELLE
DE L'ISLAMISATION DES SOCIÉTÉS

La propagation *urbi et orbi* d'un sunnisme wahhabite et conservateur avait été l'un des instruments de la politique étrangère saoudienne afin de faire pièce aux missions de l'université Al-Azhar du Caire que Nasser envoyait aux quatre coins de la planète pour expliquer la compatibilité de l'islam avec le socialisme. C'était un sous-produit de la guerre froide, dans lequel chaque camp s'efforçait d'embrigader cette croyance. À telle fin, la Ligue islamique mondiale fut fondée le 15 décembre 1962 à La Mecque par le prince héritier Fayçal, au moment où les troupes égyptiennes entraînées par l'URSS avaient débarqué au Yémen et menaçaient la frontière saoudienne. Mais jusqu'en 1973, cette organisation n'eut qu'un rôle secondaire dans le grand affrontement idéologique entre Moscou et Washington, ainsi que leurs alliés respectifs dont le vocabulaire usait d'un autre registre, qui ne laissait à la question religieuse qu'une place annexe. L'ennemi nassérien disparu, elle bénéficia des fonds très importants à sa disposition avec l'augmentation vertigineuse du prix du baril pour répandre partout l'influence saoudienne, en faisant de ce pays le cœur du nouvel espace de sens islamique régional et international, centré sur la péninsule. Il importait désormais de conforter son hégémonie naissante et justifier, grâce à ce mécénat caritatif et orienté, la cap-

tation de la rente par les sunnites les plus intransigeants
en récompense de leur extrême virtuosité. Mais la Ligue
ne rentra pas dans des querelles de chapelle qui auraient
limité son rayonnement : si elle se fixait pour tâche de lutter contre les « innovations » qui déformaient le « message
pur et authentique de l'islam des origines » – visant notamment le soufisme mystique –, elle faisait toute sa place
aux Frères musulmans, considérés à l'époque comme des
alliés dans le projet global d'islamisation des sociétés, et
de meilleurs connaisseurs du monde moderne à convertir
que l'establishment des oulémas saoudiens.

Alors même que la masse des musulmans d'Europe,
dont la plupart étaient travailleurs immigrés, se trou-
vèrent durement impactés par le chômage qui résulta de
la débâcle économique à laquelle contribua fortement le
quadruplement des prix du pétrole, la Ligue commença à
ouvrir dans la seconde moitié des années 1970 des bureaux
et des mosquées dans le Vieux Continent. Le but en était
d'encadrer le mouvement d'islamisation naissant dans ces
milieux en crise identitaire, touchés par la sédentarisation
aléatoire de millions d'individus qui avaient décidé de
demeurer dans leur pays d'accueil même si les emplois
non qualifiés y disparaissaient.

L'Égypte exsangue du fait de ses dépenses militaires
faramineuses et du poids de sa démographie, mais qui
restait encore un pôle potentiel d'opposition à la propagation du wahhabisme, grâce à la longue histoire prestigieuse d'Al-Azhar, où le confrérisme soufi exécré par
les salafistes était bien représenté, fut aussi une cible de
choix. Il fallait la maintenir à flot mais dans une constante
dépendance, afin d'exorciser toute velléité future de faire
contrepoids au nouveau leadership saoudien. Sadate lui-

même, avant d'être mis au ban du monde arabe à la suite de son voyage à Jérusalem et de son discours à la Knesset le 20 novembre 1977, avait joué dans sa propre personne le jeu de l'islamisation. Il arborait la fameuse *zbiba* (« raisin sec »), comme on surnomme en Égypte le chancre brunâtre au milieu du front identifiant les pieux croyants qui se prosternent au sol cinq fois par jour lors des prières. Il avait fait adjoindre son prénom de Mohammed – non usité préalablement – à sa titulature, et précéder celle-ci de l'eulogie cérémonielle « le président croyant » (*al raïs al mou'min*). L'Égypte se couvrit de nouvelles mosquées immenses, bariolées de néons verts dont les haut-parleurs à pleine puissance dominaient la cacophonie urbaine, l'alcool fut interdit sur la compagnie aérienne Egypt Air, les Frères musulmans égyptiens exilés dans le Golfe sous Nasser revinrent investir leurs pétrodollars dans les banques islamiques compatibles avec la charia, et durant la décennie de la présidence de Sadate le paysage humain du pays fut transformé par le voilement massif des Égyptiennes.

Ces mesures, qui avaient une fonction prophylactique pour faire accepter à la population gavée de propagande antisioniste la volte-face que constitua le traité de paix conclu avec Israël en 1979, n'empêchèrent pas, bien au contraire, la contestation islamiste de se radicaliser. Elle disposait d'un terreau culturel fertile où plonger de profondes racines. Elle devait emporter le « président croyant », assassiné par « l'organisation du jihad » le 6 octobre 1981 durant la parade militaire qui célébrait le « héros de la traversée » du canal de Suez huit ans plus tôt. Peu de larmes furent versées en Égypte sur ce Pharaon impopulaire, comme je le constatai en vivant alors au Caire. Parmi les plaisanteries acerbes que répandit l'humour égyptien,

l'une des plus fameuses racontait qu'un balayeur, net-
toyant le sol sous la tribune d'honneur au lendemain de
la mort de Sadate, avait trouvé une sorte de raisin sec par
terre : « Qu'est-ce que c'est que ça ? Ah oui, c'est la *zbiba*
du président ! » – signifiant par là que l'affichage ostensible
de sa piété au milieu de son front n'était qu'un postiche.

La guerre civile libanaise fut un autre marqueur crucial
de cette islamisation graduelle du Moyen-Orient, car elle
redéfinit en catégories religieuses le répertoire de mobilisations politiques qui étaient jusqu'alors caractérisées par le
nationalisme, exacerbées par la centralité de la « résistance
palestinienne » contre l'« ennemi sioniste », et s'inscrivaient
dans l'affrontement global entre les deux blocs soviétique
et américain. La présence militaire palestinienne au Liban
avait été entérinée par les accords secrets signés au Caire
le 3 novembre 1969 entre le chef de l'armée libanaise et
Yasser Arafat, créant une sorte d'État dans l'État dans
le sud du pays, frontalier avec Israël. S'y adjoignirent de
nouveaux combattants, à la suite des massacres du « Septembre noir » en Jordanie de 1970, réimplantés graduellement de ce pays au Liban avec l'aval des États arabes.
Pour ces derniers il s'agissait de sauver la face par rapport à leurs populations en établissant un point focal près
de l'« entité sioniste » d'où maintenir la nécessité de la
pression par une guérilla de moyenne intensité. L'imaginaire de la résistance était alors à son zénith, renforcé
en contraste par la lamentable prestation des armées
arabes durant la guerre des Six-Jours. Les feuilles gauchistes du Quartier latin, où j'étais lycéen, titraient dans
ces années-là : « La résistance palestinienne balaiera les
accords du Caire » et « La route de Jérusalem passe par

Amman, Beyrouth et Le Caire », mettant en équivalence l'« entité sioniste » et les « bourgeoisies arabes » dans le combat universel à mener pour l'avènement du socialisme sur la terre.

Ces projets grandioses du messianisme marxiste n'aboutirent nullement ; en revanche, le fragile équilibre confessionnel du Liban fut bouleversé par l'implantation d'un mouvement armé qui, toute palestinienne que fut son identité nationale, se retrouvait dans la mosaïque du pays du Cèdre comme une force musulmane et sunnite – c'est-à-dire ni chrétienne ni chiite. Les maronites, pour lesquels en 1920 la France mandataire avait créé le Liban, donnant à nombre d'entre eux l'aisance qui leur avait permis d'entamer la transition démographique des classes moyennes, avaient vu leur proportion dans la population du pays décliner. À l'inverse, la masse chiite, paupérisée et marginalisée, connaissait un croît considérable, qui se traduisit par un exode rural et l'édification d'une gigantesque « banlieue » (*dahiyé*) dans le sud de Beyrouth. Durant la première moitié de la décennie 1970 – soit avant la révolution iranienne de 1978-1979 qui exalta l'identité particulière de cette dénomination –, les chiites étaient perçus au Liban de manière indifférenciée comme des musulmans, et donc comptés globalement parmi leurs ouailles par les notables sunnites, au sein desquels était choisi le Premier ministre (le président de la République, qui détenait alors l'effectivité du pouvoir, étant constitutionnellement maronite). En pareil contexte, l'implantation des organisations armées palestiniennes renforçait les musulmans dans leur ensemble, pour faire pression afin de réformer le système politique à leur profit et au détriment des chrétiens. De fait, les Palestiniens, localisés près de la frontière israélienne dans le Sud peuplé majoritairement de chiites, entretenaient une relation complexe avec ceux-ci. Abou Jihad, lieutenant d'Arafat, avait aidé à créer les premiers partis chiites comme Amal ou le Mouvement des déshérités de l'imam Moussa al-Sadr au milieu des années 1970. Or, pour des conflits de territoire et parce que les bombardements israéliens en rétorsion aux lancers de missiles Katiouchas palestiniens depuis le sol libanais touchaient tout le sud du pays, les tensions étaient perceptibles. En 1978, pendant la révolution iranienne, Arafat offrit son concours organisationnel à Khomeyni, puis sollicita des fatwas en faveur de la « révolution palestinienne » pour réduire les hostilités avec les habitants chiites. Mais la généralisation des attaques israéliennes à partir de 1972 dégrada globalement les relations entre l'État libanais, notamment sa composante chrétienne, et les Palestiniens.

L'ensemble de ces facteurs explique le déclenchement de la guerre civile, le 13 avril 1975, lorsqu'un autobus transportant des Palestiniens fut assailli par des miliciens phalangistes (maronites), causant vingt-sept morts. La réplique du camp « islamo-progressiste », dans lequel la puissance de feu des organisations palestiniennes était déterminante, allait permettre à ce dernier d'obtenir l'avantage militaire, avec l'aval syrien dans un premier temps. Mais en juin 1976, Hafez al-Assad envoya son armée au Liban pour rétablir l'équilibre à son profit. L'occupation syrienne d'une large partie du pays durera près de trois décennies, ne s'achevant qu'en avril 2005. Des multiples rebondissements de la guerre civile, marqués entre autres par l'invasion israélienne du Sud en 1978 puis, de 1982 à 1985, de tout le territoire jusqu'à la banlieue de la capitale, par les enlèvements d'otages occidentaux à partir de cette date, comme par les conflits fratricides entre factions chrétiennes, on retiendra pour notre narration deux faits majeurs. Tout d'abord la création du Hezballah, qui voit le jour fin 1982, et acquiert une existence officielle en 1985. Né à l'instigation de l'Iran khomeyniste, ce parti chiite dominera trois décennies plus tard la vie politique libanaise après avoir dépossédé l'OLP de la résistance face à Israël. Ensuite les accords signés à Taëf, en Arabie saoudite en 1989, consacrent la défaite des chrétiens en faisant basculer le pouvoir du président de la République maronite au Premier ministre sunnite. Le principal bénéficiaire de cette opération est le milliardaire libano-saoudien Rafic Hariri, qui occupera de manière récurrente cette fonction à partir de 1992 et reconstruira le centre-ville dévasté de Beyrouth à travers le projet Solidere pour tenter d'en redynamiser l'économie – jusqu'à son assassinat le 14 février 2005 dans un attentat à Beyrouth sur le passage de son cortège dans ce même paysage urbain qu'il avait tant marqué de son empreinte.

Ce basculement apparent du Liban dans l'espace sunnite se manifeste par l'édification, sur la ligne de démarcation entre les zones chrétienne et musulmane de la capitale, dans le quartier des anciens souks ravagés par les combats, de la gigantesque « mosquée Hariri » jouxtant l'antique cathédrale maronite qu'elle écrase de sa masse. Paradoxalement, les accords de Taëf, en marginalisant explicitement les chrétiens au profit des musulmans, constituent en réalité une vaine tentative sunnite de bloquer l'irrésistible montée en puissance de la communauté chiite, devenue la première du pays par sa démographie, soutenue et armée par l'Iran à travers le Hezballah. Pour comprendre les logiques de l'émergence d'une force concurrente chiite à l'Arabie saoudite dans l'*espace de sens islamique* – dont l'aboutissement de la guerre civile syrienne en 2018 est la conséquence – il nous faut remettre en perspective les événements de l'année charnière 1979, qui commence avec le retour de Khomeyni à Téhéran en février et s'achève le jour de Noël par l'invasion soviétique en Afghanistan et le début du jihad sunnite dans ce pays, tandis que le traité de paix entre Israël et l'Égypte est signé en mars à Washington.

1979, ANNÉE CHARNIÈRE : LA SURENCHÈRE ENTRE CHIITES ET SUNNITES

Comme tous les producteurs d'hydrocarbures, l'Iran avait bénéficié substantiellement de la hausse du baril – même s'il n'avait pris aucune part à la décision d'embargo d'octobre 1973, n'étant pas un État arabe. Mais le shah Mohammed Reza Pahlavi avait par la suite joué de la surenchère, voyant dans le quadruplement des cours l'opportunité de faire de son pays l'une des plus grandes puissances du monde, affichant des ambitions démesurées dans les pages publicitaires de la presse internationale, prenant des participations dans l'agence nucléaire européenne Eurodif et inquiétant ses voisins du Golfe qui craignaient ainsi sa domination sur la région. Sa mégalomanie, qu'avaient illustrée les fêtes fastueuses de Persépolis organisées en octobre 1971 pour célébrer le 2 500ᵉ anniversaire de la fondation de l'Empire perse au prix de milliards de dollars, fit principalement bénéficier de l'augmentation faramineuse de la rente pétrolière ses affidés, son armée et l'appareil de son État, au détriment d'une société civile nombreuse qui subissait une répression policière violente. L'aliénation des classes moyennes traditionnelles, incarnées par les marchands du bazar, ainsi que du clergé chiite qui en était issu, favorisa une situation de crise sociale aggravée par l'afflux des ruraux attirés dans les villes par l'aspiration déçue à tirer parti de la manne des hydrocarbures, et qui formèrent un énorme prolétariat de « déshérités ». Dans ce contexte, les nombreux détenteurs de bourses généreuses, envoyés étudier en Occident par dizaines de milliers pour édifier l'Iran du futur, se retournèrent contre le régime impérial autocratique et corrompu.

En visite aux États-Unis en novembre 1977, alors que le président démocrate Jimmy Carter entendait « moraliser » la politique étrangère américaine après son prédécesseur Richard Nixon, le shah y déclencha de violentes manifestations d'hostilité. Les gaz lacrymogènes utilisés pour disperser les étudiants et activistes, majoritairement marxistes ou gauchistes, qui avaient envahi le Mall de Washington furent poussés par les vents dans la roseraie de la Maison-Blanche où le monarque dut interrompre son allocution radiotélévisée en pleurs. L'effet symbolique de ces images fissura le système autoritaire et donna le courage de s'exprimer à l'opposition iranienne, d'autant que les exigences américaines sur le respect des droits de l'homme contribuaient à tempérer la répression. Comme en Algérie en 1988 ou lors des « soulèvements arabes » du début de la décennie 2010, le levain du processus révolutionnaire fut pétri par des forces religieuses qui captèrent ce mouvement et le détournèrent à leur profit. Comme dans les pays arabes voisins où les autocrates modernisateurs avaient galvaudé la laïcité au service de la dictature,

compromettant la légitimité d'une opposition démocratique qui se réclamerait de ces mêmes idéaux, fussent-ils
authentiques, l'Iran pahlavi avait favorisé la polarisation
autour du parti communiste d'un côté et des factions les
plus politisées des clercs chiites de l'autre.

En dépit de l'athéisme proclamé des marxistes, il existait entre ces deux entités une sorte d'homothétie structurelle : comme les organisations léninistes, le clergé est
hiérarchisé et propice à relayer efficacement slogans et
mobilisations de ses ouailles (à l'inverse du monde sunnite
où l'autorité religieuse est fragmentée entre de multiples
oulémas concurrents), un atout précieux pour orchestrer
la continuité d'un mouvement révolutionnaire destiné à
abattre le pouvoir. Cette congruence s'était manifestée
par de nombreux groupes hybrides islamo-marxistes ou
islamo-gauchistes, à l'instar du plus fameux d'entre eux,
les Moujahidin du peuple dont l'intitulé combinait l'imaginaire du jihad et celui du populisme. Ce croisement était
dû à un intellectuel né dans une famille cléricale, ultérieurement éduqué en France au Quartier latin, Ali Shariati. Dans sa traduction en farsi de l'ouvrage de Frantz
Fanon *Les damnés de la terre*, il avait reformulé en vocabulaire coranique la célèbre contradiction marxiste entre
« opprimés » et « oppresseurs », rendant le premier terme
par « déshérités » (*mostadafin*) et le second par « arrogants »
(*mostakbirin*). Mais cette adaptation ne recoupait pas les
mêmes catégories que le modèle original : en y ajoutant
une forte signification morale imprégnée de religiosité,
elle permettait de bouger les lignes de la lutte des classes,
et d'inclure dans le groupe englobant des « déshérités »
tous les ennemis du shah, depuis les marchands du bazar
jusqu'au prolétariat issu de l'exode rural. Elle fusionnait

dans le processus révolutionnaire et sous la houl
la faction du clergé gagnée à pareille idéologie les classes
moyennes pieuses et la jeunesse urbaine pauvre qui, d'un
point de vue strictement social, auraient été antagoniques.

Ce fut le génie politique de l'ayatollah Khomeyni, opposant exilé à Najaf, ville sainte chiite d'Irak, de 1964 à 1978,
ensuite à Neauphle-le-Château dans la banlieue parisienne
jusqu'à son retour victorieux à Téhéran le 1er février 1979,
de se saisir de cette opportunité et de se faire le champion des « déshérités ». Il parvint de la sorte à contrôler un
appareil clérical qui ne lui était pas acquis au départ, et à
instrumentaliser les mouvements de gauche, avant de les
exterminer lorsqu'il eut triomphé et proclamé sa « République islamique ». Pour ce faire, et selon un processus
parallèle à celui du salafisme dans le monde sunnite, il
était revenu à une forme fondamentaliste et « épurée » du
dogme, éloignée des compromis passés au cours de l'Histoire entre les ayatollahs et les princes. Dans sa doctrine,
l'Imam Hussein, petit-fils du Prophète, tué en martyr à
Karbala en octobre 680 par les soldats du calife sunnite
Yazid, représente l'incarnation sublime des « déshérités », tandis que le shah personnifie « l'arrogant » Yazid.
En télescopant de la sorte les fondements de la croyance
revisités par son idéologie avec les enjeux de l'actualité,
Khomeyni parvint à créer une mobilisation considérable,
qui eut raison à la fois de toutes les autres composantes
de l'opposition et du régime impérial.
Ainsi, lorsque celui qui se fait désormais appeler le
« Guide » de la révolution islamique retourne à Téhéran
en triomphe à bord d'un avion d'Air France, il est devenu
une force concurrente chiite particulièrement puissante au

sein du processus d'islamisation du Moyen-Orient initié
six ans auparavant par le royaume saoudien et ses alliés
sunnites à l'occasion de la guerre du Ramadan et du quadruplement des prix du brut. L'antagonisme entre ces
deux entités sera le principal moteur des crises et guerres
dans la région durant les quatre décennies suivantes, et il
se propagera en dehors de celle-ci, touchant en particulier l'Europe avec l'exportation récurrente du terrorisme
islamiste sur son sol, prenant en otage les populations
immigrées d'origine musulmane qui y résident. Au gré
des fluctuations des cours du baril, il aboutira même à
relativiser la ligne de faille qui avait cristallisé le nationalisme arabe après les indépendances, à savoir le conflit
israélo-palestinien, et à l'annexer à ses logiques propres
(comme le montrera sa captation par le Hezballah libanais
et le Hamas palestinien, tous deux sous l'influence de
Téhéran). Sa dynamique se nourrira d'une permanente
surenchère, au prix d'une aggravation constante du chaos
dans les sociétés du Moyen-Orient, du fait de l'irresponsabilité politique entretenue par la rente pétrolière, tant
que celle-ci croîtra sans fin apparente, jusqu'à la seconde
moitié des années 2010.

Le défi lancé à l'Arabie saoudite et à ses alliés par la
révolution iranienne est considérable, car il relativise la
portée d'un processus d'islamisation d'obédience sunnite
dénué tant d'expression sociale que d'héroïsme. Le maillage par les émirs de la péninsule Arabique d'un réseau
associatif salafiste universel, le soutien financier que la
plupart apportent à cette époque à l'internationale des
Frères musulmans ont du mal à allumer un contre-feu
face à l'enthousiasme que déclenchent spontanément
les événements d'Iran dans les couches populaires du

monde musulman dans son ensemble, comme un effet de souffle. Et cela d'autant plus que le discours khomeyniste désigne simultanément deux ennemis planétaires : le « Grand Satan » américain (ainsi que, accessoirement, le « petit Satan » français, malgré l'hospitalité accordée à Neauphle-le-Château), mais aussi les pétromonarchies, dépeintes comme de simples laquais des États-Unis. En ciblant le premier, il s'inscrit, dans la lignée des idées de Shariati, au sein d'une mouvance tiers-mondiste globale, qui lui permet de dépasser sa seule dimension religieuse et lui vaudra des sympathies jusqu'en Amérique latine. En circonscrivant les secondes, il aspire à surmonter sa particularité persane et chiite (qui ne représente qu'environ 15 % des musulmans) pour ravir le leadership sur l'islam universel aux souverains wahhabites, « Gardiens des deux Lieux saints », qui contrôlent le pèlerinage à La Mecque et Médine.

La réponse américano-saoudienne à la révolution iranienne est l'une des composantes du jihad en Afghanistan. L'opportunité en est fournie par rétorsion à l'invasion de ce pays par l'Armée rouge, le jour de Noël de cette année 1979 qui avait commencé avec le retour de Khomeyni à Téhéran le 1er février. Elle s'était poursuivie par le traité de paix égypto-israélien le 26 mars – témoignage du basculement de la ligne d'affrontement majeur régionale depuis le Proche-Orient et la Méditerranée orientale vers le golfe Persique et l'Asie centrale. Contrairement aux interventions soviétiques en Hongrie en 1956 et en Tchécoslovaquie en 1968, qui s'inscrivaient dans le cadre du partage issu des accords de Yalta et inhibaient toute réaction militaire du « Monde libre », l'arrivée des parachutistes et des chars à Kaboul enfreignait les règles établies au lendemain de la Seconde Guerre mondiale. Brejnev se devait d'agir, dans la logique soviétique, pour sauver d'un péril imminent le pouvoir des communistes locaux dont le prosélytisme athée était contré par un soulèvement général de cette société majoritairement tribale et rurale très attachée aux normes traditionnelles. Et la Maison-Blanche quant à elle ne pouvait accepter ce nouveau revers, après la défaite américaine au Vietnam quatre ans auparavant, prolongée au début de 1979 par la perte de l'allié iranien, un enjeu géopolitique considérable dans la mesure où le shah tenait le rôle de « gendarme du Golfe » afin d'en préserver les gigantesques réserves en hydrocarbures des appétits russes. En outre, les États-Unis venaient de subir une humiliation sans pareille à l'occasion de la prise d'otages à l'ambassade américaine de Téhéran par des « étudiants dans la ligne de l'Imam » qui commença le 4 novembre, suivie par une tentative infructueuse de les libérer. Et par-delà l'infraction au pacte de Yalta, la présence militaire soviétique en Afghanistan, territoire contigu de l'Iran où les communistes locaux du parti Toudeh comptaient au nombre des forces révolutionnaires (Khomeyni ne les purgera que l'année suivante), ravivait la hantise américaine de la percée moscovite vers les « mers chaudes », variation contemporaine sur le « Grand Jeu » anglo-russe en Asie du Sud-Ouest depuis le XIXᵉ siècle.

Enfin, dans une vision du monde proprement islamique, la fin de l'année 1979 fut caractérisée par un drame à la signification symbolique majeure : le 20 novembre marquait le premier jour du quinzième siècle de l'Hégire. Dans un contexte doctrinal où l'on considère que chaque siècle verra l'arrivée d'un « Revivificateur » (*Mouhi*) ou « Messie » (*Mahdi*) qui restaurera la pureté de la foi face aux déviances, la grande mosquée de La Mecque fut investie par un groupe jihadiste radical dirigé par Juhayman al-Otaybi, membre d'une importante tribu du pays, qui entendait protester contre la corruption de la famille régnante inféodée à l'Occident et faire reconnaître son beau-frère Abdallah al-Qahtani comme le Messie. Juhayman, qui était lié aux franges les plus rigoristes de l'establishment salafiste du royaume, mit en circulation des « épîtres » dans lesquelles on retrouverait trente ans plus tard une bonne part de l'inspiration de Daesh. À La Mecque, le Sanctuaire ne fut reconquis qu'après deux semaines grâce au Groupe d'intervention de la gendarmerie nationale (GIGN) français, opération tenue alors secrète, les non-musulmans étant interdits d'accès sur ce territoire sacré (*haram*). Des milliers de pèlerins furent séquestrés et deux cent quarante-quatre personnes perdirent la vie (dont cent dix-sept assaillants), bien que toute effusion de sang y fût prohibée. L'affaire tourna à la confusion du pouvoir saoudien, tétanisé par le choc dans les premiers jours, à la fois car il se trouvait débordé par plus wahhabite et jihadiste que lui dans le processus même d'islamisation de la région qu'il avait enclenché, et parce qu'il avait manifesté son incapacité à assurer l'ordre dans les Lieux saints. Il fut pris en défaut dans sa prétention à s'en proclamer le Gardien et, par voie de conséquence, à exercer la suprématie dont il se targuait sur l'islam universel.

L'arrivée de l'Armée rouge à Kaboul trois semaines à peine après la reconquête calamiteuse du *haram* mecquois représentait un défi supplémentaire à cette ambition saoudienne au leadership. En effet, dans la géographie doctrinale, cet acte belliqueux était interprétable comme envahissement d'une « terre d'islam » (*dar al islam*) par des « infidèles » (*kouffar*). À pareille agression, selon les Écritures saintes, le prince musulman devait répliquer en proclamant et mettant en œuvre séance tenante l'impératif du jihad militaire sous peine de déroger. L'invasion soviétique pouvait se lire ainsi de deux manières complémentaires : vue de Washington, c'était un épisode fâcheux de la guerre froide qu'il était impératif de contrer, après les échecs en Indochine et l'humiliation en Iran, sous peine pour les États-Unis de perdre leur position de superpuissance. Vue de Riyad, parce que la monarchie saoudienne aspirait à l'hégémonie sur l'islam universel, ce devait être un jihad. Tel fut le terme choisi pour qualifier la guérilla insurrectionnelle équipée et entraînée par la CIA et cofinancée par les pétrodollars de la péninsule Arabique – dont les combattants, baptisés *Freedom Fighters* outre-Atlantique, étaient autant de barbus pour lesquels la « liberté » signifiait la mise en œuvre de la charia une fois les communistes russes boutés hors de la terre d'islam. Cette confusion du vocabulaire témoignait en profondeur de l'islamisation sémantique de ce qui deviendrait l'affrontement ultime de la guerre froide en même temps que la première des guerres islamiques de l'époque contemporaine – qu'on les nomme jihad, razzia (*ghazou*), terrorisme licite (*irhab mashrou'*) ou opération martyre (*'amaliyya istish.hadiyya*). À son terme, après le retrait soviétique de Kaboul le 15 février 1989 suivi de la chute en conséquence du mur de Berlin le 9 novembre, elle verrait se substituer, une fois l'URSS disparue, le conflit entre l'Orient islamiste et l'Occident (« impie », « judéo-croisé », etc.) à l'antagonisme entre l'Est communiste et l'Ouest capitaliste.

Le jihad afghan permettrait de faire d'une pierre deux coups. D'une part, il porterait l'estocade finale à l'URSS, en exposant la débilitation de l'Armée rouge, devenue un tigre de papier. Les causes profondes de l'effondrement du système soviétique étaient à chercher plus avant, notamment dans la course aux armements avec les États-Unis qui avait ruiné l'économie – sans parler des défauts fonctionnels inhérents au plan par rapport au marché – mais l'achèvement de l'URSS fut affermé par Washington à des combattants du jihad. Ces derniers en tireraient un prestige extraordinaire auprès de leurs coreligionnaires pour s'imposer à l'échelle de la planète comme une force militaire terroriste d'un type imprévisible à laquelle Ben Laden donnerait un visage. D'autre part, cette victoire sunnite servit, dans l'ordre symbolique islamique, à contrer momentanément la propagande khomeyniste, en faisant des Saoudiens et de leurs alliés les sauveurs d'un pays musulman envahi par les athées du Kremlin. Non sans susciter une réplique inédite de Téhéran qui déplaça le conflit en saturant le champ médiatique, à travers la fatwa condamnant à mort Salman Rushdie, la veille du retrait soviétique d'Afghanistan, pour en occulter l'effet d'annonce.

2

L'irruption du jihad international :
contre « l'ennemi proche »
(1980-1997)

LE COMBAT POUR
LE CONTRÔLE DE L'ISLAMISATION
DANS LA DÉCENNIE 1980

Outre le jihad afghan, les années 1980 virent à la fois une progression constante de l'islamisation de l'ordre politique au Moyen-Orient et l'exacerbation des antagonismes entre les camps chiite et sunnite pour s'en arroger le contrôle. Le principal champ de bataille fut la guerre Iran-Irak, qui dura de septembre 1980 à août 1988. Déclenchée par Saddam Hussein et soutenue par les Occidentaux pour contrer l'expansion iranienne, elle causa probablement un million de morts, et fut l'occasion pour les Gardiens de la Révolution et les *Bassidji* (« mobilisés ») de tester la tactique des attaques suicides – nommées par leurs commanditaires « opérations martyres » – qui se répandraient ensuite, après le Liban et Israël, dans tout le Moyen-Orient, en Europe, en Amérique et dans le monde entier.

Des fronts annexes, non moins importants, furent ouverts par Téhéran en parallèle : la guerre civile libanaise et le conflit israélo-palestinien s'inclurent dans l'affrontement qui dressait l'Iran à la fois contre l'Occident et ses alliés et contre la plupart des organisations sunnites – à l'exception du Hamas. En effet, pour se défendre contre la coalition de ses ennemis et desserrer la contrainte sur ses propres frontières, tant avec l'Irak que sur le littoral du golfe Persique, la République islamique initia un deuxième champ de bataille au Levant, et un troisième en Europe (qui était liée organiquement au Liban par le biais des prises d'otages). Jusqu'à la mort de Khomeyni en juin 1989, le pays qu'il guidait s'émancipa totalement des règles usuelles de la belligérance comme du droit international afin de trouver les failles de ses adversaires. Il leur infligea des coups pour les obliger à céder à ses exigences et à relâcher la pression militaire directe – depuis la fatwa contre Rushdie jusqu'aux attentats-suicides et au chantage aux enlèvements de ressortissants occidentaux. L'Iran recommencerait ensuite, une fois sécurisé par la fin de la guerre avec l'Irak, à se rapprocher de la communauté des nations pour sortir d'un isolement qui menaçait la pérennité du régime. Entre-temps, son mode opératoire avait fait des émules dans le jihadisme sunnite, qui perpétrerait partout le terrorisme dont la République islamique avait donné l'exemple initial mais le déclinerait différemment. Celui-ci ne s'appuierait pas, contrairement à ce dernier, sur l'appareil centralisé d'un État qui finirait par se réinsérer dans l'ordre institutionnel mondial.

L'endiguement sunnite de la révolution iranienne se fit donc selon deux axes principaux, l'un afghan et l'autre irakien, grâce au jihad dans le premier cas et à Saddam Hussein dans le second. Ils bénéficièrent d'un soutien occidental sans faille – ce qui apparaîtrait en rétrospective comme une stratégie d'assez courte vue.

Le jihad afghan, originellement dirigé contre l'URSS, avait pour objectif, en l'espèce, de fournir un Grand Récit alternatif à l'enthousiasme belligérant et tiers-mondiste qui formait le cœur de la propagande de Téhéran. L'Arabie saoudite et ses alliés voulaient montrer qu'ils étaient les mieux à même de relever le défi posé à l'islam avec l'invasion de son territoire par les athées soviétiques. Celle-ci en viendrait à se substituer, dans l'imaginaire islamique, à l'occupation de la Palestine par Israël, car cette cause demeurait celle du nationalisme arabe déliquescent – jusqu'à ce qu'elle fût islamisée à son tour par l'émergence du Hamas à la fin de la décennie. Dans l'appel à la mobilisation de l'ensemble des musulmans de la planète pour secourir leurs coreligionnaires d'Afghanistan, les salafistes de la péninsule Arabique et les Frères musulmans conjuguèrent leurs efforts, dans un chorus de toutes les tendances de l'islam politique sunnite rassemblé face au défi chiite pour exercer l'hégémonie universelle sur cette croyance.

Le principal idéologue en fut un Frère palestinien, Abdallah Azzam, installé à Peshawar – la ville frontière pakistanaise qui servait de relais aux opérations en Afghanistan et de point d'accès à ce pays pour les fournitures militaires, ainsi que de plaque tournante aux jihadistes du monde entier qui y établirent leurs camps de base (*Qaïda* en arabe – d'où viendra l'appellation de la célèbre organisation). Dans son manifeste intitulé *Rejoins la caravane !*, il justifie l'impératif de combattre en Afghanistan pour l'ensemble des musulmans au nom du « jihad de défense » qui contraint chacun d'eux à mobiliser ses forces pour reconquérir le territoire de l'islam attaqué par les infidèles. Cet impératif est opposable à tout et tous : ni un État, ni l'époux d'une femme, ni le père d'un mineur, ni le maître d'un esclave ne saurait en empêcher l'accomplissement. Chaque croyant doit agir selon ses capacités « par la main, la langue ou le cœur » – participer au combat par les armes, le financement, l'exhortation et la prédication ou, à tout le moins, par la prière. Il s'agit, précise Azzam en s'appuyant sur les Écritures saintes, d'une « obligation individuelle » (*fard 'ayn*) dont la négligence est punie des pires sanctions dans l'au-delà. Le texte ainsi que les nombreux articles qu'il rédigea dans la revue éponyme *Al-Jihad* firent écho à une fatwa des principaux oulémas sunnites appartenant aux mouvances des salafistes et des Frères qui appelait les fidèles de toute la planète à se mobiliser. Des centres de recrutement furent ouverts à travers le monde, dans les pays musulmans mais aussi en Occident et notamment aux États-Unis, en bonne intelligence avec la CIA qui organisa la tournée des réseaux islamiques de ce pays par Azzam. Il créa le Bureau des Services (*Maktab al-Khadamat* – MAK), qui coordonnait l'enrôlement, la levée de fonds et l'acheminement sur place des jihadistes étrangers. Son principal siège américain, à Brooklyn, serait ultérieurement fréquenté par le cheikh égyptien aveugle Omar Abdel Rahman, condamné à la prison à perpétuité pour le premier attentat, de 1993, contre le World Trade Center, et par de nombreux autres activistes. Quant au MAK, il serait repris, après l'assassinat d'Azzam en novembre 1989, par Oussama Ben Laden et incorporé dans la structure d'Al-Qaïda.

Le financement par la CIA des dix années de jihad afghan est estimé à 4 milliards de dollars, à quoi s'ajoutait l'équivalent (*matching funds*) en pétrodollars saoudiens. Si l'on considère que telle fut la somme à payer pour en finir avec l'URSS, le montant est dérisoire. Mais le prix de cette alliance avec le diable, en rétrospective, et à compter du second attentat contre le World Trade Center et le Pentagone le 11 septembre 2001, fut incalculable.

Sur le terrain, l'essentiel des opérations fut effectué par des Afghans, nommés « moujahidin » – le terme arabe au participe passé actif qui signifie « combattants du jihad ». L'auteur de ces lignes et certains de ses collègues créèrent alors le néologisme « jihadistes » – en ajoutant un suffixe gréco-latin à la racine arabe – pour distinguer des guérilleros indigènes les étrangers, au nombre d'une quarantaine de milliers, qui rejoignirent leurs rangs. Venus d'Afrique du Nord, Algérie surtout, de Libye, d'Égypte, de la péninsule Arabique, du Pakistan et d'Asie depuis la Malaisie et le sud des Philippines, de l'immigration musulmane aux États-Unis et déjà pour quelques dizaines d'entre eux des banlieues européennes, ils bénéficièrent d'un entraînement militaire encadré par la CIA mais guerroyèrent peu sur place. Ils feraient usage de leur formation durant la décennie suivante après être retournés dans leur pays lors des jihads en Algérie et Égypte notamment, ou à travers la nébuleuse d'Al-Qaïda. Ces deux derniers pays connaissaient une forte agitation – Sadate avait été assassiné le 6 octobre 1981 – et leurs dirigeants facilitèrent le départ des activistes locaux qu'ils ne pouvaient pas garder sous les verrous dans l'espoir de s'en débarrasser. Ainsi du bras droit puis successeur de Ben Laden, le médecin égyptien Ayman al-Zawahiri : il sortit de sa prison cairote et partit pour Peshawar, *via* l'Arabie saoudite. On sait désormais que cette stratégie myope se retourna quelques années plus tard contre ses concepteurs lorsque les jihadistes rentrèrent au bercail pour en découdre, mais durant la décennie 1980 elle procura l'illusion que le militantisme islamiste pouvait être canalisé sous la houlette saoudienne contre l'URSS, et que ses débordements éventuels n'étaient que broutilles.

Cette vision du monde était portée par le conseiller à la Sécurité nationale de Jimmy Carter, Zbigniew Brzezinski, premier architecte du soutien américain au jihad afghan, qui la défendit dans un entretien à l'hebdomadaire *Le Nouvel Observateur* le 15 janvier 1998 :

Vous ne regrettez rien aujourd'hui ?

Regretter quoi ? Cette opération secrète était une excellente idée. Elle a eu pour effet d'attirer les Russes dans le piège afghan et vous voulez que je le regrette ? Le jour où les Soviétiques ont officiellement franchi la frontière, j'ai écrit au président Carter, en substance : « Nous avons maintenant l'occasion de donner à l'URSS sa guerre du Vietnam. » De fait, Moscou a dû mener pendant presque dix ans une guerre insupportable pour le régime, un conflit qui a entraîné la démoralisation et finalement l'éclatement de l'Empire soviétique.

Vous ne regrettez pas non plus d'avoir favorisé l'intégrisme islamiste, d'avoir donné des armes, des conseils à de futurs terroristes ?

Qu'est-ce qui est le plus important au regard de l'histoire du monde ? Les talibans ou la chute de l'Empire soviétique ? Quelques excités islamistes ou la libération de l'Europe centrale et la fin de la guerre froide ?

Quelques excités ? Mais on le dit et on le répète : le fondamentalisme islamique représente aujourd'hui une menace mondiale.

Sottises. Il faudrait, dit-on, que l'Occident ait une politique globale à l'égard de l'islamisme. C'est stupide : il n'y a pas d'islamisme global.

Si l'on peut bien comprendre que l'émancipation de la Pologne du joug russe ait tant tenu à cœur au hobereau natif de Varsovie, l'incapacité à penser, jusqu'en 1998, « l'islamisme global » exprime la lecture déficiente des dirigeants américains. À l'aube de la décennie 1980, ils ne déchiffraient ni la signification de la politique d'islamisation sunnite voulue par la monarchie saoudienne ni ses modalités – et moins encore celles de la réplique iranienne à cette stratégie –, car ils restaient intellectuellement prisonniers de l'héritage de la guerre froide.

De fait, le retrait soviétique de Kaboul le 15 février 1989 sous la pression des moujahidin qui, grâce aux missiles sol-air Stinger offerts par la CIA, avaient anéanti la capacité aérienne russe, ouvrit la voie à la chute du mur de Berlin le 9 novembre suivant, elle-même prélude à l'écroulement du communisme. Pour les jihadistes internationaux présents sur place, qui lisaient l'histoire du monde à la lumière de la Révélation et des Conquêtes de l'islam (*futuhat*), il ne faisait aucun doute qu'ils réincarnaient la geste du Prophète, de ses compagnons et de ses successeurs immédiats, cette « nouvelle génération coranique » (*jil qur'ani jadid*) dont Sayyid Qotb appelait l'avènement de ses vœux pour détruire la *jahiliyya* – la « barbarie » impie d'aujourd'hui. De même que les cavaliers sous l'étendard du Prophète avaient défait l'Empire sassanide – l'une des deux « superpuissances » de l'époque – à la bataille de Qadissiyya en 636, les jihadistes avaient abattu à l'identique les Soviétiques à Kaboul. (Saddam Hussein nommerait également « Qadissiyya » son offensive de septembre 1980 contre l'Iran.) Et, à l'instar des Arabes puis des Ottomans qui multiplièrent les razzias contre l'autre superpuissance du temps, Byzance, jusqu'à sa défaite en 1453, Ben Laden et ses affidés renouvelleraient les attaques anti-américaines dont leur « double razzia bénie » contre New York et Washington le 11 Septembre fut le pinacle. Télescopage transhistorique favorisé ici par la numérologie dont la mouvance islamiste est friande : le *9/11* (9 novembre 1989, *eleven nine* en anglais), date de la chute du mur de Berlin, emblématique de la fin du communisme et de l'affrontement Est-Ouest caractéristique du monde ancien, est annonciateur de son inverse le *11/9* (11 septembre 2001, *nine eleven* selon son appellation anglaise courante), à l'aube du nouveau millénaire chrétien. Cette date apparaîtra aux yeux des jihadistes comme l'aurore du millenium islamiste triomphateur et salvateur, sur les décombres de l'Occident impie.

Au moment du retrait soviétique de Kaboul, le 15 février 1989, personne n'y prêta vraiment attention, frustrant ainsi l'axe sunnite de son apothéose en champion universel de l'islam grâce à un jihad vainqueur abondé aux pétrodollars de la péninsule Arabique. La veille, Khomeyni condamnait à mort Salman Rushdie, pour avoir « blasphémé le Prophète » avec son roman *Les versets sataniques*. L'ayatollah, par ce coup de maître, obnubila la victoire géopolitique bien réelle de ses rivaux, transférant le combat sur le champ de bataille médiatique pour l'y emporter. L'Iran signifiait de la sorte aux milliards de fidèles de la planète qu'il se faisait leur défenseur virtuose face à « l'humiliation infligée à Mahomet » par l'écrivain indo-britannique, en prononçant une fatwa à portée universelle. L'opération constituait une rupture sémantique à multiples niveaux et incidences, et, par la stupeur et le scandale qu'elle causa en Occident, capta l'attention massive des journalistes qui

traitèrent le retrait de l'Armée rouge le lendemain en phénomène mineur. La campagne contre le roman avait déjà
commencé six mois auparavant dans les milieux islamistes
sunnites indo-pakistanais du Royaume-Uni, et avait agité
en écho les réseaux musulmans du sous-continent, à tel
point que le gouvernement, pourtant séculariste, de New
Delhi, avait censuré le livre. Des manifestations avaient
été organisées à Londres pour exiger semblable mesure
au nom de la loi contre le blasphème (laquelle, abolie
depuis lors, ne concernait que l'Église anglicane). En janvier, la cité sinistrée de Bradford, dans les Midlands, où
vivait une importante population immigrée au chômage
(de même origine ethno-confessionnelle que Rushdie),
avait été le siège d'un autodafé. Des mollahs et responsables associatifs avaient livré au bûcher un exemplaire
du roman fiché sur un pieu devant la foule furieuse des
croyants rassemblée sur le parvis grandiose de l'hôtel de
ville de style gothique vénitien, témoignage de la splen-
deur déchue de l'ère industrielle. L'Arabie saoudite, partenaire du Royaume-Uni et des États-Unis dans le jihad
en Afghanistan, n'avait pas souhaité envenimer l'affaire
pour ne pas gêner le gouvernement de Mme Thatcher
fort embarrassé par celle-ci. Du coup, Téhéran identifia
le créneau politique exceptionnel dont tirer profit en se
substituant, y compris aux yeux de masses musulmanes
sunnites, à la défaillance de Riyad dans la « défense du
Prophète ». Et Khomeyni, en suscitant un scandale inouï
en Occident, dont les principes de liberté d'expression
étaient bafoués par un ayatollah iranien, focalisait toute
l'attention et occultait le succès conjoint américano-
saoudien à Kaboul.

En rétrospective, la fatwa contre Rushdie créa un

précédent à plusieurs titres. Tout d'abord, elle fit de la planète le « domaine de l'islam » – puisque cette expression désigne un territoire où s'applique la charia. Si elle condamnait à mort un citoyen et résident britannique, elle incluait donc dans son spectre le Royaume-Uni et le reste du monde. Le coup de force de Khomeyni, à l'ère des médias de masse, effaçait les frontières traditionnelles de la cosmographie musulmane, et annexait la terre entière à son emprise juridico-religieuse propre. L'importance symbolique considérable de ce basculement dans l'islamisation des normes et des valeurs universelles n'a pas été comprise à l'époque, faute de mise en perspective, et sa portée demeure, trois décennies plus tard, sous-évaluée. Pourtant, elle a fait jurisprudence, et sera réutilisée à l'identique lors des affaires de « blasphème » consécutives, de l'assassinat du vidéaste Theo van Gogh poignardé à Amsterdam le 2 novembre 2004 par un Néerlando-Marocain pour son film *Soumission*, à la campagne contre la publication le 30 septembre 2005 des caricatures du Prophète par le quotidien danois *Jyllands-Posten*, jusqu'au massacre de la rédaction de *Charlie Hebdo* le 7 janvier 2015 par les frères Kouachi aux cris de : « On a vengé le Prophète Mohammed ! » Si l'initiative en avait été chiite, elle créa une norme qui dépassa les limites de cette confession puisque des sunnites la reprirent par la suite à leur compte.

La fatwa eut aussi une autre conséquence : elle convainquit les jihadistes sunnites que le champ de bataille médiatique était essentiel, et qu'ils l'avaient négligé au terme du conflit afghan. Ayman al-Zawahiri, dans son manifeste stratégique pour Al-Qaïda, *Cavaliers sous la bannière du Prophète*, publié en ligne dans la dernière partie de la décennie 1990, en souligne la centralité, alors même qu'il tire un bilan mitigé des jihads de Bosnie, Algérie et Égypte. Trop étroitement locaux, ils n'ont pas déclenché d'effet de résonance mondial qui les aurait dynamisés et portés à la victoire. En ce sens, les leçons médiatiques de la fatwa du 14 février 1989 ont eu une influence décisive tant sur la mise en scène hollywoodienne du 11 Septembre – à l'époque de la télévision par satellite et surtout d'Al-Jazeera – que des exécutions d'otages par Daesh sur un registre pornographique – à l'ère des réseaux sociaux.

En complément du jihad afghan, trois grands conflits de la décennie 1980 témoignent de l'inscription de l'islam politique au cœur des enjeux internationaux, d'une part, et de la surenchère entre chiites et sunnites pour l'hégémonie sur celui-ci, d'autre part. On les rappelle ici principalement dans cette perspective.

La guerre Irak-Iran fut déclenchée par Saddam Hussein, originaire de Tikrit dans le « triangle arabe sunnite » irakien, en septembre 1980. Elle contraignit le parti Baath à jeter aux orties la laïcité qui était l'un de ses principes fondateurs, et à entériner à son tour les préceptes de l'islamisation idéologique de la région, confirmant que cette dernière s'était substituée au nationalisme arabe séculier à bout de souffle. Le slogan *Allah akbar* fut inscrit sur le drapeau irakien en 1990, Saddam se faisait filmer partout en prière et il fut enjoint aux dirigeantes qui arboraient fièrement leur chevelure de militantes modernes émancipées des superstitions de se voiler strictement. Comme on l'a signalé, l'offensive contre l'Iran fut baptisée « Qadissiyya de Saddam », remployant le nom de la bataille décisive remportée en l'an 636 par les troupes du calife Omar, deuxième successeur du Prophète, qui détruisit l'Empire perse et annexa son territoire. Ce faisant, Saddam Hussein tentait d'accaparer le référentiel religieux et d'en priver son adversaire, réduit à ses origines anciennes sassanides et zoroastriennes, au détriment de ses prétentions à représenter l'islam universel. Téhéran ne demeura pas en reste – dénonçant *urbi et orbi* le laïcisme baathiste qui utilisait la foi comme une supercherie. Pour l'usage interne, on nomma les offensives militaires iraniennes « Karbala » (n° 1, en 1981, jusqu'à n° 6, en 1988) pour mobiliser les soldats selon l'idéologie chiite actualisée par Khomeyni qui dépeignait Saddam comme une réincarnation du calife omeyyade Yazid, assassin de l'Imam Hussein à Karbala en l'an 680. À destination de l'ensemble des musulmans de la terre, on appela certaines campagnes « Badr » à l'instar de la première bataille gagnée par le Prophète en 624 contre les *kouffar* (« impies ») de la tribu de Qoraych – figure des « mécréants » baathistes.

Les motivations de Saddam étaient de deux ordres, intérieur et universel. Sur le plan national, son régime dictatorial sanglant fut fabuleusement enrichi par l'augmentation des prix du brut dont l'Irak était le deuxième exportateur mondial après l'Arabie saoudite. Il reposait, par-delà l'habillage baathiste, sur la minorité arabe sunnite, face à la majorité chiite (dont les principaux Lieux saints, Karbala et Najaf, sont situés en Irak) et à la population kurde et irrédentiste, installée dans les montagnes septentrionales où elle menait une guérilla sporadique. Il lui fallait à la fois contrer l'attraction potentielle du chiisme politique de la République islamique sur le plus grand nombre de ses concitoyens et tirer profit du désordre révolutionnaire dans le pays voisin pour accroître vers l'est et à son avantage la mince façade littorale de l'Irak sur le golfe Persique (58 km) en annexant la province iranienne maritime arabophone du Khouzistan.

En termes régionaux et internationaux, l'Irak fut le bras séculier de tous ceux qui souhaitaient bloquer l'expansion et le prosélytisme khomeynistes : les pétromonarchies sunnites de la péninsule – qui se regrouperaient face à l'Iran en mai 1981 au sein d'un Conseil de coopération des États arabes du Golfe (CCEAG) – et les puissances occidentales, États-Unis et France en premier lieu. Saddam, toutes considérations sur sa violation permanente des droits de l'homme mises à part, était tenu en haute estime dans les milieux politiques et pétroliers de ces deux pays. Il avait noué des relations de proximité avec Jacques Chirac, comme avec une partie de la gauche française laïque. Il bénéficia d'armements très modernes dans sa guerre contre l'Iran, et notamment du prêt de chasseurs-bombardiers français Super-Étendard appartenant à la marine. Ce soutien militaire est l'une des causes invoquées pour les prises d'otages occidentaux menées en rétorsion par les affidés de Téhéran au Liban, mais il finit par faire basculer l'issue de l'affrontement au détriment de la République islamique.

Pour éviter la déroute, l'ayatollah Khomeyni avait été contraint de « boire le calice empoisonné » – c'est-à-dire d'accepter un cessez-le-feu entre les deux pays exsangues qui mit fin aux combats le 20 août 1988. C'est cet échec aussi qu'il tenta d'occulter en « reprenant la main » avec la fatwa contre Rushdie le 14 février suivant, avant de mourir à quatre-vingt-sept ans, le 3 juin 1989 – le décès de l'imam charismatique constituant la condition nécessaire au lent retour qu'effectuerait la République islamique dans la communauté des nations. Quant à Saddam Hussein, son succès par défaut le laissait à la tête d'un pays ravagé et ruiné, profondément endetté auprès des pétromonarchies arabes – ce qui le lancerait dans l'aventure de l'invasion de son créancier koweïtien en août 1990 et de la deuxième guerre du Golfe. Dans les deux cas irakien et iranien, la rente pétrolière avait nourri la démesure belliciste des dirigeants locaux, et facilité leur surarmement, en ce qui concerne Saddam en particulier, par les puissances occidentales. Elle avait également permis de pousser au paroxysme la fracture entre chiites et sunnites, par-delà l'affrontement militaire entre Perses et Arabes.

Simultanément la République islamique, pour desserrer l'étau à ses frontières et dans son espace aérien, porta par procuration le conflit au Levant, en s'immisçant dans les failles qu'ouvraient à la fois la perpétuation de la guerre civile libanaise et l'évolution de la belligérance israélo-palestinienne. La décennie 1980 fut en effet marquée tant par l'islamisation du vocabulaire de ces deux conflits que par l'importation des intérêts iraniens en leur sein, au Liban de manière ostensible, et de façon graduée en Palestine. Cela fournit à Téhéran un levier inédit et considérable pour faire pression sur le camp occidental. Au Liban, cette stratégie passa d'abord par les enlèvements d'otages. Elle fut accompagnée par la mobilisation de la communauté chiite, majoritaire par sa démographie mais politiquement marginale, qui fut transformée par le Hezballah en force dominante dans le pays du Cèdre. Elle parviendrait à fédérer autour d'elle, au terme d'un long processus de trois décennies, l'ensemble des minorités constitutives de la mosaïque levantine, notamment les chrétiens d'Orient, sur lesquelles la propagation du salafisme jihadiste faisait porter un danger d'extermination dont Daesh serait l'expression la plus aboutie. Et à partir des zones chiites du Sud-Liban, le Hezballah substitua *de facto* sa « Résistance » (*Mouqawama*) contre Israël à la Résistance palestinienne proprement dite, qu'il combina à son soutien au Hamas – exemple d'un mouvement islamiste sunnite, lié aux Frères musulmans, aligné sur Téhéran.

Dans le Liban meurtri et divisé sur lequel pesait l'influence majeure de Damas depuis l'entrée des troupes syriennes en juin 1976, les multiples lancers de roquettes par les Palestiniens établis dans le Sud vers la Galilée israélienne eurent pour conséquence l'invasion par l'armée de l'État hébreu en juin 1982, au cours de l'opération « Paix en Galilée ». Pénétrant jusqu'aux faubourgs de Beyrouth, elle chassa les groupes palestiniens vers le nord, puis du Liban lui-même qu'ils quittèrent sur des navires français à destination de Tunis (avant de revenir à Tripoli, dans la zone septentrionale du pays, d'où ils seraient expulsés cette fois par les Syriens en décembre 1983). La population chiite accueillit d'abord favorablement les envahisseurs qui la débarrassaient des fedayin palestiniens. Mais la présence militaire israélienne qui fit la jonction avec les combattants chrétiens pro-occidentaux changea le rapport de forces local au détriment de Damas et de son allié iranien. L'assassinat du président libanais Bachir Gemayel fut vengé par le massacre des camps palestiniens de Sabra et Chatila en septembre 1982, perpétré par des miliciens phalangistes au vu et su de l'armée israélienne. Son successeur Amine Gemayel, frère du défunt, signa un accord avec l'État hébreu prévoyant le retrait de son armée du Liban et la paix entre les deux États, mais il fut entravé par l'action conjointe de la Syrie et de l'Iran. La République islamique déploya plusieurs centaines de Gardiens de la Révolution (Pasdarans) dans la Bekaa, région à majorité chiite, intervenant ainsi directement sur le territoire libanais, prélude à la création du « parti de Dieu » ou Hezballah, qui reconnaissait Khomeyni comme son guide et mentor. Le Liban s'était constitué dès le 15 décembre 1981 en chambre d'écho de l'affrontement chiite-sunnite incarné par la guerre Iran-Irak avec le premier attentat-suicide, commis contre l'ambassade de ce dernier État. Après l'arrivée de la Force multinationale d'interposition (FMI) américano-franco-italienne en septembre 1982, censée séparer les combattants, un nouvel assaut du même type contre la chancellerie diplomatique des États-Unis en avril 1983 causa soixante-trois morts, suivi de deux autres le 23 octobre contre les casernes des contingents américains et français (deux cent cinquante-six et cinquante-huit tués respectivement) du corps expéditionnaire. Cette politique de la terreur, officiellement non revendiquée mais s'inscrivant dans le prolongement des attaques suicides iraniennes sur le front irakien, et qui inaugura l'usage contre les troupes conventionnelles des grandes puissances de la guerre asymétrique dont le jihadisme ultérieur tirerait son inspiration, contraignit la FMI en mars 1984 à quitter le Liban. L'axe syro-iranien y deviendrait graduellement le maître du jeu – à travers les innombrables vicissitudes secondaires de trois décennies de conflit.

Le second volet de cette stratégie consista en le rapt d'otages, dont douze Français, huit Américains et sept ressortissants d'autres États hostiles à l'Iran, à partir du 22 mars 1985. L'enlèvement de Jean-Paul Kauffmann et

Michel Seurat, deux mois plus tard, fut revendiqué par une « organisation du jihad islamique » chiite, qui exigeait la fin de l'aide française à l'Irak – au moment où Paris lui avait prêté des chasseurs-bombardiers Super-Étendard –, dans un contexte où l'Iran voulait recouvrer l'investissement du shah dans l'instance nucléaire européenne Eurodif – bloqué par la France. Cet épisode, vécu comme une tragédie nationale dans l'Hexagone à travers la répercussion que lui donna la télévision publique dont une équipe de tournage avait aussi été kidnappée, et du fait de la mort en captivité du chercheur Michel Seurat, ne trouverait son épilogue qu'avec une visite à Téhéran du ministre des Affaires étrangères Roland Dumas en 1989. Elle fut suivie de la libération et de l'expulsion de terroristes emprisonnés en France, dont un chiite libanais qui avait tenté d'assassiner l'ancien chef du dernier gouvernement du shah et opposant à la République islamique Shapour Bakhtiar en juillet 1980 en banlieue parisienne.

Outre cet usage du territoire du pays du Cèdre comme relais des activités anti-occidentales de l'Iran, le sud du Liban, qui passa graduellement sous le contrôle total du Hezballah, fut érigé en fief de la Résistance contre Israël, dont le fer de lance devint le parti de Dieu et non plus l'OLP. Celui-ci allait se substituer au nationalisme arabe dont l'organisation palestinienne avait été le symbole éminent, en se faisant le champion de la lutte contre l'« entité sioniste », ce qui accroîtrait considérablement sa popularité et celle de l'Iran dans le monde arabe, pourtant très majoritairement sunnite. Ce processus culminerait dans la « guerre des trente-trois jours » du 12 juillet au 14 août 2006 entre Israël et le Hezballah, qui tourna à la déconfiture de l'armée israélienne, et fit de Hassan Nasrallah, le secrétaire général du Hezballah, le héros arabe par excellence. Il serait célébré jusque sur les ondes des télévisions satellitaires de la péninsule Arabique, une première pour un chiite ayant juré allégeance à l'ayatollah Khameneï, Guide de la République islamique.

Au Liban même, le Hezballah ferait dériver de son incarnation de la « Résistance », dont l'appellation arabe de *Mouqawama* servirait de prête-nom à ses actions, le droit de conserver ses armes alors que les autres milices seraient démilitarisées, et acquerrait une formidable légitimité dépassant sa seule communauté. Cela lui permettrait d'exercer, à partir de la fin de la décennie 1980, une influence croissante sur l'ensemble du pays, contournant ainsi les accords de Taëf, signés le 22 octobre 1989 dans cette ville saoudienne, qui avaient mis un terme à quinze ans de guerre civile en entérinant en apparence la défaite chrétienne. En effet, le président maronite de la République avait perdu l'essentiel de ses prérogatives en faveur du Premier ministre musulman sunnite, consacrant symboliquement la victoire saoudienne portée par les pétrodollars et incarnée par le milliardaire libano-saoudien et homme politique Rafiq Hariri. Dans la réalité, ces accords furent rapidement dépassés, au cours des années ultérieures, par l'évolution des forces sur le terrain, qui marginalisèrent graduellement la communauté sunnite au profit du Hezballah – on en verra ci-après le résultat dans les années 2000 puis 2010.

Enfin, l'islamisation du conflit palestinien puis son inscription dans la rivalité entre chiites et sunnites pour en exercer le leadership régional constituèrent l'une des transformations majeures du Moyen-Orient au cours de la décennie

1980. En 1979, au lendemain du triomphe de la révolution iranienne, un médecin palestinien exilé en Égypte et issu des Frères musulmans, Fathi Shqaqi, publia un livre à succès intitulé _Khomeyni : la solution islamique alternative._ Dédié à ce dernier (« l'imam révolutionnaire ») ainsi qu'au fondateur des Frères Hassan al-Banna (« l'imam martyr »), il exprimait la proximité intellectuelle des plus radicaux de ceux-ci, disciples de Sayyid Qotb, avec les militants chiites, par-delà les allégeances de secte. Shqaqi créa le Jihad islamique palestinien, mouvement militaire qui dès 1983 mena les premières attaques sanglantes contre Israël dans les territoires palestiniens occupés, pour montrer que l'État hébreu n'était pas invincible – tandis que l'OLP vivait sa déroute libanaise et que la branche modérée des Frères palestiniens se limitait à l'action caritative. Pendant ces années, la mystique des camps d'entraînement palestiniens, qui étaient en train d'être éliminés du Liban, fut supplantée par celle des bases jihadistes – la « Qaïda » – entre Peshawar et la frontière afghane. L'idéologue principal du jihad, Abdallah Azzam, était du reste lui-même un Frère musulman palestinien qotbiste et, dans ses écrits, il rappelait que la libération et l'islamisation de sa terre natale restaient le plus haut de ses objectifs, même si les circonstances voulaient que la meilleure opportunité de jihad armé se présentât alors en Afghanistan.

La combinaison de l'influence de Shqaqi et d'Azzam servit de levain à la radicalisation des Frères palestiniens, qui s'exprima à l'occasion de la première Intifada (« soulèvement ») ou « révolte des pierres » débutant en décembre 1987. Ce passage de la résistance contre Israël depuis l'extérieur vers l'intérieur de la Palestine, en Cisjordanie, à Jérusalem et à Gaza, puis sur le territoire de l'État hébreu lui-même durant la décennie suivante, s'accompagna de l'apparition du Mouvement de la résistance islamique, dont l'acronyme arabe forme le terme Hamas. Au fur et à mesure du développement de l'Intifada, ce dernier disputa à l'OLP d'Arafat son monopole sur le leadership de la cause palestinienne, émettant son propre calendrier des jours de grève obligatoire. Le 18 août 1988, le Hamas publia sa Charte, qui se démarquait de celle de l'OLP, référence exclusive et unique. Elle rappelait que le jihad pour la libération de la terre islamique de Palestine était une « obligation individuelle » (*fard 'ayn*), les mêmes termes utilisés par Azzam pour qualifier le jihad afghan qui était alors en train de mettre en échec l'Armée rouge. Si, à la fin de la décennie 1980, l'OLP gardait encore sa capacité de manœuvre politique, elle se trouvait bousculée par une islamisation de la cause qui ne ferait que croître dans les années suivantes, et que finançaient les pétrodollars de la péninsule Arabique : en 1990, le Koweït versa 60 millions de dollars au Hamas, contre 27 seulement à l'OLP. En août de cette année, Arafat appuya en effet l'Irak de Saddam Hussein lorsqu'il envahit l'émirat.

L'ANNÉE 1989 : JIHAD ET CHUTE DU COMMUNISME

Quand la décennie se clôt avec l'année 1989, un espace de sens islamique s'est établi pour de bon dans le système international. Alors que, depuis les accords de Yalta en 1945, la contradiction entre le monde libre mené par Washington et l'univers socialiste dirigé par Moscou avait servi de moteur principal à la dialectique de l'Histoire,

1989 constitue une nouvelle ligne de partage des eaux. L'émergence de l'islamisation portée par la rente pétrolière est un symbole d'autant plus fort de rupture culturelle que cette année-là correspond au bicentenaire de la Révolution française, accoucheuse par excellence de la laïcité. En France, les célébrations sont gâchées par la première affaire du voile à l'école dans un collège de Creil, en région parisienne. Elle initiera quinze années maillées de multiples procédures judiciaires intentées par des associations islamistes à l'État jusqu'à ce qu'une loi, en mars 2004, prohibe finalement le port de « signes religieux ostentatoires » dans les établissements scolaires financés par l'argent public. Après les soubresauts de la fatwa contre Rushdie outre-Manche depuis le début de cette même année, ce sont les deux conceptions dominantes quoique opposées du sécularisme multiculturaliste britannique et de la laïcité républicaine française, issues toutes deux de la modernité européenne des Lumières, qui sont également frappées de plein fouet par le processus d'islamisation des valeurs sociales et morales, sous ses espèces chiite révolutionnaire, d'une part, et sunnite conservatrice, d'autre part.

Par une coïncidence signifiante, l'« affaire du voile » de Creil, qui démarre le 18 septembre 1989 lorsque trois élèves musulmanes d'un collège d'un quartier populaire en banlieue parisienne refusent d'enlever leur *hijab* en classe, advient quelques semaines avant la chute du mur de Berlin, le 9 novembre. Témoin oculaire, je me souviens que la presse et l'opinion françaises se passionnaient et se déchiraient bien davantage pour le premier événement que pour le second. De même que la fatwa de Khomeyni condamnant à mort le romancier des *Versets sataniques* le jour paradoxal de la Saint-Valentin 1989, comme on l'a vu, avait totalement occulté dans les médias le retrait soviétique de Kaboul le lendemain, 15 février, l'incident causé par un fichu de tissu sur la tête d'adolescentes, en dépit de son apparente trivialité, prenait le pas dans l'esprit du public français sur la fin de la guerre froide par effondrement de l'URSS et du communisme. Plus qu'à la folie hexagonale que se sont complu à brocarder les observateurs anglo-saxons, le caractère anxiogène de l'affaire ressortissait à l'irruption dans la société d'une rupture insidieuse de type culturel qu'accompagnait le processus de l'islamisation des quartiers populaires qui commencerait à se substituer à la fracture sociale traduite politiquement par l'opposition entre la gauche et la droite. Cela reflétait la fin de l'affrontement planétaire entre Est et Ouest, communisme et monde libre, et inaugurait une lecture de l'Histoire contemporaine en termes de « clash des civilisations » confrontant Occident et islam comme deux entités binaires, selon le best-seller homonyme du professeur de Harvard Samuel Huntington paru en 1996. Trois décennies plus tard, force est de constater que cette fracture culturelle a considérablement progressé jusqu'à devenir, à travers son exacerbation dans le terrorisme jihadiste, une faille majeure de la société française (comme du reste de l'Europe). Mais celle-ci avait aussi vu surgir en 1989 ce même phénomène dans sa proximité immédiate, au sud de la Méditerranée, en Algérie, très liée à la France par le legs irritant de cent trente-deux ans de colonisation et par la présence dans l'Hexagone de plusieurs millions de résidents d'origine algérienne, dont la plupart étaient déjà français ou avaient vocation à le devenir.

En mars 1989 fut créé dans la mosquée Ben Badis à Alger le Front islamique du salut (FIS) par un conglomérat d'activistes et de prédicateurs islamistes, de salafistes et de jihadistes de diverses tendances, tandis que revenaient au pays des combattants partis en Afghanistan. Ils étaient auréolés de la gloire de la victoire le mois précédent contre l'URSS – en l'occurrence l'un des principaux soutiens du FLN au pouvoir en Algérie, Moscou ayant formé dans ses universités et académies militaires de nombreux cadres du régime et équipé son armée. L'Algérie avait « édifié le socialisme » grâce à la rente pétrolière et gazière, contrôlée par une oligarchie de généraux qui achetait ainsi la paix dans les rues au prix de la destruction de la société civile et de l'éradication de toute classe entrepreneuriale. Cette stratégie déresponsabilisait une population dont le croît démographique abondant était encouragé dans une concurrence acharnée pour l'hégémonie maghrébine face au Maroc, et exposait donc particulièrement le pays aux variations des cours des hydrocarbures, qui subventionnaient toute l'économie. La baisse conjoncturelle de 1986, qui divisa par deux le budget de l'État, se traduisit par des privations et une chute du niveau de vie, aggravées par la gabegie, la corruption et l'ubiquité du *trabendo* (marché noir).

Dans ce contexte dégradé, éclatèrent le 4 octobre 1988 des émeutes qui furent réduites au prix de plusieurs centaines de morts – tandis que la jeunesse urbaine pauvre révoltée vilipendait comme « juifs » les policiers, les assimilant aux Israéliens dont la télévision d'État dénonçait images à l'appui la répression simultanée de l'Intifada palestinienne. Comme en Iran en 1978, le soulèvement n'avait pas au départ de caractère religieux, mais c'est le

pouvoir lui-même qui fit appel le 10 octobre à des prédicateurs, reçus par le président Chadli Bendjedid, pour
calmer une situation qui avait tourné au pillage. La mouvance islamiste en Algérie avait considérablement crû
durant la décennie 1980 comme ailleurs dans le monde
sunnite. En 1982, Moustapha Bouyali, inspiré par la lecture de Sayyid Qotb, prit le maquis (à l'imitation du FLN
pendant la guerre d'indépendance contre la France) à la
tête du Mouvement islamique armé (MIA) pour instaurer
dans le pays la charia par le jihad. Mais son impact fut
limité, et son chef abattu cinq ans plus tard – tandis que le
gouvernement encourageait ceux qui avaient des velléités
de l'émuler à partir en Afghanistan afin de les éloigner...
Dans le même temps, des cercles conservateurs luttaient
contre les étudiants de gauche à l'université, exigeant la
généralisation de l'arabisation au détriment du français et
l'application de la charia en organisant des prières collec-
tives : ils subirent également la répression. Puis le pouvoir,
à l'instar de ce qu'avait fait Sadate en Égypte durant la
décennie précédente, s'efforça de couper l'herbe sous le
pied à cette contestation en favorisant une islamisation
sous contrôle d'État. Un code de la famille d'inspiration
coranique fut adopté par le Parlement, le pays fut couvert
de mosquées, la littérature et les cassettes des prédicateurs wahhabites envahirent la foire du livre d'Alger au
préjudice des ouvrages en français, et le cheikh égyptien
Youssef al-Qaradawi, figure de proue des Frères musulmans (futur animateur de la principale émission religieuse
sur la chaîne Al-Jazeera et acteur majeur de l'islamisation
des soulèvements arabes de 2011), fut invité par le gouvernement comme référent pour accompagner le « réveil
islamique » local.

Il existait ainsi une contre-élite qui s'était constituée en Algérie dans le cadre de l'islamisation générale de l'ordre politique promue par les pétromonarchies de la péninsule Arabique depuis 1973 – touchant l'Afrique du Nord avec un décalage de quelques années par rapport au Moyen-Orient. Et c'est à elle que le président Chadli, privé des relais traditionnels du parti unique FLN déliquescent et cible de la contestation, s'adressa pour rétablir le calme, en recevant le 10 octobre le prédicateur Sahnoun, l'ancien disciple de Bouyali et tribun passionné du jihad Ali Belhadj, et le dirigeant des Frères musulmans Mahfoudh Nahnah. À la suite de leur appel, les pillages cessèrent – manifestant leur influence. En échange, Chadli autorisa le pluripartisme, ouvrant la voie à la création du Front islamique du salut en 1989. Il connut un développement fulgurant, sachant fédérer sous la houlette d'une intelligentsia islamiste deux classes sociales antagoniques, la jeunesse urbaine pauvre – désignée dans le dialecte du sobriquet de *hittistes* (« ceux qui tiennent le mur » par désœuvrement) – et les classes moyennes pieuses, dans un processus révolutionnaire qui évoqua à ses débuts celui de l'Iran en 1978-1979. Exigeant la libération des jihadistes du MIA incarcérés par la justice « impie », organisant marches et sit-in incessants, le FIS se substitua à l'État déficient à l'occasion du tremblement de terre de Tipasa, en septembre, s'attirant une forte popularité. Il remporta triomphalement dans la foulée les élections locales de juin 1990, mettant en place un réseau de « municipalités islamiques », puis le premier tour du scrutin législatif de décembre 1991. Celui-ci fut interrompu par l'armée, frustrant le parti de sa victoire, comme on l'observera ci-dessous, ce qui ouvrit la voie à un jihad qui devait déborder sur le territoire français.

Si la prise du pouvoir des islamistes en Algérie fut entravée en dépit de leurs succès initiaux, l'année 1989 vit s'installer dans un pays arabe sunnite le premier régime dirigé par une personnalité de cette tendance, Hassan al-Tourabi au Soudan. Intellectuel charismatique issu du milieu religieux, mais éduqué en Angleterre et en France, où il fréquenta la mouvance tiers-mondiste, à l'instar d'un Ali Shariati dans l'univers chiite, il préconisait l'islamisation « par le haut » de la société. Il s'adressa prioritairement à l'intelligentsia soudanaise, auparavant largement acquise au parti communiste, exceptionnellement puissant. Après avoir purgé sept années de prison, il adopta une approche pragmatique qui passait par l'entrisme dans l'appareil d'État et dans l'armée comme dans le système bancaire islamique que l'Arabie saoudite implantait à travers le pays. Son influence s'était imposée durant les années terminales du régime du général Nimeyri, dans la première moitié de la décennie 1980, qui avait pris des mesures pour bannir l'alcool et établir la charia, et avait fait pendre en janvier 1985 l'intellectuel Mohammed Mahmoud Taha, qui proposait une relecture critique du Coran. Après la chute du dictateur cette même année, Tourabi fonda le Front national islamique, tandis que la guerre civile entre le Nord musulman et le Sud animiste et chrétien ravageait le pays. Il fournit à l'armée la légitimation de son action, et lorsque les revers militaires de Khartoum dans le Sud débouchèrent sur le coup d'État du général Omar al-Bachir, le 30 juin 1989, Tourabi devint son éminence grise.

Alors que le régime soviétique et l'idéologie communiste s'effondrent à la fin de 1989, l'islamisme politique a remporté des succès majeurs – depuis son rôle dans la déroute de l'Armée rouge à Kaboul jusqu'à la prise du pouvoir à Khartoum, en passant par les affaires Rushdie au Royaume-Uni et du voile en France qui enfoncent un coin dans la culture sécularisée de deux démocraties européennes au nom de la mise en œuvre de valeurs religieuses, sans oublier les accords de Taëf destinés à conforter la prédominance sunnite au Liban, la création du FIS ou celle du Hamas. Les effets s'en feront sentir à long terme. Mais dans un premier temps, c'est le jihad déclenché en Algérie en réaction à l'interruption par l'armée des élections juste avant la victoire attendue du FIS qui caractérisera l'ultime décennie du XXᵉ siècle, ainsi que les deux autres jihads égyptien et bosniaque qui se déroulent simultanément : tous trois échoueront.

LA PREMIÈRE PHASE DU JIHADISME EN ÉCHEC : LA DÉCENNIE 1990

Les années 1990 sont marquées avant tout par le déploiement de trois fronts à l'imitation de celui d'Afghanistan qui vient de s'achever par un succès exemplaire : ils ont lieu en Égypte, en Algérie et en Bosnie (ces deux derniers pays touchant à l'Europe ou y débordant, prémonition des vagues d'attentats qui endeuilleront le Vieux Continent). Au terme de trois à cinq ans de combats, ils ne parviennent pas à s'emparer du pouvoir, mais les leçons de leur déconfiture seront tirées par Ben Laden et

Zawahiri pour préparer la deuxième phase qui culminera avec la « double razzia bénie » du 11 septembre 2001 à New York et Washington.

Cette décennie débuta toutefois par un conflit interne au système rentier des pays sunnites producteurs de pétrole, qui fissura le processus d'islamisation voulu par les pétromonarchies en dressant les jihadistes contre le régime de Riyad. L'invasion du Koweït par l'Irak, qui eut pour conséquence l'intervention d'une coalition militaire pour le libérer, dirigée par les États-Unis à partir du territoire saoudien, suscita par réaction une violente contestation en Arabie saoudite, dix ans après l'attaque de La Mecque. Oussama Ben Laden en devint l'une des figures de proue, explicitant ainsi sa rupture avec les autorités de son pays. L'envahissement du Koweït le 2 août 1990 fut un effet d'autant plus paradoxal de la guerre entre l'Iran et l'Irak que l'émirat, à l'instar des autres pétromonarchies du Conseil de coopération du Golfe, hanté par l'expansion de la révolution khomeyniste dans la péninsule Arabique, avait abondamment financé la « Qadissiyya de Saddam » par des prêts. Le danger écarté après la fin du conflit en été 1988, Bagdad, ruiné et dont les champs pétrolifères avaient été mis hors d'usage, fut incapable d'honorer ses dettes. L'escalade des tensions aboutit à l'« attaque de la banque » par son débiteur, comme on le disait plaisamment à l'époque. L'interpolation entre hydrocarbures, belligérance et islamisation fut soulignée d'emblée car l'invasion eut lieu à l'aube d'un jour où les pays adhérents de l'Organisation de la conférence islamique (OCI), que le Koweït avait présidée l'année précédente, étaient réunis au Caire. À l'heure prévue pour la reprise des sessions de cette institution destinée à propager l'islam à travers le monde sous la houlette saoudienne, l'un des États membres avait été détruit et annexé par un autre. Les armées de Saddam, après n'avoir fait qu'une bouchée de l'émirat, désormais proclamé « dix-neuvième province » irakienne, parvinrent à la frontière saoudienne – les gisements pétrolifères du Hasa à leur portée.

Dans une indicible panique, le roi Fahd, « Serviteur des deux Lieux saints », fit appel le 7 août aux troupes américaines. Or, en invitant des militaires « infidèles » à fouler le sol sacré de ce pays, le souverain wahhabite fut accusé d'apostasie par les jihadistes, que Riyad avait pourtant financés abondamment en Afghanistan. Cette incrimination s'appuyait sur un dit du Prophète (*hadith*), que la monarchie utilisait elle-même pour prohiber tout culte autre que l'islam sur son territoire : « Expulsez les juifs et les chrétiens de la péninsule Arabique. » Dans l'interprétation la plus littérale, cela interdisait explicitement le recours à des soldats « croisés », qui introduiraient la sédition parmi les musulmans. Cette fissure dans le camp salafiste sunnite devait se prolonger tout au long des décennies suivantes. Saddam Hussein, de même qu'il avait mobilisé le registre sémantique de l'islam contre Téhéran pour lui en disputer l'hégémonie – nommant, on le rappelle, son offensive « Qadissiyya » –, dépeignit sa razzia sur le Koweït, puis son conflit avec l'Arabie saoudite sous les couleurs d'un jihad contre des dynasties mécréantes inféodées à l'Occident. Pour compenser la faiblesse de son appareil de légitimation religieuse – ayant fait pendre, assassiner ou emprisonner de nombreux clercs – face à la machinerie bien huilée de l'Organisme des Grands Oulémas saoudiens, il donna à son jihad des accents populistes, redoublés par la haine contre les croisés, le colonialisme et l'impérialisme, etc., dès lors qu'un demi-million de soldats américains eut débarqué dans le royaume wahhabite. Ses soutiens à travers le monde arabe mêlèrent dans le même enthousiasme des nationalistes qui voyaient en lui la réincarnation de Nasser et des islamistes radicaux rêvant d'assister à la chute de la maison Saoud.

La « rue arabe » – une expression qui fit florès à cette occasion – s'enflamma pour lui plus encore à partir du 15 janvier 1991 lorsque fut déclenchée l'opération « Tempête du désert » qui repoussa les troupes irakiennes du Koweït vers l'Irak, puis traversa la frontière. Par quelques missiles Scud qui touchèrent le territoire israélien, Saddam galvanisa les foules en ravivant l'antisionisme. Arafat lui apporta son appui – ce qui devait le priver des subsides du Golfe, qui financèrent son rival Hamas après la défaite irakienne. La mythification des Scud se développa au Maghreb, où la mobilisation prit un tour antifrançais, le président Mitterrand s'étant engagé dans la coalition aux côtés des États-Unis. À Casablanca, j'entendis raconter l'histoire suivante : « Le Maroc a décidé de lancer un Scud contre la France. Mais au dernier moment celui-ci ne décolle pas : on découvre que des dizaines de personnes s'y sont accrochées, dans l'espoir d'arriver dans l'Hexagone sans avoir besoin de visa. » Elle marquait toute l'ambiguïté de la relation postcoloniale. En Algérie, le soutien à Saddam fut accompagné par la frange la plus radicale du Front islamique du salut tout juste créé, et qui venait de triompher aux élections municipales de juin 1990. Le prédicateur Ali Belhadj défila en treillis militaire à la tête de cortèges immenses qui scandaient « Cogne, Saddam ! » (*Sadd, ya Saddam !*), et dont les manifestants déposeraient dans la foulée un bulletin pour le FIS lors du premier tour du scrutin législatif en décembre de l'année suivante.

Le magistère du pouvoir saoudien sur le processus d'islamisation planétaire se trouva de ce fait menacé par une surenchère qui retournait contre celui-ci son propre discours. Dans un premier temps, les milieux libéraux locaux avaient voulu profiter de la présence militaire occidentale pour pousser des réformes. Comme des soldates américaines pilotaient des véhicules dans le royaume au vu de tous, soixante-dix Saoudiennes prirent le volant en public le 6 novembre 1990 – s'attirant une violente réponse des autorités pour donner des gages aux cercles les plus conservateurs qui vilipendaient les « putains communistes ». (Il faudrait attendre septembre 2017 pour que la permission de conduire soit finalement accordée aux femmes, prenant effet après le Ramadan, en juin 2018). Le courant islamiste se manifesta avec une virulence graduelle contre le pouvoir – qui avait déjà été échaudé par l'investissement de la Grande Mosquée de La Mecque en novembre 1979 à l'aube du nouveau siècle hégirien. Tout d'abord, en mai 1991, à l'instigation du jeune imam Salman al-'Auda – qui serait alternativement emprisonné et coopté par la monarchie au cours de la décennie suivante –, cent neuf prédicateurs et activistes adressèrent une « lettre de réclamations » (*khitab al matalib*) au roi Fahd afin qu'il reste fidèle aux normes les plus strictes du wahhabisme et résiste à l'influence néfaste des chrétiens et des juifs. En termes voilés, la critique portait sur le monopole du pouvoir par la famille régnante, dont la légitimité religieuse se trouvait entamée par l'arrivée des troupes « croisées » sur le territoire des « deux Lieux saints ». Les pétitionnaires demandaient la création d'un

« conseil consultatif ». Le roi, après avoir fait morigéner par les oulémas les plus âgés les promoteurs de l'initiative, sous prétexte qu'en étant publique elle risquait de semer la sédition (*fitna*) parmi les croyants, instaura l'assemblée demandée, mais y nomma des membres de grandes tribus éduqués pour la plupart en Occident. En réaction, certains des signataires de la lettre publièrent un « mémorandum d'admonestation » (*mudhakirat an-nasiha*) qui critiquait le régime en profondeur : il réclamait l'indépendance des clercs, l'islamisation absolue des lois et du système bancaire, critiquait la faiblesse de l'armée saoudienne, l'appel aux militaires américains, etc.

Le 3 mai 1993, quelques-uns des auteurs créèrent une organisation contestataire – un précédent insupportable pour le royaume wahhabite. Son nom arabe, Comité de défense des droits de la charia, était traduit en anglais par Comité de défense des droits légitimes – jouant sur l'ambiguïté du terme arabe afin de mobiliser des soutiens en Occident auprès des libéraux et activistes des droits de l'homme ignorant la langue arabe. De fait les signataires, rapidement incarcérés, furent élargis sur pression d'Amnesty International, et leur leader, Mohammed al-Massari, s'installa à Londres en avril 1994. Pendant deux ans, il y vitupéra le régime saoudien en exposant ses turpitudes – avant l'émergence d'Internet – ... par fax (le coût en devint si prohibitif que British Telecom suspendit sa ligne pour défaut de paiement en 1996). Tandis que le pouvoir faisait emprisonner dans le royaume les principaux animateurs de cette mouvance contestataire islamiste connue sous le nom de *sahwa* (« réveil »), Massari quitta en 1996 le devant de la scène, laissant la place à Oussama Ben Laden. Celui-ci, lié aux auteurs du mémorandum, avait fui l'Arabie en 1991 pour l'Afghanistan puis, de 1992 à 1996, pour le Soudan de Tourabi. Il fit du slogan « chasser les Américains de la péninsule Arabique » son premier mot d'ordre. Il avait proposé au roi Fahd, lors de l'invasion du Koweït, de dépêcher ses brigades jihadistes contre les troupes de Saddam : le monarque, dédaignant son offre, avait au contraire appelé les Américains à la rescousse le 7 août 1990. La vengeance de cet affront viendrait, comme on l'observera plus loin, avec l'attentat contre les deux ambassades des États-Unis en Tanzanie et au Kenya le jour anniversaire de cette requête en 1998.

JIHAD EN ALGÉRIE ET PREMIÈRE TERREUR DANS L'HEXAGONE (1992-1997)

Après la retraite de l'Armée rouge le 15 février 1989, les jihadistes étrangers qui le pouvaient avaient commencé à regagner leur pays d'origine, déterminés à y dupliquer l'expérience afghane jusqu'à la chute des régimes « apostats » et l'instauration d'un État islamique. Outre les guérillas dans certaines régions musulmanes du Caucase qui accompagnèrent la désagrégation de l'URSS – comme en Tchétchénie –, trois principaux conflits marquèrent la décennie : l'Algérie, l'Égypte et la Bosnie. Dans les deux premiers, les combattants furent indigènes ; dans le troisième des Saoudiens, des Égyptiens et quelques Européens convertis assurèrent le gros du contingent, car on ne comptait guère de Bosniaques en Afghanistan.

En Algérie, le retour des « Afghans » à partir de 1989 coïncida avec les troubles sociaux inaugurés par les révoltes et pillages d'octobre 1988, la décomposition du FLN et la proclamation du FIS. La mosquée où ces « Afghans » s'établirent dans le quartier populaire algérois délabré de Belcourt, autrefois fameux car Albert Camus y naquit, fut du reste nommée « Kaboul ». S'agrégeant aux anciens du Mouvement islamique armé de Moustapha Bouyali, ils prirent d'assaut un poste militaire dans la ville de Guemmar, le 28 novembre 1991, y décapitant les conscrits pour célébrer à quelques jours près l'anniversaire du « martyre » d'Abdallah Azzam, l'idéologue du jihad, exprimant ainsi leur défiance envers la stratégie électorale du Front islamique du salut. Celui-ci, après le raz-de-marée victorieux du scrutin municipal de juin 1990, est alors tiraillé entre l'aile conservatrice incarnée par les classes moyennes pieuses que représente Abbassi Madani, désireuse d'islamiser la structure étatique mise en place par le FLN, et la jeunesse urbaine pauvre, avide d'en découdre et de bouleverser l'ordre social. Un double pouvoir s'installe durant 1991, le pays est paralysé par une grève insurrectionnelle se traduisant par l'arrestation des deux principaux dirigeants du parti, Madani et Belhadj (qui passeront toute la guerre civile en prison). Mais le FIS remporte largement le premier tour des législatives le 26 décembre – même s'il a perdu un million de voix depuis les municipales –, augurant de la majorité absolue au second. Le projet du président Chadli, qui espérait conserver la main en cooptant un FIS minoritaire, est rendu caduc par l'hégémonie sans appel de ce dernier dans les urnes. L'armée démet le chef de l'État le 11 janvier 1992, « suspend » les élections le surlendemain et dissoudra le FIS le 4 mars après avoir arrêté la plupart de ses dirigeants et de ses cadres. Contrairement à la situation iranienne, où un clergé structuré et hiérarchisé avait su unifier et mener à son terme le processus de prise du pouvoir, le FIS, nébuleuse de multiples tendances et personnalités, ne parvint pas à canaliser sa formidable popularité dans la machinerie d'un parti révolutionnaire victorieux. Il ne se relèvera pas de la répression violente de l'armée – mais celle-ci fera face à cinq années de guerre civile en forme de jihad contre les généraux et leurs alliés, avec un bilan estimé de cent mille morts.

L'éparpillement du leadership islamiste contribua rapidement à lui aliéner les masses qui avaient suivi le FIS, et surtout à scinder son électorat en fonction de ses appartenances sociales antagoniques, que les slogans religieux avaient eu pourtant la volonté de dépasser en opposant de manière binaire et doctrinale les « bons musulmans » aux « impies et apostats ». La direction « modérée », qui avait cru dans le processus électoral afin d'islamiser le pays sans en transformer en profondeur la structure politique, subit un échec stratégique majeur avec l'interruption du vote par les généraux. Ce pronunciamiento renforça par conséquent la fraction la plus « extrémiste », transposant en Algérie le modèle du jihad afghan mâtiné de l'expérience locale du maquis, depuis les « moujahidin » de la guerre d'indépendance (1954-1962) jusqu'au Mouvement islamique armé (MIA) de Moustapha Bouyali (1982-1987).

Tandis que le leadership du FIS se fragmente, les jihadistes du cru et vétérans d'Afghanistan se fédèrent, avec la création du Groupe islamique armé (GIA) en octobre 1992. Son premier « émir », l'ancien carrossier Abdelhaq Layada, excommunie comme « impies » les chefs du FIS et déclare licite de verser leur sang comme celui de tous les agents de l'État et autres « enfants de la France ». Dans un long texte paru en mars 1993 et qui lui est attri-

bué – sans certitude qu'il en soit l'auteur – il se réclame
du jihad afghan qui est, comme celui qu'il entend diriger
en Algérie, une « obligation individuelle » (*fard 'ayn*) pour
tout croyant, reprenant les termes d'Abdallah Azzam. Il
s'inscrit également dans l'épopée de Bouyali. Les années
1993-1994 inaugurent une phase de tueries de grande
ampleur, privilégiant les « cibles molles » – intellectuels
francophones exécrés, membres de la société civile, médecins, journalistes. Ils sont plus aisés à atteindre que les
hiérarques de l'armée, focalisent la frustration et la rage
des « hittistes » car ils détiennent le capital culturel qui
permet l'ascension sociale, hors de portée du fait de l'arabisation de l'école par le FLN. Et à cause de la notoriété
des morts, leur massacre emblématique suscite la panique
générale. Des quartiers populaires et des zones rurales
passent sous le contrôle du GIA, échappant à l'État qui les
isole sans y pénétrer. Dans un premier temps, les notables
islamistes locaux financent les nouveaux maîtres, mais ils
seront graduellement victimes de la prédation et du racket
de ces bandes de jeunes qui se réclament du jihad – et
finiront, trois ans plus tard, par s'en dissocier.

En juillet 1993, les jihadistes du monde entier émigrés
dans le « Londonistan » (où les autorités britanniques
accueillent les activistes de tout poil en imaginant les sub-
juguer) publient le bulletin *Al-Ansar* – faxé le vendredi à
la sortie des mosquées – qui soutient le GIA. Il est dirigé
notamment par un Syrien, ingénieur formé en France
(qui jouera un rôle majeur dans l'histoire ultérieure du
jihad jusqu'aux années 2010), Abou Moussab al-Souri.
L'ascendant du GIA devient tel que plusieurs dirigeants
du FIS lui font allégeance au cours d'une rencontre dans
le maquis le 13 mai 1994, contraignant l'Instance exécu-

tive du FIS à l'étranger (IEFE) à créer, le 18 juillet, un groupe concurrent, l'Armée islamique du salut (AIS). Elle aura pour objectif de constituer un pôle militaire pour négocier avec les généraux algériens, alors que le GIA abhorre pareille perspective et exige de purifier la terre des « impies » et d'instaurer l'État islamique par le jihad. Les deux factions vont se livrer à des affrontements meurtriers, les affaiblissant mutuellement face au pouvoir en place. Tués au combat, les émirs se succèdent à un rythme soutenu à la tête du GIA. Le 27 octobre 1994, Djamel Zitouni en prend la tête. Il commence par externaliser le jihad en faisant détourner le jour de la fête chrétienne de Noël 1994 (soulignant le symbolisme de l'opération) un Airbus d'Air France au départ d'Alger, puis en fomentant des attentats sanglants dans l'Hexagone en 1995. Ces agissements, destinés à renforcer la gloire locale du GIA en relançant le combat contre l'ancienne puissance coloniale et à convaincre celle-ci de cesser tout soutien au pouvoir algérien, auront l'effet opposé car l'exacerbation de la violence jihadiste, qui s'accompagne de purges et d'exécutions internes, se retourne contre la société en général. Suspecté de faire le jeu du régime, Zitouni est désavoué par les rédacteurs de la revue *Al-Ansar*. Les classes moyennes pieuses sont épuisées et terrifiées, alors que la barbarie culmine en août et septembre 1997 dans les bains de sang de la banlieue d'Alger à Raïs et Bentalha, où plusieurs centaines de personnes sont massacrées par le GIA – soupçonné de nouveau par certains d'être manipulé par des provocateurs. Toujours est-il que celui-ci cesse d'exister le 27 de ce mois avec le dernier communiqué de son ultime émir. Quant à l'AIS, elle a appelé à une trêve unilatérale six jours auparavant : le pouvoir promettait la clémence à ses membres en échange d'un compromis valant allégeance.

À l'automne de 1997, malgré la persistance pendant quelques années d'une violence sporadique et localisée, le jihad armé a perdu la bataille. En échange de concessions du régime, à la tête duquel est porté Abdelaziz Bouteflika en 1999, celui-ci coopte au nom de la « concorde nationale » de nombreux « islamistes modérés » dans les rouages de l'État où ils favoriseront la réislamisation ostensible de l'Algérie. En dépit d'une très forte mobilisation populaire par le FIS dans les lendemains de sa création, celui-ci n'a pas été capable d'unir ses militants et sympathisants pour déclencher une révolution qui s'emparerait du pouvoir, à l'inverse de l'Iran en 1978-1979. Les divergences sociopolitiques et stratégiques entre classes moyennes pieuses et jeunesse urbaine pauvre n'ont pas pu être résorbées par une intelligentsia islamiste trop peu structurée – et ces clivages se sont exacerbés pendant la guerre civile, dans une surenchère de violence qui a fini par permettre la reprise en main par l'armée. Les leçons de cet échec seront tirées, ainsi que celles des jihads égyptien et bosniaque qui adviennent en parallèle, par Ben Laden et Zawahiri, dans le sens d'une mutation majeure des objectifs et de l'action.

Mais le jihad algérien a été, en outre, l'annonciateur et le prototype d'un autre phénomène qui se produira avec ampleur à partir de 2012 : le débordement du terrorisme sur le territoire français. En effet, après le détournement de l'Airbus à la Noël 1994 sur l'aéroport de Marseille, où le Groupe d'intervention de la gendarmerie nationale (GIGN, qui avait repris la Grande Mosquée de La Mecque en novembre 1979) neutralise les quatre membres du commando – lequel avait abattu trois otages à Alger –,

le GIA lance, du 11 juillet au 17 octobre 1995, une série
d'attentats dans l'Hexagone causant douze morts et plus
de cent soixante-quinze blessés. Le maître d'œuvre en est
un jeune homme né en Algérie en 1971 et ayant grandi
dans la région lyonnaise, Khaled Kelkal. Après un parcours scolaire où il se sent rejeté, il redécouvre l'islam lors
d'un séjour en prison – itinéraire qui deviendra emblématique pour des centaines de jihadistes dans les décennies
2000 et 2010. Se rendant en Algérie en 1993, en pleine
guerre civile, Kelkal y tombe sous l'emprise du GIA et,
de retour en France, est missionné pour tuer, le 11 juillet
1995, l'imam Abdelbaqi Sahraoui, l'un des fondateurs du
FIS, réfugié dans le quartier populaire parisien de Barbès,
haut lieu de l'immigration nord-africaine, où il prêche
dans une mosquée. Ce dernier, considéré par le ministre
de l'Intérieur Charles Pasqua comme l'interlocuteur avec
le FIS, était le garant de la sanctuarisation de la France
par rapport aux événements d'Algérie.

Son assassinat fit de l'Hexagone, et de ses quelque
deux millions de résidents d'origine algérienne, l'otage
d'un jihad qui avait traversé la Méditerranée pour établir
en Europe la tête de pont qui donnerait des idées aux
terroristes de la génération suivante afin d'y concentrer
leurs cibles. Alors même que les associations musulmanes
locales, comme l'Union des organisations islamiques de
France (UOIF, proche des Frères), considéraient ce pays
comme une terre d'islam pour les fidèles y demeurant
(prohibant ainsi tout acte de guerre sur son sol), les activistes du GIA le transformèrent en « terre de guerre » (*dar
al harb*) où le jihad et le sang des impies et autres apostats
étaient licites. Les attentats, notamment dans les réseaux
de transport (on en retrouvera les modalités à Madrid en

mars 2004 et Londres en juillet 2005), ciblaient au hasard des voyageurs. Mais aucun des effets attendus n'advint. La masse des Algériens de France ne bougea pas : les « darons » (pères de famille) qui y exerçaient encore dans ces années-là une forte influence se dissocièrent de trublions qui mettaient en danger leur intégration chèrement acquise – et Kelkal fut abattu comme une bête sauvage par la gendarmerie, traqué dans un bois, car il ne disposait pas de soutien logistique.

Le gouvernement français adopta une position plus ferme face au terrorisme islamiste, et les moyens significatifs donnés aux services de la sécurité intérieure accrurent leur efficacité : l'Hexagone passerait seize ans sans attentats sur son sol (à l'exception de l'affaire de Roubaix, voir ci-dessous), grâce à la bonne connaissance des réseaux, jusqu'aux tueries perpétrées par Mohammed Merah le 12 mars 2012. Entre-temps, le logiciel du jihadisme avait changé et le monde français du renseignement, fonctionnant en circuit fermé, s'était endormi sur ses lauriers.

LE JIHAD INFRUCTUEUX EN ÉGYPTE (1992-1997) ET EN BOSNIE (1992-1995)

La même année 1992 où débutait le jihad algérien, l'Égypte et la Bosnie basculaient également dans cette forme de guerre civile. Les deux situations étaient pourtant différentes : l'Égypte est un pays musulman depuis les premiers temps de l'islam, dans lequel subsiste une communauté chrétienne – copte –, cible de la violence jihadiste et des anathèmes salafistes qui sont allés crescendo dans le demi-siècle écoulé. Le Caire dispose d'une

institution prestigieuse, l'Université islamique Al-Azhar,
bien que le contrôle qu'exerce sur elle l'État ait diminué
son aura. Le poids financier du salafisme subventionné
par millions de pétrodollars depuis la péninsule Arabique
la rend partiellement dépendante de cette idéologie, dans
laquelle nombre de ses étudiants et enseignants ont basculé. La Bosnie à l'inverse est d'islamisation récente, due
à l'invasion des Balkans par l'Empire ottoman à compter
du XVIe siècle. Et jusqu'à la guerre civile qui a déchiré
le territoire de l'ex-Yougoslavie à partir de 1991, peu de
personnes à travers le monde musulman connaissaient
l'existence d'une minorité de coreligionnaires – slaves et
européens indigènes de surcroît – dans ces territoires qui
seraient de nouveau « balkanisés » par la violence. Mais la
fabrication soudaine d'une « islamité » politique au sein
d'une population passablement laïcisée, construite comme
un stigmate par les adversaires serbes des Bosniaques,
fut retournée en ostentation par les entrepreneurs internationaux de l'islamisation et prise en otage du conflit
irano-saoudien.

Les deux jihads du Nil et des Balkans furent infruc-
tueux – mais ils auraient des répercussions ultérieures
importantes : l'islamisme égyptien, malgré la défaite de
sa branche armée en 1997, se constituerait comme force
d'opposition principale au régime de Moubarak, et finirait
par emporter la première élection présidentielle consécutive au soulèvement de 2010-2012 – avant d'être écrasé
par la répression. L'islamisme bosniaque, en revanche,
perdrait sa centralité symbolique après la fin du conflit en
décembre 1995, mais contribuerait puissamment à conforter dans l'imaginaire jihadiste l'idée que l'Europe était une
terre où engager la bataille jusqu'à la conquête. Le dernier

attentat planifié en France après la mort de Khaled Kelkal durant la décennie 1990, dans la conurbation Lille-Roubaix, fut le fait de convertis revenus de Bosnie.

Lorsque Kaboul tomba aux mains des moujahidin dirigés par le commandant Massoud en avril 1992, la plupart des jihadistes égyptiens étaient rentrés chez eux, et s'étaient agrégés aux deux principaux mouvements activistes issus de l'assassinat de Sadate – élargis par son successeur Moubarak dès la seconde moitié de la dynastie précédente. Le premier, l'Organisation du jihad, qui avait perpétré le régicide, ciblait les institutions et agents du pouvoir, se gardant de toute « excommunication » (*takfir*) de la société. Le deuxième, la Gama'a al-Islamiyya (« association islamique »), guidée par le cheikh aveugle Omar Abdel Rahman, qui serait condamné aux États-Unis pour le premier attentat contre le World Trade Center en 1993 et y décéderait en prison en février 2017, souhaitait à l'inverse prendre la population en otage. En multipliant les exactions contre des civils, il espérait que s'abattrait en rétorsion une répression disproportionnée et tous azimuts qui aliénerait à l'État le soutien populaire. Sa stratégie était proche de celle du GIA algérien – et en Égypte elle trouva ses victimes de prédilection parmi les coptes, les touristes étrangers et les intellectuels « occidentalisés ». Le coup d'envoi de la violence jihadiste pendant les cinq années qu'elle perdura fut l'assassinat de l'essayiste laïque Farag Foda, le 8 juin 1992. Lors du procès de ses tueurs, un an plus tard, le cheikh Mohammed al-Ghazali, une personnalité issue des Frères mais cooptée par le pouvoir, expliqua au tribunal que Foda, né musulman, promouvait la sécularisation, et non l'application de la charia, et ce faisant devenait un apostat, dont le sang est licite. Ses assassins ne pouvaient ainsi être blâmés pour avoir mis en œuvre la loi islamique, puisque l'État ne l'avait pas fait à son encontre. Dans le même ordre d'esprit, le professeur d'université Nasr Abou Zeid, pourtant croyant revendiqué, mais qui avait publié un livre intitulé *Critique du discours religieux*, fut également déclaré « apostat » et divorcé d'office de sa femme (qui ne le demandait pas) sous prétexte qu'un relaps ne peut rester marié à une musulmane : le couple dut s'enfuir aux Pays-Bas pour poursuivre en exil sa vie conjugale. Et en octobre 1994 le Prix Nobel de littérature Naguib Mahfouz fut poignardé pour ses romans « licencieux » par un activiste de la Gama'a al-Islamiyya.

Cette ambiance délétère témoignait de la porosité entre les jihadistes et des islamistes dits « modérés », voire des magistrats. Elle était révélatrice d'une continuité entre certains membres des classes moyennes pieuses et la jeunesse urbaine pauvre dans leur opposition radicale au pouvoir de Moubarak : mais, contrairement à l'Algérie, il n'existait pas de place en Égypte pour un parti fédérateur comme le FIS, capable de saturer l'espace islamique en l'absence de toute concurrence sérieuse. Sur les bords du Nil, l'institution de l'Azhar persistait, malgré son affaiblissement et sa porosité partielle au salafisme, et le réseau des confréries soufies gardait un maillage suffisamment serré pour ne pas laisser l'hégémonie sur le champ musulman à une organisation militante. Cela explique pour partie que le bilan de la violence égyptien fut cent fois inférieur à celui de l'Algérie – un millier de morts environ –, et que l'État ne céda que quelques portions du territoire aux jihadistes, de manière temporaire.

Ceux-ci avaient établi des bastions en Haute-Égypte,

dans des gouvernorats où la proportion de coptes peut
atteindre 20 % des habitants, et où la haine propagée
contre les chrétiens prenait une dimension sociale, à
l'heure où, du fait de la baisse momentanée des cours
du pétrole et de la moindre émigration vers la péninsule
Arabique (où les diplômes égyptiens s'étaient dépréciés
à la suite de l'effondrement du système éducatif), le chômage massif s'était traduit en adhésion à l'idéologie islamiste de rupture. Les attaques contre les pharmaciens,
orfèvres et commerçants coptes « arrogants », justifiées
au nom du butin prélevé sur les infidèles par des prédicateurs exaltés, se multipliaient, ainsi que les incendies
d'églises. La banlieue cairote populaire d'Embaba, peuplée pour l'essentiel par l'exode rural de la Haute-Égypte,
avait été quadrillée par les jihadistes, à tel point que le
cheikh de sa principale mosquée avait, dans un entretien
à l'agence Reuters, proclamé la « République islamique
d'Embaba » et l'application intégrale de la charia sur son
territoire. Moubarak, échaudé par l'exemple algérien,
envoya en 1992 quatorze mille policiers et soldats investir
les lieux et éradiquer la dissidence, empêchant la jonction
entre les diverses composantes sociales de la mouvance
islamiste. D'autant que le 12 octobre un séisme avait
causé un millier de morts et dix fois plus de blessés au
Caire, et que les associations caritatives islamistes avaient
– comme en Algérie à Tipasa l'année précédente – déve-
loppé une activité impressionnante pour les secours aux
victimes (utilisant des tentes destinées originellement aux
musulmans bosniaques), par contraste avec l'impéritie
de l'État.

Mais l'usage de la répression n'avait pas empêché les
Frères, avec lesquels le régime – hanté par l'exemple

algérien – cherchait des compromis afin de diviser ses adversaires, de remporter les élections dans l'ensemble des syndicats professionnels, des médecins et ingénieurs aux avocats, marquant l'emprise doctrinale de ceux-ci chez les diplômés et dans la classe moyenne. L'intensification de l'affrontement à partir de 1993 – Moubarak lui-même échappa de justesse à une tentative d'assassinat fomentée par les jihadistes égyptiens à un sommet africain à Addis-Abeba en Éthiopie en juin 1995 – passa par le ciblage du tourisme, l'un des poumons financiers de l'Égypte. En mars 1996, dix-huit Grecs furent abattus au Caire par la Gama'a al-Islamiyya qui les avait pris pour des Israéliens, et l'effondrement de ce secteur pourvoyeur crucial de devises devait, dans l'esprit des terroristes, précipiter la chute du pouvoir. Or les premières victimes de cette insécurité furent les millions d'Égyptiens pauvres tirant leur revenu, de près ou de loin, de cette activité, ce qui coupa les jihadistes de Haute-Égypte – où sont situés la plupart des sites entre Assouan et Louxor – de leur soutien populaire. Le 17 novembre 1997, deux mois après les tueries dans la banlieue d'Alger imputées au GIA qui ne s'en releva pas, la Gama'a al-Islamiyya massacra soixante touristes dans le temple d'Hatchepsout, à Louxor. Ce carnage, lui aussi, sonna le glas du jihad égyptien de la décennie 1990 – contraignant certains des groupes islamistes eux-mêmes à s'en dissocier. Mais l'échec militaire des activistes, s'il conduisit à leur repli politique temporaire, n'en dissiperait pas les causes sociales, ni la prégnance d'une évolution des mentalités favorisée par les pétrodollars de la péninsule Arabique. Elle obligerait à un ajustement stratégique majeur qui délaisserait les conflits localisés au profit du terrorisme global.

Le jihad en Bosnie, qui trouva son origine dans l'agression serbe contre Sarajevo après la proclamation de l'indépendance de la Bosnie-Herzégovine en mars 1992, s'inscrivit dans le cadre plus large d'une nouvelle « guerre balkanique », de la fin du XXᵉ siècle cette fois, due à l'effondrement de la Yougoslavie selon des lignes de faille récurrentes, ethniques et religieuses. Il n'était pas la résultante, au contraire de l'Algérie et de l'Égypte, d'un processus d'islamisation historique et intérieur qui aurait pénétré profondément la société, mais d'une stimulation exogène au motif de la persécution et de « l'épuration ethnique » dont les musulmans étaient, parmi d'autres, les victimes. Cela permettait de prolonger le jihad international né en Afghanistan, et qui avait connu son terme en avril de cette année 1992 avec la chute finale de Kaboul aux mains des moujahidin après l'élimination du dictateur Najibullah, ancien féal des Soviétiques.

Un mouvement panislamiste avait vu le jour dans quelques cercles intellectuels bosniaques en réaction à l'abolition du califat à Istanbul en 1924 – sur le même modèle que les Frères musulmans en Égypte en 1928. Il se nommait Al-Hidaje (de l'arabe *hidaya* : « la guidance vers l'islam ») et fut créé en 1936. Certains de ses militants rejoignirent la division SS Handjar (« poignard »), levée parmi les musulmans bosniaques par le mufti de Jérusalem Amine al-Husseini, hôte du IIIᵉ Reich. L'organisation de jeunesse, sous l'appellation de Mladi Muslimani (les Jeunes Musulmans), naît en 1941, en pleine Seconde Guerre mondiale. À la libération, le pouvoir titiste dissout Al-Hidaje compromis avec les nazis, et en 1949 ferme Mladi Muslimani, dont quatre dirigeants sont condamnés à la peine capitale et les membres arrêtés. Le parallèle avec le devenir des Frères égyptiens à cette époque se poursuit lorsque l'un des incarcérés de 1949, Alija Izetbegović, publie en 1970 – année du décès de Nasser – un manifeste intitulé *Déclaration islamique* qui reprend certains des thèmes du *Signes de piste* de Sayyid Qotb, paru en Égypte cinq ans auparavant. Nasser et Tito s'étant alliés au sein du mouvement des non-alignés, des musulmans bosniaques avaient été envoyés séjourner au Caire, où certains d'entre eux avaient appris l'arabe et s'étaient discrètement familiarisés avec les réseaux clandestins des Frères sur les rives du Nil.

Au lendemain de la révolution iranienne et de la mort de Tito, en 1983, Izetbegović fut emprisonné de nouveau au terme d'un procès intenté à treize inculpés accusés de « fondamentalisme islamique ». En 1990, au moment où la Yougoslavie se fissurait définitivement, il créa le Parti de l'action démocratique (SDA), dont le nom originel de Parti musulman yougoslave ne fut pas accepté par les autorités. Il sera élu dans la foulée président de l'entité de Bosnie-Herzégovine – non sur un programme islamiste, mais comme homme politique de confession musulmane, pour qui voteront, dans un contexte d'exacerbation communautaire, ses coreligionnaires passablement laïcisés pour la plupart mais assiégés par les milices serbes et croates. Tandis que les certitudes élaborées pendant le titisme s'effondrent, Izetbegović bénéficie de l'aura de la persécution subie et incarne l'identité des musulmans bosniaques menacés, mais son parti ne fédère aucun mouvement social à caractère islamiste, contrairement au FIS algérien. Même s'il est plutôt implanté dans les villes moyennes et le monde rural, alors que les élites les

plus sécularisées de Sarajevo ne lui donnent pas leurs suffrages, le SDA n'a aucunement pour objectif d'appliquer
la charia. Mais son chef a un passé d'amitiés islamistes au
Moyen-Orient, et face aux exactions serbes et à la pression génocidaire de l'« épuration ethnique », il accepte
dans l'urgence leur soutien militaire et financier. Ceux-ci
s'efforcent de traduire la dernière guerre balkanique du
XXᵉ siècle en jihad – dont sunnites et chiites se disputeront
le contrôle.

L'Iran, qui avait été l'une des deux cibles, avec l'ex-
URSS, du jihad mené sous direction sunnite en Afghanistan, vit d'emblée dans l'invention d'un jihad bosniaque
et son internationalisation sous la houlette de Téhéran
l'opportunité de retrouver un rôle clé dans un processus
dont ses rivaux l'avaient évincé. De plus, la révolution
islamique de 1979, avec son caractère « moderne », avait
trouvé un écho plus favorable dans les rangs du SDA que
l'archaïsme wahhabite – comme l'avait indiqué le procès
de 1983. Ainsi, dès 1992, des armes iraniennes furent ache-
minées, *via* la Croatie, vers Sarajevo, quelques centaines
de Pasdarans (Gardiens de la Révolution) furent déployés
en Bosnie – comme au Liban en 1982 – et des centres
culturels iraniens ouverts dans les principales cités bosniaques ou ethniquement mixtes – dont Mostar. Téhéran
se livrait à un activisme incessant au sein de l'Organisation de la conférence islamique, en secouant le leadership
saoudien accusé de tiédeur dans le soutien aux musulmans
persécutés de Bosnie, car Riyad hésitait à s'engager sur
le terrain européen. Quant aux capitales sunnites, elles
voyaient d'un œil beaucoup plus critique qu'à l'époque
afghane l'expansion d'un nouveau jihad mondial : dix ans
auparavant, on avait espéré se débarrasser des extrémistes

locaux en les expédiant en Afghanistan. Mais ensuite ces « Arabes-Afghans » étaient rentrés aguerris chez eux et, en Algérie comme en Égypte, constituaient le fer de lance du retournement de la violence contre l'État. Le soutien à la Bosnie était ainsi strictement encadré et cantonné à l'aide humanitaire pour éviter tout effet de contagion, il n'y eut aucun appel au jihad planétaire lancé sous l'égide des Grands Oulémas saoudiens ni financement massif à la clé, moins encore d'appui de la CIA. L'assistance saoudienne à la Bosnie fut estimée à 150 millions de dollars – à comparer avec les 4 milliards au minimum pour l'Afghanistan lors de la décennie précédente.

En revanche, quelque deux mille salafistes-jihadistes endurcis arrivèrent en Bosnie, originaires pour la plupart de la péninsule Arabique et d'Égypte. Ils furent intégrés dans la brigade Al-Mudzahidun de l'armée bosniaque, qui livra des combats féroces aux milices serbes. Les images de propagande des deux camps rivalisaient de cruauté (selon un mode que l'on retrouvera exacerbé dans les vidéos de Daesh vingt ans plus tard), les belligérants paradant avec des têtes tranchées de leurs ennemis. Les jihadistes se présentèrent comme ceux qui avaient sauvé leurs coreligionnaires bosniaques de l'extermination par les « croisés » – mais la greffe ne prit pas dans les Balkans. Le prosélytisme salafiste agressif des combattants qui s'estimaient en terrain conquis pour y « redresser » une religiosité balkanique pétrie de mysticisme et de syncrétisme ne suscita que peu de vocations sur place – d'autant que les accords de Dayton, signés le 15 décembre 1995 à l'initiative des États-Unis et de l'Europe, et qui rétablirent la paix, avaient mis comme condition le départ des « volontaires étrangers ». Malgré cet échec global, le jihad bosniaque aurait une fonction d'exemplarité sans précédent : en parallèle au débordement de la guerre civile algérienne sur le sol français, il indiquerait que l'Europe pourrait se constituer en champ de bataille du processus d'islamisation, armes en main et avec le terrorisme comme vecteur. Le 29 mars 1996, des jihadistes de retour de Bosnie, qui projetaient un attentat, furent débusqués dans une planque de Roubaix, plusieurs moururent dans l'explosion de leur immeuble conspiratif et un autre fut abattu dans sa fuite par la gendarmerie belge. Vingt ans plus tard, leur principale figure incarcérée gardait des contacts avec la nouvelle génération de jihadistes du nord de la France – tandis que l'axe franco-belge serait au cœur des tueries de 2015, particulièrement du massacre du 13 novembre au Bataclan et au Stade de France.

LA JIHADISATION DU CONFLIT PALESTINIEN

Un autre conflit se « jihadisa » significativement durant la décennie 1990 : l'affrontement israélo-palestinien. En dépit des apparences, qu'exprimèrent l'autonomie palestinienne et le retour de Yasser Arafat, la montée en puissance du Hamas – qui s'aligna sur le Hezballah libanais et son mentor iranien – captura l'imaginaire lié à la principale « cause arabe » en l'inscrivant dans l'islamisation de la politique. Le vocabulaire de la radicalité qu'il porta au paroxysme par la multiplication des attentats-suicides – face au durcissement inverse des gouvernements successifs de M. Netanyahou et à l'intensification de la colonisation – allait fournir le modèle au miroir duquel le jihadisme international d'Al-Qaïda élaborerait son mode d'action privilégié.

La guerre du Golfe de 1990-1991 avait affaibli simultanément l'OLP et Israël, contraignant les deux adversaires à s'asseoir à la table des négociations. En effet, Saddam Hussein, en faisant envoyer des missiles Scud sur l'État hébreu, avait galvanisé une « rue palestinienne » désespérée par l'inertie des dirigeants arabes, qui avait soudain imaginé un retour au grand récit nassérien de l'élimination militaire de l'ennemi sioniste. En annexant le Koweït, Saddam se posait en nouveau géant pétrolier arabe, qui utiliserait sa fortune immense à cette fin – et Arafat lui avait apporté son appui enthousiaste. La défaite des armées du dictateur l'avait considérablement affaibli, notamment par l'autonomie des régions kurdes, mais la coalition internationale rassemblée dans l'opération « Tempête du désert » l'avait maintenu en place à Bagdad, pour éviter la mainmise de la majorité chiite sur l'Irak (elle adviendrait douze ans plus tard, après l'invasion du pays en 2003 par les États-Unis et leurs alliés). Ce désastre avait terriblement impacté l'OLP, dépossédée soudain des subsides des pétromonarchies du Golfe qui avaient en rétorsion fait bénéficier de leurs largesses son rival le Hamas. Et l'Union soviétique, allié de dernier ressort de l'OLP, n'existait plus comme superpuissance depuis la chute du mur de Berlin en novembre 1989. Quant à l'État d'Israël, empêché de répliquer aux Scuds irakiens afin d'éviter que les Arabes ne surmontent leurs divisions pour se solidariser avec Bagdad contre une « offensive sioniste », ce qui aurait compliqué la tâche de la coalition, il avait été privé d'initiative par les États-Unis de George H. W. Bush, le père, et le plus « pétrolier » des présidents américains, et s'était retrouvé contraint de s'asseoir à la table des négociations en position de faiblesse.

Pour les États-Unis, celles-ci représentaient une perspective favorable : ce serait, espérait-on à Washington, la fin de l'exaspération du conflit israélo-palestinien, et cela d'autant que les pétromonarchies, sauvées *in extremis* du danger irakien par les soldats américains, se verraient obligées de remiser, contrairement à ce qui s'était passé au lendemain de la guerre de 1973, l'arme du pétrole et viendraient à résipiscence selon les instructions de la Maison-Blanche. Après que Jimmy Carter avait supervisé les accords de paix israélo-égyptiens de 1979, sortant Le Caire du champ de bataille, le président Bush père annihilerait, pensait-on dans son entourage, la capacité de nuisance de l'OLP, tout en relativisant l'influence des milieux pro-israéliens au Congrès (cela lui vaudrait leur hostilité, et contribuerait à sa non-réélection en 1992), ce qui lui permettrait de disposer d'un levier exceptionnel pour parvenir à la normalisation entre l'État hébreu et le leadership palestinien. Cet espoir prit forme avec la conférence de Madrid en décembre 1991, à laquelle participa, au sein de la délégation jordanienne, une représentation palestinienne liée officieusement à l'OLP – cette organisation perdant par ailleurs du terrain face à la montée en puissance du Hamas.

Le mouvement islamiste, qui affermissait son implantation dans les classes moyennes pieuses, notamment à travers les scrutins pour les chambres de commerce, fournissait également un exutoire à la jeunesse urbaine pauvre radicalisée par une Intifada qui tournait court, en multipliant les assassinats de civils et de militaires israéliens. L'enlèvement le 13 décembre 1992 d'un sous-officier à Lod, retrouvé poignardé et ligoté deux jours plus tard en Cisjordanie, déclencha l'arrestation de quatre cent dix-sept dirigeants et activistes du Hamas et du Jihad islamique par le gouvernement de M. Rabin. Ils furent déportés au Sud-Liban, dans le village montagneux de Marj al-Zouhour – où ils reçurent, pieds dans la neige, la presse internationale. Des ingénieurs, médecins, professeurs donnaient des interviews en anglais, dénonçant la politique d'Israël et les compromissions de l'OLP. Ils avaient constitué une Université Ibn Taïmiyya (du nom du clerc le plus rigoriste de la tradition sunnite, référence des islamistes radicaux contemporains) au milieu de leur campement de fortune, et nouèrent avec le Hezballah, très bien implanté dans cette zone chiite, des rapports particulièrement fructueux. Cela permettrait au Hamas de s'inspirer de la stratégie du parti de Dieu, se convainquant de l'efficacité des attentats-suicides, et de renforcer les liens avec l'Iran.

Le scandale international, qui se traduisit par une résolution du Conseil de sécurité de l'ONU exigeant le rapatriement des déportés, créa le basculement symbolique qui donna au Hamas la parité avec l'OLP, sinon la primauté, pour l'incarnation de la cause palestinienne, et en conséquence l'islamisation de son image arabe et universelle. Pour sauver la partie, l'OLP engagea ce même mois de décembre 1992 des pourparlers secrets avec Israël, qui aboutiraient aux accords dits « d'Oslo », dont la « déclaration de principe » fut signée le 13 septembre 1993 par Arafat et Rabin à la Maison-Blanche sous les auspices de Bill Clinton. En incarnant le rêve palestinien de retrouver un territoire autonome en Cisjordanie et à Gaza, l'organisation nationaliste escomptait tirer un bénéfice politique majeur du traité. Mais les conditions léonines imposées par Israël et les nombreuses entraves à son application, le mitage de la Cisjordanie par les colonies, affaiblirent l'OLP. Le 25 février 1994, un colon juif massacra plus de

trente musulmans en prière dans le sanctuaire d'Hébron :
le Hamas en obtint un blanc-seing populaire pour venger
les victimes, et, dans les mois qui suivirent, les premiers
attentats-suicides causèrent plus de dix morts dans la
population israélienne, enclenchant un cycle de répression. Qui plus est, avec l'instauration de l'Autonomie en
juillet, il reviendrait aux forces de sécurité palestiniennes
de contrer le Hamas – faisant la police dans les territoires
en lieu et place d'Israël. Le premier clash se produisit le
18 novembre, lorsqu'elles ouvrirent le feu sur des manifestants à Gaza au sortir de la mosquée, abattant seize
personnes. La position morale d'Arafat s'en trouvait gra-
vement affaiblie aux yeux des masses arabes.

L'assassinat de Yitzhak Rabin par un activiste juif hostile aux accords d'Oslo, le 4 novembre 1995, priva le
chef de l'OLP de son partenaire politique israélien principal. En janvier suivant, l'artificier du Hamas, l'« ingénieur » Yahia Ayyach, fondateur des brigades Ezzedin
al-Qassam et concepteur des « opérations-martyre », fut
tué par l'explosion de son téléphone cellulaire, imputable
aux services israéliens. En rétorsion, de nouveaux attentats spectaculaires firent soixante-trois morts en Israël,
et la conséquence en fut la victoire électorale du Likoud
en mai 1996, portant au pouvoir Benjamin Netanyahou,
qui tenait un discours de fermeté face aux Palestiniens et
s'engageait à accélérer la colonisation. Cette stratégie de
terreur perdura jusqu'en 1998 – et reprendrait avec plus
d'intensité encore lorsque serait déclenchée en 2000 la
seconde Intifada. Par-delà les vicissitudes politiques sur
le terrain palestinien, les « opérations-martyre », désormais
valorisées comme l'arme suprême, acquirent une très forte
visibilité et une légitimité absolue pour tous ceux qui vou-

laient en découdre avec Israël dans un premier temps, et l'Occident en général par la suite. Il revint à Oussama Ben Laden et à Al-Qaïda de populariser à l'échelle mondiale ce type de terrorisme islamiste, en le projetant le 11 septembre 2001 depuis le territoire de l'« ennemi sioniste » sur celui des États-Unis.

3

La deuxième phase jihadiste :
Al-Qaïda contre « l'ennemi lointain »
(1998-2005)

OUSSAMA BEN LADEN ET AL-QAÏDA

Après avoir fui l'Arabie saoudite en 1991, Ben Laden se réfugia d'abord en Afghanistan. Mais les violents conflits entre commandants de moujahidin rendaient le terrain dangereux pour lui. Il se replia l'année suivante au Soudan où les islamistes avaient pris le pouvoir en juin 1989 avec le général Omar al-Bachir et son éminence grise Hassan al-Tourabi. Il y fut rejoint par une masse de jihadistes ayant combattu en Afghanistan et dans l'incapacité de revenir dans leur pays d'origine. Sa première préoccupation fut d'expliciter sa rupture consommée avec l'Arabie saoudite et de structurer de manière autonome ce qui deviendrait le « salafisme jihadiste » par rapport au « salafisme cheikhiste » – qui avait prêté allégeance à Riyad. Ce schisme interne au salafisme sunnite allait permettre de lever les ambiguïtés dans lesquelles s'étaient nouées les alliances du jihad afghan, au sein duquel avait collaboré un vaste spectre de *strange bedfellows* qui allait de la CIA à Al-Qaïda en passant par les pétromonarchies. Car les jihads d'Algérie, d'Égypte et de Bosnie ne bénéficieraient point du soutien américain. Et en Algérie, les dirigeants militaires étaient même allés quérir auprès des Grands Oulémas saoudiens des fatwas expliquant que les généraux étaient de bons musulmans et qu'il n'y avait aucun fondement légitime aux prétentions du GIA à mener contre eux une lutte armée inspirée à la fois par la guerre d'indépendance contre les Français et par le jihad afghan. Quant à la Bosnie, les forces spéciales et les services de renseignement occidentaux s'étaient directement impliqués pour chasser les « volontaires étrangers » barbus de son sol dès 1995.

Le jihadisme épuré de la décennie 1990 passait ainsi par la substitution des États-Unis comme ennemi principal à l'ex-URSS, désormais défaite. L'ancien partenaire antisoviétique deviendrait la nouvelle cible, et dans ce but des alliances différentes devraient être forgées. La période de l'exil soudanais de Ben Laden – entre 1992 et 1996 – fut propice à ce retournement majeur. Le 25 avril 1991, Tourabi, qui avait applaudi Saddam Hussein, convoqua la première des quatre « Conférences populaires arabes et islamiques » où se retrouvaient jusqu'à 1995 tous les vaincus et laissés-pour-compte de l'opération « Tempête du désert ». Les salafistes-jihadistes n'y côtoyaient plus en bonne intelligence les hommes de la CIA, mais les nationalistes arabes anti-sionistes, anti-impérialistes et tiers-mondistes de tout poil – constituant un bouillon de culture où naîtrait « l'islamo-gauchisme » radical des décennies suivantes, qui permettrait au terrorisme islamiste sous ses diverses formes de bénéficier de la mansuétude d'une partie de l'extrême gauche. Carlos incarna cette nouvelle alliance paradoxale : l'ancien marxiste, mis à la retraite forcée par la disparition de ses soutiens avec la chute de l'URSS, s'était converti et avait échoué à Khartoum en 1993. Il y fut enlevé en 1994 par les services français et théorisa rétrospectivement, depuis sa geôle de la région parisienne où il purge une peine de prison à perpétuité, l'aboutissement jihadiste de la cause qu'il avait défendue autrefois au nom de la dictature du prolétariat.

Le basculement anti-américain du jihadisme se manifesta par l'ouverture de deux fronts simultanés, sans que l'on puisse savoir encore, en l'absence d'accès à l'information classifiée idoine, s'ils étaient coordonnés ou simplement l'effet d'une coïncidence. En décembre 1992, à la suite d'une situation chaotique en Somalie, les Nations unies votent l'envoi d'un contingent militaire pour y restaurer l'ordre et y contrer la famine – il est composé de soldats, américains pour la plupart. L'opération, initialement nommée « Restore Hope » (Rendre l'espoir), est perçue par la mouvance islamiste comme le prétexte à établir une tête de pont dans la Corne de l'Afrique pour envahir ensuite le Soudan de Tourabi. Des jihadistes formés en Afghanistan participent aux combats, aux côtés de la faction somalienne du général Aïdid, contre les Marines qui subiront dix-sept morts les 3 et 4 octobre 1993 lors de l'attaque de deux hélicoptères : le président Clinton décidera derechef du retrait des troupes, faisant face à domicile à un syndrome dit « vietmalien » (en référence au traumatisme du Vietnam appliqué à la Somalie).

Ce premier engagement armé jihadiste contre les États-Unis sur un théâtre d'opérations en Afrique orientale (prélude aux attentats contre les ambassades américaines au Kenya et en Tanzanie en août 1998) a été précédé le 26 février 1993 par le premier attentat contre le World Trade Center (esquisse quant à lui du 11 Septembre). Les tenants et aboutissants de cette autre affaire demeurent nébuleux, en dépit du procès et de la condamnation du principal accusé, le cheikh Omar Abdel Rahman, à la prison à perpétuité (il est mort en détention aux États-Unis en 2017). Ce dernier, l'un des imams majeurs du jihadisme égyptien des décennies 1970 et 1980, auteur d'une fatwa déclarant licites les biens et le sang des coptes, incarcéré après l'assassinat de Sadate en octobre 1981 jusqu'en 1984, avait reçu un visa américain par l'entremise de la CIA dès 1986. Voyageant des États-Unis à Peshawar, il était devenu l'une des grandes figures charismatiques œuvrant à recruter à travers le monde des combattants pour le jihad afghan. De retour dans son pays et en délicatesse avec le régime de M. Moubarak en tant qu'émir de la Gama'a al-Islamiyya égyptienne, il s'était rendu dans le Soudan de Tourabi en avril 1990, où il bénéficierait d'un nouveau visa américain par le même canal que précédemment, arrivant aux États-Unis le 18 juillet et obtenant en avril suivant sa « carte verte » avec une célérité exceptionnelle, en qualité de ministre du culte de la mosquée de Jersey City. Pourtant, dès juin 1991, alors qu'il effectuait, parmi de nombreux voyages internationaux, son pèlerinage à La Mecque, son statut fut remis en cause sous prétexte qu'il n'avait pas déclaré sa bigamie – mais il déposa une demande d'asile politique en juin 1992 pour éviter son expulsion.

Les circonstances troubles de la dégradation des relations autrefois confiantes du cheikh avec l'univers du renseignement américain restent non élucidées à ce jour. Mais elles aboutirent à la naissance du projet du premier attentat contre le World Trade Center, dans un milieu d'immigrés égyptiens infiltré par des agents provocateurs, et à l'explosion d'une camionnette piégée dans le parking souterrain des tours jumelles le 26 février 1993. Le principal opérateur, un proche d'Omar Abdel Rahman, porteur d'un

passeport irakien au nom de Ramzi Youssef, serait ultérieurement arrêté au Pakistan puis extradé et condamné
aux États-Unis, sans permettre la clarification complète des
faits – ouvrant la voie à de nombreuses théories du complot. En rétrospective (et cela d'autant plus, après que cette
même cible eut été détruite pour de bon le 11 septembre
2001), l'attaque du 26 février 1993 constitue l'événement
le plus explicite de la rupture désormais consommée de
l'alliance entre jihadistes et services secrets américains qui
avait rendu possible la guerre d'Afghanistan.

Ben Laden de son côté ne se sentait plus complètement
en sécurité à Khartoum : le régime du général Bachir et
de son mentor Hassan al-Tourabi était soumis à de multiples pressions internationales, notamment après l'attentat contre Moubarak lors du sommet d'Addis-Abeba en
juin 1995, imputé à des jihadistes égyptiens installés dans
le Soudan voisin. Et la capture de Carlos par les services
secrets français sans obstacle du pouvoir l'année précédente était de mauvais augure. Le 13 novembre 1995, la
déflagration d'une voiture piégée à Riyad devant un bâtiment de la Garde nationale tue cinq conseillers militaires
américains, et le 25 juin 1996 un camion bourré d'explosifs saute à Khobar, dans la région pétrolière de l'est du
royaume, entraînant la mort de dix-neuf militaires des
États-Unis. Ben Laden ne revendique pas ces assauts – il
en ira de même après le 11 Septembre, afin de maximi-
ser l'effet de panique chez ses adversaires et de rendre
plus complexe la réplique. Le second attentat sera finalement attribué par la justice américaine à un « Hezballah
saoudien » d'inspiration iranienne, et le principal suspect,
Ahmed al-Mughassil, arrêté à Beyrouth et transféré en

Arabie en août 2015. Le départ de Ben Laden vers le havre plus sûr que constitue le territoire des Talibans contribue à brouiller les pistes : à l'été 1996, il revient en Afghanistan, s'installant sous la protection du mouvement dirigé par le mollah Mohammed Omar, qui contrôle alors tout le sud du pays avant de s'emparer en septembre de la capitale, Kaboul, et n'a aucune relation avec la communauté internationale, contrairement au Soudan. Des responsables de ces « étudiants en religion » feront savoir ultérieurement que ce déplacement s'était déroulé en vertu d'un accord entre Américains et Soudanais. Les premiers ne souhaitant pas que, capturé et jugé aux États-Unis à l'instar de Carlos en France, Ben Laden fît à son procès des révélations gênantes pour ses anciens protecteurs de la CIA, les seconds préférant se débarrasser de cet ennemi public universel afin de normaliser leurs rapports avec l'Occident. Et on aurait estimé à Washington que dans l'Afghanistan enclavé et isolé la dangerosité du personnage serait minimale...

Pourtant, dès le 26 août, celui-ci diffuse une « Déclaration de jihad contre les Américains occupant la terre des deux Lieux saints [La Mecque et Médine] », plus connue par son sous-titre provenant du célèbre dit (*hadith*) attribué au Prophète : « Expulsez les juifs et les chrétiens de la péninsule Arabique. » Ce texte de onze pages est le manifeste inaugural de ce qui deviendra l'organisation Al-Qaïda au cours des années suivantes. À ce stade, l'objectif premier est la « libération » de l'Arabie saoudite : Ben Laden y exalte l'attentat commis à Khobar deux mois auparavant, mais se félicite aussi de la « victoire » en Somalie – deux opérations non explicitement assumées comme telles. Ce faisant, il revendique de se situer dans la continuité véritable du jihad afghan : le royaume saoudien est occupé par les armées impies des États-Unis comme l'était l'Afghanistan par celles de l'URSS. Et il reprend mot pour mot l'appel d'Abdallah Azzam imposant à tous les musulmans du monde le « devoir individuel » (*fard 'ayn*) de s'engager dans un « jihad de défense » pour libérer cette terre d'islam usurpée. Néanmoins, contrairement à l'incitation au jihad en Afghanistan qui avait bénéficié d'un large consensus d'oulémas salafistes et de Frères, ainsi que de l'appui de la majorité des membres de l'Organisation de la conférence islamique, Ben Laden ne peut guère se réclamer que d'Azzam – tué, on l'a vu, en 1989 –, du cheikh palestinien fondateur du Hamas Ahmad Yassin, de son collègue égyptien Omar Abdel Rahman emprisonné aux États-Unis, et de leurs émules saoudiens Salman al-Audah et Safar al-Hawali, également sous les verrous dans leur pays. Avec de si faibles soutiens, cette déclaration resta sans effet (les troupes américaines seraient retirées des bases saoudiennes et transférées au Qatar, mais sept ans plus tard, à l'été 2003).

Deux ans après, un nouveau stade fut franchi pour préparer véritablement la transition au jihad international dont Al-Qaïda serait le label universel. Le 23 février 1998, en effet, Ben Laden et Ayman al-Zawahiri cosignèrent, avec quelques activistes peu connus d'Égypte et du sous-continent indien, la charte fondatrice d'un Front islamique mondial contre les juifs et les croisés. Depuis la « Déclaration » du 26 août 1996, la situation du jihadisme inspiré par l'Afghanistan s'était considérablement dégradée : à l'automne 1997, les combattants d'Algérie et d'Égypte avaient été vaincus, après cinq ans de violences. Le texte comprenait une fatwa stipulant que « chaque musulman qui en est capable a le devoir individuel (*fard 'ayn*) de tuer les Américains et leurs alliés, civils et militaires, en tous pays où cela est possible ». Cet ultimatum fut rapidement exécuté : le 7 août 1998, deux attaques simultanées détruisirent les ambassades américaines à Nairobi (Kenya) et Dar es Salaam (Tanzanie), causant respectivement deux cent treize morts (dont douze Américains) et plus de quatre mille cinq cents blessés, ainsi que onze morts (aucun Américain) et quatre-vingt-cinq blessés. Le mode opératoire inaugurait une sorte de signature qui serait celle d'Al-Qaïda : la recherche d'une date symbolique (en l'occurrence l'anniversaire de l'appel du roi Fahd aux troupes américaines à venir sur le territoire saoudien menacé par Saddam Hussein, huit ans plus tôt), et la survenue concomitante d'attentats en plusieurs lieux. La première indiquait une causalité – sans qu'il fût besoin d'une réclamation explicite (et Ben Laden ne revendiqua pas les explosions dans ses entretiens ultérieurs à la presse, tout en s'en félicitant) ; la seconde avait pour objectif d'accroître l'effet de sidération de l'ennemi, en créant une sensation d'ubiquité qui augmentait le danger.

Les États-Unis eurent tôt fait d'identifier leur adversaire : le 20 août, des salves de missiles de croisière tirées d'un porte-avions dans l'océan Indien anéantirent une usine de produits chimiques à Khartoum et un camp d'entraînement de jihadistes pakistanais en Afghanistan, qui se préparaient à combattre au Cachemire indien. Ni Ben Laden ni aucun de ses proches ne fut touché – en revanche, la solidarité avec les « martyrs » se traduisit par un véritable culte au Pakistan. Je remarquai que les bazars de ce pays, dans les mois qui suivirent, proposaient partout à la vente des tee-shirts à l'effigie du célébrissime Saoudien, devenu un champion de la cause islamiste. Un nouveau mode de guerre asymétrique avait été inventé contre l'Occident : s'il reprenait certains des dispositifs mis en œuvre par l'Iran et le Hezballah au Liban, comme l'attaque des ambassades et les attentats-suicides, il en transformait la finalité. Ce type-ci de terrorisme ne relevait pas *in fine* d'un État cherchant à obtenir des résultats quantifiables et circonstanciés – en l'occurrence desserrer l'étau militaire contre son territoire durant le conflit avec l'Irak. Les commanditaires constituaient une nébuleuse que l'on ne savait ni identifier précisément ni nommer avec certitude, dont les contours étaient flous, les objectifs maximalistes et non négociables. Cela prenait en défaut la panoplie occidentale, surtout opérationnelle dans le cadre d'un affrontement devenu obsolète avec l'URSS, et qui était faite pour toucher des cibles « dures », comme des villes ou des infrastructures. Ainsi, la frappe des missiles de croisière le 20 août était remarquablement exacte en termes balistiques, mais politiquement inutile. En octobre 2000, une nouvelle attaque visa le contre-torpilleur américain *USS Cole*, qui s'avitaillait à Aden : un canot pneumatique bourré d'explosifs le percuta, tuant dix-sept marins. L'adversaire était désormais ductile et insaisissable – il faudrait des efforts gigantesques pour comprendre le « logiciel » d'Al-Qaïda, jusqu'à ce que, treize ans après la proclamation du Front islamique mondial, Ben Laden soit éliminé par les forces spéciales américaines le 2 mai 2011 au Pakistan.

CAVALIERS SOUS LA BANNIÈRE DU PROPHÈTE

Le 2 décembre 2001, trois mois après la « double razzia bénie » du 11 Septembre contre New York et Washington, un quotidien arabe publia en feuilleton des extraits d'un ouvrage d'Ayman al-Zawahiri intitulé *Cavaliers sous la bannière du Prophète*, évoqué plus haut. Même si la paternité du texte n'est pas totalement sûre, elle n'a jamais fait l'objet d'un quelconque démenti en provenance de Zawahiri ni de ses proches. Dès les premiers paragraphes, la mention que l'Afghanistan et la Tchétchénie sont les deux pays libérés au nom du jihad laisse conjecturer que la rédaction en a eu lieu entre 1997 et 1999, après l'élection d'Aslan Maskhadov comme président tchétchène et avant la reprise de Groznyï par les troupes russes en janvier 2000, trois années durant lesquelles les groupes jihadistes faisaient la loi sur une grande partie du territoire. Ces dates correspondent aussi au séjour de Zawahiri aux côtés de Ben Laden chez les Talibans en Afghanistan – l'autre aire « libérée ». L'ouvrage est par ailleurs une sorte de miroir du best-seller de Samuel Huntington, *Le choc des civilisations*, publié en 1996. Au contraire des intellectuels libéraux occidentaux qui ne ménagèrent pas leurs critiques à un texte leur paraissant réifier des « civilisations » réduites à leur essence supposée et nier les hybridations des sociétés postmodernes, Zawahiri abonde dans la logique du professeur de Harvard. Il y voit une juste démonstration par l'adversaire de l'incompatibilité radicale entre l'islam – au prisme jihadiste – et l'Occident. Il se contente d'inverser les valeurs positives et négatives que le livre originel affecte à ces deux espaces de sens, et d'indiquer les modalités du triomphe inéluctable de la « religion d'Allah » sur la planète.

Cavaliers sous la bannière du Prophète, dont le titre se réfère aux victoires remportées par les armées de Mahomet (Muhammad) et des premiers califes pour propager la vraie foi à travers le monde jusqu'à ce qu'il lui soit « tout entier soumis », inscrit l'objectif des jihadistes contemporains dans cette même lignée, comme c'était le cas dans les manifestes antérieurs signalés plus haut de Sayyid Qotb, *Signes de piste* (1965), et Abdallah Azzam, *Rejoins la cara-vane !* (vers 1985). Mais l'intérêt de ce texte-ci réside dans l'objectif qu'il assigne à la mouvance islamiste au moment charnière du tournant du siècle. Il dresse un bilan critique de la décennie écoulée, en tire les leçons sous forme de retour sur expérience, et effectue une mutation stratégique majeure, afin de porter désormais la guerre « sur la terre de l'ennemi ». Ce changement de cible fut mis en pra-tique au moment même où les pages de Zawahiri étaient rédigées : après les coups de semonce des attentats contre les forces américaines stationnées sur la « terre des deux Lieux saints » saoudienne à Riyad à la fin de 1995, les trois attaques suivantes visent les ambassades des États-Unis au Kenya et en Tanzanie le 7 août 1998, puis l'*USS Cole* le 12 octobre 2000 à Aden. Le message, explicite, sera le prélude au 11 Septembre.

La réflexion de Zawahiri se base sur des éléments concrets et récents, et notamment l'échec de l'islamisme algérien, battu *in fine* par des militaires du « parti de la France ». Bien informé sur ses développements, à travers les groupes de soutien réfugiés alors dans le « Londonis-tan » sous l'égide du Syrien Abou Moussab al-Souri, qui édite le bulletin *Al-Ansar*, il attribue l'insuccès de l'expé-rience à l'incapacité à mobiliser les masses, à cause d'une conception trop élitiste du combat. Il faut donc trouver le moyen de les galvaniser en s'adressant à leurs émotions pour qu'elles rejoignent les jihadistes. Or, l'enthousiasme des Arabes et musulmans va en premier lieu à la cause palestinienne, dont s'étaient emparés trop longtemps les nationalistes. Son islamisation grâce au Hamas et au Jihad

islamique et la multiplication des « opérations-martyre »
fournissent un précieux capital symbolique. L'économie
politique des attentats-suicides est optimale par le ratio
entre la faiblesse des coûts et la répercussion médiatique
– et c'est à l'imitation de ceux qui sont réalisés en Israël
qu'il faut porter la guerre au cœur des États-Unis. Cette
adéquation explicite entre le territoire de l'État juif comme
cible légitime du jihad et celui de l'Occident dont Israël
devient une synecdoque est opérée conceptuellement par
le syntagme « siono-croisé » (*sahiou-salibi*), créé *ad hoc*
par Zawahiri pour désigner et circonscrire l'adversaire.
Et le déclenchement de la seconde Intifada palestinienne
à compter de septembre 2000, avec l'exacerbation de la
violence causant plusieurs milliers de morts palestiniens
et israéliens, constituera un contexte extrêmement propice à la projection universelle d'un jihad qui prolonge la
geste des « opérations-martyre » contre l'État hébreu sur le
Pentagone et les tours jumelles du World Trade Center.

Enfin, Zawahiri se situe également au cœur d'un long
débat au sein de la mouvance islamiste : faut-il privilégier
la lutte contre « l'ennemi proche » (*al ʿadou al qarib*) ou au
contraire « l'ennemi lointain » (*al ʿadou al baʿid*) ? La priorité donnée au combat contre Israël a favorisé autrefois les
adversaires nationalistes des islamistes, à l'exemple de Nasser, qui a instrumentalisé ce climat d'union sacrée antisioniste pour conforter son pouvoir absolu et les réprimer sans
merci. Le réveil jihadiste de la décennie 1980 a ciblé en
revanche « l'ennemi proche » – de l'assassinat de Sadate en
1981 au jihad en Algérie – mais les masses n'ont pas suivi.
Zawahiri souhaite donc renouer avec la lutte contre « l'ennemi lointain », identifié à Israël et à l'Occident, non dans
l'espoir irréaliste de les détruire immédiatement, mais de

galvaniser les fidèles afin qu'ils voient dans les jihadistes leurs champions et se rangent sous leur bannière pour renverser les régimes « apostats » du monde musulman. Telle est la clé d'interprétation du 11 Septembre.

En rétrospective, on peut dater du 23 février 1998, avec la publication de la charte du Front islamique mondial contre les juifs et les croisés, la transition de la première phase – qui a pour cible « l'ennemi proche », les pouvoirs afghan, algérien, égyptien, saoudien, etc. – à la deuxième – qui vise désormais en priorité « l'ennemi lointain » américain. Ce basculement est théorisé par *Cavaliers sous la bannière du Prophète*, et traduit sur le terrain par le passage de la fin des jihads algérien et égyptien, en septembre et novembre 1997, aux attaques contre les deux ambassades des États-Unis, le jour emblématique du 7 août 1998. Dans le contexte de l'époque, on ne disposait pas du recul nécessaire pour penser cette rupture stratégique, car le texte de Zawahiri n'avait pas été diffusé. Et il semblait inimaginable que le groupe d'individus signataires de la charte du 23 février, isolés au fond des montagnes de l'Hindu Kuch sous la protection de l'« émirat » des Talibans, serait capable de monter une opération aussi audacieuse et inouïe que le 11 Septembre.

DE LA SECONDE INTIFADA AU 11 SEPTEMBRE : L'EXEMPLARITÉ DE L'ATTENTAT-SUICIDE

Le 28 septembre 2000, le général Ariel Sharon, candidat à la nomination du parti Likoud pour le poste de Premier ministre d'Israël, effectue une « promenade » ostentatoire à

Jérusalem sur le mont du Temple des juifs, politiquement
sanctuarisé car il représente également l'esplanade des
Mosquées des musulmans. Cette provocation délibérée
– qui sera couronnée de succès pour celui qui s'y adonne –
advient deux mois avant l'élection présidentielle américaine qui verra Bill Clinton, parrain des accords d'Oslo,
quitter la Maison-Blanche. Elle a pour objet de saper la
logique de paix issue difficilement des négociations et fait
d'emblée son effet : des manifestations, le lendemain,
sont écrasées dans le sang et Arafat déclenche l'« Intifada
d'al-Aqsa » (l'appellation arabe de la principale mosquée),
convoquant ainsi le registre religieux à l'appui du second
soulèvement. Les images de la mort de l'adolescent de
douze ans Mohammed al-Dourah, tué par balles le 30 septembre à Gaza dans les bras de son père, et filmées en
direct, font le tour du monde et suscitent une intense
émotion. Arafat lui-même a par ailleurs besoin de raffer-
mir sa légitimité après sept années pendant lesquelles les
implantations de colonies se sont poursuivies, les arguties
juridiques et les sanctions multipliées pour étrangler l'économie palestinienne, la proclamation de l'État a été sans
cesse retardée, etc. Il doit offrir un exutoire aux jeunes
de Gaza et de Cisjordanie, surtout ceux des camps, qui
ne tirent aucun bénéfice de l'autonomie, et risquent sans
cela de basculer massivement derrière le Hamas et le Jihad
islamique.

Dans un premier temps, la violence – que prend en
charge le *tanzim*, la structure organisationnelle du Fatah –
est circonscrite aux cibles militaires et aux colons, et vise
à faire pression sur l'électorat israélien afin qu'il renonce à
la colonisation en échange de la paix. L'opinion arabe est
alors persuadée qu'Israël, dont l'armée vient de quitter le

Sud-Liban occupé depuis 1978, a été contraint et forcé à cette retraite grâce aux attentats-suicides du Hezballah, et que pareil défi sur son propre territoire sera plus efficient encore. Au sommet de Camp David en juillet 2000, Arafat a réaffirmé ainsi le droit au retour de tous les Palestiniens durant son ultime rencontre avec le Premier ministre sortant Ehud Barak, sous les auspices d'un Bill Clinton en fin de mandat. L'affirmation de ce principe – même si la mise en œuvre en serait irréalisable – le coupe de la plupart du camp de la paix dans la société israélienne, et encourage le basculement à droite de l'électorat juif qui voit là une menace létale pour la pérennité de l'État hébreu. Sharon remporte ainsi triomphalement le scrutin en février 2001, conforté par l'arrivée à la Maison-Blanche le mois précédent de George W. Bush, dont l'entourage néo-conservateur est aligné sur les positions du Likoud – avec un mandat pour liquider Arafat. Cassant l'appareil militaire de l'OLP, Sharon ouvre la voie au Hamas et au Jihad islamique, qui multiplient attentats aveugles et spectaculaires, visant autobus et marchés, tuant un maximum de victimes civiles.

La licéité des attentats-suicides avait fait l'objet d'une controverse parmi les clercs, remontant à 1996, l'année même où Ben Laden publiait sa « Déclaration de jihad » et où commençait à émettre Al-Jazeera. Celle-ci leur conféra d'emblée une immense publicité en les qualifiant d'« opérations-martyre » et en diffusant leurs images dans le monde entier. Pourtant, les Grands Oulémas saoudiens, gardant un œil sur les menaces que faisait peser Ben Laden sur la monarchie, les condamnaient sans appel, car, selon eux, seul Allah peut décider de reprendre la vie qu'il a donnée, et les suicidés sont torturés en enfer pour l'éter-

nité. À l'inverse, le principal « télécoraniste » de la chaîne
satellitaire, le cheikh égyptien naturalisé qatari Youssef al-
Qaradawi, figure internationale de premier plan des Frères
musulmans, leur apportait son plein soutien – d'autant
que le Hamas représente la branche palestinienne de ce
mouvement. Dans une fatwa très argumentée parue en
mars 1996, qui serait remise en circulation et complétée
à l'occasion de la seconde Intifada, il qualifiait ces opérations de « forme la plus glorieuse de jihad dans la voie
d'Allah » parce qu'elles appartenaient au « terrorisme légitime » (*al irhab al machrou'*) « indiqué par le Coran dans
les mots du Très-Haut » :

> *Et préparez contre eux [les impies] ce que vous pouvez réunir*
> *d'armements et de chevaux en alerte, pour terroriser l'ennemi*
> *d'Allah et le vôtre.*
> [Sourate « Le butin », verset 60]

L'interprétation littérale du verbe « terroriser » le sort
de son contexte dans une logique transhistorique qui est
propre à la casuistique des Frères musulmans et des salafistes. Cela a pour fonction de justifier le terrorisme en
le qualifiant de légitime, comme « mode de défense des
déshérités pour qu'ils résistent à l'omnipotence des forts et
des *arrogants* », spécifie Youssef al-Qaradawi – reprenant
pour l'occasion le vocabulaire de la révolution iranienne.
Quant à l'assassinat de civils israéliens, il est licite car
chaque citoyen homme comme femme y servant sous
l'uniforme, l'État hébreu ne compterait en réalité que des
soldat(e)s qui constituent *ipso facto* des cibles permises.
Cette fatwa, à cause de la notoriété de son auteur, fut la
plus importante qu'émit une autorité religieuse sunnite,

et fit de nombreux émules. Elle eut une fonction structurante sur le Grand Récit de la Terreur et du Martyre qui devint alors dans le monde musulman, et en premier lieu chez les téléspectateurs d'Al-Jazeera, la grille de lecture de tous les conflits qui pouvaient advenir avec le reste de la planète. La Palestine, victime de l'oppression sioniste dans l'indifférence occidentale, figurait toujours la résistance par excellence – mais avait été captée par le jihad dont l'attentat-suicide constituait le mode opératoire privilégié.

Le bilan de la seconde Intifada atteignit plus de quatre mille morts en cinq ans et, pour la première fois, la proportion de tués israéliens s'éleva à un quart du total. La construction d'un mur de séparation infranchissable entre l'État hébreu et les territoires palestiniens y mit un terme, enfermant ceux-ci dans un déclin économique et social. Le décès consécutif d'Arafat le 11 novembre 2004 dans un hôpital français signa la fin d'une époque : en janvier 2006, le Hamas remporta les élections palestiniennes et, à la suite d'affrontements avec le Fatah, prit en juin 2007 à Gaza les pleins pouvoirs qu'il conserverait pendant dix ans, jusqu'au retour partiel de l'Autorité palestinienne sur ce territoire en octobre 2017.

LE CATACLYSME DU 11 SEPTEMBRE

L'événement le plus spectaculaire de ce début du XXIe siècle – et... du troisième millénaire naissant – qui imposa le jihadisme pensé par Ben Laden et Zawahiri comme un acteur cardinal du monde chaotique postérieur à la guerre froide a été précédé d'une série de signes annonciateurs. Mais il s'inscrivit également à la jonction

de registres symboliques bien plus vastes, qui lui donnèrent sa résonance inouïe. S'il modifia en profondeur la
géopolitique du Moyen-Orient, en suscitant en réaction
la « guerre contre la Terreur » qui aboutit à la chute de
Saddam Hussein, celle-ci eut l'effet pervers et imprévu de
faire basculer l'Irak dans le camp chiite et de le rapprocher
de l'Iran. Ce fut la défaite conjointe, paradoxalement,
des jihadistes sunnites et des États-Unis au profit de leur
ennemi à tous deux, la République islamique. Pourtant,
un lustre après le 11 Septembre et malgré la multiplication d'attentats à sa semblance mais de moindre ampleur,
depuis Bali jusqu'à Madrid et à Londres, il devint clair
que l'objectif du « jihad contre l'ennemi lointain », qui
consistait à rassembler les masses musulmanes sous la
bannière d'Al-Qaïda, avait échoué. Et cela ouvrirait la voie
à une nouvelle phase du jihadisme, qui tirerait les leçons
de cet échec en questionnant la stratégie même dont le
spectaculaire 11 Septembre fut la clé de voûte.

L'attaque commise par dix-neuf kamikazes à bord de
quatre avions de ligne détournés sur New York et Washington pour y percuter le World Trade Center, le Pentagone
et le Capitole (la révolte des passagers de l'un des aéronefs
ayant empêché cette dernière cible d'être atteinte), mettait tout d'abord en œuvre les ambitions de la charte du
Front islamique mondial contre les juifs et les croisés en
février 1998. Elle avait appelé à porter la guerre sur le territoire de l'Occident – on rappelle qu'elle fut théorisée par
Zawahiri dans *Cavaliers sous la bannière du Prophète*. Mais
elle s'inscrivait également dans la continuité de la seconde
Intifada palestinienne d'al-Aqsa, qui battait alors son plein
et cristallisait les émotions politiques des mondes arabe
et musulman, et dont elle se voulait la projection univer-

selle. Là où le Hamas et le Jihad islamique tuaient par dizaines les passagers des autobus ou les clients des marchés, cafés et pizzerias en Israël, Al-Qaïda massacra par milliers les occupants des tours jumelles aux États-Unis. Or cette continuité ne fut pas du goût de tous les acteurs et soutiens de la cause palestinienne, qui se trouvaient soudain pris en otage d'un combat qui les dépassait. Dès le 12 septembre, Arafat se faisait filmer et photographier en train de donner son sang pour les victimes des États-Unis. Même le cheikh Qaradawi s'emploierait à dissocier le statut d'Israël – une terre musulmane occupée par les infidèles où le jihad de défense était licite – de celui du continent américain, qui n'avait jamais été « terre d'islam ». De ce fait, les dix-neuf kamikazes ne pouvaient selon lui exciper de la qualité de martyr et devaient être considérés comme des suicidés – sauf à couper toutes les lignes de communication entre les Frères et Washington.

En instaurant comme lieu le plus emblématique des attaques le World Trade Center, déjà visé lors de l'attentat de 1993 qui avait valu au cheikh aveugle Omar Abdel Rahman la prison à perpétuité, Al-Qaïda s'inscrivait dans le prolongement d'une action imputée à ce référent égyptien de la « Déclaration de jihad » de 1996, et vengeait en quelque sorte son incarcération aux États-Unis. Cela conférait plus d'impact à un geste qui apparaissait ainsi comme mûrement pensé et situé dans une continuité séquentielle. En outre, l'assaut incomplètement mené de 1993 avait proclamé le divorce entre les services de renseignement des États-Unis et leurs partenaires jihadistes de la décennie 1980, après qu'ils eurent combattu de conserve l'Armée rouge en Afghanistan. Ben Laden et ses affidés, en détruisant de fond en comble les tours jumelles, marquaient pour de bon la rupture définitive avec l'ancien allié américain. Ils effaçaient toutes les traces de leur collaboration opportuniste d'autrefois, afin de changer de registre sémantique.

Désormais, signifiaient-ils, le jihad s'inscrivait dans une eschatologie islamique de longue durée qu'exprime l'appellation de « double razzia bénie » (*al ghazwatayn al moubarakatayn*) donnée par Al-Qaïda à l'opération dans tous ses documents ultérieurs. Ce vocable convoque un imaginaire musulman transhistorique, où les razzias symbolisent l'audace au combat de la cavalerie « sous la bannière du Prophète », qui lui permit de remporter dès les premiers temps la victoire sur des puissances dont les troupes étaient numériquement très supérieures, mais engoncées dans une bureaucratie inefficace. Et il inscrit le destin de New York et Washington dans la continuité de Constantinople : l'Empire américain finira inéluctablement par tomber tel son prédécesseur byzantin en 1453 sous les coups du jihad, dût-il durer des siècles... L'invocation de ce Grand Récit téléologique s'articule avec l'identification de l'Union soviétique, défaite avec la chute du mur de Berlin par suite du retrait de l'Armée rouge de Kaboul en 1989, à l'État sassanide détruit en 636 lors de la bataille de Qadissiyya. Le jihad s'affirme ainsi en acteur clé du système international, comme dans les lendemains de la Prophétie en 622, renouant avec la mission conquérante de cette religion affadie par quatorze siècles de décadence et de compromissions. Et il télescope cette histoire sainte avec les enjeux contemporains, substituant l'affrontement d'Al-Qaïda avec l'impiété « siono-croisée » à l'antagonisme entre l'OTAN et le pacte de Varsovie (qui disparaît avec l'URSS). Il institue du même coup ce combat en principe organisateur du monde d'aujourd'hui, retrouvant à sa manière le *Choc des civilisations* de Samuel Huntington. Cette prétention à nouer téléologie islamique et achèvement de la guerre froide se nourrit finalement, on l'a vu, du fantasme numérologique : les jihadistes y décèlent l'expression de la divine providence, que traduit le rapport inversé entre les dates des jours et mois de la chute du mur de Berlin, symbole de l'effondrement du système communiste ancien (le *9/11* 1989) et de la « double razzia bénie », préfiguration de l'avènement de l'ordre musulman nouveau (le *11/9* 2001) – l'un et l'autre événement encadrant le changement de millénaire chrétien et anticipant le basculement du temps universel vers le calendrier hégirien. Enfin, le choix de la nationalité des kamikazes, dont quinze sur dix-neuf sont sujets du royaume wahhabite, remémore le point de départ de la saga que Ben Laden étend à la planète entière : la lutte simultanée contre le régime saoudien sacrilège qui a fait souiller le 7 août 1990 la terre des « deux Lieux saints » par les troupes américaines, et contre les États-Unis profanateurs. Le prélude en avait été joué le 7 août 1998, lors des attentats contre les ambassades américaines au Kenya et en Tanzanie le jour du huitième anniversaire de l'appel du roi Fahd aux GI pour protéger son territoire contre l'armée de Saddam Hussein – première mise en relation de dates ayant valeur de signature providentialiste.

Le mode de conflictualité en œuvre le 11 septembre se base sur trois éléments articulés. Tout d'abord, sa dimension asymétrique qui s'émancipe de tous les usages des combats entre États pour transmuer le terrorisme en un véritable acte de guerre mondiale, et non plus seulement

de sédition, dont l'instrument comme la cible sont civils :
les quatre avions de ligne détournés, les milliers de victimes.
Ensuite, la mise en scène, destinée à accroître la répercussion médiatique pour multiplier à l'infini l'effet planétaire
de sidération des ennemis et de galvanisation des sympathisants potentiels. On en a eu en France un exemple révé-
lateur, relaté durant le « procès Merah » en octobre 2017 :
Abdelkader et Mohammed Merah, alors simples délinquants
dans une cité banlieusarde de Toulouse, hurlent « Vive
Ben Laden ! » dans les rues au lendemain des attentats de
New York et Washington qu'ils ont suivis, fascinés, sur le
petit écran. Ils basculeront graduellement dans le salafisme
jihadiste et, pour Mohammed, les assassinats de militaires
« apostats » et de juifs en mars 2012. Le scénario est celui
d'un film catastrophe hollywoodien à grand spectacle et
effets spéciaux, qui permet de toucher un vaste public en
utilisant les codes de la fiction cinématographique la plus
populaire – et de forcer ainsi les portes des journaux télévi-
sés par des images exceptionnelles – mais pour exposer un
phénomène appartenant au domaine de la réalité. Sa retransmission universelle est rendue possible grâce à la prolifération des chaînes satellitaires depuis le milieu de la décennie
précédente, notamment Al-Jazeera, qui sera le vecteur par
excellence pour propager les représentations concoctées par
Al-Qaïda. En dernier lieu, la combinaison entre le terrorisme
en tant qu'acte de guerre et sa mise en scène cathodique se
construit délibérément comme une provocation, destinée
à attirer les armées occidentales en Afghanistan pour les y
piéger – et à leur infliger une défaite à l'instar de celle des
Soviétiques douze ans auparavant. Ben Laden et ses affidés
ne croient pas que le 11 Septembre va détruire par lui-même

les États-Unis, mais enclencher un processus dévastateur pour l'Occident.

Zawahiri, dans son manifeste *Cavaliers sous la bannière du Prophète*, consacre plusieurs paragraphes au champ de bataille médiatique proprement dit. Même s'il ne fait jamais référence à la maestria déployée en ce domaine par la République islamique d'Iran – concurrente chiite pour l'hégémonie islamiste –, l'influence de son mode opératoire est patente. Les jihadistes sunnites ont été frustrés des bénéfices de leur victoire lorsque le retrait soviétique de Kaboul est passé inaperçu à cause de la fatwa de Khomeyni condamnant la veille Rushdie à mort, le 14 février 1989, et les leçons en ont indéniablement été tirées le 11 septembre 2001. La scénarisation de l'acte terroriste, sa traduction dans le langage formaté des *news* et du *show business* sont la condition *sine qua non* de sa publicité et de son efficience. Mais la croyance excessive dans la vertu mobilisatrice de l'image, encore tributaire de la diffusion, dans les premières années du XXIe siècle, par les télévisions, et avant l'ère des réseaux sociaux trouvera rapidement ses limites et causera l'obsolescence du modèle Al-Qaïda.

LES « NÉO-CONS » AU MIROIR JIHADISTE : LA « GUERRE CONTRE LA TERREUR »

Le 11 Septembre survient durant la première année du mandat de George W. Bush, alors même que le nouveau président est entouré de conseillers dont beaucoup appartiennent à un courant de pensée dit « néo-conservateur », qui se trouvera chargé de mettre en œuvre la réplique à la provocation d'Al-Qaïda. Comme les jihadistes, ils ont été confortés par la victoire sur l'URSS en 1989. Pour leur part, ils l'ont attribuée à la « ligne dure » qu'ils ont toujours prônée face à ceux qui cherchaient l'apaisement avec Moscou dans la « coexistence pacifique ». De même que leurs adversaires islamistes, ils croient en une téléologie. Mais c'est celle de la *Fin de l'Histoire*, selon le livre homonyme de Francis Fukuyama paru en 1992 qui considère que la démocratie libérale de l'Occident est l'aboutissement hégélien et inéluctable du destin de l'humanité. Cette théorie trouve son champ d'application en premier lieu dans les anciennes « démocraties populaires » soviétiques d'Europe centrale et orientale libérées par la chute du mur de Berlin, qui basculent très rapidement dans le marché et dont la plupart rejoindront l'Union européenne. Mais pour les néo-conservateurs, ces idées sont universalisables, et superposables également aux sociétés musulmanes, à condition d'investir les moyens nécessaires pour forcer cette mutation. Lorsque paraît quatre ans plus tard l'ouvrage de Huntington, qui en apparence prend le contrepied de celui de Fukuyama en soulignant la spécificité de civilisations antagoniques à celle de l'Occident – dont l'islam (suivi du confucianisme) constitue le paradigme –, les néo-conservateurs effectuent une synthèse des deux doctrines, en privilégiant un engagement politico-militaire qui permettrait, à leurs yeux, la transformation du monde musulman afin de l'amener à la démocratie occidentale.

Dans un premier temps, c'est le salut d'Israël menacé par l'Intifada qui préoccupe ces intellectuels de droite radicaux, souvent juifs et dont beaucoup sont passés dans leur jeunesse par l'extrême gauche, notamment trotskiste.

Méfiants envers les accords d'Oslo – par lesquels ils soupçonnent le président Bush père d'avoir mis Israël en position de faiblesse et qu'ils accusent Bill Clinton d'avoir contraint l'État hébreu à signer –, ils se font les soutiens du Likoud de Benjamin Netanyahou, lorsqu'il accède au pouvoir en 1996 après l'assassinat de Yitzhak Rabin par un fanatique juif et en pleine vague d'attentats-suicides dus au Hamas. Dans un mémento paru cette même année intitulé « Une franche rupture » (*A clean break*), les plus influents d'entre eux préconisent une redistribution générale des cartes au Moyen-Orient qui renverse les oligarchies et dictatures, dont l'économie politique défaillante ne trouve d'assise que par une fuite en avant dans la rhétorique populiste anti-israélienne. Cette stratégie « préventive » – qui applique à la région la vision de l'action extérieure américaine dont s'est fait le héraut Paul Wolfowitz, futur secrétaire adjoint à la Défense de George W. Bush – est confortée en 1998 par une lettre ouverte qu'adresse au président Clinton le think-tank néoconservateur « Projet pour un nouveau siècle américain ». Parmi les signataires figurent la plupart de ceux qui joueront un rôle primordial deux ans plus tard auprès de son successeur à la Maison-Blanche : le texte prône l'élimination de Saddam Hussein, qui ne respecterait pas l'embargo qui lui avait été imposé en 1991 au terme de l'opération « Tempête du désert » et accumulerait des « armes de destruction massive ». La disparition du dictateur, se convainquent-ils à l'unisson de nombreux chiites irakiens exilés aux États-Unis et familiers de leurs cercles, favorisera l'émergence d'une société civile en Mésopotamie qui posera les bases d'un Moyen-Orient démocratique, proaméricain et en paix avec Israël. La survenue du 11 Septembre va permettre à ce cadre conceptuel de se traduire concrètement en une offensive militaire destinée à l'accoucher au forceps.

Passé les moments de sidération et de deuil, la riposte américaine à l'attaque jihadiste contre New York et Washington se déploya en deux étapes. La première visait à traiter le symptôme du mal en détruisant l'organisation à qui l'on en attribuait la responsabilité directe. Elle débuta le 7 octobre 2001, sur le territoire contrôlé par les Talibans en Afghanistan où était réfugié Ben Laden. Elle anéantit le régime du mollah Omar, mais échoua à capturer le chef d'Al-Qaïda. La seconde avait pour objet d'éradiquer les causes de ce même mal en transformant le contexte dont il était issu au Moyen-Orient, dans une perspective néo-conservatrice : elle commença avec l'invasion de l'Irak par les États-Unis et leurs alliés le 20 mars 2003, au motif d'éliminer le dictateur Saddam Hussein pour y promouvoir la démocratisation. Elle aboutirait paradoxalement, au terme d'une insurrection menée par Al-Qaïda, à ce que l'Irak, majoritairement chiite, passe sous la tutelle de son voisin iranien. La réaction sunnite prendrait ultérieurement la forme de l'« État islamique en Irak et au Levant » – l'entité également connue par son acronyme arabe de Daesh, qui fédérerait selon de nouvelles modalités le jihadisme international et ferait de Mossoul et Raqqa les capitales d'une terreur inouïe entre 2014 et 2017.

L'offensive contre l'Afghanistan exprimait l'inadéquation entre la nature du défi lancé par « la double razzia bénie » du 11 Septembre et les capacités de riposte des États-Unis et de leurs alliés. La panoplie militaire était adaptée à l'élimination d'un régime implanté sur un territoire avec des casernes, des palais, des infrastructures.

Mais elle s'est avérée déficiente pour détruire une nébuleuse terroriste dont le nom, qui signifie « la base » en arabe, relevait en l'occurrence davantage de la base de données informatique permettant de faire le lien entre les membres de l'organisation dans le monde virtuel que d'un lieu circonscrit et vulnérable à des bombardements ou une attaque par des forces spéciales. Pourtant, l'invasion de l'Afghanistan ne répondit pas aux attentes de Ben Laden et de Zawahiri. Ils s'étaient persuadés que la riposte américaine aboutirait à piéger rapidement le corps expéditionnaire dans ce pays, et à précipiter la débâcle des États-Unis comme cela avait été le cas pour l'URSS. Et ils pensaient qu'Al-Qaïda en profiterait pour prendre la tête d'une offensive qui mobiliserait les masses de fidèles à travers la planète contre l'envahissement d'une « terre d'islam » par des armées impies. Or les soldats qui conquirent Kaboul étaient des Afghans dûment musulmans et recrutés parmi l'Alliance du Nord, une coalition pro-occidentale de tribus et d'ethnies hostiles aux Talibans, et les images de combattants arabes capturés par ceux-ci et entortillés dans du fil de fer ne suscitèrent guère la compassion dans le monde islamique, que ne démangea point le prurit d'un nouveau jihad à cette occasion.

Si cet espoir d'Al-Qaïda fut déçu, en revanche l'organisation en tant que nébuleuse montra une grande résilience face à l'offensive militaire. Le 7 octobre 2001, Al-Jazeera diffuse une vidéo qui a une répercussion extraordinaire : devant une grotte montagneuse d'Afghanistan, Ben Laden, en compagnie de Zawahiri et deux acolytes, après avoir exalté « l'avant-garde bénie des musulmans » qui a meurtri la superbe des États-Unis, « jure par Allah, qui a élevé les cieux sans colonnes, que ni l'Amérique ni le peuple qui y demeure ne pourront rêver de sécurité avant que nous ne la vivions en Palestine, et que toutes les armées infidèles quittent la terre de Mahomet – la paix soit sur lui ». Cette déclaration imagée, où quatre hommes assis à même le sol, enturbannés et vêtus d'habits traditionnels musulmans, kalachnikov posée à leur côté, menacent l'« arrogance mondiale » américaine depuis une caverne, tandis que missiles de croisière et avions écrasent les places fortes des Talibans sous un tapis de bombes, fait grand effet. Elle évoque à la fois les représentations du Prophète exilé avec une poignée de compagnons alors qu'il va s'emparer de Médine et y instaurer le règne de l'islam, mais aussi, dans un registre plus large que cette seule religion, la lutte de David contre Goliath, et des humbles vertueux contre les puissants et méchants. Le propos relativise le nombre de morts le 11 septembre et pendant les diverses attaques infligées aux États-Unis, au regard des crimes incommensurables attribués à l'Occident depuis Hiroshima jusqu'à la Palestine, et situe les attentats dans une logique de rétorsion légitime, de loi du talion. Ce mode de communication créera un véritable standard pour les messages d'Al-Qaïda dans les années qui suivront, au point de devenir sa principale signature médiatique et l'expression ostensible de son endurance dans un inexpugnable cybermonde. Il sera copié par les jihadistes des phases ultérieures, ainsi dans la vidéo mise en ligne en janvier 2015 où Amedy Coulibaly revendique dans un registre comparable, kalachnikov au côté et vêture adaptée, les massacres de *Charlie Hebdo* et de l'épicerie Hyper Cacher à Paris.

Tandis que l'armée la plus puissante de la planète et celles de ses alliés ont déroulé leur rouleau compresseur sur l'Afghanistan, la diffusion régulière de clips de ce type durant l'automne 2001 et les années 2002-2003 confectionne une image héroïque et indomptable de Ben Laden et de ses séides. Avec le recul, la réalité est plus nuancée que ce que l'émotion et la propagande des deux adversaires ont relayé à l'époque. D'une part, les infrastructures d'Al-Qaïda sur place ont été fortement impactées, et l'organisation a perdu de nombreux cadres de rangs intermédiaire et élevé, parmi lesquels les concepteurs du 11 Septembre, dont beaucoup furent enfermés dans le camp de Guantanamo (situation propice à la construction d'un Grand Récit victimaire des jihadistes, en parallèle de l'invasion de l'Irak, comme on l'analysera plus loin). Cela ne l'a pas empêchée de poursuivre sa stratégie d'attentats aux quatre coins du monde – sans atteindre ses objectifs de mobilisation des masses musulmanes sous sa bannière. D'autre part, tout indique que l'élimination de Ben Laden n'était pas la priorité de la Maison-Blanche, et que les moyens pour le capturer avaient été secondarisés par rapport au *regime change* à Bagdad. Car le chef d'Al-Qaïda ne représentait qu'un épiphénomène au regard du but principal des néo-conservateurs, qui consistait à remodeler le Moyen-Orient en instaurant en Irak un nouveau pouvoir compatible avec les États-Unis et en paix avec Israël. Dans cette perspective, la résilience ostensible du terrorisme jihadiste pendant l'année 2002 permettait opportunément d'entretenir la confusion délibérée entre Oussama Ben Laden et Saddam Hussein dont était constituée l'improbable « guerre contre la Terreur », et de subroger celui-ci à celui-là pour obtenir une victoire tangible. Au début de décembre, tandis que le gouvernement dirigé par Ariel Sharon commence à élever le mur de séparation entre l'État hébreu et les territoires palestiniens qui mettra un obstacle décisif à la poursuite de la seconde Intifada, une attaque contre des touristes israéliens au Kenya manque pour l'essentiel sa cible. Afin d'atténuer les effets de ce ratage, un long communiqué émanant d'un « bureau politique de *Qaïdat al Jihad* » dresse la liste de tous les attentats que revendique l'organisation depuis la double explosion le 7 août 1998 des ambassades américaines au Kenya et en Tanzanie – comme si pareille énumération pouvait se substituer à l'absence de mobilisation des « masses musulmanes » à travers le monde qui se seraient solidarisées avec les jihadistes pourchassés.

La seconde phase, qui se voulait décisive, de la riposte américaine au 11 Septembre fut déclenchée le 20 mars 2003 avec l'invasion de l'Irak. Sur le plan opérationnel, elle permettait d'exprimer à plein la superpuissance américaine en atteignant un objectif – la destruction du régime de Saddam – mieux adapté aux moyens militaires des États-Unis que la traque élusive de l'introuvable Ben Laden. Elle serait en outre propre à frapper l'imagination des téléspectateurs universels en inspirant un sentiment de *shock and awe* (« choc et peur ») aux ennemis de Washington et en rassurant ses alliés, tout en produisant une narration imagée dans un registre hollywoodien à même de contrebalancer les images chocs des tours jumelles du World Trade Center percutées par les avions des kamikazes. L'offensive avait été préparée par une importante campagne de communication menée par le président Bush et le Premier ministre britannique Tony Blair pour persuader de l'imminence du péril posé par les « armes de destruction massive » (ADM) qu'aurait détenues Saddam Hussein, ainsi que par ses liens organiques avec Al-Qaïda.

Le point d'orgue en fut une déclaration du secrétaire d'État Colin Powell à l'ONU le 5 février 2003 qui brandit un tube d'aluminium à titre de démonstration – ce qui n'eut pas raison du scepticisme de la France et de la Russie, membres du Conseil de sécurité, et priva l'invasion de l'aval de l'ONU au profit d'une « Coalition de volontaires », alliés et clients des États-Unis. Les preuves furent apportées dès les semaines suivantes que l'affaire des ADM avait été artificiellement et sciemment gonflée (*sexed up*) afin de faire voter les crédits militaires par le Congrès et de justifier ainsi une campagne dont le seul *regime change* en Mésopotamie n'aurait pas suffi à légitimer les coûts humains et financiers démesurés.

La chute de Bagdad le 9 avril, symbolisée par le renversement de la gigantesque statue de Saddam Hussein place du paradis (à l'image de la chute de celles de Lénine et Staline dans l'ancien Empire soviétique), et célébrée le 1er mai 2003 par le président George W. Bush depuis un porte-avions sous le vocable de « mission accomplie », ne fut en réalité que le début des difficultés très graves qu'engendra l'occupation de l'Irak pour les États-Unis et leurs alliés. La prémisse idéologique des néo-conservateurs voyant dans l'élimination du dictateur le commencement d'un cycle vertueux qui démocratiserait le Moyen-Orient en le mettant aux normes libérales d'outre-Atlantique, et résorberait le *Choc des civilisations* au profit de la *Fin de l'Histoire*, fut confrontée à des données structurelles qui s'avérèrent rétives à cette utopie simplificatrice. En abattant Saddam, les États-Unis souhaitaient à la fois affaiblir l'axe sunnite, tenu pour responsable du 11 Septembre du fait de la mansuétude ou de l'impéritie du régime saoudien envers Al-Qaïda, et porter au pouvoir la majorité chiite irakienne, dont les stratèges du Pentagone attendaient que l'*empowerment* ferait des émules parmi leurs coreligionnaires d'Iran. Ils s'étaient convaincus que la société civile persane, dont de multiples signes manifestaient des comportements de dissidence culturelle par rapport à l'ordre établi par les mollahs, se soulèverait contre eux en communion avec leurs nombreux compatriotes installés en Californie et ailleurs en Occident depuis la chute du shah.

Cette stratégie pécha par deux écueils principaux. Tout d'abord la marginalisation des Arabes sunnites d'Irak, punis indistinctement pour l'appui que beaucoup avaient accordé à Saddam, poussa nombre d'entre eux dans l'insurrection – un phénomène d'autant plus préoccupant quand ceux-ci avaient occupé des positions clés dans l'appareil militaire et de renseignement. Sans autre perspective de survie, ces nationalistes baathistes apportèrent leurs talents aux jihadistes locaux, qu'ils avaient jadis combattus, mais auxquels ils s'identifièrent sur la base de l'appartenance commune à une minorité arabe sunnite face à la majorité chiite et aux Kurdes – tous deux soutenus par l'envahisseur. Cette alliance atavique fut confortée par la connexion entre eux et Al-Qaïda, à laquelle prêta allégeance celui qui fédéra cette nébuleuse, le Jordanien Abou Moussab al-Zarqawi, vétéran d'Afghanistan, en créant la branche régionale de l'organisation sous le nom d'« Al-Qaïda en Mésopotamie ». Son appellation arabe *Al Qa'ida fi bilad al rafidayn* (mot à mot : « Al-Qaïda au pays des deux fleuves ») référait à la toponymie islamique traditionnelle en évitant le terme moderne d'Irak, lié à une nation dont l'existence même était réfutée. Après divers avatars, on en verrait le prolongement ultime dans la décennie suivante avec la proclamation d'Abou Bakr al-Baghdadi

comme calife de l'«État islamique» au début du Ramadan, le 29 juin 2014. Cette entité sunnite basée à Mossoul
et Raqqa effacerait la frontière «artificielle» entre Syrie
et Irak, legs abominé du colonialisme européen sous les
espèces des accords Sykes-Picot qui l'avaient tracée pour
départager les mandats français et anglais de la Société
des Nations dans les lendemains de la Première Guerre
mondiale.

Le rêve néo-conservateur de démocratisation de la région
à partir de la mue de l'Irak se heurta à la réalité de faits ne
correspondant guère aux schémas géopolitiques mécanistes
échafaudés à Washington où la chute du régime totalitaire
de Bagdad en 2003 était pensée comme une variation sur
celle du système soviétique à Prague ou Varsovie en 1989.
L'occupation américaine, qui dura huit ans et prit fin en
vertu de la promesse de campagne du président Obama
en octobre 2011, coûta la vie à 4 488 soldats des États-
Unis, tandis qu'au moins 190 000 personnes, surtout des
civils, avaient péri pendant les opérations de guerre et
de terrorisme. En dépit de l'ingénierie politique déployée
pour construire des institutions démocratiques dans lesquelles les diverses composantes ethnico-religieuses du
pays étaient représentées, la situation sur le terrain fut
principalement marquée par la violence récurrente due à
l'insurrection sunnite, tant à Bagdad que dans les zones où
cette confession est majoritaire. Les États-Unis remportèrent quelques succès momentanés, comme la liquidation
de Zarqawi le 7 juin 2006, ou le soutien de certaines tribus qui luttèrent contre les jihadistes (opération dite « du
réveil » ou *sahwa* menée par les généraux David Petraeus
et John Allen). Mais la stratégie américaine fut flétrie par
deux forfaitures morales qui lui aliénèrent de nombreuses

sympathies dans le monde : l'affaire des camps de Guantanamo d'une part, d'Abou Ghraib de l'autre.

Le premier, établi à partir de janvier 2002 sur une base américaine ne relevant pas de la justice des États-Unis, fut le lieu de détention sans jugement des « ennemis combattants » arrêtés en Afghanistan et ailleurs et présumés liés à Al-Qaïda. Les avanies subies par les prisonniers ainsi que la faiblesse des accusations contre beaucoup d'entre eux, dont plusieurs centaines furent relâchés (après avoir été radicalisés plus encore, s'ils ne l'étaient originellement, par cette épreuve) contribuèrent à créer une image victimaire qui servit aux jihadistes sunnites à retourner contre les États-Unis le Grand Récit de la « guerre contre la Terreur ». La combinaison orange dont étaient vêtus les détenus devint le symbole de l'arbitraire et de l'injustice : les jihadistes en affubleraient les otages qu'ils décapiteraient pour en diffuser le film sur les sites de partage vidéo – à partir de l'exécution par Zarqawi de l'entrepreneur américain Nicholas Berg en mai 2004, dans une continuité morbide poussée au paroxysme avec les meurtres en série « postés » par Daesh sur les réseaux sociaux jusqu'à la chute du « califat » à l'automne 2017. Le message adressé aux États-Unis et à l'Occident fondait ces exécutions par la loi du talion, afin de se défausser de l'accusation de terrorisme en la relativisant moralement. Dûment documentées par la presse en avril 2004, les exactions infligées dans les camps firent l'objet d'un scandale d'autant plus grave aux États-Unis qu'elles sapaient la justification éthique de l'invasion de l'Irak menée pour restaurer la loi et le droit après le régime baathiste criminel. Ce camp d'internement et d'autres, dont Camp Bucca, constituèrent d'exceptionnels incubateurs pour la mouvance jihadiste irakienne, dans lesquels se renforcèrent les réseaux d'où sortirait Daesh.

Après s'être confrontés à une insurrection sunnite dont les conséquences se feraient sentir jusqu'à la fin de la décennie suivante, les stratèges américains virent se retourner contre eux le piège chiite dont ils avaient calculé qu'il viendrait à bout de la République islamique d'Iran. Ce fut leur seconde erreur : la terreur jihadiste menée par Zarqawi avait une dimension fortement anti-chiite, au moins autant qu'anti-occidentale, vouant les « hérétiques » (*rafidha*) plus sûrement encore à la mort que les « mécréants » (*kouffar*). Dès le mois d'août 2003, l'un des principaux ayatollahs irakiens, Mohammed Baqir al-Hakim, décéda au cours d'un attentat-suicide jihadiste à Najaf, l'une des villes saintes du chiisme. Tué par des affidés de Zarqawi, il avait été l'un des opposants majeurs à Saddam Hussein, et avait fui en Iran en 1980, où il fonda le Conseil suprême pour la Révolution islamique en Irak puis les brigades Badr qui combattirent le dictateur aux côtés de l'Iran. Bien qu'il fût aligné sur Téhéran, il rentra dans son pays le 12 mai 2003 au lendemain de la chute du régime de Saddam et se montra ouvert à un certain compromis avec l'occupant – son frère Abdel Hakim faisant partie du gouvernement intérimaire. Son immense popularité faisait de lui une cible naturelle. Il était cependant la deuxième personnalité religieuse chiite disposée au dialogue avec les Américains à être assassinée. La première, l'ayatollah Abd al-Majid al-Khoï, avait été abattue, également dans le sanctuaire de Najaf, dès le lendemain de la chute de Bagdad le 10 avril, mais par des séides d'un jeune clerc chiite radical, très anti-américain,

Moqtada al-Sadr, héritier d'une lignée prestigieuse, dont Mohammed Baqir al-Sadr, qui fut à la fin de sa vie représentant personnel de Khomeyni en Irak. Celui-ci avait été massacré avec sa sœur au terme d'une mise en scène macabre ignominieuse par les agents de Saddam le 9 avril 1980. C'était vingt-trois ans jour pour jour avant l'entrée des Américains à Bagdad, et ses disciples virent dans cette date fatidique l'intervention d'Allah qui vengeait ainsi son martyre (à l'insu des généraux américains ignorant tout de cette manifestation divine). Et selon une généalogie plus immédiate, Moqtada est aussi et surtout le fils de Mohammed Sadiq al-Sadr, également abattu par le régime – en 1999 –, figure extrêmement charismatique de la résistance populaire au despote déchu. Pour les Sadr, comme pour Khomeyni, le clergé chiite doit s'engager dans les combats de la vie quotidienne (*hawza natiqa*) par une attitude activiste et non se limiter aux questions de théologie (*hawza samita*) comme l'a voulu une tradition quiétiste contre laquelle la République islamique s'est constituée.

En dépit de son jeune âge, Moqtada se lança en politique, avec le parrainage iranien, pour faire fructifier immédiatement le prestigieux capital de sa lignée : il appela ses coreligionnaires à se rendre à pied à Karbala, à trois jours de marche de Bagdad, le Golgotha du chiisme où l'Imam Hussein fut assassiné le 10 octobre 680 par les soldats du calife sunnite de Damas, fondant le martyrologe propre à cette croyance. Quatre millions de fidèles participèrent à cette commémoration (près du double par rapport à La Mecque, qui accueillit cette année-là deux millions de pèlerins), créant ainsi dès les lendemains de l'invasion un rapport de forces en faveur d'un chiisme radical favorable à Téhéran et très hostile aux chimères néo-conservatrices d'un rapprochement avec les États-Unis. En 2004, les sympathisants de Moqtada, regroupés dans une « armée du Mahdi », ouvrirent un second front contre l'armée américaine et alliée, qui bataillait contre les insurgés sunnites dans la ville de Fallouja. Ce ne fut qu'à partir de l'année 2005, et surtout après le 22 février 2006, que les milices chiites se lancèrent explicitement dans le combat pour l'hégémonie politique. Ce jour-là en effet Zarqawi avait fait dynamiter la coupole de la Mosquée d'or de la ville de Samarra, qui abrite le tombeau de l'un des imams du chiisme, et l'entrée de la grotte où aurait disparu le Mahdi, ou Messie, qui reviendra, selon la tradition, à la fin des temps pour emplir le monde de lumière et de justice. Ce sacrilège contre l'un des sanctuaires les plus révérés suscita une mobilisation massive des adeptes, traduite en violence interconfessionnelle. Cela leur permit du fait de leur suprématie démographique de briser l'insurrection d'Al-Qaïda, dont l'armée américaine ne pouvait venir à bout par ses seuls moyens.

Le basculement des chiites dans la guerre civile dont ils sortirent vainqueurs coïncidait également avec l'élection chez leur parrain iranien du président Mahmoud Ahmadinejad en août 2005. Alors que son prédécesseur Mohammed Khatami avait multiplié les ouvertures à l'Occident au nom du « dialogue des civilisations » et cherché à présenter l'image d'un Iran affable au moment où le terrorisme mondial avait oscillé du côté du sunnisme avec le 11 Septembre – Téhéran appuyant même l'offensive contre les Talibans –, George W. Bush avait inscrit l'Iran dans l'« axe du Mal » au cours de son discours sur l'état de l'Union de janvier 2002. En favorisant un extrémiste dont les premières déclarations réclamant « l'effacement d'Israël

de la carte » avaient fait grand bruit, l'establishment iranien monnayait désormais en position de force son soutien, à travers chiites irakiens interposés, à la résorption
de l'insurrection en Irak, tandis que son coût politique
devenait de plus en plus insupportable aux États-Unis.
L'engagement massif des miliciens contre les jihadistes eut
lieu alors que ces derniers avaient déjà considérablement
« saigné » le contingent américain et allié, et que Washington se retrouvait affaibli. Cela permit aussi à la République islamique de se lancer en situation propice dans
un chantage nucléaire à l'enrichissement de l'uranium,
pour lequel un accord ne serait trouvé qu'après l'élection
du successeur d'Ahmadinejad, Hassan Rouhani, en 2013.

La tentative américaine de remodeler le Moyen-Orient,
au motif de traiter les causes du terrorisme après le 11 Septembre, ne porta pas les fruits attendus par ses concepteurs néo-conservateurs. Elle devait aider à l'émergence
d'une société civile irakienne liée aux États-Unis, en paix
avec Israël, et modèle vertueux d'une démocratie libérale
issue de la *Fin de l'Histoire*, entraînant dans son sillage
l'effondrement du régime des mollahs en Iran, et régulant
le marché pétrolier au détriment de l'Arabie saoudite avec
la reprise des exportations d'hydrocarbures de Bassorah
ou Kirkouk. Ce fut un échec. Et c'est grâce au soutien
paradoxal de leur ennemi iranien *via* les milices chiites
locales pour réduire l'insurrection pilotée par Al-Qaïda en
Mésopotamie que les troupes des États-Unis parvinrent
à quitter ce pays en 2011 en sauvant la face. Quant à
la répression même du soulèvement sunnite irakien, elle
favorisa la mutation du jihadisme vers un degré de dangerosité encore plus grand : à l'organisation pyramidale
et globale mise en œuvre par Ben Laden et à la stratégie

de lutte contre « l'ennemi lointain » conceptualisée par Zawahiri se substitua un système réticulaire, horizontal, articulé avec les tensions ethniques, confessionnelles ou sociales des régions où il advenait. Il métastasa partout, en particulier en Europe – avec une focalisation sur la France – et au Levant, avec une polarisation sur la Syrie et l'Irak culminant dans la proclamation du « califat » de Daesh en 2014. Ce serait le principal défi de la décennie suivante.

4

La troisième génération jihadiste : réseaux et territoires
(2005-2017)

L'échec de la stratégie pyramidale d'Al-Qaïda en Afghanistan et en Irak sonna le glas du modèle « vertical », focalisé sur la lutte contre « l'ennemi lointain ». Malgré l'allégeance de façade que Zarqawi et ses affidés avait proclamée à Ben Laden, quand le label de son organisation assurait une immédiate notoriété à ceux qui s'en réclamaient et une publicité à tout attentat revendiqué en son nom, les activistes irakiens avaient rapidement donné la priorité au ciblage des « hérétiques ». Ils leur paraissaient bien plus dangereux sur le long terme pour leur projet de califat sunnite que des armées d'occupation occidentales destinées à s'en retourner chez elles à bref délai. Cette dissidence fit l'objet d'un échange de missives acerbes entre Zawahiri, tenant de l'orthodoxie d'Al-Qaïda telle qu'il l'avait exprimée dans *Cavaliers sous la bannière du Prophète*, et Zarqawi, selon lequel « il faut réserver neuf balles à l'apostat [chiite] pour une à l'infidèle [occidental] » – correspondance qui fut interceptée et rendue publique.

Or, durant ces deux années 2004 et 2005 pendant lesquelles se jouait cette mutation du jihadisme sur son front irakien principal, l'Occident commençait à voir les attentats perpétrés sur son territoire se transformer. Après des années 2002-2003 où, de Bali à Mombassa, des cibles étrangères avaient été visées par des activistes dépêchés par Al-Qaïda, puis après les attaques du 16 mai 2003 à Casablanca où toutes les victimes étaient marocaines et musulmanes, l'année 2004 s'ouvrit par une sorte de *remake* sur le sol européen du 11 Septembre : le 11 mars à Madrid, quatre trains de banlieue qui se dirigeaient vers la station d'Atocha sautèrent quasi simultanément. Leur retard sur l'horaire sauva de nombreuses vies, car s'ils étaient arrivés ponctuellement ensemble en gare, la verrière de cette dernière se serait effondrée et aurait causé des milliers de morts (cent quatre-vingt-onze personnes furent tuées). La symétrie avec l'écroulement des tours du World Trace Center était délibérée, comme le choix de la date, neuf cent onze jours (à un près) après le *nine eleven*, et les quatre autorails faisaient écho aux quatre aéronefs détournés. Quant à la péninsule Ibérique, elle se voyait désignée dans un communiqué revendiquant l'attentat à cause « des comptes anciens à solder avec l'islam ». Cette allusion à la *Reconquista* de l'Andalousie musulmane par les rois catholiques au XVᵉ siècle fait de ce territoire une « terre d'islam usurpée par les infidèles ». Selon la doctrine, cela justifie donc, pour la réintégrer dans le giron originel, un « jihad de défense » qui incombe à tout croyant, rendant ainsi *halal* le sang desdits mécréants tués dans cette « razzia bénie ». Plus prosaïquement, l'attentat, en pleine campagne pour les élections législatives, visait à faire pression sur le nouveau gouvernement pour désengager les troupes d'Irak – ce à quoi obtempéra immédiatement la majorité socialiste qui sortit des urnes...

Si l'attaque de Madrid s'inscrivait explicitement dans la

stratégie du jihad contre « l'ennemi lointain » et pouvait se targuer de succès après le retrait espagnol de Mésopotamie, l'assassinat du vidéaste hollandais Theo van Gogh à Amsterdam le 2 novembre suivant participait déjà d'une autre logique : la victime avait été poignardée par un jeune d'origine marocaine pour avoir « blasphémé » par son clip *Soumission*, qui dénonçait la condition des femmes dans l'islam en projetant les versets coraniques incriminés sur des chairs féminines nues. Le meurtrier n'avait pas été formé à dessein par Al-Qaïda : socialisé dans le milieu jihadiste néerlandais, il était passé à l'acte selon un processus inconnu après avoir été mis en condition par le formatage doctrinal qui lui était inculqué. Il n'agissait donc pas dans une logique verticale, de haut en bas, mais à partir de son appartenance à un réseau et de son implantation sur un territoire – une configuration très différente de celles du 11 Septembre ou du 11 Mars madrilène. Un « ennemi d'Allah » local avait été identifié – en la personne de cet arrière-petit-neveu du célèbre peintre –, puis tué afin de répandre la peur parmi ses semblables et de galvaniser les masses musulmanes supposées être « vengées » par ce geste. Ce schéma de la « punition du blasphémateur » fera florès ensuite à l'occasion de la campagne lancée contre les caricatures du Prophète (publiées en septembre 2005 par un quotidien danois en réaction à l'affaire Van Gogh) et finalement lors du massacre de la rédaction de *Charlie Hebdo* par les frères Kouachi à Paris le 7 janvier 2015. Si l'inspiration originelle de pareil châtiment du sacrilège provient de l'infamante fatwa de Khomeyni contre Salman Rushdie le 14 février 1989, son exécution est propre au jihadisme sunnite.

Les attentats de Londres le 7 juillet 2005 marquent

cette recherche de dépassement du modèle qu'avait théorisé le manifeste *Cavaliers sous la bannière du Prophète*, mais
sous le contrôle explicite de l'organisation Al-Qaïda, par le
truchement de Zawahiri. Ce jour-là avait été choisi symboliquement dans la lignée des opérations précédentes – à
la fois par la date, quand « le dirigeant de l'empire croisé
[le Premier ministre Tony Blair] » présidait le sommet
du G8, au premier jour de la présidence britannique de
l'Union européenne et lors de la sélection de Londres
pour les prochains Jeux olympiques, et également par
le mode opératoire visant métro et bus, après les avions
aux États-Unis et les trains en Espagne. « Allah le Très-
Haut, explique Zawahiri dans la vidéo de revendication, a
envoyé les cavaliers de la colère islamique frapper au cœur
de Londres en une razzia bénie. » Ceux-ci, trois jeunes
d'origine pakistanaise et un Jamaïcain converti, dont l'un
au moins avait été formé dans un camp d'Al-Qaïda au
Pakistan, avaient commis une « opération-martyre » causant cinquante-six morts et sept cents blessés. Si l'organisation l'avait revendiquée, les terroristes, contrairement à
leurs collègues du 11 Septembre, n'étaient pas étrangers
au Royaume-Uni mais, natifs de celui-ci, y avaient été
éduqués – au point de parler anglais avec un fort accent
populaire des Midlands – et avaient donc agi dans leur
environnement proche. Malgré la rhétorique inchangée de
Zawahiri, le modèle jihadiste avait dû muter en s'appuyant
sur une ressource humaine propre au pays occidental visé.
La transition s'effectuait ainsi vers un nouveau mode de
terrorisme, qui dépasserait les deux premières phases et
l'opposition entre « ennemi proche » et « ennemi lointain »,
et marquerait la décennie à venir.

Les deux « pères » de ce jihadisme de troisième généra-tion portent la même *kounya* (le surnom arabe) d'Abou Moussab, en référence à un compagnon du Prophète, Moussab ibn Omayr, tombé en martyr à la bataille de Ouhoud en 625. Le premier, Moustapha Sitt Mariam Nassar, dit Abou Moussab al-Souri (« le Syrien »), rouquin aux yeux bleus né en 1957 dans une bonne famille d'Alep, a commencé son engagement politique dans les rangs des Frères musulmans, puis a rejoint le jihad en Afghanistan avant de passer la décennie 1990 en Europe : étudiant l'ingénierie en France, époux d'une Espagnole dont il acquiert la nationalité, il se fait surtout connaître durant son séjour dans le « Londonistan » où il cautionne au nom du jihadisme global les activités du GIA dont il édite le bulletin international *Al-Ansar*. Il rejoint Ben Laden à Qandahar après l'automne 1996, auprès duquel il sert d'officier de liaison avec les médias arabes et européens. Après l'offensive américaine et alliée contre Al-Qaïda en Afghanistan en rétorsion au 11 Septembre, il prend la fuite et erre dans la région, jusqu'à sa capture au début de 2005 par des Baloutches qui le vendent aux États-Unis, car il figure sur leur liste des personnes recherchées et mises à prix. Interrogé par leurs services de renseignement, il est ensuite livré au régime de Bashar al-Assad, alors choyé par l'Occident, dans le cadre des politiques de *rendition*, et sa trace est perdue après le déclenchement de l'insurrection syrienne en 2011. Sa contribution majeure à l'histoire du jihadisme est l'ouvrage de quelque deux mille pages qu'il rédige durant son errance et met en ligne en langue arabe peu avant sa capture en 2005, *Appel à la Résistance isla-mique mondiale*. Le livre se ressent des conditions adverses de sa rédaction, et consiste, dans ses passages les plus originaux, en une réflexion critique sur la stratégie d'Al-Qaïda, qu'il analyse rétrospectivement comme un échec.

Selon lui, le 11 Septembre a témoigné de l'*hubris*, de la démesure de Ben Laden, qui a présumé de ses forces et, par sa provocation mal calibrée contre les États-Unis, s'est attiré une réaction qui a détruit l'organisation. La faute en revient à la stratégie erronée de la priorité au combat contre « l'ennemi lointain » : les masses musulmanes, même si elles furent enthousiasmées par la destruction du World Trade Center, n'étaient pas pour autant prêtes à sauter le pas pour se ranger sous la bannière d'Al-Qaïda car elles ne pouvaient s'identifier à celle-ci dans leur vie quotidienne. À la stratégie « par le haut » de Ben Laden et Zawahiri, incarnée par une organisation de type léniniste ou pyramidal qui donnait des ordres à exécuter, il fallait en substituer une autre « par le bas », basée sur des réseaux d'interconnaissance et d'émulation, tant réels que virtuels. Ce retournement fut résumé par le slogan central de l'*Appel à la Résistance islamique mondiale* : « un système, et non une organisation » (*nizam, la tanzim*). Ce modèle réticulaire – qui rappelait la théorie du « rhizome révolutionnaire » mise à la mode par le philosophe Gilles Deleuze durant les années 1980 où Souri étudiait en France – correspondait à un dépassement, au sens du mouvement de la dialectique hégélienne (*Aufhebung*), des deux phases précédentes, dont il synthétisait et fusionnait la dynamique dans un nouveau contexte. À l'Occident trop lointain de l'Amérique il substituait l'Europe accessible pour une somme modique depuis le Moyen-Orient et l'Afrique du Nord en avion charter, voire en ferry. Y résident des millions de jeunes d'origine musulmane et immigrés, dont nombre sont mécontents de leur sort et mal intégrés culturellement et socialement, résidents de quartiers relégués dominés par l'économie de la drogue et la délinquance. Mais il souhaitait les mettre ainsi en contact direct, pour qu'ils s'entraînent au combat et soient endoctrinés, avec ceux des rives Sud et Est de la Méditerranée. Des terrains de jihad étaient en train d'y naître dans la foulée de l'Irak, où l'insurrection sunnite avait attiré depuis 2003 des Européens, ou des zones tribales afghano-pakistanaises, plus éloignées mais où persistait le jihad des Talibans.

Simultanément, le jihad irakien changeait de nature, sous la houlette du second Abou Moussab – al-Zarqawi – puis de ses successeurs locaux après sa mort en juin 2006. Né Ahmed Fadil Nazzal al-Khalayla en octobre 1966 en Jordanie dans la ville de Zarqa, un haut lieu du salafisme après avoir été l'une des citadelles de l'OLP, ce dernier avait quitté l'école sans diplôme. Influencé par un imam local, il avait rejoint Peshawar en 1989 pour l'Afghanistan. Il y fréquenta l'un des principaux idéologues jihadistes, Abou Mohammed al-Maqdissi, et combattit avec les factions les plus radicales. De retour en 1993, il fut incarcéré l'année suivante pendant cinq ans. Gracié lors de l'accession au trône du roi Abdallah II en 1999, il regagna de nouveau l'Afghanistan où il dirigea un camp d'entraînement. S'y formèrent des terroristes arabes comme kurdes. Il accéda à la notoriété internationale lorsque Colin Powell le dénonça à la tribune de l'ONU en février 2003 avec son organisation au Kurdistan, Ansar al-Islam, mais il avait également mené des attentats et assassinats dans son pays natal. Après l'invasion américaine de l'Irak le mois suivant, Zarqawi joua un rôle éminent dans la résistance. Il se rendit notamment célèbre par la décapitation le 7 mai 2004 de l'otage américain Nicholas Berg. La diffusion de la vidéo d'exécution fournira le standard pour les nombreuses mises en scène d'exécutions d'otages – Daesh en fera l'arme de choix de sa propagande médiatique durant la décennie suivante. Plus encore, en érigeant l'extermination des chiites en priorité du jihad par rapport au combat contre l'armée américaine, Zarqawi prit ses distances avec la stratégie de lutte contre « l'ennemi lointain » prônée par Zawahiri. La branche locale « Al-Qaïda en Mésopotamie » créa ainsi une déviance par rapport à l'idéologie du jihadisme de deuxième génération. Le lien entre l'Europe et l'Irak, qui s'élargirait au Levant après le début de l'insurrection contre Bashar al-Assad en 2011, fut établi grâce à la coïncidence dans le temps entre la venue à maturité de la troisième phase du jihad, qu'exprima la mise en ligne de l'*Appel* de Souri, et les formes nouvelles de la guérilla sunnite irakienne sous la houlette de Zarqawi. Ces territoires furent reliés entre eux, outre les voyages des jihadistes, par la prolifération des réseaux sociaux. Le 14 février 2005, l'obtention de la licence d'exploitation par YouTube en Californie révolutionna la diffusion des images, la mettant à portée de tous, sans besoin des télévisions contrairement à l'époque du 11 Septembre. Cela permit de renouveler en profondeur les modalités de la mobilisation, grâce à l'articulation virtuelle entre le terrorisme de quartier et le jihad global.

Mais cette troisième phase, dont les principes avaient été posés dès le milieu de la première décennie du XXe siècle, devait prendre quelques années à incuber avant de déployer sa pleine puissance. En Europe, elle trouva un terrain particulièrement fertile dans les prisons, où les jeunes incarcérés en revenant d'Irak ou en tentant de s'y rendre se livrèrent à un prosélytisme intense auprès des détenus de droit commun originaires des banlieues populaires. Simultanément, le salafisme se répandait dans ces mêmes zones au moment où arrivait à l'âge adulte la première génération née et éduquée dans le Vieux Continent, mais profondément insatisfaite de sa situation sociale.

Et dans le monde arabe, les soulèvements des années 2010-2013, après avoir suscité d'immenses espoirs de démocratisation, aboutirent soit à restaurer l'autoritarisme comme en Égypte, soit à la guerre civile, comme en Libye, au Yémen et surtout en Syrie – tandis que l'affrontement entre sunnites et chiites, dont Zarqawi avait été obsédé, devenait la principale ligne de faille du Moyen-Orient. C'est dans ce nouveau contexte que le jihadisme de troisième génération put se développer jusqu'à son aboutissement le plus monstrueux dans l'accomplissement simultané du « califat » proclamé à Mossoul avec son cortège d'horreurs et de massacres en juin 2014 et dans la série d'attentats qui ensanglantèrent l'Europe.

Deuxième partie

DES « PRINTEMPS ARABES »
AU « CALIFAT » JIHADISTE

INTRODUCTION

Le 17 décembre 2010 à Sidi Bouzid, une préfecture de l'arrière-pays tunisien, un vendeur ambulant de vingt-six ans, Tarek (dit Mohammed) Bouazizi, s'immole par le feu après une altercation avec une policière municipale. Ce drame humain – dont on a plusieurs autres exemples en Afrique du Nord à cette époque – constitue pourtant, à lui seul, l'étincelle qui déclenchera le grand embrasement nommé alors dans l'enthousiasme les « printemps arabes ». Dans l'année consécutive, de la Tunisie à Bahreïn, en passant par la Libye, l'Égypte, le Yémen et la Syrie, les régimes au pouvoir tombent ou sont soumis à de violentes secousses qui débouchent parfois sur la guerre civile. Tous les autres États arabes sont touchés – directement ou indirectement – par des soulèvements d'ampleur diverse et plusieurs s'engageront politiquement, financièrement, voire par les armes, afin de les accompagner ou de les réprimer.

L'attente d'une démocratisation échappant au dilemme de la dictature ou du jihadisme est portée par la majorité des médias et de nombreuses ONG du monde qui s'extasient sur la « révolution 2.0 » dans laquelle les réseaux sociaux jouent un rôle actif. Or le mouvement prend rapidement une tournure différente lorsque émergent, par-delà les écrans des smartphones, les failles sociétales profondes qu'il avait espéré colmater. La jeunesse éduquée issue des classes moyennes urbaines est débordée, dans les mois qui suivent le déclenchement des insurrections, voire la chute des despotes, par des forces internes comme régionales beaucoup plus anciennes qu'a libérées le renversement de l'ordre établi. Dans la plupart des cas, les partis islamistes liés aux Frères musulmans récupèrent la révolte qu'ils n'avaient pas provoquée, à travers les scrutins quand ils ont lieu, les manifestations de rue au sortir de la prière du vendredi, les escarmouches avec la police ou l'armée. Cette évolution est accompagnée par la chaîne satellitaire Al-Jazeera, financée et contrôlée par l'État gazier du Qatar, qui permet à chaque foyer arabe de participer en *live* aux principaux moments emblématiques des « révolutions » – notamment le happening permanent des dix-huit journées d'investissement de la place Tahrir au Caire aboutissant à la démission de Moubarak le 11 février 2011. Elle installe les représentants des Frères comme figures médiatiques et leaders du mouvement, à la place de la jeunesse sécularisée. Cette « frérisation de la révolution » est supposée en canaliser les débordements éventuels en confiant aux classes moyennes pieuses le devenir de la région. L'axe turco-qatari est son vecteur et bénéficie de l'assentiment de Washington sous la présidence Obama pour qui l'AKP (parti de la Justice et du Développement) de M. Erdogan, conjuguant éthique musulmane et esprit du capitalisme, fait référence.

Face à cet axe « fériste » qui récupère la dynamique révolutionnaire à son profit se manifeste dans l'espace sunnite une offensive pour le contrer dont les autres pétro-monarchies de la péninsule Arabique, sous la houlette saoudienne et émiratie principalement, constituent le fer de lance et le grand argentier. Cette contre-révolution s'appuiera sur les hiérarchies militaires – notamment en Égypte pour permettre la reconquête du pouvoir par le maréchal Sissi à l'été 2013 – et également sur une vaste mouvance salafiste implantée dans les quartiers déshérités. Elle bénéficie du patronage de Riyad, redistribue sa manne de pétrodollars, et concurrence les Frères musulmans pour contrôler le champ islamiste. Toutefois, les allégeances de cette dernière au régime saoudien sont à géométrie variable, et la porosité du milieu aux thèses jihadistes pose problème. Cette relation se fera d'autant plus complexe avec la montée en puissance à partir de 2015 du prince Mohammed Ben Salman al-Saoud, traduite dans le royaume par une mise à distance de l'establishment religieux wahhabite – effet secondaire imprévu, mais majeur des « printemps » de 2011. L'unité sunnite ne survivra pas à ces clivages qui s'articulent autour du soutien ou de l'hostilité aux Frères musulmans et cette fracturation interne postrévolutionnaire favorise la surenchère. Elle a pour conséquence la réémergence d'un terrorisme que la dynamique des soulèvements démocratiques avait temporairement mis sous le boisseau. Celui-ci applique dès l'année 2012 les stratégies du « jihadisme de troisième génération » et multiplie les attentats dans les pays d'islam du pourtour méditerranéen, du Moyen-Orient et du Sahel, mais également en Europe – selon la ligne définie par ses mentors, les deux « Abou Moussab » Souri et Zarqawi.

Le phénomène exacerbe l'antagonisme entre sunnites et chiites au Proche et Moyen-Orient : les soulèvements de

Bahreïn, de Syrie et du Yémen sont pris en otage par ce conflit qui oppose, pour l'hégémonie sur les hydrocarbures ainsi que le devenir du Levant, l'Iran aux pétromonarchies arabes. La révolte de Bahreïn est d'emblée lue par ces dernières en termes d'affrontement entre la majorité chiite de la population et la dynastie sunnite : elle est écrasée dès le 14 mars 2011 par une intervention militaire du Conseil de coopération des États arabes du Golfe – encore unis alors, avant que ne s'exprime en 2017 la rupture entre le Qatar et les autres membres. En Syrie à l'inverse, le pouvoir du président Bashar al-Assad, appuyé sur la minorité alaouite, est tenu à bout de bras par Téhéran et ses affidés. La résistance du régime au soulèvement débutant fin mars 2011 bénéficie de l'aide décisive de Moscou, face à une insurrection où l'élément sunnite, puis islamiste et jihadiste devient dominant au détriment de la revendication universelle initiale. La stratégie irano-russe, qui dispose d'une force militaire projetée sur le terrain, aura raison à l'hiver 2017-2018 d'un embrasement originellement encouragé par l'Occident et soutenu par les pétromonarchies, mais dont Daesh a phagocyté l'image. Au Yémen également une effervescence démocratique, où interfèrent les composantes tribales et régionales traditionnelles, évolue vers un clivage confessionnel exacerbé par Al-Qaïda d'une part et les Houthis de l'autre.

L'approfondissement de cette ligne de faille entre les deux principales branches de l'islam favorise dans le camp sunnite un processus de « salafisation », car les sectateurs de cette doctrine sont ceux qui ont théorisé la rupture avec les « hérétiques » (rafidha) – prônant leur extermination par le jihad en dernier ressort. C'est sur le sol irakien, où l'occupation américaine de 2003 à 2011 a abouti au paradoxe de la prise du pouvoir à Bagdad par des partis chiites clients de Téhéran – ennemi juré de Washington –, que s'est cristallisé d'abord cet antagonisme sous la forme de massacres des adeptes de cette croyance commis à l'instigation d'Abou Moussab al-Zarqawi. Il s'est par la suite étendu au territoire syrien, englobant les alaouites dans l'exécration des « hérétiques ». Le jihad a tenté d'y souder la rébellion contre le régime d'Assad par l'exaltation de l'identité sunnite – jusqu'à la proclamation du « califat » de Daesh dirigé par Abou Bakr al-Baghdadi le 29 juin 2014.

La création de ces zones de front a permis de construire un nouvel imaginaire pour le jihadisme international, et de mobiliser de l'Afrique du Nord aux « banlieues de l'islam » européennes des militants prêts à en découdre pour défendre les musulmans opprimés par un ennemi inédit. Ce dernier n'était plus identifié aux épouvantails usuels – l'Occident chrétien « croisé » colonialiste puis impérialiste ou l'État d'Israël juif et sioniste. S'y substitua l'incrimination d'une hérésie interne à l'islam dont peu avaient entendu parler et que moins encore avaient rencontrée du Caire à Marrakech comme de Marseille à Molenbeek. L'instauration soudaine du chiisme en ennemi principiel a permis de consolider la doctrine salafiste et de renforcer sa prétention à incarner par excellence la pureté de la foi, car elle est la seule école véritablement obsédée par l'anathématisation des partisans de l'Imam Ali. Sa lecture littéraliste et décontextualisée des Écritures excommunie dans la foulée tous les « mauvais musulmans » sunnites, à l'instar des mystiques soufis, dont les tombeaux et mausolées furent systématiquement dynamités, avant que les fidèles n'en soient massacrés.

Quant aux non-musulmans, l'expansion de ce dogme

et sa traduction en jihad se manifestèrent pour eux, en application à la lettre des injonctions coraniques, par la condamnation à mort comme « mécréants » ou la réduction en servitude. Tel fut le sort de la communauté yézidie d'Irak, dont les femmes furent transformées en esclaves sexuelles et les hommes tués dans les territoires conquis par Daesh à partir de l'année 2014. Ce fut aussi le destin assigné à l'Europe, flétrie comme terre de « mécréants » (*kouffar*) dans le vocabulaire salafiste contemporain. Cela aboutit au meurtre de centaines de personnes dans des attentats spectaculaires. Plusieurs milliers de jeunes Européens, issus de l'immigration musulmane ou fraîchement convertis, quittèrent les banlieues populaires de leur pays pour le « Shâm », afin d'y subir endoctrinement et formation militaire. Certains d'entre eux s'en revinrent ensuite pour assassiner leurs compatriotes par un « terrorisme légitime » – selon la lecture jihadiste des textes sacrés. L'un des principaux activistes de cette nébuleuse, le Franco-Tunisien Boubakeur al-Hakim, enfant du quartier parisien des Buttes-Chaumont, avait ainsi écrit en mars 2015 dans la publication anglophone en ligne de Daesh, *Dabiq* :

> *Aujourd'hui je dis à mes Frères en France : ne cherchez pas de cibles spécifiques, tuez n'importe qui ! Tous les mécréants là-bas sont des cibles ! Et je dis aux* kouffar *: bientôt par la permission d'Allah vous verrez le drapeau de* La ilah ila Allah [« Il n'y a de dieu qu'Allah » – bannière de Daesh] *flotter sur le palais de l'Élysée. L'État islamique est très près désormais. Entre vous et nous il n'y a que la mer. Et,* insh' Allah, *nous vendrons vos femmes et vos enfants sur les marchés de l'État islamique !*

En moins d'un lustre, l'enthousiasme des slogans démocratiques universels des « printemps » et de leur « révolution 2.0 » s'est retourné en la régression funeste salafiste qu'expriment ces lignes écrites depuis Raqqa. Puis l'extrémisme du « califat » de Daesh a abouti à son isolement et son éradication, ainsi qu'à l'affaiblissement et au morcellement du sunnisme dont il s'était proclamé indûment le héraut, à la suite de l'offensive militaire qui fit en 2017 disparaître le territoire de son « État islamique ».

Les « printemps arabes » en contexte

Lorsque le jeune marchand des quatre-saisons Tarek Bouazizi s'immole le 17 décembre 2010, son acte prolonge l'« opération-martyre » emblématique du jihadisme depuis le début du XXIᵉ siècle et la prend simultanément à contre-pied. Le sacrifice de soi était devenu le mode opératoire le plus spectaculaire pour hâter la disparition de la « mécréance », en répandant par-delà le décès du terroriste la mort et la démoralisation chez l'ennemi. Or Bouazizi, à la différence des « martyrs volontaires » (*inghimassi*) du jihad, ne cherche à tuer personne d'autre que lui-même – il succombera à ses brûlures dans un hôpital le mois suivant. Tous les témoignages laissent à penser que cette introversion du suicide, qui évoque davantage l'immolation des bonzes durant la guerre du Vietnam dans les années 1960 que les attentats d'Al-Qaïda, est l'aboutissement d'un parcours individuel où le désespoir social se mêle à l'humiliation ressentie après la gifle en public d'une policière, et non un acte militant procédant d'une idéologie. Le malheureux n'avait aucune attache partisane ni aucun engagement politique ou religieux connu.

Son geste est réinterprété à son insu par les mouvements de « diplômés chômeurs » et les syndicalistes dissidents de sa ville, proches de l'extrême gauche marxiste, qui font de lui la figure du « peuple » martyr parce que exploité. Il sera mythifié par la suite en protagoniste des « révolutions arabes », comme le proclamera leur slogan emblématique en 2011 de Tunis à Bahreïn : « Le peuple veut la chute du régime » (*Ash sha'b yourid isqat an nizam*). Le concept de peuple – qui découle du *dèmos* grec et induit sa suprématie par l'effet de la « démo-cratie » – ne relève pas du registre sémantique islamiste. Ce dernier lui oppose la notion d'*Oumma* – ou Communauté des croyants –, entité dont les membres sont sélectionnés au critère de leur appartenance religieuse, puis de l'intensité de leur engagement pour faire de la charia la norme de l'État. Il ne saurait exister en l'occurrence de souveraineté populaire car celle-ci est pour les salafistes l'attribut exclusif d'Allah, et nul corps politique n'est fondé à légiférer s'il ne se réfère strictement à Ses Écritures.

La menace que représentait Al-Qaïda en frappant les États-Unis au cœur a conduit Washington à se montrer peu exigeant par rapport au totalitarisme et à la corruption des régimes dans la région Moyen-Orient-Méditerranée dès lors qu'ils apparaissaient comme des remparts contre le terrorisme jihadiste. Confortés par pareille longanimité, les trois despotes régnant sur la partie orientale du littoral nord-africain ont bénéficié d'une longévité exceptionnelle : Ben Ali est demeuré en fonction presque un quart de siècle (de novembre 1987 à janvier 2011), Kadhafi quasiment quarante-deux ans (d'août 1969 à août 2011) et Moubarak trois décennies (d'octobre 1981 à février 2011). L'usure extrême du pouvoir a eu pour conséquence que même les classes supérieures qui tiraient avantage de l'absence de libertés publiques ont fini par pâtir de systèmes politiques où la corruption, la prédation et le *cronyism* – le « copinage » – sans limite ont considérablement réduit l'assise sociale des régimes en place. Leur évolution dynastique donnant des privilèges exorbitants à Leïla Ben Ali, seconde épouse et coiffeuse de son état, ainsi qu'à sa parentèle, aux rejetons présidentiels affairistes Gamal Moubarak ou Seïf al-Islam Kadhafi et sa fratrie, a aliéné la bourgeoisie tunisienne et égyptienne et ce qui restait de son équivalent libyen. Cette classe moyenne urbaine, dont sont issus les officiers, sera prompte à se dissocier du régime après quelques semaines d'agitation, quitte à passer alliance temporairement avec la jeunesse déshéritée afin de hâter la transition du pouvoir. Cela s'est attesté lorsque l'état-major tunisien a refusé de prêter main-forte à la police pour réprimer les manifestations dans la capitale et a mis Ben Ali dans un avion le 14 janvier 2011 – moins d'un mois après l'immolation de Bouazizi – ou quand le Conseil suprême des forces armées égyptien a démis Moubarak le 11 février, dix-huit jours à peine après le début de l'occupation de la place Tahrir au Caire, popularisant ensuite le slogan « L'armée et le peuple sont les doigts d'une seule main » (*Al gaysh wa-sh sha'b 'id wahed*).

À cette mauvaise gouvernance sans cesse aggravée durant la première décennie du siècle se sont combinés des problèmes structurels induits et des accidents conjoncturels qui ont joué un rôle de déclencheur. Selon le rapport publié par l'OCDE en décembre 2011 sur « Le contexte socio-économique de la région Afrique du Nord - Moyen-Orient et son impact sur les événements de 2011 », celle-ci a souffert entre 2005 et 2010 d'une augmentation inouïe du chômage des jeunes. À l'exception des pétromonarchies du Conseil de coopération des États arabes du Golfe (CCEAG) où il est dissimulé par un fonctionnariat improductif massif, il est le plus élevé au monde après l'Afrique subsaharienne – tandis que les moins de vingt-cinq ans représentent la moitié de la population (avec un pic de 65 % au Yémen), à cause d'une croissance démographique plus forte que celle de l'économie, et d'une hypertrophie du secteur public par rapport aux entreprises privées. Le cas de la Tunisie, où surgit l'étincelle et où les associations de « diplômés chômeurs » ont tenu le premier rôle, est exemplaire : le problème y touche en 2010 au moins 30 % des quinze-vingt-quatre ans, et l'Égypte est à 25 %. Plus grave encore, le chômage des diplômés de l'enseignement supérieur s'accroît et atteint officiellement 15 % d'entre eux (certainement davantage en réalité) dans ces deux pays. Cette population jeune et éduquée fut le moteur du déclenchement du soulèvement et élabora ses premiers slogans – un phénomène qui relève de la « frustration relative » d'élites en devenir bloquées dans leur ascension sociale à l'aube des processus révolutionnaires, identifié de longue date par la sociologie.

Enfin, un événement semble avoir contribué à la cristallisation des tensions latentes de la décennie : l'envolée des prix alimentaires en 2008-2010, effet induit du réchauffement climatique et des incendies qui ont dévasté les champs de céréales de plusieurs pays exportateurs, de l'Australie à la Russie, alors que le monde arabe est importateur net. Entre la fin de 2009 et les premiers mois de 2011, ces prix y croissent d'un tiers environ. À cela s'ajoute le renchérissement des hydrocarbures qui impacte durement les États peu ou pas producteurs, comme la Tunisie, l'Égypte, le Yémen, Bahreïn ou la Syrie – parmi ceux qui ont connu un processus insurrectionnel : entre 2009 et 2011, le baril passe de 62 à 103 dollars US – doublant le coût de la bouteille de Butagaz nécessaire à la cuisine. Historiens et économistes avaient mesuré l'impact majeur de l'inflation des grains et des farines sur le déclenchement de la Révolution française en juillet 1789, à une époque où le pain pouvait représenter la moitié du budget des petites gens. Dans le monde arabe contemporain (à l'exception des pétromonarchies) la nourriture compose toujours une part considérable du panier de la ménagère, des milieux populaires aux classes moyennes inférieures. Le bondissement soudain du coût des denrées alimentaires a favorisé l'étincelle de l'hiver 2010-2011, exaspérant la défiance envers des régimes dont le despotisme était toléré tant que persistait la perspective, même modeste, de l'amélioration du niveau de vie. Mais dans une ambiance si désespérante s'est imposé le slogan jusqu'alors inaudible de l'opposition de gauche égyptienne *Kifaya !* (« Ça suffit ! »), prolongé en franco-maghrébin populaire dans les rues de Tunis par l'injonction *Digaj !* (« Dégage ! »), adressée au pouvoir.

Chute du régime ou fracture confessionnelle

Par-delà les vicissitudes multiples et le devenir particulier de chacun des six principaux soulèvements de l'hiver 2010-2011, on peut distinguer deux types idéaux, vers chacun desquels tendent respectivement trois situations nationales.

Le premier comprend les États du littoral nord-africain oriental – Tunisie, Égypte et Libye. Il a pour caractéristique le renversement rapide du détenteur du pouvoir, qu'il soit exilé, incarcéré ou exécuté. La société civile a pu mener le processus insurrectionnel jusqu'à ce terme, car sa relative homogénéité ethnique et confessionnelle a permis de nouer, à des degrés divers, les alliances momentanées de classes sociales seules à même de faire tomber le régime, en surmontant temporairement leurs antagonismes dans un « moment d'enthousiasme ». Cette expression fameuse de Karl Marx décrivait le « printemps des peuples » des révolutions européennes de 1848 – métaphore prémonitoire des « printemps arabes » contemporains, si l'on considère que les deux phénomènes démocratiques seront, à un siècle et demi de distance, avortés. Sauf l'Égypte, qui comporte une minorité chrétienne principalement copte orthodoxe d'environ 8 % de la population (mais dénuée de poids politique), ces trois pays sont d'islam presque exclusivement sunnite et de lignage arabe – si l'on excepte les Berbères ibadites du djebel Nefoussa et de Zouara en Libye ainsi que de Djerba en Tunisie, et les tribus négro-africaines du Fezzan libyen. Mais aucune de ces minorités ne dispose de la ressource interne ni des relais internationaux pour peser sur le devenir commun.

Néanmoins, après la chute du dictateur, le destin de chaque État a divergé – même si le terrorisme a fini par les impacter tous. Un régime parlementaire démocratique a été institutionnalisé en Tunisie – et seulement là. S'y est déroulée une alternance pacifique au pouvoir entre partis islamiste et laïque. Le soulèvement a permis de renouer avec une histoire longue de la Tunisie caractérisée depuis le XIXe siècle jusqu'à Bourguiba par des mouvements de réformes modernisatrices. Mais des fragilités socio-économiques considérables obèrent l'avenir – facilitant le surgissement jihadiste dès 2012. En Égypte, l'élection d'un président membre des Frères musulmans en juillet 2012 a été suivie un an plus tard par une révolte qu'encourageaient l'Arabie saoudite et les Émirats arabes unis, favorisant le retour à un régime issu des forces armées. Là encore, l'histoire longue a montré sa rémanence, sous la forme d'une perpétuation du mode de gouvernance des mamelouks, dynastie militaire non héréditaire, qui l'a emporté sur une orientation moderniste et réformiste présente dans l'Égypte du XIXe siècle jusqu'aux années 1950, mais que la dictature populiste du colonel Nasser a éradiquée. Et sous le régime du maréchal Sissi, le jihadisme s'est remis à proliférer, notamment dans la péninsule du Sinaï.

Enfin en Libye l'intervention occidentale a joué un rôle crucial dans la chute de Kadhafi, se substituant à des dynamiques sociales internes trop affaiblies par la brutalité inouïe et l'ubiquité de la tyrannie. Une fragmentation atavique du territoire entre tribus détentrices de bribes de la rente pétrolière a interdit la recomposition d'une entité politique viable, tandis que des régions sont tombées sous le contrôle temporaire de groupes jihadistes. Et l'État « effondré » libyen constitue le principal point de passage des migrations clandestines africaines vers l'Europe – parcourant les pistes anciennes de la traite musulmane des Noirs. Si le bilan des « printemps » est, à l'exception de la Tunisie, passablement calamiteux selon une gradation que nous analyserons ci-dessous, ces trois pays – bien qu'exposés partiellement à la terreur – n'ont toutefois pas subi les conséquences du clivage majeur entre sunnites et chiites.

Le second type d'États comprend Bahreïn, le Yémen et la Syrie. Ils se situent dans la moitié orientale du monde arabe caractérisée par un effritement religieux politiquement plus significatif qu'en Afrique du Nord. Les soulèvements y ont été pris en otage, dans l'immédiat ou petit à petit, par la sédition confessionnelle. Elle a prévalu sur toute alliance entre classes sociales qui aurait pu précipiter la « chute du régime » que réclamait le fameux slogan. Il n'existait guère de « peuple » unifié comme tel qui puisse la « vouloir » là où les failles se creusèrent quand vacilla l'ordre établi. La première révolte fut avortée à Bahreïn où s'était rassemblé dans la capitale Manama, place de la Perle, un happening permanent contre la dynastie, à l'imitation de la place Tahrir au Caire aboutissant le 11 février à la destitution de Moubarak par l'armée. L'appartenance au chiisme de la majorité du peuple – et donc des manifestants – face à la famille royale sunnite fut le déterminant premier de l'intervention militaire le 14 mars de l'Arabie saoudite, des Émirats et du Qatar, membres comme Bahreïn du Conseil de coopération des États arabes du Golfe (CCEAG). La solidarité entre souverains pesa dans la décision, ainsi que les risques de déstabilisation d'une île située entre les principaux champs pétrolifères saoudiens et gaziers qataris.

L'antagonisme confessionnel joua un rôle comparable au Yémen et en Syrie, mais selon des modalités différentes. Dans le premier cas, les pétromonarchies du CCEAG s'étaient inquiétées depuis plusieurs années déjà de l'activisme iranien auprès de la population zaydite. Celle-ci était majoritaire dans les montagnes du nord du pays et à Sanaa, la capitale de l'État réunifié après l'intégration de l'ancien Yémen du Sud en mai 1990. Cette branche du chiisme avait pourtant minimisé les différences avec le sunnisme au point que leurs adeptes respectifs priaient dans les mêmes mosquées, comme j'avais pu le constater encore dans les années 1990. Le phénomène était singulier par rapport à l'imamisme duodécimain du Liban, d'Irak comme de Bahreïn, où la démarcation entre les lieux de culte et dogmes de chaque dénomination était explicitée fortement. Mais surgit à cette époque une prédication salafiste agressive dotée de gros moyens qui traquait l'hérésie des zaydites et pratiquait la conversion de leurs enfants au sunnisme en excommuniant les parents. Cela suscita une vive réaction, et fut ainsi fondé le mouvement houthi – du nom de la famille qui en prit la tête : face au péril ses adeptes se rapprochèrent du chiisme international majoritaire, et Téhéran eut tôt fait de voir dans ces nouveaux affidés une sorte de Hezballah en devenir. Telle fut aussi la perception saoudienne – hantée par l'installation sur sa frontière méridionale d'une faction armée d'obédience iranienne. D'abord, l'insurrection yéménite du printemps 2011, où se mêlent des considérations tribales et régionales, parvient à éloigner l'ancien président Saleh, et le processus de transition semble pouvoir évoluer vers une forme de démocratisation, qui s'appuie sur le mode de négociations et compromis traditionnels entre tribus. Mais lorsqu'en septembre 2014 les houthistes, partis de leurs bastions du nord-ouest du pays, s'emparent de la capitale Sanaa, s'enclenche en rétorsion le mécanisme débouchant sur l'intervention militaire saoudo-émiratie l'année suivante. Le Yémen devient dès lors le second front de l'antagonisme entre les blocs sunnite et chiite, en parallèle au Levant.

C'est en effet dans l'espace syro-irakien que se joue la grande mutation des « révolutions arabes » en guerre de religions intramusulmane et leur aboutissement au chaos. Au départ, seule la Syrie est touchée par le processus de revendications démocratiques – tandis que l'Irak est déjà profondément engoncé dans des logiques de massacres intracommunautaires auxquels le retrait des troupes américaines à l'automne 2011 laisse libre cours. Le déclenchement des troubles prend graduellement une coloration confessionnelle : des adolescents qui avaient peint sur les murs le slogan « Le peuple veut la chute du régime » ayant été arrêtés, une manifestation de protestation se solde par des morts puis l'incendie des locaux du parti Baath au pouvoir, et culminera dans l'investissement d'une mosquée par des parachutistes et une tuerie dans le lieu de prière. Les forces démocratiques ont eu la volonté de dépasser le sectarisme religieux et de modeler leur action sur les événements égyptiens – où musulmans et chrétiens défilaient de conserve – afin d'obtenir le départ de Bashar al-Assad à l'instar de celui de Moubarak. Elles organisent chaque vendredi des marches thématiques, puis les désertions des militaires sunnites se multiplient et aboutissent dès l'été 2011 à la création d'une Armée syrienne libre. Mais l'unité révolutionnaire sera brisée par la fracture communautaire.

L'opposition, surreprésentée dans cette confession majoritaire, établit son emprise dans les zones populaires urbaines et rurales qui en sont peuplées ; les forces loyalistes, en revanche, se fédèrent autour d'un noyau alaouite et des obligés du régime. Elles se situent sur la côte méditerranéenne et dans la capitale. À partir de l'été 2012, avec la conquête de la plus grande partie d'Alep par les insurgés, la rébellion syrienne va basculer dans les logiques régionales de l'affrontement religieux. D'une part, le financement des groupes armés par des pétro-dollars en provenance de la péninsule Arabique accélère la pénétration de l'idéologie salafiste et jihadiste en leur sein – ces bailleurs de fonds voyant en eux un fer de lance contre l'expansion de l'influence de Téhéran au Levant. D'autre part, l'engagement des Gardiens de la Révolution iraniens et surtout du Hezballah libanais au côté du régime d'Assad le sauve d'un effondrement donné pour certain, mais l'aligne dans le « croissant chiite » qui béné-ficie du soutien décisif, militaire et diplomatique, de la Russie de Vladimir Poutine.

C'est ainsi que l'insurrection sunnite des provinces occi-dentales de l'Irak fait sa jonction avec celle de l'Est syrien, le long de la vallée de l'Euphrate puis jusqu'à Alep et à la frontière turque. Elle est dirigée par l'« État islamique en Irak », organisation inspirée par Abou Moussab al-Zarqawi, et qui s'intitulera ensuite l'« État islamique en Irak et au Levant [Shâm] », passé à la postérité en français sous son acronyme arabe de Daesh. Raqqa, en 2013, Mossoul, en juin 2014, tombent sous sa coupe. Pendant les trois années consécutives, jusqu'à la reconquête de ces deux villes à l'été et l'automne 2017, l'« État islamique » – la *Dawla* ainsi que les adeptes nomment leur « califat » autopro-clamé – est devenu l'aboutissement monstrueux et inversé des aspirations démocratiques des « printemps arabes ». Il couronne la stratégie du jihad de troisième génération élaborée originellement par Zarqawi et Souri. Outre l'in-carnation sur le terrain levantin de cette « contre-utopie » islamiste avec sa volonté de purification du corps social à coups de massacres, qui se greffe sur la fragmentation confessionnelle et l'exacerbe, cette violence se coordonne avec le terrorisme qui frappe l'Europe au cœur de 2015 à 2017, mais aussi avec l'Afrique du Nord d'où proviennent de forts contingents d'étrangers. En ce sens, le « califat » de Daesh constitue le spéculum du jihadisme contemporain, permettant d'observer *in vivo* l'aboutissement d'une idéologie dont les conséquences sur la région Moyen-Orient-Méditerranée se sont avérées cataclysmiques.

Afin d'en saisir la portée, les pages qui suivent vont relire, dans la rétrospective des sept années qui séparent l'éclosion des « printemps arabes » de la chute du « califat », la séquence des événements dans chacun des principaux pays concernés. Elles en proposent une interprétation généalogique pour élucider la diversité des dynamiques entre la côte méditerranéenne et celle du golfe Persique. Simultanément, elles aspirent à restituer les effets de contamination engendrés par la prolifération jihadiste et ses conséquences, notamment l'approfondissement de l'antagonisme entre sunnisme et chiisme. Il constitue graduellement la ligne de faille majeure autour de laquelle s'articulent les conflits qui désintègrent la région et impactent durablement ses relations avec le reste du monde.

Les insurrections du premier type :
de la chute des despotes
au bouleversement des sociétés

LA DÉMOCRATIE TUNISIENNE,
ENTRE FRACTURE SOCIALE
ET PÉRIL JIHADISTE

De tous les pays ayant connu une « révolution arabe », la Tunisie, qui a donné le coup d'envoi au phénomène, est le seul dont les aspirations originelles ont abouti à la mise en place d'institutions libérales. La Constitution promulguée en janvier 2015 a ainsi été saluée comme « la plus démocratique du monde arabe ». Cette exception s'explique par la résilience d'une classe moyenne relativement nombreuse, éduquée, formée au bilinguisme arabe et français par les collèges hérités du bourguibisme et du protectorat. Elle puise aussi aux sources d'une réforme des mentalités et de l'administration menée dès le XIXᵉ siècle par des hommes d'État audacieux qui, tout en inscrivant la Tunisie dans l'univers musulman et ottoman, surent modeler son identité propre et construire sa modernité. Cela était renforcé par l'apport d'un élément démographique venu tant des janissaires de souche européenne que des divers prisonniers capturés en haute mer ou razziés sur les côtes septentrionales qui, une fois convertis à l'islam, donnèrent à la région littorale une élite cosmopolite, dont les descendants sont souvent identifiables jusqu'à aujourd'hui. Des six pays concernés par les « printemps arabes », il est le plus proche géographiquement de l'Europe et celui dont une partie importante de la population se trouve en conséquence la plus en phase avec la réalité concrète de systèmes démocratiques. Quasiment un dixième de ses ressortissants vivent à l'étranger, la plupart en France, et effectuent des allers-retours réguliers avec le bled. Cette classe moyenne extensive a, au prix de compromis complexes, piloté la transition depuis la chute de la dictature. Elle a permis la résurgence de structures sociales enfouies et réprimées. En Tunisie, les vertus du passé ont heureusement compensé les vices – même si les défis posés par la fragmentation du pays demeurent considérables.

La dynamique du soulèvement et de ses suites a connu plusieurs étapes. Après qu'un gouvernement provisoire eut préparé les élections à l'Assemblée constituante en octobre 2011, ces dernières ont été marquées par la victoire des islamistes du parti Nahda (Renaissance), qui ont pris la tête d'une coalition avec deux formations laïques, surnommée la troïka. Elle s'est heurtée à la crise sociale opposant les régions côtières prospères du Nord-Est aux zones frontalières déshéritées steppiques du Sud et montagneuses de l'Ouest, ainsi qu'à la persistance d'un prosélytisme salafiste et d'une violence jihadiste prenant appui sur cette fracture. L'incapacité du nouveau pouvoir à y faire face a abouti, sur pression de la société civile et de ses instances syndicales et patronales, à la formation d'un gouvernement de technocrates en janvier 2014. Des élections législatives et présidentielle ont ensuite donné la victoire au parti laïque Nida Tunis dont le fondateur est devenu chef de l'État en décembre. Les scissions au sein de cette formation ont conduit ce dernier à solliciter le soutien de son ancien adversaire Nahda, pour établir à partir du 26 août 2016 une majorité d'unité nationale. Cette « grande coalition » à la tunisienne a minimisé les tensions politiques, et contribué à la démocratisation du parti islamiste. Mais elle doit faire face à des pesanteurs qui ont inhibé les réformes alors que les équilibres restent fragiles pour une société dont l'économie, minée par la corruption, ne parvient pas à décoller tandis que s'effondre la Libye voisine et que le spectre terroriste demeure, mobilisant un important effort budgétaire.

Des attentats spectaculaires contre des touristes au musée du Bardo puis dans un hôtel balnéaire en 2015 ont ainsi rappelé que la Tunisie a fourni l'un des plus nombreux contingents de combattants étrangers – entre quatre mille et six mille selon les diverses estimations – à l'« État islamique » de Daesh. La fracture sociogéographique n'a pas été résorbée depuis l'immolation de Bouazizi : au contraire, elle s'est traduite sur la carte électorale en accusant le clivage entre laïques et islamistes. Les premiers remportent la majorité lors des scrutins de l'automne 2014 dans la Tunisie du Nord-Est, plus peuplée et prospère, ce qui permettra à M. Essebsi de devenir président de la République. Dans les zones méridionales et occidentales appauvries, M. Marzouki et son partenaire Nahda restent en tête – alors qu'ils avaient emporté toutes les circonscriptions trois ans plus tôt. Comme si le processus démocratique en revenait toujours à la case départ de Sidi Bouzid, où le soulèvement a commencé le 17 décembre 2010 : figure emblématique de ce point de rupture, la ville est à la fois liée à la cité portuaire de Sfax, avec son grand commerce et ses oliveraies, et aux confins d'une steppe dénuée de ressources, d'où la famille de Bouazizi était originaire.

L'étincelle de Sidi Bouzid

Le processus politique enclenché par le suicide de ce jeune marchand des quatre-saisons permit une interaction démocratique momentanée entre classes sociales que l'on ne retrouverait ni en Égypte ni en Libye – les deux autres pays du littoral nord-africain où le régime fut aussi renversé. En premier lieu, les associations militantes d'extrême gauche liées aux « diplômés chômeurs » servirent de levain au mouvement : il fit en quelques jours à peine la jonction de la province avec les périphéries populeuses de la capitale grossies par l'exode rural. En occupant l'espace public, cette jeunesse des banlieues pauvres pèse sur le quadrillage autoritaire imposé par le pouvoir, qui se trouve brusquement débordé. Et les circonstances, qui combinent l'usure du régime, le chômage massif, la mauvaise gouvernance, et sont aggravées par l'envolée des prix alimentaires, fournissent aux classes moyennes urbaines l'opportunité de basculer dans l'opposition frontale à Ben Ali. Une partie s'était accommodée de la dictature tandis qu'une autre vivait dans la terreur de la répression policière omniprésente. Mais elles voient soudain dans l'alliance avec la jeunesse pauvre, hier encore crainte et méprisée, mais qui s'est emparée de la rue, l'occasion idoine de se débarrasser du despote. Leurs slogans sociaux – qui réclament « le pain et la dignité » – se mêlent avec plus ou moins de bonheur à ceux des habitants des logements agréables de Tunis qui aspirent à « la liberté et la démocratie ». Le refus de la hiérarchie militaire, issue de ces mêmes classes moyennes, de suppléer la police pour réprimer l'insurrection permettra de chasser rapidement le président en minimisant les pertes humaines. Invité quelques années avant le soulèvement à prononcer une conférence à l'école d'État-major, j'y avais été frappé par la liberté de ton qui y régnait – en contraste avec l'université verrouillée par les services de renseignement... La transition qui s'installe au lendemain du départ forcé de Ben Ali le 14 janvier 2011 voit dans un premier temps des résidents des quartiers bourgeois de la capitale et des villes du littoral contrôler le gouvernement provisoire. Mais certains d'entre eux ont été compromis avec l'ancien régime, ou ne s'y sont opposés que mollement, et les pressions vengeresses de la rue vont rendre impossible leur maintien en place.

En outre, l'ambiance générale de liberté qui fait suite à des décennies de dictature conduit à l'élargissement de tous les prisonniers d'opinion et au retour des exilés en février et mars 2011. Cela permet aux acteurs islamistes de surgir sans entrave sur la scène politique à travers leurs diverses composantes, et de développer un discours propagandiste qui lie l'exécration du pouvoir déchu à sa laïcité. Elle avait été affichée durant l'ère Bourguiba (1956-1987), même si son successeur Ben Ali s'en était distancié, faisant dresser un immense minaret à Carthage et s'exhibant au pèlerinage de La Mecque pour se conformer à l'islamisation insidieuse présente depuis les années 1970 et tenter de la récupérer à son profit. Mais l'identification de la laïcité à l'impiété d'un gouvernant inique usurpant

la souveraineté divine est un truisme de la rhétorique islamiste, et le procédé s'avère d'autant plus expédient que
les militants emprisonnés, et notamment les cadres de
Nahda, ont subi des avanies et des tortures terribles. Elles
leur donnent une aura de victimes par excellence, jusque
parmi leurs adversaires séculiers. Le retour de Londres du
fondateur Rached Ghannouchi, le 31 mars 2011, permet
de structurer un parti discipliné et doté d'une idéologie
– contrairement à une mouvance laïque éparpillée en de
nombreux groupuscules parfois exclusivement liés aux
ambitions personnelles de leur dirigeant.

Or, en parallèle, les revendications sociales exacerbées
des quartiers populaires sont relayées par des salafistes en
pleine expansion, parvenant à supplanter les gauchistes
qui avaient initié le processus révolutionnaire. Ils profitent
de la disparition d'une police discréditée pour tenter de
substituer à l'ordre public défaillant et corrompu le respect de la charia – quand celle-ci n'est pas le prête-nom
de rackets, extorsions et voies de fait comme cela avait
été le cas lors du jihad en Algérie durant les années 1990
dans les zones contrôlées par le Groupe islamique armé
(GIA). Les inquiétudes qui se font cours dans les classes
moyennes sont renforcées par les effets de l'élargissement
dans l'euphorie révolutionnaire de terroristes dont certains
revenus des champs de bataille afghan, tchétchène ou irakien. Le plus fameux, dit « Abou Iyadh al-Tounsi » (Seif
Allah Ben Hassine), natif de Menzel Bourguiba près de
Bizerte, avait mis en œuvre pour le compte de Ben Laden
l'assassinat du commandant Massoud en Afghanistan le
9 septembre 2001 par deux Maghrébins de Belgique. Il
était aussi lié aux auteurs de l'attentat contre la synagogue
djerbienne de la Ghriba en avril 2002. À sa sortie de pri-

son, il fonde l'organisation Ansar al-Sharia (Partisans de la charia) qui deviendra le principal groupe jihadiste tunisien, combinant prosélytisme intense et activités clandestines, jusqu'à son interdiction en août 2013 consécutive au meurtre d'hommes politiques laïques.

C'est ainsi que le mouvement Nahda, outre la popularité que lui vaut la persécution de nombre de ses dirigeants par le régime déchu et honni, est initialement apparu aux yeux d'une partie de la bourgeoisie tunisienne (parfois même laïque) comme le seul capable d'assurer un ordre public qui ne bouleverse pas trop les hiérarchies sociales – en contrepartie d'une islamisation accrue de la sphère politique. Le 21 février 2011, de violentes manifestations des laissés-pour-compte devant la Kasbah – le siège du gouvernement provisoire – ont fait craindre l'emballement des émeutes et le déclenchement de la lutte des classes. Ce processus qui installe un parti issu des Frères musulmans à la tête du pouvoir à l'occasion de sa victoire aux élections à l'Assemblée constituante d'octobre 2011 est fluidifié grâce au pilotage de la transition par la Haute Instance pour la sauvegarde des acquis de la Révolution. Ce groupe de juristes indépendants n'aura d'équivalent dans aucun autre pays où est advenue une « révolution arabe ». En organisant un mode de scrutin proportionnel, ils limitent l'effet de raz-de-marée qu'aurait engendré le vote majoritaire (ce qui se produira *a contrario* en Égypte où les islamistes raflent les trois quarts des sièges et se positionnent dans un face-à-face violent avec l'armée) et contraignent Nahda à composer avec deux partis laïques – le Congrès pour la République (CPR, extrême gauche) présidé par Moncef Marzouki, et le Takattol (Bloc démocratique, social-démocrate) dirigé par Moustapha Ben Jaafar

– au sein d'une configuration gouvernementale connue sous le nom de troïka.

Cet attelage à trois chevaux de front, dont celui du milieu trottait tête basse tandis que les deux latéraux galopaient, permettait aux voitures russes du XIXe siècle de se tirer au mieux des chemins fangeux ou enneigés. La métaphore de la différence d'allure vaut en l'occurrence pour la coalition tunisienne où chaque membre va à son train et apporte l'énergie de groupes sociaux, régionaux et d'idéologies complémentaires. M. Marzouki, neurologue formé en France où il a longtemps résidé et exercé, est originaire du Sud délaissé du pays. Il est le premier Tunisien à la peau brune à devenir chef de l'État (même si la fonction est symbolique durant la période transitoire de 2011 à 2014). M. Ben Jaafar, carnation diaphane, blond, yeux clairs, de lignage ottoman, obtient la présidence de l'Assemblée. Nahda désigne comme Premier ministre – qui détient le pouvoir effectif – l'ingénieur des Arts et Métiers Hamadi Jebali, issu de la cité côtière de Sousse, et qui incarne la tendance du mouvement la plus ouverte au compromis politique avec les laïques et la bourgeoisie. Le 29 octobre 2011, quelques jours avant de prendre ses fonctions, cet ancien poseur de bombes dans un hôtel de sa ville natale en 1987, qui a fait un *mea culpa* en bonne et due forme, m'explique que le parti s'est distancié de l'héritage totalitaire des Frères musulmans modelé sur les organisations communistes au profit d'un référent inspiré de la social-démocratie. Il rejette la stratégie du FIS (Front islamique du salut) algérien qui a abouti à la guerre civile et à l'échec politique durant la décennie 1990 et érige en parangon le parti turc de la Justice et du Développement (AKP) de M. Erdogan, escomptant le soutien de l'Europe et des États-Unis. Une année plus tard, le 12 septembre 2012, c'est le président de la République Moncef Marzouki qui me décrit les militants de Nahda comme « des démocrates avec une forte connotation religieuse – à l'instar des chrétiens-démocrates européens – et sur le plan social plutôt libéraux-conservateurs ». Il assigne à son propre parti le CPR (Congrès pour la République) le rôle de « mener des réformes sociales de fond ». Après une année aux affaires, la troïka est confrontée à des tensions persistantes, provenant de la Tunisie des laissés-pour-compte, et M. Marzouki s'inquiète de perdre les élections si ces réformes ne sont pas menées (ce pronostic sera avéré deux ans après). Selon lui, les salafistes sont « le masque idéologique qui ne sert qu'à exprimer les revendications sociales de gens appauvris ».

Cette lecture du phénomène, écho de la réduction marxiste usuelle de la religion à une superstructure, ne prend pas en considération la rupture politique et culturelle autour de laquelle ce mouvement et son avatar violent, le jihadisme, organisent les lignes de clivage de la société – par-delà la lutte des classes qu'elles ne feraient que travestir. Si l'appartenance aux « déshérités » est un moteur puissant de mobilisation, l'expression du rigorisme islamique redessine l'affrontement entre bourgeoisie et prolétariat dans les termes d'un combat déterminé par « l'allégeance et le désaveu » (*al wala wal bara'a*). Cette expression d'origine coranique est devenue le maître mot et le slogan principal des salafistes comme des jihadistes.

Selon eux, la rupture absolue entre vrais croyants, d'une part (qui font « allégeance » à la Vérité révélée et ses exégètes), et apostats, hérétiques et mécréants, d'autre part, desquels les premiers « se désavouent » (*sic*), rend impossible la cohabitation au sein d'un même corps social. Sauf à instituer des ghettos ayant vocation à se développer par métastase jusqu'à gagner l'ensemble de l'humanité, comme le souhaitent les salafistes, ou à instaurer une entité purifiée par la terreur et le massacre dont le « califat » de Daesh entre 2014 et 2017 sera l'aboutissement. Or la Tunisie voit le consensus entre islamistes « modérés » et laïques incarné par la troïka buter à partir du milieu de l'année 2012 sur ces défis. L'accommodement ou non avec les extrémistes traduit un différend de fond sur la nature de la Constitution, la référence à l'islam en son sein et l'acceptation de la liberté de conscience. Cela forme le point d'achoppement entre Nahda et les classes moyennes séculières qui lui avaient donné crédit mais l'accusent de faiblesse coupable au fur et à mesure de la croissance de la violence jihadiste, portée au paroxysme avec les attentats spectaculaires de 2015. Cela renversera le rapport de forces politique, à compter de 2013, au détriment de Nahda – et fera évoluer le positionnement de Rached Ghannouchi.

La stratégie d'affrontement des salafistes a commencé dans un lieu éminemment symbolique, l'université de la Manouba, en périphérie de la capitale, où ils s'efforcent de prendre le pouvoir à la faculté des lettres et sciences humaines qu'ils perçoivent comme un bastion de la mécréance. Ils y imposent la présence d'étudiantes au visage dissimulé par le voile intégral (*niqab*), occupent avec violence le bureau du doyen, amènent le drapeau tunisien pour le remplacer par la bannière noir et blanc du « califat » marquée de la profession de foi islamique. Le phénomène débute en novembre 2011 au moment de l'arrivée au pouvoir de la troïka et mettra à profit la mansuétude de certains ministres de Nahda pour se perpétuer et perturber la vie du campus en tentant de dominer le rapport de forces. L'objectif, déclarera à l'auteur le principal agitateur, le jihadiste Mohammed Bakhti, élargi de prison en mars 2011, est de « chasser les professeurs, tous athées et chiens de garde des Français qui leur ont lavé le cerveau ». Après l'université, la scène artistique est ciblée lorsqu'en juin 2012, au palais Abdellia à La Marsa, dans la banlieue résidentielle de la capitale, une exposition est saccagée par des salafistes – mais ce sont les plasticiens victimes qui se retrouvent poursuivis en justice avec l'assentiment du Parquet pour « atteinte au sacré » : en cause notamment une installation représentant des têtes féminines recouvertes d'un foulard et émergeant d'un tas de galets enveloppés dans des textes religieux incitant à la lapidation de l'adultère. L'inculpation manifeste la porosité entre les salafistes et une partie de la magistrature. Un phénomène comparable était advenu en Égypte en 1995 quand des juges avaient divorcé d'office et malgré eux le professeur Nasr Abou Zayd et son épouse sous prétexte de l'apostasie dont l'avaient taxé des islamistes – interdisant *ipso facto* le maintien des liens du mariage d'une femme musulmane avec un conjoint excommunié.

Et c'est à Sidi Bouzid, lieu emblématique du lancement des révolutions arabes, que se cristallise l'affrontement dans le domaine des symboles et des valeurs qui veut marquer l'hégémonie culturelle salafiste. L'association Ansar al-Sharia dirigée par Abou Iyadh al-Tounsi y a investi la principale mosquée, située dans la nouvellement nommée « avenue Mohammed Bouazizi ». Les jihadistes lui ont donné l'appellation de « Tawhid » (Unicité divine), le précepte clé de leur idéologie au nom duquel sont excommuniés tous leurs adversaires – accusés d'idolâtrie et donc de polythéisme sous une forme ou une autre. Ils souhaitent capter le soulèvement en récupérant sa dynamique à leurs fins. Le 5 septembre 2012, le dernier bar de la ville où l'on vendait de la bière a été mis à sac. Le surlendemain, à la sortie de la prière du vendredi, le prédicateur de la mosquée me précise que Bouazizi ne saurait être qualifié de « martyr » comme il l'est habituellement par la *vox populi* :

> *Il ne s'est pas sacrifié dans la Voie d'Allah [...], mais la jeunesse désespérée de Sidi Bouzid, aujourd'hui, va suivre la Voie d'Allah !*

Puis il explicite les divergences de son mouvement avec Nahda :

> *Ils sont favorables à la démocratie, qui représente la mécréance, et nous excommunions la démocratie, contraire à la souveraineté divine, car si la majorité du peuple s'accorde sur le péché, alors le péché devient loi. Leurs objectifs sont bons – instaurer l'État islamique – mais leurs méthodes sont mauvaises.*

Les calicots déployés à la sortie de la mosquée pour inciter les fidèles à donner au denier salafiste du culte exhibent des photos d'atrocités commises par l'armée « chiite » de Bashar al-Assad contre des « musulmans » syriens. Le chiisme a certes une histoire ancienne en Tunisie, où le califat fatimide, qui suivait cette doctrine, a fondé sa première capitale, Mahdia (« la cité du Messie »), au Xe siècle, et reste présent dans la piété traditionnelle. Et une reviviscence discrète a vu le jour à l'époque contemporaine lorsque l'aura du Hezballah libanais et de son chef de file Hassan Nasrallah a convaincu certains nationalistes arabes que le parti de Dieu était la seule force capable de combattre Israël. Mais dans l'imagination populaire, la lutte contre le sionisme et en soutien aux Palestiniens l'emportait sur les conflits intramusulmans. Or Ansar al-Sharia déplace la ligne de démarcation entre Bien et Mal à l'intérieur de l'islam, entre les vrais croyants que l'organisation prétend incarner et les apostats et autres hérétiques qu'elle excommunie, incitant dans la foulée les sympathisants à partir se former pour le jihad armé au Shâm contre le « chiite » Assad.

Au souk hebdomadaire du samedi 8 septembre 2012, le lendemain de notre entretien avec le prédicateur au sortir de la mosquée Tawhid, la même banderole est déroulée en plein cœur du marché pour marquer le contrôle social et l'ordre moral dans les milieux populaires. Signe de l'importance pour les jihadistes de capter le symbole révolutionnaire de Sidi Bouzid, je rencontre à l'impromptu deux jours plus tard devant cette mosquée le célèbre Abou Iyadh lui-même. L'échange s'envenime sous l'effet de son entourage dont un membre franco-tunisien, s'exprimant avec l'accent des banlieues de l'islam parisiennes, m'identifie et m'incrimine comme « ennemi d'Allah ». Ce sera l'une des dernières apparitions du fameux terroriste. Le vendredi 14 septembre, en rétorsion de la diffusion sur YouTube d'une vidéo d'un copte californien intitulée *L'innocence des musulmans* et jugée offensante pour le Prophète, il appelle les croyants depuis la principale mosquée salafiste de la capitale, al-Fath (« la Conquête ») à manifester leur colère contre l'Amérique. En conséquence, la chancellerie diplomatique des États-Unis et l'école attenante sont incendiées. En Libye, l'organisation sœur d'Ansar al-Sharia vient de faire périr l'ambassadeur américain durant l'assaut donné au consulat à Benghazi le 11 septembre, jour anniversaire de la « double razzia bénie » de 2001 contre New York et Washington.

Le sursaut démocratique contre le salafisme

La veille de l'incendie, j'ai abordé la question du salafisme et de la violence avec Rached Ghannouchi. Pour le président de Nahda, les exactions sont imputables à « l'oppression de l'époque de Ben Ali » et ceux qui les perpètrent sont « des victimes, des jeunes au chômage, d'anciens prisonniers ». Selon lui, le désordre va s'éteindre avec l'extension du « courant modéré de l'islam politique » qui aura la capacité de coopter la jeunesse extrémiste et de la ramener à la raison, comme les sociaux-démocrates l'ont fait avec l'ultragauche européenne. Ne semblant pas prendre la mesure du problème, l'appareil du parti paraît considérer qu'il faut bien que jeunesse jette sa gourme, et son fondateur évoque son propre radicalisme d'antan – assagi avec le temps. Pareil discours, jugé lénifiant par nombre d'observateurs à l'époque, ne sera plus tenable face aux campagnes d'attentats et d'assassinats imputables aux jihadistes pendant les mois et les années suivants, qui vont inquiéter jusque dans les rangs des classes moyennes pieuses et faire basculer les suffrages à l'automne 2014. Cela coûtera à Nahda sa majorité parlementaire. Trois semaines après la rencontre avec Ghannouchi à Tunis, nous nous retrouvons le 8 octobre 2012 à Doha. Il y est la vedette d'une conférence sponsorisée par le Qatar qui veut favoriser le dialogue entre nationalistes et Frères musulmans, sous la guidance de ces derniers afin qu'ils captent la dynamique des soulèvements. L'émirat gazier a prêté 1,5 milliard de dollars au gouvernement de la troïka à cette fin. Tout le gotha des Frères est présent à Doha pour cette conférence – leurs dirigeants palestiniens, syriens, égyptiens, soudanais, palestiniens notamment.

La violence qui se déploie dans la foulée sur le territoire tunisien à partir de 2013 prend pour cibles, dans la lignée du jihadisme de troisième génération théorisé par Souri et Zarqawi, d'abord les « apostats » représentés par les membres des forces de l'ordre et les acteurs politiques laïques, ensuite les touristes « mécréants ». Elle se déroule au miroir de l'aggravation du conflit syrien, où combattent des milliers de Tunisiens, puis en écho à la terreur en Europe, dans laquelle de nombreux binationaux sont également impliqués. Le 6 février 2013, l'avocat nassérien Chokri Belaïd est assassiné. Ses funérailles rassemblent un million de personnes – davantage que les manifestations du 14 janvier 2011 qui précipitèrent la chute de Ben Ali. Son meurtre précède celui du député de Sidi Bouzid Mohammed Brahmi, le 25 juillet – date anniversaire de l'abolition du beylicat suivie de la proclamation de la République tunisienne par Bourguiba en 1957. Les deux exécutions seront revendiquées en décembre 2012 par le vétéran jihadiste franco-tunisien des Buttes-Chaumont Boubakeur al-Hakim au moyen d'un communiqué par vidéo depuis le territoire syrien où il est devenu l'un des principaux cadres de Daesh. Il y décrète la Tunisie « terre de guerre » (*dar al harb*) où le jihad armé est licite contre tous. Mais dans l'immédiat, les deux crimes déstabilisent Nahda : le chef du gouvernement Hamadi Jebali présente sa démission dans les jours consécutifs à l'assassinat de Chokri Belaïd, et son successeur Ali Larayedh jettera l'éponge après celui de Brahmi. Le parti islamiste est accusé par une large

composante de l'opinion tunisienne, y compris certains
de ses électeurs de 2011, d'avoir laissé la bride sur le cou
aux salafistes radicaux.

La sortie de l'impasse liée à la crise terroriste est assurée
par une autre instance indépendante comme l'avait été
la Haute Autorité en 2011, mais appuyée sur des forces
sociales plus vastes : le Quartette du dialogue national,
où se retrouvent le syndicat UGTT (Union générale des
travailleurs tunisiens), l'organisation patronale UTICA
(Union tunisienne de l'industrie, du commerce et de
l'artisanat), la Ligue tunisienne des droits de l'homme et
l'Ordre des avocats. Il se crée au lendemain de l'assassinat
de Mohammed Brahmi. Ce meurtre a lieu au moment
où se déroulent en Égypte des manifestations de masse
contre le président Mohammed Morsi, entraînant sa destitution par l'armée. Élu en juin 2012, il avait conduit
une islamisation de la sphère politique ressemblant à ce
que réclament les plus intransigeants militants de Nahda,
notamment les Ligues de protection de la Révolution qui
pourchassent les associations laïques dans les quartiers. Le
renversement de Morsi suivi d'une violente répression des
Frères inquiète profondément Ghannouchi. Cela lui fera
consentir à un compromis pour sauver l'essentiel, alors
que son parti se trouve en situation difficile du fait de la
connivence qui lui est imputée avec les jihadistes, ou au
moins d'un laxisme qui préoccupe même dans les rangs
modérés de son électorat. Il accepte que le Quartette éla-
bore une feuille de route prévoyant la démission de la
« troïka », la rédaction d'une constitution séculière et la
nomination d'une équipe de technocrates, qui permettra la
désignation de Mehdi Jomaa – haut cadre franco-tunisien
dans le groupe pétrolier Total – comme Premier ministre

en janvier 2014 jusqu'à l'organisation d'élections législatives et présidentielle à l'automne. En sortiront vainqueurs le parti laïque Nida Tunis et son fondateur Béji Caïd Essebsi. Cet ancien ministre de Bourguiba, ayant pris ses distances avec Ben Ali, puis chef du gouvernement pendant la période intermédiaire en 2011, est élu à la tête de l'État. Sa campagne bénéficie d'un soutien significatif des Émirats arabes unis, afin de contrer leur rival qatari qui sponsorise Nahda. Le Quartette pour sa part obtiendra le prix Nobel de la paix l'année suivante pour avoir sauvegardé la transition démocratique tunisienne.

Malgré cette reconnaissance internationale éminente, la violence jihadiste désarme d'autant moins que la Tunisie est dirigée par un parti laïque dont la Constitution respecte, au grand dam des islamistes, la « liberté de conscience » – seul exemple dans un pays arabe, comme l'a montré textes à l'appui en juin 2014 l'universitaire arabisant Dominique Avon dans son article « La Constitution tunisienne et l'enjeu de la liberté individuelle ». Alors que le pays a été décrété « terre de guerre » par Boubakeur al-Hakim, Daesh proclame en juin de la même année son « califat » à Mossoul tout juste conquise, dont la législation se réduit à la mise en œuvre littérale des préceptes coraniques dans leur interprétation salafiste. Et la *Dawla* dispose grâce au territoire contrôlé après cette date d'infrastructures qui lui permettent de coordonner et de projeter des actions terroristes dans un État d'où proviennent plusieurs milliers de ses combattants étrangers. L'accès y est aisé à travers la frontière libyenne devenue poreuse à la suite de l'effondrement de l'État après la chute de Kadhafi. Alors que Paris a été touchée par les tueries de *Charlie Hebdo* et du supermarché Hyper Cacher en janvier 2015, deux jihadistes massacrent le 18 mars des touristes qui visitent le musée des antiquités du Bardo – causant vingt-deux morts. Puis le 26 juin, trente-huit autres sont abattus à la mitraillette sur la plage d'un hôtel près de Sousse – le même jour où en France un chef d'entreprise est décapité par un salarié qui fiche la tête du malheureux sur une pique entre des calicots pro-Daesh avant d'en envoyer la photo à un correspondant au Shâm... Les deux opérations tunisiennes sont également revendiquées par cette organisation, dans la foulée des déclarations de Boubakeur al-Hakim. Les meurtriers ont été formés dans un camp à Sabratha, une ville libyenne proche de la frontière. Outre le drame humain, les conséquences économiques – évaluées à un milliard de dollars – sont terribles pour le secteur du tourisme, qui emploie environ 10 % de la population active.

La résilience du terrorisme, dont des *katibas* – ou phalanges – s'entraînent dans les confins algériens et libyens, est marquée par la décapitation d'un berger qui refusait que les jihadistes lui volent un mouton, le 13 novembre 2015, quelques heures avant les attentats du Stade de France et du Bataclan à Paris, dans un massif montagneux surplombant Sidi Bouzid – sa tête tranchée sera retrouvée le lendemain. La date et le lieu de ce meurtre montrent la coïncidence entre le jihad local le plus terre à terre et sa projection internationale la plus élaborée, tout en rappelant que la ville et la région où surgit l'étincelle des révolutions arabes demeurent le symbole de l'équation non résolue du problème social et de sa captation islamiste extrémiste.

Le 7 mars 2016, la cité de Ben Gardane, plaque tournante de la contrebande avec la Libye, à une trentaine de kilomètres de la frontière, est investie par plusieurs dizaines d'hommes armés provenant de Libye, qui se réclament de Daesh, et qui tuent soixante-dix personnes avant que les forces de sécurité ne rétablissent la situation. Symbole là encore de cette Tunisie « exclue » dans laquelle les terroristes attendaient des complicités, Ben Gardane avait défié aux élections de 2014 la majorité sortie des urnes dans le reste du pays, en accordant 84 % des suffrages à l'ancien président Marzouki, natif des environs, (contre 16 % à M. Caïd Essebsi) et 70 % à Nahda (contre 11 % à Nida Tunis). L'échec de la razzia marqua la première défaite militaire d'ampleur du jihadisme, renforçant la confiance bien érodée dans l'appareil sécuritaire. Mais elle rappela que les failles socio-économiques constituent l'abcès de fixation favori de cette mouvance – comme le souligne le rapport annuel 2017 du think tank tunisien Joussour, *Pour une remise en marche de la Tunisie*.

Fracture régionale et péril social

Tel est le talon d'Achille de la démocratisation pourtant exemplaire de la scène politique. Si les libertés publiques sont assurées, la liberté de conscience garantie par la Constitution, le mariage entre une musulmane et un non-musulman désormais légal, la catharsis vertueuse des conflits sociaux peine à se réaliser dans l'hémicycle de l'Assemblée des représentants du peuple (ARP) qui siègent au palais du Bardo sans grand zèle. Miné par les scissions et par les velléités dynastiques propres aux enfants de *zaïm* (« chefs ») dans le monde arabe, Nida Tunis, le parti du président de la République nonagénaire

Béji Caïd Essebsi, a ainsi perdu deux ans après son succès électoral la première place au Parlement au profit de
Nahda. La modestie des résultats du gouvernement dirigé
par M. Habib Essid a conduit le chef de l'État à lancer le
2 juin 2016 une « initiative nationale » destinée à recueil-
lir le soutien tant du syndicat UGTT que de ses anciens
adversaires islamistes de Nahda – sans l'appui desquels il
n'aurait plus de majorité. Mais le consensus ainsi obtenu
se traduit par des compromis qui interdisent les réformes
de structure nécessaires pour résorber la coupure entre les
« deux Tunisie ». Celle du Nord-Est et du littoral, relativement prospère, est intégrée dans la mondialisation. Celle
du Sud de l'hinterland et de l'Ouest demeure délaissée,
poreuse aux trafics transfrontaliers, vecteurs du terrorisme
et de la corruption.

Ce dernier problème, mis en lumière par un rapport
très documenté et influent de l'International Crisis Group
paru en mai 2017 (*La transition bloquée : corruption et régio-
nalisme en Tunisie*), menace la pérennité du processus
démocratique lui-même. Le contrôle de l'accès au crédit
par des filières occultes liées à la parentèle du président
déchu Ben Ali, l'incapacité des entrepreneurs émergents
issus des périphéries à bénéficier d'investissements – les
contraignant à persister dans une économie informelle
qui nourrit le jihadisme – sont l'un des défis principaux
du chef de gouvernement quadragénaire Youssef Chahed
nommé le 27 août 2016 pour restaurer la cohésion de
la seule nation qui ait su sortir de manière positive du
« printemps arabe » de 2011. Le nouveau Premier ministre
a lancé une vigoureuse campagne anticorruption traduite
par des purges au sein de l'administration et la mise en
détention à partir de juillet 2017 d'affairistes influents sou-

vent proches de l'ancien régime. Leurs réseaux ont été à la manœuvre lors des manifestations – pas toujours spontanées – de janvier 2018 contre la hausse du coût de la vie prévue par la loi de finances. Dans le même temps, la décriminalisation de l'homosexualité est en chantier ainsi que l'égalité de l'héritage entre hommes et femmes (ces dernières recevant une demi-part par rapport aux mâles selon la charia). Le bouillonnement des initiatives de la société civile demeure l'apanage des classes moyennes, tandis que la pérennité de la démocratisation ne peut être assurée que par une résorption significative de la fracture sociale, telle que l'exaspère l'opposition entre les « deux Tunisie ».

En outre, le retour des islamistes dans la coulisse du pouvoir a suscité l'ire des Émirats arabes unis, qui se sont sentis trahis, alors qu'ils avaient soutenu la campagne de Nida Tunis pour éliminer du gouvernement leur bête noire, Nahda – qui, tout « modéré » qu'il se proclame, s'inscrit dans la mouvance internationale des Frères musulmans parrainée par leur rival et voisin du Qatar. En rétorsion, la compagnie aérienne de Dubaï, Emirates Airlines, interdit en décembre 2017 aux Tunisiennes de monter à bord de ses avions – au motif que des femmes jihadistes kamikazes lui avaient été signalées comme préparant un attentat contre un de ses aéronefs. À l'instar des autres pays du littoral méditerranéen qui ont vécu un « printemps arabe », la Tunisie se retrouve otage de la lutte pour l'hégémonie sur le devenir du sunnisme – on en verra l'acuité en Égypte et en Libye –, même si sa proximité avec l'Europe en contrebalance les enjeux. Et si, paradoxalement, la résilience d'une classe moyenne nombreuse, passablement laïcisée et attachée au bilinguisme francophone ainsi qu'aux valeurs démocratiques européennes, a eu un effet de porosité sur la petite bourgeoisie pieuse et plutôt arabophone qui forme la colonne vertébrale et assure le leadership de Nahda. Dans un entretien en date du 2 février 2018, le cheikh Rached Ghannouchi me réitère avec insistance son souhait de ne pas exercer le pouvoir en prise directe, mais au sein d'un consensus (*tawafuq*) avec son rival Nida Tunis, et se satisfait d'un scrutin proportionnel (tel que la Haute Instance pour la sauvegarde des acquis de la Révolution l'avait instauré dès 2011) favorisant les coalitions gouvernementales. Le parti islamiste va jusqu'à présenter un candidat juif aux élections municipales de mai 2018 à Monastir, ville natale de Bourguiba (où il n'a guère de chances de succès), initiative diversement interprétée mais sans équivalent dans le monde arabe. La répression impitoyable des Frères musulmans égyptiens en juillet 2013 – qu'on analyse ci-après – a convaincu leurs émules en Afrique du Nord que la stratégie d'islamisation impérieuse de la société par l'État était politiquement suicidaire. À ces élections, Nahda arrive en tête mais – comme me l'avait annoncé son dirigeant – recherche le consensus. Il apporte même son soutien au chef du gouvernement Youssef Chahed, face à ses rivaux au sein de son propre parti – garantissant ainsi, du fait de sa majorité parlementaire, son maintien à la Kasbah.

En 2017, l'universitaire jordano-américain Safwan Masri publia un ouvrage intitulé *Tunisie : une anomalie arabe,* qui suscita de nombreux débats tant dans ce pays que dans les autres États arabes. Contrairement à une vision communément répandue et optimiste qui faisait de la transition démocratique tunisienne la norme et des guerres civiles et restaurations de l'autoritarisme des accidents malencontreux, l'auteur estime que c'est le passé unique de la Tunisie qui explique la mise en œuvre d'un processus vertueux, en dépit des aléas sociaux. En d'autres termes, elle constitue l'exception, et le chaos prévalant ailleurs la règle, car les acquis de son Histoire longue ne se retrouvent pas dans le reste du monde arabe que connaît bien Safwan Masri, éduqué en Jordanie et au Levant, et dont il déplore la régression au cours des cinquante ans écoulés dans un despotisme corrélé à la salafisation des esprits. De la sorte, la dictature de Ben Ali serait une déviance, d'autant mieux résorbable qu'elle fut de courte durée, par rapport à plus d'un siècle de modernisation endogène. Cette thèse est séduisante en ce qu'elle souligne, par-delà un déterminisme qui pourrait être nuancé, que les soulèvements des « printemps arabes » ne peuvent bâtir du nouveau qu'en considération des structures profondes du passé – et qu'il leur faut faire l'inventaire de leur héritage, sauf à se fourvoyer dans des illusions amères. En cela, la modernisation tunisienne, depuis Kheireddine Pacha, grand vizir de la régence de Tunis dans le troisième quart du XIXe siècle, jusqu'à Habib Bourguiba de 1956 à 1987, procède d'en haut, à l'instigation des élites politiques, et depuis la côte sans pénétrer l'arrière-pays. Ce dilemme, qui conduit à la marginalisation des régions du Sud et de l'Ouest, est aujourd'hui encore la principale barrière à l'achèvement de la démocratie, et a fourni le vecteur de la radicalisation depuis le sacrifice de Mohammed Bouazizi à Sidi Bouzid. Mais pareil obstacle demeure relatif lorsqu'on le compare à la situation beaucoup plus préoccupante de l'Égypte : dans la vallée du Nil également, un puissant mouvement réformiste avait été enfanté par les missions en Europe de savants comme le cheikh Rifaat al-Tahtawi, auteur de *L'or de Paris*, publié en 1836, qui narre son voyage en France et les leçons à en tirer pour régénérer sa terre natale. Comme on le verra dans les pages qui suivent, le dévoiement de ce processus par l'instauration du populisme nassérien à partir de 1952, dont le socialisme proclamé habillait la restauration d'une structure de pouvoir militaire inspirée par la dynastie mamelouk, hanta le soulèvement égyptien de 2011 et le mena dans l'impasse.

L'ÉTAU ÉGYPTIEN : FRÈRES MUSULMANS CONTRE SOCIÉTÉ MILITAIRE

Le 11 février 2011, le général Omar Souleiman, vice-président de la République et patron pendant deux décennies des services du renseignement militaire, annonce la démission de Hosni Moubarak et la dévolution des pouvoirs du raïs au Conseil suprême des forces armées – au terme de dix-huit jours d'occupation de la place Tahrir au Caire par des dizaines de milliers de jeunes Égyptiens. Ils ont capté l'attention des télévisions du monde entier, au premier rang desquelles la chaîne satellitaire du Qatar Al-Jazeera. Cette dernière assure vingt-quatre heures sur vingt-quatre une couverture en direct du happening du « Midan » (« la place [Tahrir] », le terme arabe signifie précisément « esplanade » ou « champ de Mars »). Elle introduit le spectacle de la « révolution » en action dans chaque foyer de Casablanca à Bassora, de Benghazi à Damas, Sanaa et Bahreïn, et dans bien des banlieues populaires européennes peuplées d'immigrés musulmans et de leurs descendants. Le Caire, capitale vétuste de l'arabisme héroïque de l'épopée nassérienne, bâillonnée par les régimes militaires successifs, engorgée de la plus forte croissance démographique du monde, noyée dans le smog, paralysée par la gabegie, la bureaucratie et la corruption, retrouve soudain un coup de jeune. Elle revient en vedette dans l'air du temps médiatique durant les dix-huit journées du 25 janvier au 11 février 2011 où tous les Arabes et de nombreux autres ont les yeux rivés sur la place Tahrir. Les hectares libérés du Midan sont l'occasion de scénariser une sorte d'utopie sociale et égalitaire sur le théâtre de laquelle seraient résolus les maux qui accablent la société égyptienne, où chacun désormais se parle et se réconcilie.

Auparavant Al-Jazeera, en diffusant les images de la chute de Ben Ali et en popularisant le *digaj !* (« dégage ! ») de la jeunesse des banlieues pauvres de Tunis, a joué un rôle déclencheur pour la révolte égyptienne – une fois traduit le slogan de l'argot plébéien franco-tunisien vers l'arabe (*Erhal !*). L'exil du suffète à vie de Carthage a ouvert la voie au renversement de l'inamovible pharaon cairote. Mais insidieusement cette chaîne de télévision, vecteur de l'idéologie des Frères musulmans qu'encourage l'émirat du Qatar, s'emploie à imposer ceux-ci de manière subliminale à ses téléspectateurs comme les futurs dirigeants naturels de l'Égypte et les leaders du monde arabe de demain. Une fois les « révolutionnaires » (*thuwwar*) du Midan Tahrir marginalisés à la fin de l'année 2011, l'Égypte débarrassée de Moubarak se retrouve ainsi entre le marteau des Frères et l'enclume des militaires. Les premiers remportent les élections parlementaires puis présidentielle en juin 2012 avec leur candidat Mohammed Morsi, et ensuite sont chassés le 3 juillet 2013, après que le mouvement Tamarrod (« rébellion ») a fait descendre des millions d'opposants dans la rue, avec le soutien actif des seconds. L'armée reprend graduellement la réalité du contrôle qu'elle n'avait que concédé pour une année à la confrérie le temps qu'elle s'y use. Le maréchal Sissi remplace Morsi à la tête de l'État – s'inscrivant dans la continuité du colonel Nasser, des généraux Sadate et Moubarak et des sultans mamelouks avant eux.

Contrairement à la Tunisie où l'élimination de Ben Ali a abouti à l'instauration de la démocratie – quelles qu'en soient les fragilités –, la situation égyptienne se caractérise, après la parenthèse utopique et chaotique de la révolte, par la succession de deux régimes autoritaires opposés à partir de l'été 2012, et la pérennisation du second avec le retour affermi des militaires au cœur du pouvoir. La solidité du contrôle de l'appareil d'État par l'armée a procédé de causes structurelles beaucoup plus profondes que la plupart des observateurs ne l'ont pensé dans l'exaltation du soulèvement – y compris l'auteur de ces lignes. Dînant en compagnie du romancier égyptien éminent Gamal al-Ghitani (décédé en 2015) un soir de décembre 2011 à Héliopolis, dans la banlieue résidentielle du Caire, au mess de l'État-major de la défense antiaérienne, l'arme d'élite par excellence, avec le général que l'on présente alors comme l'« intellectuel » du Conseil suprême des forces armées, celui-ci nous confie sa stratégie.

Elle consiste à laisser les Frères musulmans remporter les élections, y compris présidentielle – occasion pour eux d'exposer leur sectarisme et leur incompétence aux yeux de l'ensemble de la nation. Le peuple, édifié par l'expérience désastreuse, y mettra rapidement fin en rappelant l'armée à la rescousse pour qu'elle assume le pouvoir. Nous écoutons poliment ce discours, tandis qu'un maître d'hôtel désuet sert un repas où des coquillages flottant dans une épaisse sauce béchamel évoquent la gastronomie du début des années 1950, à l'époque antédiluvienne du roi Farouk. Sans doute cette recette surannée contribue-t-elle à me persuader de l'inanité du propos rétrograde de notre hôte : les intellectuels branchés et les révolutionnaires impétueux avec lesquels je passe mes journées ont définitivement enterré cette armée obsolète et pathétique avec la chute de Moubarak : place à l'« Égypte 2.0 » et au joyeux et fécond désordre du Midan Tahrir où il est interdit d'interdire – pour reprendre le slogan phare du Mai 68 parisien ! Relisant à l'automne 2012 le manuscrit trop long du journal de voyage de ces « printemps », *Passion arabe*, j'avais coupé le récit de la soirée d'Héliopolis tant la prédiction de notre amphitryon m'avait semblé anecdotique et peu digne d'être consignée ! Malgré trois décennies de familiarité avec les rives du Nil, j'avais été victime moi aussi de l'enthousiasme ambiant – alors même que, contrairement à la Tunisie, l'Égypte n'avait pas connu le « moment d'enthousiasme » identifié en 1848 par Marx comme le prélude à toute révolution – l'alliance temporaire entre la jeunesse urbaine pauvre et les classes moyennes pour faire tomber le régime.

Le happening de la place Tahrir

Le happening de la place Tahrir avait consisté en un spectacle permanent de quelques dizaines de milliers de personnes jeunes et éduquées pour la plupart, relayées par la télévision qui leur avait donné un effet grossissant extraordinaire ainsi qu'un accès soudain et privilégié aux élites mondialisées dont elles partageaient le langage et les codes. Mais cela ne leur avait pas permis de faire la jonction avec la masse de la jeunesse pauvre, surnuméraire dans un pays qui dépasse 80 millions d'habitants en 2011 (et en compte dix de plus sept ans plus tard), ni avec les classes moyennes au sens large. Durant les dix-huit jours fatidiques, beaucoup d'éruptions de colère avaient eu lieu dans les autres villes d'Égypte, d'Alexandrie à Assouan : les sièges du PND (Parti national démocratique) de Moubarak avaient été incendiés, de même que des commissariats, mais ces expressions sporadiques de la fureur populaire n'étaient pas parvenues à construire une insurrection rendant inéluctable le processus révolutionnaire. Symboliquement, le soulèvement tournait en rond autour de l'esplanade, au sens propre comme figuré – sous l'objectif des caméras apposées aux balcons des immeubles la surplombant. Il avait réussi à créer une pression insupportable pour Moubarak, de sorte que l'État-major l'avait mis sur la touche, fournissant aux hauts gradés l'occasion de se débarrasser d'un vieillard devenu défaillant et désireux de fonder une monarchie héréditaire. La rébellion faisait du surplace sans parvenir à pénétrer de manière dynamique le territoire humain immense de ce pays suffoqué par sa démographie galopante, que balaierait bientôt la déferlante des Frères musulmans brisée *in fine* sur les baïonnettes.

La petite taille de la Tunisie (onze millions d'habitants), son relatif éloignement du Moyen-Orient et sa proximité avec l'Europe, sa classe moyenne forte et son armée faible lui permirent de servir de laboratoire révolutionnaire sans mettre en péril la stabilité de la région dans son ensemble ni l'insertion de celle-ci dans le système du monde. En revanche, l'énormité de l'Égypte prise dans une dynamique insurrectionnelle ne pouvait qu'avoir des répercussions majeures et immédiates, bouleversant son environnement. Il en allait de la sécurité des pétromonarchies toute proches sur la rive asiatique de la mer Rouge ainsi que des délicats équilibres du conflit israélo-palestinien qui jouxte le Sinaï par le Néguev et surtout la bande de Gaza dirigée depuis 2007 par le Hamas. Certes l'Égypte de 2011 a perdu son aura nassérienne d'antan : elle ne dispose plus du prestige des élites jadis les mieux instruites de la région, de médias qui contrôlaient l'information et le divertissement du monde arabe après les indépendances, et d'une économie autrefois prépondérante. Son système éducatif s'est effondré avec la massification, la « Voix des Arabes » se fait entendre désormais sur les chaînes par satellite émettant de Dubaï ou Doha, et la redistribution de la rente pétro-gazière en provenance du Golfe est la source de toute richesse au Moyen-Orient. Le géant arabe d'hier est devenu obèse, myope et arthritique : mais sa chute déstabiliserait tout son environnement, et s'il basculait dans l'un des camps qui luttent pour l'hégémonie, cela chamboulerait l'équilibre des forces.

C'est ainsi que l'arrivée des Frères musulmans au pouvoir au Caire le 30 juin 2012 avec le soutien du Qatar, suivie d'une aide financière de 3 milliards de dollars à la présidence Morsi, a été ressentie comme un défi insupportable pour les rivaux saoudien, émirati et koweïtien de Doha, qui financèrent en conséquence l'élimination du régime « fériste » et la reprise en main par l'armée à l'été 2013, surenchérissant à 12 milliards de dollars de subventions au maréchal Sissi. De telles circonstances expliquent qu'au vent de liberté qui balaya la place

Tahrir en janvier-février 2011 s'est substitué trois ans plus tard un souffle évanescent comparable au nessim, cette brise du Nil qui revient chaque année au printemps et marque, par la célébration de son rite, la pérennité immuable de l'Égypte depuis l'époque pharaonique.

Le règne interminable de Hosni Moubarak fut conforté par les États-Unis de George W. Bush au lendemain du 11 septembre 2001. Le raïs, fort de la victoire politico-militaire remportée sur les jihadistes égyptiens qui avaient multiplié les attentats entre 1992 et 1997, faisait figure de rempart efficace contre Ben Laden et ses émules. De nombreux « combattants ennemis » capturés dans la zone afghano-pakistanaise par les forces américaines furent livrés aux services de sécurité égyptiens dirigés par le général Souleiman pour être interrogés dans le cadre des politiques de restitution (*rendition* en anglais) – malgré les protestations des organisations humanitaires qui dénonçaient des cas d'usage de la torture pour obtenir des aveux. Comme Hafez al-Assad l'avait fait en Syrie en promouvant son fils Bashar pour lui succéder en 2000, et comme Kadhafi s'était efforcé d'y parvenir en poussant en avant son cadet Saïf al-Islam, Moubarak avait commencé de préparer la succession en faveur de son rejeton Gamal. Sans attaches propres dans l'armée, ce dernier était proche des milieux d'affaires, grands groupes disposant de connexions internationales, captant tout le crédit bancaire au détriment des PME et bénéficiant de multiples rentes – des barrières douanières aux subventions diverses. Le développement d'une classe d'individus très fortunés – stigmatisés dans le parler populaire comme « les 1 % » – grâce à leur accès au fils du président, ainsi que le montre le film noir de Tarik Saleh *Le Caire Confidentiel* (sorti en 2017), a accru le sentiment d'injustice et de ressentiment envers la famille Moubarak.

Or cette dérive vers la royauté, moquée par le politologue égyptien Saad Eddin Ibrahim qui l'avait surnommée « monarblique » (*gumlukiyya*), contrariait le système successoral mis en place par l'État-major depuis l'ère nassérienne : il reprenait la tradition des mamelouks, dynastie non héréditaire qui dirigea l'Égypte du XIIIᵉ siècle jusqu'au début de l'époque moderne correspondant à l'expédition de Bonaparte en 1799. Ces chefs militaires déléguaient l'autorité suprême à l'un d'entre eux, mais éliminaient si nécessaire les fils de ce sultan lors du décès de celui-ci pour que le pouvoir retourne au corps institué qui le réattribuait selon ses règles et équilibres internes. Ainsi, les enfants de Nasser n'avaient pas plus joué de rôle politique que ceux de Sadate. Et le précédent que cherchait à créer Moubarak lui aliéna le soutien de ses pairs : ils réactivèrent à cette fin le Conseil suprême des forces armées – une instance d'esprit très mamelouk – qui contraignit le président à la démission au terme des dix-huit jours de la place Tahrir le 11 février 2011.

Les antécédents de ces journées d'agitation furent de trois ordres – sociaux, confessionnels, et de défense des droits de l'homme. Comme pour les autres « printemps arabes », la conjoncture économique du tournant de la décennie, marquée par l'envolée du prix mondial des céréales et des hydrocarbures, renchérit le panier de la ménagère d'autant plus que l'Égypte, du fait de son croît (la population a quasiment doublé sous les trente ans de règne de Moubarak), est le plus gros importateur de blé de la planète. Dans un pays où un habitant sur cinq vit avec moins de 2 dollars par jour, la fécondité est perçue comme une assurance de solidarité intergénérationnelle, encouragée par le prosélytisme islamique qui voit dans la reproduction débridée la promesse du jihad des berceaux qui submergera l'univers. Le planning familial imposé par l'État fut du reste l'une des premières victimes du soulèvement de 2011, la démographie étant repartie à la hausse depuis lors. Comme en Tunisie là encore, mais avec des chiffres absolus huit fois plus élevés, tandis que la moitié des quatre-vingts millions d'Égyptiens ont moins de vingt-cinq ans, les lauréats de l'enseignement supérieur, qui représentent presque un tiers de leur classe d'âge, chôment pour 50 % des hommes et 80 % des femmes. Le recrutement par la fonction publique, qui gonflait le pays d'une bureaucratie improductive, bloquant toute initiative – matière à d'innombrables plaisanteries (*nukat*) la brocardant –, a été drastiquement réduit par les politiques d'ajustement structurel prônées par le FMI, alors même qu'il assurait une carrière quasi automatique à tout diplômé à l'époque du socialisme nassérien. La fonction publique ne fournit plus, à la veille du soulèvement de janvier 2011, qu'environ 20 % des emplois, dont les salaires ont fortement diminué par ailleurs. Et les perspectives de travail correspondant à la qualification sont d'autant plus faibles que le niveau de l'éducation s'est effondré sous l'effet de la massification, créant un gigantesque phénomène de « frustration relative » – que la sociologie considère comme l'une des clés de la participation de la jeunesse instruite aux mouvements révolutionnaires, ainsi qu'on l'a observé dans le cas tunisien.

Parmi d'autres conséquences, la piètre qualité des

diplômes s'est traduite par le refus des États de la péninsule Arabique d'employer des Égyptiens, et par le retour de nombre de ceux-ci, diminuant les rentrées de devises. Les subventions internationales restent ainsi la condition de survie du pays : Sadate en avait fait l'axe de sa politique, négociant une aide civile et militaire américaine annuelle qui atteindrait 1,7 milliard de dollars en 2010, en contrepartie de la signature du traité de paix avec Israël depuis 1979. Mais l'aggravation continuelle de la situation démographique et économique a accru la dépendance au FMI (dont les exigences de réformes déclenchent des émeutes de la faim), à l'Union européenne et de manière croissante aux pétromonarchies du Golfe. Ces dernières en ont tiré un levier politique décisif comme le montrèrent les soutiens respectifs du Qatar aux Frères musulmans et de l'Arabie saoudite ainsi que des Émirats arabes unis aux militaires afin d'influer sur la sortie de la phase révolutionnaire.

Dans un environnement aussi déficient, le maintien de l'ordre par l'État-major est apparu dans les décennies précédant le soulèvement comme un moindre mal pour les principaux partenaires de l'Égypte tant l'explosion du pays présentait de risques de déstabilisation pour l'ensemble du Moyen-Orient. Mais ce colmatage sécuritaire perpétuellement reconduit n'a fait qu'aggraver la dégradation économique, sociale, culturelle ainsi que des libertés publiques. Sur ce tissu éminemment inflammable, l'incendie révolutionnaire semble avoir été déclenché par trois types de mise à feu – dont les divers acteurs de la révolte de 2011 ont souligné l'importance relative en fonction de leur idéologie propre.

Pour les militants de gauche dénonçant le capitalisme

et l'exploitation des travailleurs, les racines de l'insurrection sont à rechercher dans le grand débrayage de l'usine textile de Mahalla al-Kobra, sise à 150 km du Caire dans le delta du Nil, le 6 avril 2008. Avec ses vingt mille participants, celui-ci aurait exprimé l'émergence de nouvelles luttes ouvrières désormais relayées par les « réseaux sociaux » dans l'univers numérique qui en démultiplièrent la force en leur donnant une valeur d'exemplarité. Pareille fusion entre mondes réel et virtuel s'est incarnée dans le Mouvement des jeunes du 6 avril – créé en soutien à la grève et dont les activistes principaux furent par la suite formés dans les Balkans par des ONG prodémocratiques proches du milliardaire et philanthrope George Soros qui avaient auparavant contribué à la chute des régimes autoritaires locaux grâce à l'usage d'Internet. Les militants du « 6 avril » ont été les premiers à appeler aux manifestations du 25 janvier 2011 sur la place Tahrir par le biais des réseaux sociaux et ont popularisé l'expression de « révolution 2.0 » largement reprise par les médias de l'époque pour singulariser les « printemps arabes ». Mais le mouvement ouvrier égyptien, malgré des conflits récurrents pour augmenter des salaires très faibles ou obtenir le paiement de primes, ne représente plus qu'un facteur secondaire – le secteur privé formel occupe seulement 10 à 15 % des emplois. La grande majorité des classes pauvres – environ 70 % des travailleurs – vivent du secteur informel ou dépendent, pour les plus chanceux, du tourisme. Or tout dérèglement économique les impacte négativement en temps réel : la disparition des visiteurs étrangers dans les lendemains du 25 janvier et la stagnation des investissements se sont traduites par la dépréciation immédiate du niveau de vie de très nombreux Égyptiens subsistant au jour le jour et qui en imputèrent la cause au spectacle télévisuel du Midan Tahrir et à ses effets dissuasifs sur l'activité.

Ainsi ce n'est pas tant la montée en puissance d'un mouvement populaire qui crée le catalyseur du soulèvement que la mort sous les coups de la police d'un pharmacien de vingt-huit ans, Khaled Saïd. Arrêté dans un cybercafé d'Alexandrie dans des circonstances mal élucidées, ce jeune adulte élégant de la classe moyenne a étudié en Occident. Les photographies du cadavre tuméfié aux os brisés deviennent virales sur Internet, exprimant le paroxysme de la violence dont usent les forces de répression dans l'impunité. Contrairement à Bouazizi qui s'immole par le feu à Sidi Bouzid, il n'est pas issu d'un milieu déshérité et n'incarne pas un symbole social – à partir duquel se construiront les alliances de classes contre Ben Ali. Il personnifie une atteinte insupportable aux droits de l'homme universels – mais il s'écoule beaucoup plus de temps entre son assassinat, le 6 juin 2010, et la chute de Moubarak le 11 février 2011, soit huit mois, que les trois semaines qui séparent le geste fatal de Bouazizi de l'exil du despote de Tunis. Il se trouve que la mobilisation passe par l'intermédiaire d'un trentenaire égyptien de classe moyenne supérieure, Wael Ghonim, basé à Dubaï et responsable commercial de Facebook pour le Moyen-Orient, qui crée une page intitulée « Nous sommes tous Khaled Saïd » (*Kollona Khalid Sa'id*). Elle utilise l'abstraction du réseau virtuel international dont elle agrège les *friends* derrière leur écran plutôt que les protestations concrètes de rue qui, en Tunisie, ont mêlé dans un même mouvement la jeunesse pauvre des quartiers populaires et les élites urbaines contre la dictature, amorçant ainsi le processus démocratique vertueux qui fera défaut en Égypte. « Nous sommes tous Khaled Saïd » deviendra le principal slogan de la place Tahrir mais il ne porte qu'une revendication de dignité humaine face à la torture, et non une dynamique de mobilisation politique. Quant à Wael Ghonim, il soutiendra le candidat des Frères musulmans Mohammed Morsi en juin 2012.

Ultime prélude aux dix-huit jours de janvier-février 2011, le malaise politico-confessionnel d'un régime à bout de souffle se manifeste durant les semaines précédant le soulèvement par des élections législatives désastreuses en novembre-décembre 2010 et un massacre dans une église copte d'Alexandrie le jour de l'an. Lors du scrutin parlementaire de 2005, les Frères musulmans avaient pu emporter quatre-vingt-huit sièges sur cinq cent dix-huit – signifiant par là à l'Occident mené par George W. Bush que l'opposition islamiste représentait une menace structurée et qu'il importait d'aider Moubarak à y faire face dans le contexte postérieur au 11 septembre 2001. *A contrario* le Parti national démocrate au pouvoir s'arrogea en décembre 2010 la quasi-totalité des députés. Marquée par le bourrage sans vergogne des urnes et l'intimidation des votants, ainsi qu'une participation très basse de 23 %, cette élection verrouillait le cadre politique institutionnel dans la perspective de la candidature de Moubarak à sa succession à l'automne 2011 ou de la mise en orbite de son fils Gamal – la hiérarchie militaire étant hostile à cette dernière hypothèse et réservée sur la première au vu des quatre-vingt-deux ans dont était âgé le raïs. En tout état de cause, la rue trouverait des oreilles attentives si elle faisait entendre sa voix pour venir à bout de l'entêtement présidentiel. À Washington, on exprima de la « déception » : Barack Obama, qui avait engagé comme conseillère pour ses relations avec l'islam une Égypto-Américaine portant le *hijab*, Dalia Mogahed, s'efforçait de leur donner un nouveau départ après la « guerre contre la Terreur » menée par son prédécesseur. Il prônait à la fois la démocratisation de la région et un *engagement* (« dialogue ») avec les Frères musulmans, perçus comme exemplaires d'une modernité pieuse dont la Turquie de M. Erdogan constituait le parangon.

Telles sont les circonstances dans lesquelles se produisit aux petites heures du 1er janvier, durant la messe de minuit, la tuerie à l'église des Deux-Saints dans le quartier populaire de Sidi Bishr à Alexandrie, où avaient déjà eu lieu de nombreux incidents interconfessionnels fomentés par les mouvements salafistes locaux très puissants qui anathématisaient les coptes comme infidèles : elle causa vingt-trois morts. Après avoir incriminé un groupe palestinien lié à Al-Qaïda, la police arrêta un salafiste des environs, Sayyid Bilal, qui succomba à la torture et dont la culpabilité ne put jamais être prouvée. Ceux qui partageaient ses idées en firent un martyr barbu dont la figure fut surimposée à celle de Khaled Saïd – ce qui amena certains à rejoindre le processus révolutionnaire de la place Tahrir dans l'espoir d'en prendre le leadership. Quant aux familles des victimes coptes, elles refusèrent de recevoir les condoléances de Moubarak. Dans l'ensemble, la communauté chrétienne estimait que le régime se montrait dans le meilleur des cas incapable de la défendre contre les exactions des islamistes, quand il n'était pas indifférent à son sort. Certains allèrent jusqu'à soupçonner les services de renseignement d'avoir fomenté l'attentat avant de faire disparaître son auteur. L'enquête ne permettrait pas d'élucider l'affaire, qui acheva d'aliéner au pouvoir le soutien de la population copte, dont la jeunesse serait présente de manière ostensible place Tahrir.

L'agrégation de tous ces mécontentements fournit le combustible à l'insurrection, d'autant que Moubarak, isolé au sein de l'État-major par ses velléités dynastiques, mal vu à Washington où l'on a applaudi à la chute de Ben Ali le 14 janvier 2011 au nom de la démocratisation du monde arabe, n'apparaît plus comme le maître du jeu. Le déclenchement se produit, à l'initiative du Mouvement des jeunes du 6 avril, par une invitation à manifester le 25 janvier – date paradoxale de la fête de la police : elle commémore le soulèvement de 1952 contre les Britanniques, étape décisive pour le retrait de l'occupant. Le régime en a retourné la signification afin de glorifier son appareil répressif, mais le mouvement gauchiste, en appelant pour la troisième année consécutive à subvertir ce symbole pour en retrouver l'inspiration originelle, cause là l'étincelle qui embrase le pays. Des groupes d'opposants parviennent à s'infiltrer sur la place Tahrir par les rues adjacentes laissées libres, tandis que les grandes avenues sont bloquées par des cordons de brigades antiémeutes. L'autorité des forces de l'ordre est bafouée toute la journée par une quinzaine de milliers de manifestants, ainsi que la nuit suivante. Les échauffourées avec la police se multiplient sans intervention de l'armée jusqu'à ce que le siège du Parti national démocrate, un bâtiment en bordure du Midan, devant le Musée égyptien, soit incendié le surlendemain. Les chars s'y déploient alors, pour canaliser la situation davantage que pour y mettre un terme. Le 28 janvier, les Frères musulmans appellent leurs sympathisants à se rendre sur la place – la mobilisation change d'ampleur pour dépasser la centaine de milliers de personnes.

La décision des Frères rompt avec plus d'un demi-siècle de prudence, hérité de la féroce répression nassérienne de 1954 qui avait conduit plusieurs de leurs dirigeants sur l'échafaud et la plupart de leurs cadres derrière les barreaux, décapitant l'organisation jusqu'à ce que Sadate aide à sa résurrection contrôlée dans la décennie 1970 pour lutter contre la gauche sur les campus. Depuis cette époque, la confrérie avait bénéficié d'un statut de tolérance : elle n'était pas autorisée à entrer en compétition avec les militaires dans le domaine politique régalien, mais encouragée à suppléer aux défaillances de l'État-providence dans le champ social. S'y était substitué le réseau caritatif (*khayrî*) des dispensaires, crèches, colonies de vacances, syndicats professionnels, entreprises, banques et sociétés financières compatibles avec la charia et, bien sûr, mosquées et centres culturels et religieux des Frères, qui maillaient l'ensemble du territoire. En fonction des messages que le pouvoir souhaitait communiquer au monde extérieur, il acceptait parfois qu'ils se présentent et soient élus au Parlement – comme en 2005 – où ils ne pesaient guère face à la toute-puissance de l'exécutif. Leurs dirigeants effectuaient aussi des allers-retours en prison lorsqu'ils dépassaient les lignes rouges. Organisés selon une stricte hiérarchie, soigneusement endoctrinés et sélectionnés pour parvenir aux positions de responsabilité dans le *tanzim* (« organisation »), ils cogéraient l'Égypte en partenaires mineurs de l'armée tout en étendant leurs réseaux tentaculaires dans l'attente du jour où ils pourraient se substituer à celle-ci.

Les Frères musulmans à l'offensive

Les ressorts de la décision de se jeter à l'eau le 28 janvier ne sont pas connus, du fait du secret des délibérations et parce que l'entrée des Frères en politique et leur défi à l'armée ont eu pour eux des conséquences catastrophiques traduites par une répression plus violente en 2013 qu'en 1954, qui a abouti à l'annihilation de l'appareil. Chacun de ces deux compétiteurs a successivement utilisé la mobilisation populaire pour chasser son adversaire et se substituer à lui. Les premiers ont capté une partie de l'héritage du soulèvement dans le vote en faveur de Mohammed Morsi en juin 2012. Puis l'armée a accompagné en sous-main les gigantesques manifestations contre ce dernier organisées par le mouvement Tamarrod (« rébellion ») au printemps 2013 au nom des idéaux révolutionnaires bafoués – jusqu'à ce que le maréchal Sissi prenne le pouvoir *de facto* le 3 juillet avant d'être finalement élu président le 26 mai 2014 avec plus de 96 % des voix, un score d'ancien régime.

Mais la première démonstration de force explicite des Frères pour capter à leur profit la dynamique insurrectionnelle de la place Tahrir a lieu lors de la grande prière du vendredi qui suit la chute de Moubarak, le 18 février 2011. Le fourbi du Midan est réorienté en direction de La Mecque et transformé en une immense mosquée à ciel ouvert dont le sermon est prononcé par le cheikh

Youssef al-Qaradawi, principale figure internationale de la confrérie, téléprédicateur en chef de la chaîne Al-Jazeera et tout juste atterri de Doha pour l'occasion. Cela constitue l'aboutissement pour la télévision par satellite qatarienne de ses trois semaines de couverture en direct quasi ininterrompue du happening de la place Tahrir : la finalité du soulèvement est d'instituer en Égypte l'ordre des Frères musulmans en favorisant leur arrivée au pouvoir en remplacement de l'armée. La stratégie du Qatar, en bonne intelligence avec les États-Unis dont le président a incité le 4 février Moubarak à partir, est de s'appuyer sur eux pour récupérer partout où elles adviennent les révoltes arabes et de promouvoir les classes moyennes pieuses comme leaders de la région. Pour l'émirat gazier, richissime, mais peu peuplé, c'est l'opportunité de disposer de relais démographiques qui lui permettront de tenir tête au puissant voisin saoudien, lequel voit au contraire dans la confrérie son rival majeur pour l'hégémonie sur le sunnisme arabe.

Ce processus de montée en puissance est très rapidement mis en œuvre avec la création dès juin 2011 de formations politiques islamistes *ad hoc* destinées à remporter toutes les élections de la période transitoire, dont les deux principales sont le parti Liberté et Justice (PLJ) (*hizb al horeyya wal 'adala*) des Frères et le parti de la Lumière (*hizb an nour*) du mouvement de la Prédication salafiste (*da'wa salafiyya*). Les divers groupes révolutionnaires utopistes qui s'efforcent de continuer à occuper la place Tahrir (elle sera rituellement investie chaque vendredi pendant une année) bataillent avec le Conseil suprême des forces armées pour perpétuer l'agitation, ou *street politics*, qui s'essoufflera non sans que les affrontements ne

dégénèrent en multipliant les morts et les blessés. Les islamistes quant à eux envahissent le champ électoral, après
avoir mobilisé leurs troupes dans la rue : le 29 juillet 2011,
une manifestation monstre – la plus nombreuse depuis le
soulèvement – rassemble sur le Midan un million de personnes, la plupart salafistes dûment barbus venus de tout
le pays en autocars affrétés pour l'occasion, afin d'exiger
que l'Égypte devienne un État islamique, et proclamant
la suprématie de la charia divine sur toute constitution.
Ils entreprennent de séparer physiquement les hommes
des femmes sur la place symbole de l'utopie libérale et
d'en chasser les militants laïques qui y campaient depuis
le 8 juillet pour réclamer le jugement de Moubarak et
les purges que le Conseil suprême des forces armées ne
mettait en œuvre que très lentement.

Sept scrutins ont lieu entre la chute de Moubarak
le 11 février 2011 et la prise de fonctions de Mohammed Morsi le 30 juin 2012 : trois référendums et deux
tours pour chacune des élections parlementaires et présidentielle. Les révolutionnaires de Tahrir sont inaptes
à y participer comme tels, ne produisant que quelques
groupuscules dont le nombre de voix s'avère négligeable.
L'ancien régime, discrédité, est incapable de reconstituer
une formation qui succède au PND de Moubarak dissous
en avril 2011 pour concourir aux votes législatifs qui se
tiennent entre la fin de 2011 et le début de 2012. Les
partis PLJ et Nour obtiennent, avec 73 % des sièges, un
raz-de-marée amplifié par le mode de scrutin. Mais au
second tour de l'élection présidentielle de juin 2012, le
candidat de l'armée, le général Ahmed Chafiq, ultime
Premier ministre de Moubarak, rassemble jusqu'à 48,27 %
des voix face aux 51,73 % de Morsi.

Comme l'ont montré Hala Bayoumi, Bernard Rougier et Clément Steuer dans leurs contributions à *L'Égypte en révolutions* (paru en 2015), le comportement des électeurs pendant cette période s'organise selon deux lignes de clivage : islamistes face à séculiers, et révolutionnaires face à contre-révolutionnaires. Aux législatives, ce dernier pôle est inexistant, et les partis religieux l'emportent aisément sur leurs adversaires laïques. Ils ont su capter l'imaginaire de l'insurrection en la traduisant dans une volonté de changement qui se structure autour d'une exacerbation identitaire musulmane, seule garante d'un ordre quelconque opposable au chaos de moins en moins joyeux au fur et à mesure que s'aggravent les problèmes économiques et sociaux – une antienne que serine chaque jour Al-Jazeera. Au premier tour de l'élection présidentielle, le spectre est plus ouvert : le général Chafiq talonne Morsi, chacun avec un peu moins d'un quart des suffrages. Trois autres candidats se partagent le reste : le nassérien Hamdine Sabbahi, avec un cinquième des voix, est porté par les Égyptiens fidèles à la révolution, mais hostiles à l'armée comme à l'islamisme. L'ex-Frère musulman dissident et libéral Abdelmonim Aboul Foutouh a rassemblé une coalition hétéroclite de salafistes et d'islamo-gauchistes (17 %) se réclamant de l'esprit de Tahrir, et l'ancien ministre de Moubarak Amr Moussa, avec 11 %, apportera au général Chafiq les classes moyennes sécularisées plus effrayées encore par les barbus qu'elles ne sont déçues par les militaires. Au second tour, Morsi ne l'emporte que parce que, outre le report massif des voix d'A. Aboul Foutouh, des électeurs non islamistes de M. Sabbahi votent pour lui dans l'espérance qu'il sauvegardera au moins une partie des acquis de la révolution face à la perspective du retour de l'armée aux commandes.

Retour de l'armée et déploiement salafiste

Le socle du nouveau président est donc assez étroit à son avènement le 30 juin 2012. Et celui-ci, en s'engageant dans une « frérisation de l'État », le réduit drastiquement en s'aliénant très vite les soutiens qui lui provenaient des électeurs de MM. Aboul Foutouh et Sabbahi au nom de la sauvegarde de la révolution. L'analyse géographique du scrutin montre également que le vote des villes – dans lesquelles se déploient les manifestations – est bien moins acquis à Morsi que celui du monde rural, notamment de la Haute-Égypte. C'est ainsi que la rue cairote se soulève dès l'automne 2012 selon une dynamique antiautoritaire qui s'inscrit dans la filiation du happening de Tahrir : les milices des Frères y jouent le rôle des forces de répression autrefois dévolu à la police de Moubarak, largement démobilisée, tandis que la magistrature multiplie les obstructions aux décisions du nouveau pouvoir. Rappelons que le mouvement Tamarrod (« rébellion ») est créé en avril 2013 avec le soutien des mouvements qui avaient appelé à battre le pavé le 25 janvier 2011 – dont celui des Jeunes du 6 avril. Ces porte-parole indéfectibles de la cause ouvrière sont ulcérés par l'alignement du gouvernement sur les intérêts du capitalisme islamiste incarné par les milliardaires Khairat al-Shater et Hassan Malek, figures de proue de la confrérie et modèles d'identification pour les classes moyennes pieuses. Sans apparaître sur le devant de la scène afin de ne pas effrayer les « révolutionnaires », l'État-major encourage Tamarrod qui organise, le 30 juin 2013, premier anniversaire de l'élection de Morsi, une manifestation gigantesque survolée par des hélicoptères militaires en signe d'approbation. Le 3 juillet, le président est démis par le maréchal Sissi, ministre de la Défense et nouvel homme fort de l'armée, lors d'une déclaration en présence du cheikh d'Al-Azhar, du patriarche copte, du chef du parti salafiste An Nour et de divers politiciens libéraux. Les Frères musulmans font l'objet d'une répression sans pitié : les deux sit-in qu'ils tiennent en protestation sur des places du Caire, tentant d'y ranimer l'esprit de Tahrir, sont violemment dispersés. Le bilan le 14 août est officiellement de plus de six cent trente morts, les Frères multipliant ce nombre par quatre, et les organes de presse indépendants l'établissant à mille quatre cents. Selon Human Rights Watch, quarante mille personnes accusées d'appartenance à la confrérie seraient emprisonnées en Égypte, dont Morsi, lui-même condamné à la peine capitale, et tous les cadres qui n'ont pu fuir le pays.

Le paradoxe égyptien veut que les anciens révolutionnaires aient prêté la main au retour de l'armée face à l'autoritarisme islamiste – même si beaucoup s'en dissocient par la suite et que certains connaissent à leur tour l'incarcération. Trois ans après son déclenchement, le happening de la place Tahrir a échoué à engendrer un processus démocratique, mais a abouti à une mainmise accrue des militaires, suscitant ensuite un réveil de la violence jihadiste. Cela soulève plusieurs questions fondamentales sur la nature du politique dans le monde arabe. En Égypte, contrairement à la Tunisie, il a manqué une classe moyenne autonome qui aurait pu piloter l'élection d'une assemblée constituante où cohabitent laïques et islamistes

grâce au scrutin proportionnel. Celle-ci n'a pas su faire
le relais avec la jeunesse déshéritée égyptienne pour que
cette alliance contrôle le renversement du raïs et assure
la transition. Dans les deux pays, la hiérarchie militaire
a destitué le président, mais aucun Conseil suprême des
forces armées ne s'est arrogé le pouvoir à Tunis. Quant
aux islamistes de Nahda, ils n'ont pas pu diriger de prière
publique – qui du reste n'a pas eu lieu – le vendredi suivant la fuite de Ben Ali, alors que le cheikh Qaradawi s'y
adonnait place Tahrir après la démission de Moubarak.

Mais la prise en étau de la société égyptienne entre
Frères et généraux, qui a empêché le mouvement révolutionnaire de déboucher sur l'édification d'institutions
démocratiques, pose elle-même question. L'une des
réponses à cette différence entre les effets des soulèvements tunisien et égyptien réside dans l'explosion démographique sur les bords du Nil et l'extrême précarité dans
laquelle a été précipitée de ce fait la majorité de la population d'un pays aux ressources rares, rentières et instables
– le tourisme, le canal de Suez, les transferts financiers des
émigrés, un peu de pétrole. Le poids de la classe moyenne
entrepreneuriale reste trop faible pour lui permettre d'acquérir de l'autonomie politique, et le pouvoir demeure
aux mains de castes hiérarchisées et secrètes dont l'atout
premier est le maintien de l'ordre et l'encadrement de la
masse par la coercition ou l'embrigadement religieux – les
militaires et les Frères musulmans. En outre, l'absence de
viabilité de l'économie rend le pays totalement dépendant
de l'aide étrangère, dont les donateurs sont avant tout à la
recherche de stabilité : les exhortations à la réforme structurelle du FMI touchent rapidement leurs limites avec les
émeutes de la faim, et les pétromonarchies fournissent des

crédits liés à la faction qui servira la volonté d'hégémonie régionale de chacun. Le Qatar a soutenu les Frères, l'Arabie saoudite et les Émirats arabes unis les généraux. Ces déficiences structurelles insurmontables ont inhibé tout processus démocratique de l'Égypte après 2011.

L'élimination de la confrérie, qualifiée par le régime du maréchal Sissi de groupe terroriste, a fait disparaître la seule entité susceptible de concurrencer l'armée. Mais cela n'a eu d'incidence ni sur l'expansion de la mouvance salafiste ni sur la résurgence de la violence jihadiste – au contraire. Le chef du parti An Nour a en effet exprimé son allégeance lors du pronunciamiento du 3 juillet 2013 déposant Mohammed Morsi – et les salafistes, dans la mesure où ils ne critiquent pas le pouvoir, sont libres de répandre leur vision de l'islam qui, dans un pays où le chiisme est quasiment absent (bien que la ville du Caire comme l'université Al-Azhar aient été fondées au Xe siècle par la dynastie chiite des Fatimides), a pris pour cible de prédilection la communauté copte régulièrement anathématisée comme impie. Or ce mouvement constitue le principal soutien du régime dans le vaste réseau de lieux de prière des quartiers informels qui maintient le lien social, prônant la soumission aux autorités et s'opposant aux velléités des Frères musulmans de relancer leur maillage de la société à travers leurs associations caritatives. Le regain des attaques d'églises, d'atteintes aux personnes et aux biens des chrétiens, se nourrit de cet environnement, dénoncé en 2017 par l'ONG américaine Coptic Solidarity comme un véritable mode de gouvernance :

L'Égypte devient de plus en plus un « écosystème » favorisant la violence djihadiste. [Le président Sissi] autorise les salafistes et

*d'autres islamistes à dominer la sphère publique, à répandre leurs
discours de haine dans les médias étatiques et les programmes
scolaires. Étiqueter les chrétiens comme « infidèles » et « kouffar »
revient à donner la permission de les persécuter et de les tuer.*

Plusieurs dizaines d'églises ont été détruites par des
foules émeutières prenant les coptes comme boucs émissaires après la destitution de Morsi, puisque le patriarche
copte Tawadros a lui aussi assisté au pronunciamiento du
3 juillet 2013. Les années suivantes, les incidents interconfessionnels se multiplient au quotidien, puis la violence
culmine dans un semestre, les 11 décembre 2016, 9 avril
et 26 mai 2017. Une centaine de coptes sont massacrés,
lors d'attentats revendiqués par Daesh, qui adviennent
pendant la messe ou durant un pèlerinage, et à l'occasion des Rameaux ou de l'Ascension. L'éradication des
fêtes et lieux de culte chrétiens en terre d'islam étant une
constante de la doctrine salafiste, les jihadistes la mettent
en œuvre simultanément – outre l'Égypte – dans tous les
territoires qu'ils contrôlent en Syrie, en Irak et, concernant
les coptes, en Libye. Dès février 2015, Daesh a diffusé une
vidéo montrant l'égorgement de vingt et un travailleurs
immigrés coptes sur une plage méditerranéenne, donnant
depuis « le sud de Rome » un avertissement à « la nation
de la Croix » en « remplissant de sang chrétien » la mer
où l'Occident a « jeté le corps du cheikh Oussama Ben
Laden ».

Mais c'est dans le Sinaï que l'explosion de la violence
jihadiste a atteint son apogée, inscrivant ainsi le pays dans
son environnement régional bouleversé par les soulèvements arabes. La péninsule, conquise par Israël depuis la
guerre de juin 1967, a fait un retour définitif à l'Égypte en

1982 – sa population se voit tenue en suspicion et mépris par l'administration et les services de sécurité venus de la vallée du Nil. L'occupation israélienne avait permis aux jeunes Bédouins de contacter des activistes militants islamisques radicaux dans la bande de Gaza, créant des réseaux qui, se rapprochant d'Al-Qaïda, commencèrent en 2010 d'attaquer l'État hébreu par des tirs de missiles tout en sabotant le gazoduc égypto-israélien, s'attirant une dure répression. Avec le soulèvement de 2011, auquel participent des tribus du Sinaï qui campent sur la place Tahrir, ce ressentiment anti-israélien se combine avec la rage contre une police égyptienne accusée plus qu'ailleurs encore de multiples sévices et tortures : les commissariats y sont détruits à l'arme lourde. La traditionnelle contrebande bédouine d'armes à feu est alimentée après la chute de Kadhafi en Libye par le pillage de ses immenses arsenaux, que capte le groupe jihadiste du Sinaï Ansar Bayt al-Maqdiss (Partisans du Temple du Sanctuaire [Jérusalem]) – dont l'appellation indique l'orientation antisioniste originelle – qui se fait connaître au printemps 2011. Après le renversement de Morsi, il redirige ses activités contre l'État égyptien, déclaré apostat ainsi que tous ses agents, et multiplie les attaques meurtrières contre policiers, soldats et magistrats, au Sinaï comme dans la vallée du Nil. En novembre 2014, il prête allégeance au « calife » de Daesh Abou Bakr al-Baghdadi, et s'intitule désormais « *wilaya* [province] du Sinaï de l'État islamique ». À ce titre, il revendique l'attentat contre un avion de touristes russes au départ de Charm al-Cheikh le 31 octobre 2015, qui cause deux cent vingt-deux décès à la suite de l'intervention des troupes de Moscou en Syrie qui viennent de s'installer sur la base de Hmeimim le 30 septembre. Le

24 novembre 2017, un massacre à la mosquée Rawda de la bourgade de Bir al-Abed durant la prière du vendredi tue plus de trois cents fidèles. Ce lieu de culte soufi avait été nommément vitupéré dans une livraison précédente du magazine en ligne anglophone de Daesh, *Dabiq* – à la fois parce que le soufisme, avec sa vénération des saints, est considéré par les salafistes comme une hérésie dont les adeptes sont passibles de mort, et également du fait que la tribu locale dominante est accusée de collaborer avec les services de sécurité.

Le bilan cumulé du jihadisme en Égypte entre juillet 2013 et le massacre à la mosquée Rawda en novembre 2017 ne peut être évalué précisément, mais il a un ordre de grandeur comparable à celui de la répression des Frères musulmans après l'éviction de Mohammed Morsi. Le joyeux souvenir des dix-huit jours où la place Tahrir fut occupée jusqu'à la chute de Moubarak, du 25 janvier au 11 février 2011, appartient sept ans plus tard à une autre époque : le retour du face-à-face entre l'armée et le jihad a fermé la parenthèse démocratique et invite à s'interroger sur ses conditions mêmes de possibilité dans un certain nombre de pays arabes. Pour mémoire, je buvais un café dans la ville d'Esnah, en Haute-Égypte, le 15 avril 2011 – quand l'euphorie révolutionnaire battait encore son plein. Pour la première – et, à la réflexion, unique – fois en presque quatre décennies de fréquentation des bords du Nil, l'étranger que j'étais s'y trouvait libre de ses mouvements après l'évaporation des services de police tatillons qui prohibaient toute déambulation hors des itinéraires balisés (et avant que la terreur ne transforme la région en zone interdite où chacun deviendrait un otage potentiel susceptible d'être égorgé). Incidemment, j'entendis annoncer à la radio qu'un général copte était affecté à la tête du proche gouvernorat de Minia – une mesure inédite. Une insurrection islamiste locale contraignit en quelques jours à sa révocation, tandis que depuis les monts d'Afghanistan, Ayman al-Zawahiri, le leader d'Al-Qaïda, s'adressait à son pays natal en rappelant qu'il fallait que « l'islam domine l'Égypte et qu'il n'y soit pas dominé ».

LA DÉSINTÉGRATION LIBYENNE : DE L'« ÉTAT VOYOU » À L'ANOMIE TRIBALO-JIHADISTE

Troisième despote à choir à l'occasion des soulèvements arabes, Mouammar Kadhafi subit le destin le plus violent – à l'instar de la brutalité inouïe de son règne démentiel : il mourut lynché tandis qu'il s'enfuyait le 20 octobre 2011 de la ville de Syrte où il avait trouvé refuge, après que son convoi eut été bombardé par un avion de l'OTAN. Ayant porté au paroxysme pendant ses quarante-deux années au pouvoir un mode de gouvernance qui donna naissance au syntagme d'« État-voyou » (*rogue state*), il en légua la malédiction à la Libye. Celle-ci vécut une insurrection erratique où interférèrent les puissances militaires occidentales menées par la France et le Royaume-Uni ainsi que les États arabes du Golfe. Devenu après des élections infructueuses à l'été 2012 un État failli (*failed state*), le pays voit s'opposer deux gouvernements basés respectivement en Cyrénaïque et Tripolitaine. Ces entités régionales issues de l'Histoire longue reprennent leur autonomie après la parenthèse unitaire qu'incarna la dictature. Pourtant, même leurs dirigeants autoproclamés n'en dominent pas intégralement le territoire, morcelé entre les fiefs de multiples milices, qui recoupent en partie d'antiques fragmentations tribales. Les réseaux jihadistes locaux et internationaux y interfèrent, la lutte pour le contrôle de champs et d'infrastructures pétrolifères ainsi que le trafic d'êtres humains s'y immiscent, tandis que l'argent des pétromonarchies arabes rivales les finance afin d'établir des clientèles.

Comme dans les deux États contigus le processus d'élimination du dictateur s'est cristallisé autour d'une revendication de respect des droits de l'homme. Nourrie de la tragique situation léguée par Kadhafi, elle tire son exemple des manifestations de Tunis et du Caire, avidement suivies sur la chaîne Al-Jazeera. La Tripolitaine est culturellement liée à l'Afrique du Nord : elle appartient au monde du couscous, dont Syrte forme la limite orientale, et son dialecte mêlé de berbère est maghrébin. Les travailleurs immigrés, avant l'insurrection, y venaient des régions déshéritées du Sud et de l'Est tunisiens vers lesquelles s'effectuaient des transferts financiers précieux. Elle fut colonisée par la Rome antique – comme en témoignent les ruines de Leptis Magna et Sabratha, aux inscriptions latines et puniques. En revanche, en Cyrénaïque (_Barqa_ en arabe – ou _jebel akhdar_ [« montagne verte »]), qui n'est éloignée que de 183 miles marins (340 km) de la Crète, la Grèce établit les comptoirs de Cyrène et Ptolémaïs, où s'achevait la route de Memphis par Siwa et les oasis. La région, qui passa sous domination lagide, fait partie de la zone de rayonnement égyptienne : avant la chute de Kadhafi, on y dénombra jusqu'à 1,5 million d'immigrés provenant de la vallée du Nil, le dialecte s'apparente à ceux que l'on parle d'Alexandrie à Assouan, et l'on y consomme du riz. Au XXᵉ siècle, la colonisation italienne superposa partout à ces traditions alimentaires diverses, sous le nom de *makrouna*, les pâtes rustiques en sauce piquante des paysans des Pouilles et de la Calabre installés sur des terres ingrates où les décimèrent les maladies et les razzias des Bédouins. Cette unification culinaire par le bas fut l'un des actes de naissance de la Libye moderne – qui se constitua surtout dans le rejet de l'occupant. L'imprégnation politique et culturelle du pays de Dante et de sa langue resta superficielle pendant trente-deux années de présence (1911-1943) marquées principalement par les exactions suivies de révoltes récurrentes menées contre l'infidèle sous la bannière du jihad – dont la plus fameuse fut celle d'Omar al-Mokhtar, pendu par le régime mussolinien en 1931 et symbole majeur d'une identité à la fois libyenne et panislamique. Malgré sa récupération par Kadhafi, il ne constitua pas une figure unificatrice qui permît de surmonter la résilience des antagonismes régionaux. Ils resurgirent immédiatement avec le « printemps arabe » : le soulèvement prit d'emblée des formes différentes en Cyrénaïque et en Tripolitaine. Quant à la province saharienne du Fezzan, au Sud, anciennement administrée par la France, il s'y manifestera un autonomisme des tribus négro-africaines locales qui facilitera l'immense migration du continent noir vers l'Europe ouverte par la fin du dictateur.

À partir du 15 février 2011, un mois après la fuite de Ben Ali et quatre jours après la destitution de Moubarak, des émeutes ont lieu à Benghazi, la métropole de la Cyrénaïque, en raison de l'arrestation d'un militant des droits de l'homme. La place principale de la ville est occupée sur le modèle du Midan Tahrir au Caire que connaît chaque habitant pour s'y être rendu ou en avoir rêvé, et elle est rebaptisée de son nom. Les figures de proue des manifestations sont les mères, sœurs et veuves des victimes du massacre d'Abou Slim, une prison de Tripoli où mille deux cents jihadistes supposés ont été exécutés le 29 juin 1996, et qui n'ont de cesse de réclamer justice quinze ans plus tard. Les jours suivants, la défection de nombreux militaires permet à la rébellion de s'emparer des centres locaux du pouvoir et le 25 février, après des combats qui causent un millier de morts, la Cyrénaïque est libérée du despote – alors que la Tripolitaine demeure sous le contrôle du régime après une violente répression qui étouffe l'agitation dans la capitale.

La Libye se trouve coupée en deux – contrairement aux soulèvements de Tunisie et d'Égypte qui fédèrent la nation, et où les dictateurs désemparés ne parviennent pas à mater l'insurrection faute d'appui de l'armée. En mars 2011, Kadhafi lance une colonne de chars à l'assaut de Benghazi : il lui faudra parcourir plus de 1 000 km sur la route côtière. Le régime a écrasé dans le sang les manifestations en Tripolitaine, notamment dans la ville de Zawiyya, à l'ouest de la capitale, puis assiégé Misrata, dont le grand port en zone franche approvisionnait tout le pays en produits d'importation et où s'était développée une bourgeoisie commerçante. Le 5 mars, un Conseil national de transition, installé le 27 février à Benghazi, se proclame seul représentant de la Libye. Il est reconnu par les Occidentaux cinq jours plus tard, et le Conseil de sécurité de l'ONU autorise le 17 mars des mesures de protection du peuple libyen – tandis que la progression de la colonne blindée bouscule les défenses des rebelles.

Al-Jazeera montre la foule sur la nouvelle place Tahrir de Benghazi en train de brandir des drapeaux français et britanniques ainsi que la bannière du roi Idris, déposé par Kadhafi le 1ᵉʳ septembre 1969. Le 19 mars, les chars dont les nuages de poussière sont déjà visibles de la cité sont détruits par des frappes aériennes franco-britanniques avec le soutien américain.

Frappes occidentales et désintégration nationale

Pour le meilleur comme pour le pire, l'intervention occidentale, effectuée sous les auspices de l'ONU par l'OTAN, a joué un rôle décisif dans la chute du régime. Outre le salut de la métropole de la Cyrénaïque sauvée *in extremis* d'un carnage, elle a permis de lever le siège de Misrata en détruisant les tanks qui pilonnaient la ville portuaire et finalement d'intercepter le 20 octobre le convoi de Kadhafi en fuite, précipitant son lynchage et sa mort. Elle fut louée à l'époque pour des raisons morales et politiques : comment l'Europe des droits de l'homme aurait-elle pu laisser un dictateur dément massacrer sa population sans réagir, sauf à trahir ses idéaux et manifester un aveu de faiblesse éthique, diplomatique et militaire dans son environnement méditerranéen immédiat ? L'essayiste Bernard-Henri Lévy, fortement engagé au début du soulèvement aux côtés des insurgés de Benghazi et très actif auprès du président Sarkozy pour déclencher l'intervention, en a longuement défendu la philosophie, même après que la Libye fut devenue un pandémonium qui bouleversait son voisinage méridional comme septentrional. Successeurs de M. Sarkozy à l'Élysée, François

Hollande et Emmanuel Macron ont porté un jugement très critique sur l'impréparation d'une opération militaire dont l'accompagnement politique n'a pas été prévu ni les conséquences envisagées, et dont il leur a fallu payer les pots cassés. Dans un discours au Parlement tunisien le 1er février 2018, Emmanuel Macron notait ainsi, face à la persistance du chaos dans le pays contigu : « L'Europe, les États-Unis et quelques autres ont une responsabilité quant à la situation actuelle, c'est indiscutable, responsabilité qui a conduit, quoi qu'on pense d'un dirigeant, à imaginer qu'on pouvait se substituer à la volonté d'un peuple pour décider de son futur. Qu'au fond, destituer un tyran suffisait pour régler tous les problèmes. Nous avons collectivement plongé la Libye ces dernières années dans l'anomie, sans pouvoir régler la situation. » Et, par voie de conséquence, la France a été contrainte d'intervenir au Mali en janvier 2013 par l'opération Serval pour en chasser des groupes jihadistes venus de Libye et surarmés par le pillage des arsenaux locaux. L'Europe entière par la suite dut faire face aux centaines de milliers de migrants africains clandestins envoyés sur ses rives méditerranéennes par des passeurs libyens, négriers modernes issus des *thuwwar* – des « révolutionnaires » dévoyés du « printemps arabe ».

Le système construit par Kadhafi lui assura une exceptionnelle longévité de quatre décennies. Il se basait sur une sorte de terrorisme tous azimuts, mêlé à une révolution permanente en politique intérieure. Cela lui fut possible grâce au gaspillage des réserves pétrolières, les plus importantes du continent africain. Procurant à très bas coût d'extraction un brut léger et proche des marchés de consommation européens, l'or noir libyen finança les caprices du despote de revenus quasiment infinis. Dans un État qui ne compte que six millions d'habitants, la redistribution de la rente fut utilisée pour doubler les allégeances tribales traditionnelles de clientélisations individuelles, tout en maintenant le pays extrêmement fragmenté. Dans son *Livre vert* Kadhafi vitupère la démocratie représentative comme une imposture, de même que le pluripartisme, la liberté de la presse, etc. La souveraineté doit être dévolue à des « comités populaires » qui jurent obéissance au Guide et mêlent les pouvoirs exécutif, législatif et judiciaire – dans une dynamique évoquant celle des Gardes rouges durant la révolution chinoise qui perpétuaient le désordre pour renforcer l'absolutisme de Mao Tse-toung. Les « masses » (le régime est une « massocratie » – traduction du *hapax* arabe *jamahiriyya*) sont régulièrement invitées à se soulever contre les corps intermédiaires désignés en boucs émissaires et régalées aléatoirement de distributions gratuites de véhicules, de logements, d'alimentation grâce à la manne des hydrocarbures. Afin de créer une dépendance constante envers l'arbitraire du despote, il n'existe pas d'investissement pérenne dans les infrastructures – à l'inverse des émirats du Golfe dont la Libye possède pourtant un ratio entre population et rente pétrolière comparable. Ainsi, il est impossible, à quelques exceptions près comme dans le port de Misrata, à une classe moyenne de se développer et d'accumuler de la richesse en propre. Cela aurait menacé le dictateur, entouré de sa famille et d'un cercle de proches. Ils sont nommés à la façon bédouine *ahl al khayma* – « les gens de la tente » –, Kadhafi entremêlant son idéologie tiers-mondiste de mœurs et de manières de faire ancrées dans la tradition tribale.

En parallèle à ce mode de gouvernance, le « Guide de

la Révolution » a mené une politique régionale erratique
prônant la fusion alternativement avec ses voisins tunisien
et égyptien impécunieux, alléchés par sa fabuleuse fortune.
Mais son imprévisibilité a rendu caduques ces unions peu
après leur proclamation. Son ambition panafricaine l'a
conduit à affronter Paris, en particulier au Tchad, aboutissant à l'attentat perpétré par les services libyens contre
un DC 10 de la compagnie française UTA effectuant la
liaison Brazzaville-Paris qui explosa au-dessus du désert
du Ténéré le 19 septembre 1989, causant cent soixante-dix
morts. Celui-ci faisait suite à la destruction en vol, également commanditée par Kadhafi, d'un Boeing 747 de la
Pan Am ayant décollé de Londres pour New York, désin-
tégré à Lockerbie en Écosse le 21 décembre 1988. L'opération avait été décidée en rétorsion au bombardement du
palais du Guide à Tripoli le 15 avril 1986 par l'aviation
américaine, elle-même répondant au plasticage par des
agents libyens d'une discothèque berlinoise où avaient péri
dix jours plus tôt deux GI. Dans le cadre du soutien de
Tripoli à de multiples mouvements terroristes en Europe
– de l'ETA basque au FLNC corse en passant par l'IRA
irlandaise, les Brigades rouges italiennes et la Bande à
Baader allemande, l'attentat de Berlin voulait tirer vengeance d'un incident survenu entre les marines libyenne
et américaine le mois précédent dans le golfe de Syrte.
En dépit des preuves accumulées et de l'incrimination de
Kadhafi et de son cercle rapproché, il parvint toujours
à négocier sa survie politique grâce aux très généreuses
libéralités dont la rente pétrolière lui donnait le moyen.
Ainsi la France fournit-elle en janvier 1970 cent dix avions
Mirage à la Libye – record des ventes d'armes françaises
de tout temps. Pourtant, dix ans plus tard, l'ambassade

à Tripoli et le consulat à Benghazi furent incendiés par la foule dûment incitée par le pouvoir. À la suite de la condamnation d'agents libyens par un tribunal français dans l'affaire de l'explosion du DC 10, Kadhafi accepta de verser des compensations financières.

Après le 11 septembre 2001, il convainquit les dirigeants occidentaux qu'il constituait, au même titre que son voisin Moubarak, un rempart contre le terrorisme... jihadiste. Les Nations unies levèrent les sanctions à son encontre, et divers pays occidentaux, dont le Royaume-Uni et la France (qui seraient au premier rang de l'opération militaire pour liquider le régime en 2011), remportèrent de fabuleux marchés commerciaux, dans une ambiance marquée par plusieurs scandales – de l'obtention d'un doctorat de complaisance par le fils du despote Saïf al-Islam à la prestigieuse London School of Economics, jusqu'à la visite officielle de Kadhafi à Paris à l'invitation de Nicolas Sarkozy le 10 décembre 2007, durant laquelle il planta sa tente chauffée dans les jardins de la résidence des hôtes de la République. Procurant au dictateur la respectabilité qu'il convoitait, cette invitation fut critiquée par les défenseurs des droits de l'homme, mais aboutit à la signature de 10 milliards d'euros de contrats. Le 21 mars 2018, Nicolas Sarkozy serait mis en examen dans le cadre d'une procédure judiciaire cherchant à établir si sa campagne électorale victorieuse de mai 2007 avait été financée, à hauteur de 50 millions d'euros, par la Libye – comme le clamaient un certain nombre d'intermédiaires et Saïf al-Islam, le fils du dictateur.

La relation du régime avec l'islam était imprégnée du messianisme fantasque que s'attribuait Kadhafi, auquel le *Livre vert* tenait lieu de succédané des Écritures saintes.

Ayant mené une répression violente contre le soufisme de la confrérie Senoussi sur laquelle s'appuyait le roi Idris renversé en 1969, et qui était principalement implantée en Cyrénaïque, il créa son propre calendrier dont l'an zéro coïncidait, pour faire pendant au calendrier grégorien commençant avec la naissance du Christ, avec la mort du Prophète en l'an 632 (dix ans après l'Hégire en 622). Il était divisé en mois solaires (et non lunaires), nommés d'après différents héros de l'histoire libyenne revue et corrigée par le Guide. Pour les croyants, ce salmigondis avait un caractère blasphématoire. Il symbolisait l'hérésie du despote aux yeux des salafistes, Frères musulmans et autres jihadistes. Mais Kadhafi savait manipuler aussi l'émotion des foules pieuses autour des grandes campagnes contre l'« islamophobie » à ses fins particulières. Toutefois, une manifestation le 17 février 2006 à Benghazi contre le consulat italien, lorsqu'un ministre de Rome avait porté un tee-shirt illustré d'une des caricatures du Prophète publiées dans le journal danois *Jyllands-Posten*, avait tourné en émeute contre le pouvoir et été réprimée au prix de vingt-sept morts. La commémoration de cette tuerie fut érigée au début de 2011 en « Jour de rage » à l'initiative d'un internaute libyen exilé en Suisse, dans l'ambiance favorable de la chute des dictateurs tunisien et égyptien. L'arrestation préventive, le 14 février, de l'avocat des familles des islamistes massacrés le 29 juin 1996 à la prison d'Abou Slim déclencha dès le lendemain des troubles qui initièrent le soulèvement à Benghazi.

L'imprégnation religieuse des revendications liées aux droits de l'homme était ainsi beaucoup plus présente en Libye que dans les deux pays contigus dès l'amorçage des événements. Après l'anéantissement de toute pensée critique durant quatre décennies, la seule instance de résistance, fût-elle faible et persécutée, restait la mouvance islamiste. Créé dans les années 1950, le Groupe islamique libyen (*al jama'a al islamiyya bi libya*), branche locale des Frères musulmans, qui avait accueilli ses homologues égyptiens fuyant la répression de Nasser en 1954, fut pourchassé après la « révolution » de 1969. Il survécut principalement en exil parmi les étudiants à l'étranger, mais il gardait un réseau de contacts secret à l'intérieur du pays. Pendant la décennie 1980, un millier de jeunes participèrent au jihad en Afghanistan – dont plusieurs devaient fournir de hauts cadres à Al-Qaïda. Ceux qui revinrent après la chute de Kaboul formèrent en 1995 le Groupe islamique combattant libyen (*al jama'a al mouqatila*) qui tenta d'assassiner Kadhafi à trois reprises en 1996 et dont mille deux cents membres et sympathisants supposés furent par vengeance massacrés en prison le 29 juin cette année-là. Cette tuerie donna aux activistes de Cyrénaïque – d'où la plupart des victimes étaient originaires – une grande légitimité morale contre le despote à travers leurs proches et compagnons de lutte, au carrefour de la défense des droits de l'homme et de la promotion du jihadisme. Ils étaient présents en quantité sur la place Tahrir de Benghazi en février 2011. C'est ainsi également que de nombreux islamistes libyens qui avaient trouvé refuge au Royaume-Uni furent aidés par Londres à rentrer chez eux après cette date – certains faisant la liaison avec les Britanniques lors de l'offensive contre Kadhafi.

À l'Ouest, où ces mouvements étaient moins profondément implantés, la liquidation du régime est menée progressivement grâce à des milices formées sur des bases tribales et régionales. Outre la ville portuaire de Misrata à qui sa position géographique centrale et sa richesse commerciale donnent d'emblée un rôle clé pour peser dans les arbitrages nationaux, et où un noyau de classes moyennes s'était constitué, la cité arabe de Zintan, juchée dans les monts du djebel Nefoussa, a levé une force militaire considérable – contrôlant notamment une piste d'atterrissage où parviennent les livraisons d'armes occidentales à la rébellion. Ces deux milices en concurrence expriment leur puissance en investissant des quartiers clés de la capitale, causant sa chute les 20 et 21 août 2011.

Combinant un soulèvement généralisé de la population et l'encerclement par les brigades de « révolutionnaires » tribaux venus de tout le pays, la prise de Tripoli est favorisée par la disparition de Kadhafi – dont la cachette restera mystérieuse jusqu'à son interception et sa mort deux mois plus tard. Chaque milice accumule les trophées après la victoire. Misrata s'empare des statues kitsch – notamment celle d'un poing écrasant un Phantom américain, commémoration de la « résistance » au bombardement du 15 avril 1986 auquel le Guide avait survécu, saisi dans la caserne-palais de Bab Aziziya. Ils ornent le musée local des martyrs, valorisant ainsi le Grand Récit de la participation de la cité en première ligne à la révolution. Dans le même esprit, elle s'approprie le 20 octobre la dépouille de Kadhafi dont le convoi fuyant Syrte, fief de sa tribu des Kadhadhfa, a été intercepté par une frappe de l'OTAN. Lynché, puis tué dans des circonstances non élucidées, son cadavre est exhibé dans un garage où il subit moult avanies pour le désacraliser et l'exorciser avant son inhumation dans un lieu inconnu. Zintan, quant à elle, parvient à capturer le fils le plus fameux du dictateur, Saïf al-Islam, alors qu'il tente de franchir la frontière nigérienne. Il est enfermé dans une geôle souterraine de la cité montagnarde, dont les responsables refusent de le remettre au gouvernement proclamé à Tripoli comme à la Cour pénale internationale de La Haye, mais le conservent en tant que monnaie d'échange pour toute transaction future sur le règlement de la question libyenne.

La violence déchaînée pour précipiter la fin du régime, qu'a déclenchée l'intervention aérienne de l'OTAN, s'est traduite par la fragmentation du territoire en fiefs de milices armées, inhibant l'émergence d'une société civile. Après quarante-deux ans de dictature dont le despote constituait le seul référent, sa chute révéla que le sentiment national était cimenté d'abord par la révulsion qu'il suscitait. Mais il n'existait aucune institution inscrite dans l'Histoire longue qui pût lui donner une dimension positive et le projeter dans le futur. De la sorte, les élections organisées sous supervision internationale en juillet 2012, avec du matériel de vote fourni par l'ONU, ne font que créer l'illusion qu'une transition démocratique pourrait se dérouler dans le pays, à l'imitation des deux États voisins. Cependant, la classe moyenne qui a porté en Tunisie la Haute Autorité pour la sauvegarde des acquis de la Révolution en 2011 ou le Quartette en 2013 n'a aucun équivalent en Libye. Et, contrairement à l'Égypte, il n'existe pas d'armée centralisée qui puisse assurer l'unité nationale par la force.

Déambulant durant la campagne électorale et au jour du scrutin depuis les monts de Cyrénaïque et Benghazi, en passant par Syrte, Misrata, Zintan et Zouara jusqu'à Tripoli, je suis frappé par la prolifération stupéfiante des candidats dont les milliers de photographies polychromes – parmi lesquelles nombre de visages abondamment barbus signalant les salafistes – ont envahi le paysage. C'est la revanche sur quatre décennies d'oppression où une seule image, celle du despote, et une couleur unique, le vert, avaient droit de cité. Mais la plupart des compétiteurs ne présentent aucun programme, les mots « islam, démocratie, justice, liberté » servant de ritournelle à des professions de foi indigentes. À l'Est, des fédéralistes exigent de contrôler les revenus du pétrole qui proviennent aux trois quarts de leur territoire, s'estimant lésés par Tripoli depuis que Kadhafi les a accaparés.

Les Frères et les tribus

Seuls les islamistes disposent de formations structurées à l'échelle nationale – ce qui ne les empêchera pas d'aller à la bataille en ordre dispersé. Frères musulmans, salafistes de diverses obédiences, anciens « combattants islamiques » se sont coordonnés dès avril 2011, puis de nouveau en octobre à Istanbul, sous les auspices du parti AKP de M. Erdogan et du Qatar – afin que la Libye serve de trait d'union géopolitique entre la Tunisie de Nahda et l'Égypte où Mohammed Morsi vient de l'emporter, et que la côte orientale de l'Afrique du Nord devienne l'empire d'un seul tenant de la confrérie. Mais les conflits entre tribus et régions prévalent, même à l'intérieur de cette mouvance, sur l'allégeance à l'idéologie commune. Depuis novembre 2011, chaque composante a repris son indépendance, pensant améliorer ses bénéfices électoraux, à l'image de l'ensemble des factions libyennes, chacune appuyée sur un groupe armé dont la force des baïonnettes supplanterait en dernière instance la volonté des urnes.

Abd al-Hakim Belhaj, ancien émir du Groupe islamique combattant, dirige un parti de la Nation (*hizb al Watan*), dont le matériel de propagande copie le code couleur de Qatar Airways. Compagnon de Ben Laden en Afghanistan puis au Soudan après 1992, il se sépare d'Al-Qaïda en continuant à privilégier la lutte contre « l'ennemi proche » – Kadhafi – par rapport à « l'ennemi lointain » américain, à l'encontre des préconisations de Ben Laden. Arrêté en Malaisie en 2004 sur renseignement américano-britannique, il est ensuite livré à Kadhafi, devenu allié de l'Occident, dans le cadre d'une politique de *rendition* à haut niveau. L'intéressé y a vu une opération liée à des contrats pétroliers et a déposé plainte contre le ministre britannique des Affaires étrangères de l'époque. Incarcéré et torturé à Abou Slim, condamné à mort, Belhaj n'est pourtant pas exécuté, mais deviendra l'interlocuteur par excellence de Saïf al-Islam Kadhafi qui le fait libérer en 2010, dans la perspective d'une ouverture du régime aux islamistes afin de faciliter la transition du pouvoir à l'héritier du despote. Et lorsque l'insurrection gronde à Tripoli en février de l'année suivante, on le sollicite pour lancer un appel au calme.

Il s'enfuit et organise à partir de ses réseaux jihadistes et tribaux la Brigade des martyrs du 17 février (commémorant la répression sanglante des manifestations contre les caricatures danoises du Prophète en 2006). Son entrée dans Tripoli les 20-21 août est soigneusement mise en scène par la chaîne Al-Jazeera – sur laquelle le cheikh Qaradawi avait le 21 février précédent exhorté « tout musulman en étant capable » à tuer Kadhafi. Et c'est Belhaj qui défonce l'enceinte du palais-caserne de Bab Aziziya devant les mêmes caméras puis devient gouverneur militaire de la capitale libérée, où son pouvoir se heurte aux milices de Zintan. Ce vétéran jihadiste recyclé dans le monde de l'islamisme politique d'obédience « frériste » ne parvient pas pour autant à faire fructifier électoralement ses atouts à cause de l'éparpillement tribal : son parti de la Nation obtient un score dérisoire en juillet 2012, et la coalition victorieuse au sortir des urnes est dirigée par un ancien dignitaire du régime de Kadhafi, puis dissident, Mahmoud Jibril, bien en cour aux Émirats arabes unis – et donc hostile aux Frères musulmans.

La Libye devient ainsi, à l'instar de l'Égypte et de la Tunisie, le champ clos des rivalités entre pétromonarchies de la péninsule Arabique. Cette ingérence est facilitée par la fragmentation du pays, où chaque milice est avide de subventions et prête à des renversements d'alliances opportunistes pour augmenter ses gains, dans un grand jeu où l'accès à des bribes de la rente pétrolière, la revente des arsenaux pillés de Kadhafi et le trafic de migrants africains vers l'Europe sur fond de jihadisme constituent les pièces du puzzle de l'État failli post-Kadhafi. La trame globale de ce scénario s'est déroulée de 2012 à 2017 sans avancée véritablement significative, par incapacité de quelque acteur à devenir le protagoniste majeur du drame libyen, voire à s'accorder avec d'autres pour bénéficier d'une autorité centrale restaurée.

Le 11 septembre 2012 – onze ans après la « double razzia bénie » d'Al-Qaïda sur New York et Washington –, l'ambassadeur des États-Unis fut tué dans l'assaut donné au consulat à Benghazi par une foule manifestant contre la diffusion d'une vidéo anti-islamique d'un copte américain, à l'instigation du groupe Ansar al-Sharia. Pareille aggravation de la situation sécuritaire favorisa l'autonomisme de la Cyrénaïque avec la montée en puissance d'un ancien général dissident de Kadhafi, Khalifa Haftar, promu au grade de maréchal et chef d'une Armée nationale libyenne basée à Benghazi. Bénéficiant du soutien actif du maréchal Sissi dès son arrivée au pouvoir en Égypte à l'été 2013, ainsi que de la coalition hostile aux Frères menée par les Émirats arabes unis, il s'est allié dans un premier temps aux milices de Zintan – également opposées aux islamistes – qui occupaient alors l'aéroport et plusieurs quartiers de Tripoli. Face à eux, une ligue de diverses troupes de Tripolitaine plus ou moins affiliées à Abd al-Hakim Belhaj et l'importante force militaire de Misrata assistaient les Frères, et jouissaient de l'appui du Qatar et de la Turquie. L'incapacité de l'assemblée élue en 2012 (General National Council, ou GNC) à former un gouvernement fonctionnel conduisit à un nouveau scrutin en juin 2014 d'où sortit une Chambre des représentants (House of Representatives, ou HoR), élection invalidée peu après par un tribunal. Cela aboutit à l'instauration de deux parlements concurrents, le GNC siégeant à Tripoli et la HoR à Tobrouk – à l'est de Benghazi où la présence armée de jihadistes rendait la situation peu sûre. En juillet-août 2014, la coalition Fajr Libya (« l'Aurore de la Libye »), composée des soldats de Misrata et des islamistes, chassa les hommes de Zintan de leurs positions à Tripoli et sur son aéroport – consolidant un pouvoir dirigé par les Frères musulmans dans la capitale.

Prolifération jihadiste et trafic d'êtres humains

La prolifération de Daesh sur le territoire de l'État failli libyen entre l'été 2014 et l'hiver 2016-2017 fut du point de

vue de la communauté internationale l'un des deux effets
pervers les plus graves du soulèvement du printemps 2011
– avec l'arrivée de plus d'un demi-million d'immigrants
clandestins africains en Europe. Ces deux phénomènes
posaient un problème de sécurité, et le second se traduisait directement dans les réactions de l'électorat du
Vieux Continent par une brusque montée en puissance de
l'extrême droite. Plusieurs centaines de jihadistes locaux
avaient rejoint dès 2012 les rangs des insurgés en Syrie,
formant la brigade Battar (« du sabre tranchant »). Au
printemps 2014, beaucoup de ces combattants aguerris
revinrent dans le port de Darna, en Cyrénaïque, où ils
menèrent des actions armées, assassinant leurs opposants,
flagellant et lapidant buveurs d'alcool, homosexuels et adul-
tères, jusqu'à instaurer finalement en octobre leur contrôle
total sur la cité par des parades militaires au cours desquelles allégeance fut prêtée au « califat » nouvellement proclamé à Mossoul. Abou Bakr al-Baghdadi accepta celle-ci
le 13 novembre suivant, divisant la Libye en trois *wilayat*
(« provinces ») de l'« État islamique ». Mettant à profit les
conflits entre Benghazi et Tripoli, les jihadistes parvinrent
à s'implanter à Syrte à partir de janvier 2015, où ils établirent pendant deux ans leur principal bastion. Située sur
le domaine des Kadhadhfa et dernier refuge du dictateur,
elle avait été durement combattue et pillée par les brigades
de Misrata. Pour les contribules de Kadhafi, l'adhésion
à Daesh fournissait l'opportunité, après « repentance » et
soumission au jihadisme, de retrouver une virginité politique en transformant en infidèles ou apostats leurs adversaires tribaux d'hier. La région contrôlait les terminaux de
la plupart des oléoducs de Cyrénaïque – dont la production fut interrompue – et permettait grâce à sa position

centrale de lancer des razzias vers l'Est comme l'Ouest. Sabratha, sur le littoral tripolitain, tomba aussi sous la coupe des jihadistes de retour du Shâm. D'autres bases furent établies dans des quartiers de Benghazi comme de Tripoli. Des attentats à la bombe contre des grands hôtels – tel le Corinthia le 27 janvier 2015 dans la capitale – et contre des cibles militaires ou civiles causèrent plusieurs centaines de morts. Les décapitations de vingt et un coptes égyptiens le 16 février, de trente chrétiens éthiopiens en avril, relayées par des vidéos de propagande, furent les actes de barbarie de masse de ce type en terre d'islam les plus proches de l'Europe que Daesh eût commis. Ils faisaient suite à la tuerie de *Charlie Hebdo* et du supermarché Hyper Cacher à Paris les 7 et 9 janvier de cette même année. Dans le chaos libyen, les jihadistes paraissaient une milice comme les autres, contribuant à augmenter la quantité indénombrable des victimes de multiples combats en tout point du territoire, et leur émergence ne causa guère d'émotion dans une population habituée aux exactions en tous genres.

Elle créa en revanche une grande inquiétude en Europe et en Occident, suscitant ainsi une nouvelle intervention armée. Le jihadisme avait déjà essaimé, à partir de la province du Fezzan, vers le Mali, contraignant la France en janvier 2013 à lancer l'opération militaire « Serval » pour reprendre les villes de Gao et Tombouctou. Sabratha constituait le lieu de formation et de repli des jihadistes tunisiens, notamment ceux qui commirent les attentats du Bardo et de Sousse en mars et juin 2015. Des craintes se faisaient jour que des attaques de navires adviennent depuis les côtes contrôlées par Daesh, voire que des missiles soient tirés, retrouvant l'ancienne tradition des pirates sarrasins. L'aviation et les forces spéciales américaines et françaises durent mener de nouvelles opérations – comme pour liquider le régime de Kadhafi en 2011 – en liaison avec la milice de Misrata ou l'armée du maréchal Haftar afin de réduire les positions des jihadistes. À Syrte, la bataille dura plus de sept mois pour s'achever en décembre 2016. À Benghazi, ce n'est qu'en juillet 2017 que les derniers réduits d'Al-Qaïda, de Daesh et d'Ansar al-Sharia furent conquis dans les quartiers centraux de Souk al-Hout (« le marché aux poissons ») autour de la place Tahrir où avait débuté l'insurrection en février 2011.

Mais comme en Égypte où le régime issu du coup d'État de juillet 2013 a laissé les coudées franches aux salafistes pour contrecarrer les Frères et les jihadistes, la réduction des enclaves de Cyrénaïque a été rendue possible par l'alliance entre les troupes du maréchal Haftar et les salafistes locaux, avec des conséquences comparables. Ces derniers, qui se réfèrent à l'ouléma saoudien Rabi' al-Madkhali, dont les disciples sont présents également à Tripoli mais aussi dans l'ensemble du monde sunnite arabophone et dans l'immigration musulmane en Europe, prônent l'allégeance au pouvoir et l'hostilité aux Frères musulmans. De même que les coptes égyptiens ont fait les frais de ce rapprochement lorsqu'ils ont été vitupérés comme « infidèles », les berbères ibadites de Libye ont été anathématisés en tant qu'« hérétiques », tandis que des mesures de restriction de la circulation des femmes et de la liberté d'expression ont été prises à l'instigation des prêcheurs des mosquées. Quant aux combattants de Daesh, ils ne parvinrent pas, contrairement à la Syrie, à contrôler de manière homogène et durable leurs territoires. Même dans leurs rangs l'exacerbation tribale l'emporta sur la cause idéologique commune, affaiblissant leurs capacités d'action et permettant à leurs adversaires de venir à bout des zones qu'ils dominaient de Darna à Sabratha. Au printemps 2018, leurs forces s'étaient regroupées dans les zones méridionales non gouvernées du Fezzan, où commencèrent à arriver des combattants en provenance de Syrie et d'Irak après la chute du « califat » de Daesh. Régulièrement ciblés par des raids aériens de l'Africom – le commandement militaire américain pour l'Afrique –, ils étaient considérés par ce dernier comme une menace résiliente, à même de mener des opérations suicides ponctuelles, mais non d'occuper plus longuement des zones urbaines.

L'autre préoccupation majeure de la communauté internationale, et de l'Europe au premier chef – qui contribue à ternir définitivement l'image du « printemps libyen » –, est l'immigration illégale massive de centaines de milliers d'Africains vers l'Italie puis le reste du Vieux Continent à partir des ports de Tripolitaine. Par-delà le drame humanitaire des disparus en mer ou rescapés *in extremis* sur des rafiots de fortune, l'accueil de ces populations pauvres, jeunes, peu éduquées et prolifiques dans un continent riche, âgé, miné par le chômage et concerné par son déclin démographique pose un problème politique fondamental. Les inquiétudes nées de ce que les partis d'extrême droite nomment « le grand remplacement » – tandis qu'ils progressent dans tous les scrutins d'un bout à l'autre de l'Europe – ont été exacerbées par les migrations facilitées par les bouleversements consécutifs aux « printemps arabes », provenant, à travers la Libye, d'Afrique ou, *via* la Turquie, de Syrie, d'Irak et même d'Afghanistan. Les obstacles mis en 2017 à la traversée de la mer, qui ont fait baisser significativement les flux, fût-ce en soudoyant avec l'argent de l'Union européenne les tribus côtières pour qu'elles empêchent les départs de bateaux, ont bloqué sur place des populations subissant des exactions quotidiennes. Outre la maltraitance, le comble a été atteint lorsque la presse a observé dans la région de Tripoli en novembre 2017 le fonctionnement de marchés aux esclaves noirs. Né dans l'enthousiasme des « révolutions 2.0 » le « printemps arabe » libyen a régressé, six ans après sa survenue, jusqu'à l'époque des négriers musulmans qui convoyaient à travers le désert les Africains « impies » razziés dans les forêts et les savanes, réduits en captivité et vendus, menés sur les mêmes pistes que parcourent désormais les camions chargés d'immigrants clandestins. Cette ignominie fait écho aux autres souks d'esclaves que l'« État islamique » a ouverts à Mossoul entre 2014 et 2017 pour y négocier femmes et enfants appartenant à la communauté yézidie et capturés lors des conquêtes de leur territoire – ces marchés que le jihadiste franco-tunisien Boubakeur al-Hakim voulait créer en Europe pour y mettre à l'encan les familles des non-musulmans une fois que le drapeau noir de Daesh flotterait sur le palais de l'Éysée.

Sur ces entrefaites, le processus de médiation engagé sous les auspices de l'ONU, et codifié par l'Accord politique libyen de Skhirat (au Maroc) entre les « gouvernements » rivaux de Benghazi et Tripoli le 17 décembre 2015 n'avait guère de chances de réussir tant que chacune des parties estimait qu'elle avait plus à gagner en poursuivant ses objectifs propres qu'en trouvant un compromis national. Deux ans après sa signature, le 17 décembre 2017, le maréchal Haftar annonça qu'il le dénonçait et qu'il prendrait ses dispositions pour devenir le dirigeant militaire de l'ensemble de la Libye. Ces ambitions s'exprimaient alors même que l'instabilité des alliances rendait obscure toute visibilité à moyen terme du processus de paix. Les milices de Misrata et de Zintan, « faiseuses de rois » dans les premières années du processus révolutionnaire, et qui s'étaient durement combattues à Tripoli pour le contrôle de la capitale à l'été 2014, au détriment de la seconde, s'étaient vues graduellement marginalisées par la consolidation des centres de pouvoir de Benghazi, sous la houlette du maréchal Haftar, et de Tripoli, où M. Fayez al-Sarraj, reconnu par la communauté internationale, était appuyé par des milices locales. Misrata, qui avait joué un rôle crucial dans l'éradication du bastion jihadiste de Syrte à la fin de 2016, se trouvait peu payée de retour – d'autant qu'à Benghazi ses hommes d'affaires, implantés dans la capitale de la Cyrénaïque, avaient été expulsés par les tribus locales en échange de leur soutien au maréchal Haftar. Ainsi, le 28 mars 2018, une délégation de Misrata se rendit à Zintan, scellant une improbable réconciliation entre les cités traditionnellement rivales, afin de retrouver de conserve une influence qui s'étiolait dans les deux capitales *de facto* du pays. Depuis Zintan, Saïf al-Islam Kadhafi, en résidence surveillée, exprimait des ambitions pour rassembler les nostalgiques d'un temps où, quelles qu'eussent été les avanies de la dictature de son père, régnait un ordre préférable au présent chaos. Ces prétentions s'opposaient à celles, assez comparables, du maréchal Haftar.

Pourtant, contrairement à la situation prévalant en Syrie, que nous observerons plus loin, et où une véritable guerre civile est nourrie par l'exacerbation de haines interconfessionnelles immarcescibles entre factions, l'affrontement entre les tribus et les milices libyennes se déroule

dans un cadre relativement policé par les règles de la razzia traditionnelle – ne fermant jamais la porte à la réconciliation si le prix du sang est payé. Seule l'irruption de
Daesh avait menacé ces équilibres par une surenchère
idéologique portant au paroxysme la violence et son spectacle sans recherche de compromis. Mais l'incidence du
jihadisme a été limitée en définitive par la résilience tribale
qui a permis la défaite des militants en coordination avec
les bombardements occidentaux en 2017. À l'exception
de la minorité berbère ibadite surtout présente dans le
djebel Nefoussa, à Zouara et dans la capitale – assez bien
intégrée malgré les anathèmes fulminés par les salafistes
cette même année –, le pays est entièrement sunnite. Plus
encore, une institution a résisté contre vents et marées :
la Compagnie pétrolière nationale (NOC), qui reçoit toujours la totalité des royalties versées par les importateurs
d'hydrocarbures. Elle les répartit ensuite d'après une clé
que font varier les rapports de forces entre tribus ainsi
que les alliances temporaires et leurs retournements permanents. En dépit des proportions prises par l'« anomie »
libyenne – selon la formule du président Macron dans son
discours de Tunis le 1ᵉʳ février 2018 –, les obstacles à la
réconciliation sont conjoncturels et non structurels, même
si les entretient la concurrence entre les blocs turco-qatari
et égypto-émirati pour la suprématie sur le sunnisme dans
la région. C'est tout le sens de la médiation organisée
par l'ONU, qui perdure en 2018 malgré l'échec du processus imparfait enclenché en décembre 2015 à Skhirat
sous ses auspices. Elle bénéficie d'un fort soutien de la
communauté internationale qui, à défaut d'expiation, paie
toujours le prix de l'intervention militaire euro-américaine
mal pensée qui contribua à éliminer Kadhafi en 2011,

ouvrant les portes au chaos. C'est le sens de la réunion organisée à Paris le 29 mai par Emmanuel Macron avec le chef du gouvernement d'Accord national (GAN), Fayez al-Sarraj, et le maréchal Haftar, près d'un an après une première rencontre le 25 juillet 2017. Réunissant en outre le président de la Chambre des représentants élue en 2014 et repliée à Tobrouk, M. Aguila Salah Issa, ainsi que le Frère musulman Khaled al-Mishri, président du Haut Conseil d'État basé à Tripoli, ce rendez-vous vise à mettre face à leurs responsabilités un spectre assez large de représentants politiques libyens, à une période où les populistes qui ont emporté les élections législatives en Italie grâce à la crise migratoire en provenance de Libye forment le gouvernement Conte – et où leur ministre de l'Intérieur M. Salvini interdit aux bateaux de réfugiés venus de Libye les ports de la péninsule. Pour l'Europe, le *statu quo* libyen n'est plus supportable, ne serait-ce qu'en raison des conséquences politiques sur l'électorat des États membres, qui se traduisent par une progression constante de l'extrême droite. En présence des représentants de vingt États et de six organisations internationales, le sommet s'est engagé à ce que se tiennent le 10 décembre 2018 des élections législatives et présidentielle – une initiative qui suppose que s'engage un véritable processus de reconstruction de la confiance entre les protagonistes, à partir du niveau local, tandis que les troupes du maréchal Haftar mènent une énième offensive pour réduire le bastion jihadiste de Derna et que les combats dans le Fezzan s'intensifient entre les groupes qui veulent bénéficier de l'aubaine financière du trafic d'êtres humains en provenance d'Afrique.

CONCLUSION : DÉMOCRATIE,
ENDIGUEMENT OU CHAOS

Les trois soulèvements survenus dans la partie orientale de l'Afrique du Nord en 2010-2011, après avoir permis le renversement des dictateurs tunisien, égyptien et libyen, ont connu des parcours divergents, dus à la spécificité sociale et nationale de chaque pays. Seule la Tunisie est parvenue à construire une transition démocratique. Mais son exemplarité pour le reste de la région est sujette à caution : ne s'agit-il pas d'une « exception tunisienne » qui, grâce à la force d'une classe moyenne largement biculturelle, arabo-française et européo-musulmane, issue d'un processus de modernisation entamé dès le XIXᵉ siècle, a su ériger des institutions impossibles à répliquer ailleurs, comme l'analyse le Pr Safwan Masri qui en fait une « anomalie arabe » ? Quoi qu'il en soit, l'Europe a un intérêt vital à accompagner la démocratisation tunisienne pour lui permettre une meilleure intégration dans la zone de prospérité du Nord-Ouest méditerranéen. Renforcer un pôle de stabilité alors que la menace jihadiste demeure présente, comme le rappelle le cas du Sinaï en dépit des revers subis par Daesh dans son fief syro-irakien en 2017, est essentiel. On verra dans la troisième partie de ce livre comment l'identification de bonnes pratiques, la formation d'une jeunesse d'où émergera la classe moyenne de demain pourraient néanmoins instiller dans l'ensemble de la région pareils idéaux.

En contraste, sur les rives du Nil la résilience du pouvoir militaire l'a emporté, face au défi de cette autre organisation hiérarchisée et secrète que représentent les Frères musulmans. L'utopie de la place Tahrir n'a pas été capable de se transmuer en un processus démocratique, de surmonter les appareils parallèles de l'armée et de la confrérie : la masse de la population paupérisée et gonflée sans cesse par un taux de natalité très supérieur à la croissance économique n'a pu se constituer en peuple souverain au sens du *dèmos* grec. Contrainte par les impératifs de la survie journalière, elle est restée une foule (*ochlos*) sous double emprise : celle des militaires qui la bride ici-bas et celle du salafisme qui lui donne espoir en l'au-delà en contrepartie d'une soumission à la norme religieuse dans sa dimension la plus littéraliste. Ce cercle vicieux ne peut se perpétuer que grâce à l'émargement de l'Égypte à l'économie rentière des pétromonarchies arabes qui subventionnent ce géant démographique afin de le ranger à leurs côtés dans le cadre de leurs luttes intestines pour l'hégémonie régionale. Cette solution de court terme crée une dépendance très aléatoire, d'autant plus dans une conjoncture d'orientation à la baisse des prix des hydrocarbures causée par l'exploitation outre-Atlantique des pétrole et gaz de schiste.

En Libye, l'élimination du dictateur qui avait transformé son pays en État voyou a ouvert une boîte de Pandore que nul n'a su refermer, après des années de guerre tribale de tous contre tous puis un épisode jihadiste. La communauté internationale, qui a joué un rôle décisif pour en finir avec Kadhafi sans penser de programme d'accompagnement politique consécutif à son offensive militaire, s'est d'abord préoccupée de limiter le débordement de l'anomie libyenne hors de ses frontières. Tel a été le sens de l'opération pilotée par la France au Mali à partir de janvier 2013 pour éviter la désagrégation du Sahel à l'instigation de jihadistes venus de Libye, puis celui des bombardements pour éradiquer les enclaves de Daesh qui menaçaient les États voisins et la Méditerranée en 2015-2016, enfin des interventions multiples pour brider le flux des migrants africains illégaux gagnant l'Europe à partir des côtes libyennes. Le processus de réconciliation nationale engagé par l'ONU, après avoir connu divers aléas, dont sa dénonciation par le maréchal Haftar en décembre 2017 – convaincu que seul un pouvoir militaire fort à l'égyptienne pourrait réunifier un État failli –, représente pourtant le cadre, fût-il fragile, pour émerger du chaos. C'est le fil ténu de l'espoir des réunions de Paris tenues en 2017 et 2018 sous les auspices du président Macron afin d'enclencher un processus électoral de réconciliation – sous peine que ce même chaos se répercute en Europe.

L'Égypte et la Libye, ainsi que la Tunisie dans une moindre mesure, ont été exposées à l'ingérence des pétromonarchies de la péninsule Arabique qui ont tenté d'influer sur leur évolution grâce à leurs milliards de dollars de subsides. Après une première phase durant laquelle le Qatar, conforté par le *soft power* de sa chaîne satellitaire Al-Jazeera, a facilité la montée en puissance des Frères musulmans – avec Nahda en Tunisie, la présidence Morsi en Égypte et la coalition « Aurore de la Libye » –, un second moment a vu les Émirats arabes unis, avec l'Arabie saoudite, subventionner substantiellement leurs adversaires, en la personne principalement des maréchaux Sissi au Caire et Haftar à Benghazi, et aider le parti Nida Tunis. Mais cette lutte pour l'hégémonie s'est déroulée à l'intérieur du cadre politico-religieux de l'islam arabe sunnite, et elle ne revêtait pas de ce point de vue un caractère existentiel. Et elle est advenue surtout après la destitution du despote. Dans les trois autres cas où s'est produit un soulèvement, à Bahreïn, au Yémen et en Syrie, il a été pris au piège de la ligne de faille confessionnelle entre sunnites et chiites, rendant impossible – ou retardant considérablement – la chute du régime que réclamaient les manifestants.

2

Les insurrections du second type :
faille entre chiisme et sunnisme
et débâcle des rébellions

À Bahreïn, au Yémen et en Syrie, divisés par une ligne de faille entre sunnites et chiites de diverses obédiences, alaouites ou zaydites, la rébellion n'est pas parvenue à renverser le pouvoir établi. Dans le passé, pareil clivage avait pu demeurer politiquement quasi insignifiant, comme au Yémen, ou se voir diluer par l'idéologie panarabiste, comme dans la Syrie baathiste. Mais la montée en puissance de l'islamisation des mentalités et la surenchère à laquelle se livrèrent depuis 1979 pour l'hégémonie le pôle sunnite, mené par l'Arabie saoudite, et le pôle chiite, rangé derrière l'Iran, changèrent la donne. Cette exaspération de l'antagonisme religieux, instrument d'un affrontement géopolitique, atteignit son paroxysme avec l'ascendant pris par Téhéran à Bagdad. En Irak, où le pouvoir était contrôlé par la minorité sunnite à l'époque de Saddam Hussein, l'invasion puis l'occupation américaine de 2003 à 2011 le fit basculer dans les mains des partis chiites, représentant la confession majoritaire. Ce traumatisme s'est manifesté dès l'insurrection à Bahreïn en mars 2011 avortée par les armées du Conseil de coopération du Golfe qui la stigmatisèrent d'emblée comme chiite et manipulée par l'Iran. Cette lecture confessionnelle de l'événement renforcée par l'opposition entre Arabes et Persans prévalut à leurs yeux.

Une fois l'ordre sunnite rétabli à Manama, c'est cette même fracture qui en est venue à dominer l'interprétation du soulèvement syrien contre Bashar al-Assad – à front renversé puisque le pouvoir y est issu de la communauté alaouite minoritaire et la masse des rebelles de la population sunnite. Mais les soutiens aux insurgés et au régime se sont inscrits respectivement dans cette logique d'alignement confessionnel : les premiers reçurent l'appui des puissances sunnites, le second de l'Iran et de ses affidés. L'insurrection yéménite, qui se décline d'abord selon des termes tribaux et régionaux, n'a été prise au piège de cet antagonisme que trois ans après son déclenchement, en 2014, avec la conquête de Sanaa par les chiites houthis, puis l'intervention militaire de la coalition sunnite sous la houlette saoudienne l'année suivante.

Contrairement à ce qui s'est produit sur la rive méridionale de la Méditerranée, les régimes contestés n'ont pas été renversés, car les solidarités confessionnelles – à Bahreïn et en Syrie principalement – les ont protégés, interdisant au soulèvement de se déployer en un large « moment d'enthousiasme » qui aurait transcendé ces clivages religieux. Paradoxalement, l'ancien président yéménite Ali Abdallah Saleh, qui avait quitté graduellement l'exercice du pouvoir dans l'année qui avait suivi la révolte, est revenu à Sanaa au prix d'un retournement d'alliances le conduisant à pactiser avec les Houthis – jusqu'à ce qu'ils l'assassinent ignominieusement en décembre 2017 lorsqu'il tenta une ultime et fatale volte-face en se rapprochant de Riyad.

Les trois « printemps arabes » les plus orientaux ont ainsi connu des devenirs contrastés. La reprise en main très rapide à Bahreïn a transformé la rébellion de février-mars 2011 en une agitation chiite récurrente réprimée par des opérations de police du régime, dans le cadre d'une « normalisation » de l'archipel. Au Yémen, le conflit s'est régionalisé, mais non véritablement mondialisé, les grandes puissances n'y intervenant qu'indirectement, contre les jihadistes internationaux basés dans le pays.

En Syrie, la guerre civile a lourdement impliqué les États voisins – l'Irak en premier lieu, victime lui-même d'un affrontement polyvalent entre chiites et sunnites, Arabes et Kurdes – ainsi que le Liban, l'Iran, la Turquie et la Jordanie, les pétromonarchies de la péninsule Arabique, mais aussi la Russie et les membres les plus fonctionnels de l'OTAN, États-Unis en tête. Cette internationalisation a été renforcée dès lors que Daesh multipliait les exécutions d'otages occidentaux, puis coordonnait depuis son territoire des attentats terroristes en Europe, et s'est intensifiée à partir de la proclamation du « califat » à Mossoul en juin 2014 jusqu'à la chute de Raqqa en octobre 2017. Et cette défaite militaire des jihadistes a annoncé également celle de la rébellion syrienne que Daesh avait réussi, aux yeux de l'opinion publique de la planète entière, à phagocyter, permettant à Bashar al-Assad et à ses alliés russes et iraniens de revendiquer la victoire – plus ambiguë en réalité qu'ils ne le laissèrent paraître. La chute de l'« État islamique » se traduira en effet, comme on le verra dans la troisième partie de ce livre, par une redistribution des cartes beaucoup plus complexe au Moyen-Orient et ouvrira la voie à un bouleversement du rapport de cette région au monde – dans un

contexte global de baisse tendancielle du prix des hydrocarbures qui l'impacte profondément.

L'AVORTEMENT SUNNITE DE LA RÉVOLTE À BAHREÏN

Le 14 février 2011, trois jours après l'annonce de la destitution de Moubarak et tandis que les protestataires libyens
commencent à s'organiser pour défiler le lendemain à Benghazi à l'imitation du Midan Tahrir au Caire, des dizaines
de milliers de personnes se rassemblent à Manama, la capitale de Bahreïn. Les manifestants occuperont, sur le modèle
du happening cairote là encore, la place de la Perle – ainsi
nommée en hommage au joyau produit par l'huître dont la
pêche assurait la richesse du Golfe avant l'ère du pétrole. La
population de cet archipel, le plus petit État arabe avec une
superficie de 765 km², compte un million trois cent mille
habitants dont sept cent mille nationaux majoritairement
chiites. La famille régnante des Al-Khalifa, en revanche,
qui a conquis le pays au XVIIIe siècle, est sunnite comme
l'ensemble des dynasties du Conseil de coopération des
États arabes du Golfe (CCEAG) à l'exception d'Oman,
ibadite. Cette instance, qui regroupe les six pétromonarchies – Koweït, Bahreïn, Qatar, Émirats arabes unis, Oman
et Arabie saoudite –, a été créée en mai 1981 pour faire
face à l'expansion iranienne après la victoire de Khomeyni
et la proclamation de la République islamique en 1979.
Ses membres sont liés par un pacte d'assistance mutuelle
en cas d'agression (par Téhéran). Sur la rive opposée d'un
golfe que les uns nomment Arabique et les autres Persique,
le géant iranien compte en 2011 soixante-quinze millions

d'habitants, nombre que le Guide suprême Ali Khameneï déclare l'année suivante vouloir doubler dans une politique affichée d'hégémonie régionale. La République islamique a – paradoxalement, et grâce à l'émergence de sa classe moyenne – achevé sa transition démographique, avec moins de deux enfants par femme, au grand dam des ayatollahs, alors que le taux de natalité dans les pays arabes voisins continue à croître de manière soutenue.

Du fait de la répartition confessionnelle à Bahreïn, la majorité des manifestants sur la place de la Perle est sociologiquement chiite. Cependant les slogans ont un caractère universel et se réclament à la fois du respect des droits de l'homme et de revendications sociales. L'État comporte pourtant des institutions démocratiques, dont un parlement élu et un système judiciaire hérités de la colonisation britannique (qui a pris fin en 1971), mais la réalité du pouvoir appartient à la dynastie. Or un long conflit insurrectionnel – nommé par ses acteurs Intifada à l'instar de la révolte palestinienne – a dressé tout au long des années 1990 le précédent monarque contre la population chiite, et il est marqué par la répression, les emprisonnements et l'exil. L'intronisation du roi Hamad en 1999 avec des promesses de réforme et d'amnistie a assuré un répit politique. Mais le soulèvement de 2011 vient coiffer les désillusions de la nouvelle génération d'opposants confrontés à un retour de l'autoritarisme, à la dégradation du niveau de vie de la masse chiite, et au sentiment d'aliénation à son propre pays. En effet, l'épuisement des ressources pétrolières et le développement de l'immobilier de luxe sur les côtes – comme à Dubaï ou au Qatar – ont privé ces habitants des villages traditionnels paupérisés de leur accès à la mer pour la pêche et ont ruiné les palmeraies. Les emplois non qualifiés et de services sont occupés par des immigrés, plus dociles. Enfin la naturalisation facilitée des résidents étrangers arabes sunnites porte au paroxysme le sentiment obsidional en milieu chiite, ravivé par la mémoire historique de la *sukhra* – ou corvée – infligée par la dynastie après la conquête de l'île.

C'est dans ce cadre que démarre le soulèvement de février 2011. Il agrège le vocabulaire universel de cette « révolution 2.0 » déployé sur la place Tahrir et les réseaux sociaux d'autant plus aisément que la jeunesse de Bahreïn, toutes confessions confondues, bénéficie d'un bon système d'enseignement où l'anglais est très répandu. Les manifestants demandent une véritable démocratie et une égale répartition des richesses à tous les nationaux. Comme en Tunisie et en Égypte, la surreprésentation de diplômés mécontents de leur sort, car subissant en milieu chiite des discriminations à l'embauche, joue un rôle fondamental dans la production des slogans. Et là encore, un certain nombre des activistes ont été formés dans les Balkans à la protestation non violente par les think-tanks liés au millionnaire philanthrope George Soros. Après de multiples escarmouches entre police et manifestants, ces derniers s'installent le 19 février sur la place de la Perle, qu'ils ne quitteront plus jusqu'au 16 mars.

Le pouvoir consent à quelques concessions, sous l'effet d'une tendance réformiste incarnée par le prince héritier, soucieux de renouveler un pacte politique auquel la population majoritaire soit mieux associée. Un dialogue national sans exclusive est proposé, des opposants autorisés à rentrer – dont le chef du parti le plus radical Al-Haq (« le Vrai ») qui exige l'établissement d'une République. Ce faisant, il joue le rôle d'un chiffon rouge, qui favorisera la ligne dure, représentée par le Premier ministre et oncle du roi. Ce dernier se fait le relais de la position saoudienne, en fonction de considérations qui sont tout autant régionales que strictement bahreïnies. Tout d'abord, le renversement de l'une des dynasties de la péninsule Arabique créerait un précédent extrêmement dangereux pour le système politique établi dans l'ensemble du CCEAG. Déjà à Koweït des incidents se sont produits dès décembre 2010 et des mouvements prodémocratiques issus de la bourgeoisie marchande s'appuient sur l'opposition parlementaire pour harceler la monarchie. L'Arabie saoudite elle-même, où le chômage des nationaux augmente tendanciellement avec un taux de croissance annuel de la population supérieur à 2 % tandis que la redistribution de la rente marque le pas, n'est pas à l'abri de contestations inspirées par la place Tahrir. Outre ces considérations de politique intérieure – qui vont conduire six ans plus tard le système saoudien lui-même à engager une réforme majeure de son modèle économique et social –, la hantise de l'hégémonie iranienne est le premier moteur de la répression de la révolte, à l'échelle du CCEAG.

Lors d'un séjour à Manama en octobre 2012, je m'entendis répéter par tous mes interlocuteurs gouvernementaux ou activistes sunnites que le soulèvement était téléguidé depuis Téhéran, et n'avait d'autre objectif que l'instauration d'un satellite de la République islamique dans l'archipel. J'avais noté, dès mars 2011, que la chaîne Al-Jazeera, après avoir installé ses studios place Tahrir pendant les semaines cruciales pour accompagner le happening au Caire, et avoir œuvré au renversement de Kadhafi par ses reportages en direct depuis Benghazi, ne diffusait guère d'images de Manama. J'observai le mois suivant sur ce même Midan que les Bahreïnis sollicitant la solidarité des Égyptiens n'étaient pas les bienvenus et se voyaient renvoyés par leurs interlocuteurs à la « sédition » (*fitna*) chiite, voire à un tropisme persan. Enfin, lors d'entretiens au Qatar en octobre 2012 avec le cheikh Qaradawi, Frère musulman égyptien et principal téléprédicateur d'Al-Jazeera, celui-ci m'expliqua qu'« à Bahreïn ce n'est pas la révolution de tout un peuple, mais la révolte d'une confession contre une autre, les chiites contre les sunnites [...]. Bahreïn est un pays du Golfe arabe, il n'est pas permis qu'il penche vers l'Iran ! ». Tous étaient obsédés par les vicissitudes de l'Irak, que les troupes américaines, en quittant la Mésopotamie en 2011, avaient laissé passer sous domination chiite et influence iranienne.

À l'inverse, les membres des partis chiites, les journalistes, universitaires et activistes appartenant à cette confession étaient unanimes à dénoncer l'autocratie du régime et attribuer la cause du soulèvement à la contestation du pouvoir au nom de l'égalité et des droits de l'homme, déniant toute ingérence de Téhéran. Enfin, la communauté internationale – et en l'occurrence les États de l'OCDE importateurs d'hydrocarbures –, où de nombreuses voix s'étaient élevées pour soutenir la démocratisation dans les autres pays du « printemps arabe », voyait avec inquiétude Bahreïn devenir un relais de l'Iran à même de menacer l'approvisionnement des tankers. Pour les États-Unis, dont la Ve flotte est basée à Manama, l'avènement d'un pouvoir hostile qui supprimerait de telles facilités portuaires apparaissait inenvisageable.

Ainsi, le lundi 14 mars, quelques milliers de soldats saoudiens équipés de blindés, épaulés par des policiers émiratis et des troupes qataries appartenant à la force « Bouclier

de la Péninsule » du CCEAG traversent les 25 km du
« pont du roi Fahd » qui relie le littoral à Bahreïn. Les
dirigeants des partis d'opposition sont arrêtés, la place de
la Perle évacuée dès le 16 mars et le monument en son
centre rasé le surlendemain afin de supprimer l'abcès de
fixation du soulèvement. Les lieux, interdits d'accès par
des barbelés, seront transformés en carrefour autoroutier
Al-Farouq (« l'Équitable ») – surnom du deuxième calife,
Omar (634-644). Adulé par les sunnites pour l'importance de ses conquêtes, il est jusqu'à nos jours maudit par
les chiites, car il a écarté l'Imam Ali, et spécialement haï
par les Perses dont il a ravagé le territoire (il fut tué par
un esclave persan). Le « printemps bahreïni » a été avorté
– avec l'éradication de son happening emblématique sept
jours avant l'éclosion de la saison éponyme. Mais la contestation du pouvoir se poursuit de manière récurrente dans
les villages chiites marginalisés, ainsi que j'ai pu le constater
en étant pris dans la répression d'une manifestation par les
contingents (sunnites) baloutches et yéménites de la police
antiémeute en octobre 2012. L'expression des oppositions
y demeure toutefois strictement circonscrite tandis que le
reste de l'île présente les signes ostensibles d'un retour à
la normalité, marqué notamment par la réouverture dès
2012 du Grand Prix de Formule 1 automobile – que les
événements de 2011 avaient contraint à suspendre.

Par-delà son inscription dans l'histoire contemporaine
de Bahreïn, le coup de force du CCEAG le 14 mars qui
étouffe dans l'œuf une révolte décriée comme chiite et
philo-iranienne revêt une signification décisive pour le
devenir des trois « printemps arabes » les plus orientaux.
Elle en indique de manière prémonitoire les données
essentielles, les différenciant ainsi des soulèvements du

littoral africain, en Tunisie, Égypte et Libye. Lors de ces derniers, qui adviennent dans des États dotés d'une large homogénéité sunnite, la dynamique nationale a prévalu, permettant la chute du despote. Ce n'est qu'ensuite que la rivalité entre les pétromonarchies – Qatar et Émirats principalement – est intervenue pour favoriser ou contrer l'assomption des Frères musulmans. À Bahreïn, en revanche, l'emportent d'emblée sur toute considération intérieure les enjeux régionaux dans un contexte d'affrontement confessionnel doublé de la confrontation entre Arabes et Iraniens. Les blindés du CCEAG font irruption dans une conjoncture économique tendue par les aléas de la production d'hydrocarbures du Golfe et de leur exportation sur le marché mondial – tandis que leur prix est structurellement orienté à la baisse, et que le conflit pour ces ressources se fait d'autant plus âpre. À partir des prémices bahreïnies, le drame se donnera sur deux scènes. Il advient d'une part au sud de la péninsule, au Yémen, où l'insurrection revêt les premiers temps un caractère tribal et culturel, avant d'être prise en otage par les camps irano-chiite et arabo-sunnite. Mais il se déploiera surtout au nord de l'Arabie, au Shâm – au Levant – à l'occasion du soulèvement syrien d'abord, puis en se prolongeant dans la dislocation de l'Irak, et aboutissant à la création du « califat » de Daesh.

DU TRIBALISME YÉMÉNITE À L'EXACERBATION IDENTITAIRE

La destitution et l'exil du dictateur tunisien après un règne d'un quart de siècle, le 14 janvier 2011, furent salués à Sanaa par le slogan : « Ali ! Rejoins ton copain Ben Ali ! », destiné à Ali Abdallah Saleh, en fonction depuis trente-trois ans. Comme au Caire où la perspective de la succession héréditaire de Moubarak lui avait aliéné l'état-major « mamelouk », ouvrant la voie au soulèvement, l'annonce de la transmission éventuelle du pouvoir au fils du président, Ahmad, avait déclenché l'ire jusque chez ses partisans.

Au Yémen, contrairement à l'autocratie instaurée en Tunisie, Égypte ou Libye, le régime était le fruit d'un consensus complexe entre des acteurs politiques tribaux et locaux. Sous la houlette d'Ali Saleh, l'ancien Yémen du Nord et la République marxiste-léniniste du Sud-Yémen s'étaient réunifiés en 1990. Ultérieurement une sécession méridionale fut réduite en 1994, tandis qu'une revendication chiite se manifestait dans les montagnes du Septentrion. Pour tenir ensemble ces pièces et ces morceaux, le machiavélisme d'Ali Saleh avait trouvé un point d'équilibre fluctuant et paradoxal entre le surarmement des tribus et une convivialité sociale exprimée au quotidien par la mastication collective du *qat*. Les feuilles de cet arbuste, mâchées à partir de la mi-journée, ont un effet dopant et euphorique qui inhibe les tensions entre les participants à ces séances où discutent avec aménité, voire pactisent, ceux qui s'affronteront de manière calculée le lendemain matin. Ali Saleh était passé maître au long de son mandat dans la cooptation des diverses forces politiques, au gré de retournements d'alliances récurrents. Néanmoins, il persistait un clivage abyssal entre ceux qui émargeaient au système politico-tribal des partis, présidentiel ou oppositionnels, séculiers ou islamistes, et bénéficiaient du clientélisme et d'une vénalité généralisée, et ceux qui en étaient exclus. Parmi ces derniers, la jeunesse urbaine et la masse estudiantine formaient le gros des bataillons au sein d'une population connaissant l'un des taux de malnutrition les plus élevés de la planète, dont la moitié vit en dessous du seuil de pauvreté, 65 % environ sont âgés de moins de vingt-cinq ans et plus du tiers est officiellement au chômage – tandis que le niveau de corruption du Yémen le classe dans les trente pires pays de la liste noire internationale.

C'est parmi ce groupe de diplômés récents nourris des promesses illusoires de l'éducation et de l'université que les événements de Tunis puis du Caire, relayés par Al-Jazeera, reçoivent le plus d'écho immédiat. La déchéance de Ben Ali est célébrée par un défilé dans la capitale le 3 février 2011. Mais c'est surtout la chute de Moubarak le 11 qui donne lieu à une première manifestation d'ampleur le vendredi 18 au sortir des mosquées, suivie d'autres le 25 dans tout le pays. Plus que la lointaine Tunisie, l'Égypte représente une référence ancienne et majeure au Yémen : Nasser y a envoyé un corps expéditionnaire entre 1962 et 1967 pour appuyer les officiers qui avaient fomenté un coup d'État républicain contre les royalistes soutenus par l'Arabie saoudite, et une large partie des élites yéménites y ont été instruites lorsque ses facultés rayonnaient sur le monde arabe. Mais il existe désormais une université à Sanaa et c'est sur la place qui la précède et en porte le nom que s'instaure la déclinaison locale du happening du Midan Tahrir – dans l'espoir de parvenir comme au Caire à la déchéance du président en quelques semaines. Elle est rebaptisée *sahat al taghyir* (« du changement ») – le carrefour de la Libération (*Tahrir*) de la capitale ayant été préempté par les partisans d'Ali Saleh qui y ont fait camper leur clientèle descendue des montagnes avoisinantes pour lui exprimer son soutien. D'emblée, la dynamique révolutionnaire peine à s'inscrire dans les spécificités d'un contexte national où le « peuple » censé « vouloir la chute du régime » est un agrégat improbable de factions ethniques et régionales dont chacune peut mobiliser, au gré de coalitions changeantes, des troupes concurrentes. Et il n'existe pas, au contraire de la Tunisie et de l'Égypte, d'état-major qui puisse destituer le président : Ali Saleh manipule diverses tribus dont la puissance de feu pourrait contrebalancer celle de l'armée régulière.

Le pluralisme tribal, ersatz de démocratie

Durant l'occupation de la « place du changement » devant l'université, un flot d'étudiants reconnaissables à leur habit « moderne » en pantalon et chemisette compte pour un peu moins de la moitié de la foule. S'y adjoignent des tribaux en robe blanche traditionnelle, la *jambiya* (poignard courbe dans un fourreau de cuir marron) passée dans la ceinture – et la kalachnikov non loin (on dénombre trois armes à feu par habitant au Yémen). Sont aussi présents les activistes d'une secte chiite venue du Nord, qui arborent des pancartes rouges et vertes portant le slogan : « *Allah Akbar !* Mort à l'Amérique ! Mort à Israël ! Maudits soient les Juifs ! Victoire à Allah ! » Opposants à Ali Saleh qui a mené contre eux six guerres sans les réduire, ces « Partisans de Dieu » (*Ansar Allah*), surnommés « Houthis » d'après le patronyme de leurs leaders, joueront un rôle considérable dans l'exacerbation interconfessionnelle du soulèvement. Loin de durer dix-huit jours comme au Caire, les rassemblements s'éternisent. Les tribus sont descendues sur la capitale avec leurs tentes et peuvent y pérenniser leur séjour au besoin pour y exercer les pressions nécessaires – selon une longue tradition arabe bien établie et décrite depuis Ibn Khaldoun au XIVᵉ siècle. De passage à Sanaa en janvier 2012, près d'un an après le début de l'occupation de la place, je constate que celle-ci s'est transformée en un campement bien agencé avec lieux pour le couchage, restauration et forums dédiés aux multiples débats. Je suis invité à prendre la parole publiquement en arabe à l'un d'eux. Les participants que leur pauvreté empêche de voyager à l'étranger sont infiniment curieux de récits et témoignages sur les événements du Caire et dans une moindre mesure de Tunis dans lesquels ils projettent leurs aspirations. En revanche, ils n'éprouvent aucun intérêt pour la Libye, où j'ai pourtant séjourné aussi et dont la structure tribale est plus proche de la leur, mais dont le chaos fait figure de contre-exemple.

Fidèles et pourfendeurs du président se partagent Sanaa, et se livrent épisodiquement à des bombardements ciblés et proportionnés de l'adversaire sans chercher à l'exterminer, selon les codes de la guerre traditionnelle, entrecoupée de palabres et conciliabules autour de séances de *qat*. Le cheikh Sadeq al-Ahmar, ancien allié et désormais ennemi juré d'Ali Saleh, me reçoit dans son palais à moitié dévasté par les tirs de roquettes, mais avec toute la pompe qui sied à un dignitaire de la confédération tribale des Hached, entouré de ses paons et mastiquant cérémonieusement le *qat*, pour évoquer l'avenir de la coalition d'opposition dont il est l'un des piliers. Intitulée JMP (Joint Meeting Parties), elle consiste en l'attelage improbable des Frères musulmans du parti Islah (« réforme ») également dirigé par un cheikh, du Hirak Janoubi – ou « mouvement du Sud » séculier qui réclame l'autonomie, voire l'indépendance pour Aden et sa région – et de grandes tribus

qui ont rompu avec Ali Saleh. Elles voient dans le soulèvement des étudiants l'occasion d'affaiblir celui-ci et de
lui extorquer davantage de prébendes, ou de le remplacer
par une personnalité plus réceptive à leurs exigences permanentes. Le président quant à lui est à la tête du GPC
(Congrès général du peuple) : malgré les défections il
s'appuie sur les troupes d'élite, l'aviation et l'appareil du
renseignement, particulièrement choyés et fidèles.

Ces deux ligues en conflit pour le pouvoir s'efforcent
de contrôler ou de canaliser les événements, mais leurs
membres y demeurent étrangers. Quant aux étudiants
et aux classes moyennes et pauvres urbaines qui les ont
déclenchés, ils ne parviennent pas, faute d'avoir accès aux
armes, à peser sur le devenir du pays. Deux forces politico-
religieuses extrémistes, en bouleversant les équilibres traditionnels, vont retirer les principaux profits du « printemps
yéménite » et le dévoyer à leur avantage : les houthistes
et les jihadistes. L'aggravation de l'insurrection puis sa
transformation en guerre civile font graduellement d'eux
les bénéficiaires ultimes d'un chaos qui s'insérera dans les
antagonismes confessionnels divisant le Moyen-Orient.

Outre sa fragmentation tribale, le Yémen est clivé entre
les montagnes septentrionales, d'un côté, et les plaines
méridionales ainsi que littorales, de l'autre. Comme ailleurs
dans le monde arabe, l'altitude a fourni refuge aux hérésies
et permis la survivance des religions préislamiques. À l'inverse, les régions plates ont favorisé la diffusion de l'orthodoxie au pas des chameaux. Cette répartition, qui recoupe
plus ou moins le territoire respectif des anciens États du
Yémen du Nord et du Sud, se traduit également par une
opposition entre les hauteurs autour de Sanaa (culminant
à 2 250 m) où prévalait le zaydisme, une branche modérée

du chiisme, tandis que le sunnisme chaféite – sa version la plus tolérante – l'emportait à Aden et dans les provinces côtières, le Hadramout ou Abyan, traversées par les pistes caravanières. Tirant son nom de Zayd Ben Ali (712-740) – que ses sectateurs considèrent comme le cinquième et dernier Imam légitime (alors que les duodécimains lui substituent l'Imam Muhammad al-Baqir, 712-743) –, le zaydisme présente des traits qui le rapprochent du sunnisme et ont permis pendant quatorze siècles une cohabitation. Il servit de doctrine au régime de l'imamat basé à Saada, la cité septentrionale qui demeure jusqu'à aujourd'hui un bastion de cette croyance, puis à Sanaa. En 1962, des officiers nationalistes arabes ayant renversé l'imam, une guerre civile s'ensuivit entre les monarchistes aidés par l'Arabie saoudite, l'Occident et Israël, et les factieux soutenus par Nasser et son parrain soviétique. Malgré l'enlisement du corps expéditionnaire égyptien, la République fut finalement reconnue par Riyad en 1970 – privant le zaydisme de sa dimension politique puisqu'il avait cessé d'être l'idéologie d'un État, une fois l'imamat disparu.

Radicalisations sectaires

Sur ces entrefaites, un prédicateur d'origine zaydite et converti en Arabie saoudite au salafisme radical, Muqbil al-Wadi'i (1933-2001), entreprit de fulminer l'anathème contre ses anciens coreligionnaires qu'il jugeait désormais hérétiques. Proche des insurgés jihadistes de La Mecque en 1979, il fut emprisonné puis expulsé vers son pays natal où il fonda un séminaire près de Saada, à Dammaj, le *Dar al-Hadith* (la maison des dits et récits du Prophète), consacré au prosélytisme le plus virulent. Sa réputation et ses moyens importants lui permirent d'attirer des élèves du monde entier – notamment des Européens, ainsi que des Indiens, Pakistanais, Indonésiens ou Africains – mais il ciblait principalement les jeunes zaydites qu'il convainquait d'excommunier leurs parents. C'est en réaction aux ravages de Muqbil et de ses disciples que naquit dans ce milieu le mouvement de la Jeunesse croyante (*al shabab al mou'min*) dirigé par une famille d'activistes, les Houthis. Dans un contexte où cette doctrine n'avait plus de traduction politique, alors que le chiisme iranien disposait d'une théocratie depuis l'établissement de la République islamique, la Jeunesse croyante adapta la théologie révolutionnaire de Téhéran afin d'élaborer un antidote au fanatisme sectaire de Muqbil al-Wadi'i. L'étrange slogan dont se dota le mouvement et qui était scandé dans tous ses rassemblements, avec son obsession anti-américaine et antisémite (redoublant « Mort à Israël ! » d'un « Maudits soient les Juifs ! »), visait paradoxalement l'Arabie saoudite et le salafisme, accusés d'être des suppôts des États-Unis et de l'État hébreu (comme l'exprime par ailleurs la propagande iranienne). Il se nourrissait, de plus, de l'antagonisme ancien avec un judaïsme autrefois florissant sous l'imamat zaydite – avant que la quasi-totalité de ses cinquante mille membres ne partent en Israël en 1949 – et réduit depuis lors à quelques centaines d'individus. En 2009, les Houthis menacèrent d'exterminer la communauté qui était restée dans le village de Salem, près de Saada, lui faisant grief d'activités sionistes, la forçant à fuir dans la capitale sous protection présidentielle. En outre, la « malédiction » (*la'na* en arabe), terme coranique consacré contre les juifs (sourate 5, versets 13 et 64), est aussi, dans le corpus chiite, utilisée contre le calife Omar – figure du sunnisme intransigeant et fanatique coupable d'avoir persécuté l'Imam Ali –, et constitue toujours une ritournelle de la piété populaire chez les sectateurs de ce dernier.

La violente hostilité des Houthis contre le président (pourtant zaydite d'origine) était due au fait qu'ils le soupçonnaient de laisser Muqbil et ses disciples se livrer à leur prosélytisme agressif, car Ali Saleh bénéficiait des largesses saoudiennes – et entre 2004 et 2011 pas moins de six offensives militaires furent menées contre le mouvement, dont le fondateur Ahmad al-Houthi fut tué, le leadership passant ensuite à ses frères. Dans le contexte régional de tensions confessionnelles entre chiites et sunnites, le conflit de Saada en devint otage. Les Houthis disposent d'un soutien de Téhéran qu'ils minimisent et que leurs adversaires exagèrent, recevant de leur côté un fort appui saoudien et émirati. En termes géopolitiques, les *Ansar Allah* (Partisans d'Allah) – le nom officiel du parti houthi – jouent un rôle comparable par rapport au royaume wahhabite et au Yémen à celui du Hezballah eu égard à l'État hébreu et au Liban. Ils menacent la frontière saoudienne pour le premier, israélienne pour le second, par des tirs de Scuds ou de roquettes, et ont pris le contrôle du pouvoir à Sanaa comme à Beyrouth – constituant de la sorte un relais de l'hégémonie iranienne. C'est dans cet esprit que, dès le début du soulèvement de 2011, les Houthis ont envoyé depuis leur fief de Saada des détachements dans la capitale qui se sont mêlés au happening du village de tentes sur la « place du changement », profitant de l'affaiblissement du régime pour y prendre pied. Ils l'investiront trois ans plus tard totalement.

En parallèle avec la radicalisation du zaydisme dans le nord du pays et son rapprochement avec Téhéran, le sunnisme yéménite engendre une filiation jihadiste d'autant plus insigne que la famille Ben Laden est issue du Hadramout. Dans cette région de bâtisseurs en brique crue aux architectures somptueuses naquit le père d'Oussama avant d'émigrer en Arabie saoudite où il devint l'entrepreneur de travaux publics le plus influent (ayant l'oreille royale), chargé de l'extension de la Grande Mosquée de La Mecque. Outre la figure tutélaire du fondateur d'Al-Qaïda, la diffusion du jihadisme est imputable au départ d'un important contingent en Afghanistan dans les années 1980, originaire en bonne part du Sud-Yémen alors marxiste dont les islamistes locaux, opposants acharnés, fuyaient la répression. Ces anciens combattants, dûment endoctrinés et entraînés militairement, rentrent chez eux au début de la décennie suivante, tandis que la nation a été réunifiée entre-temps sous la houlette d'Ali Saleh. Le président, afin de réduire l'influence des socialistes sudistes dans la coalition gouvernementale, s'allie avec le parti islamiste Islah, qui mêle Frères musulmans et chefs tribaux, et coopte dans son cercle proche les « Afghans-Arabes » de retour du champ de bataille.

Ces combattants assassinent des dirigeants sudistes. Quand ceux-ci tentent de faire sécession en 1994, les jihadistes multiplient les exactions avec le soutien du pouvoir, imposant l'ordre salafiste sur l'ancien pays laïque, depuis le saccage de la brasserie d'Aden et le dynamitage des tombeaux soufis jusqu'à l'obligation pour les femmes de porter le *niqab*. Dans la seconde moitié de la décennie, ils créent l'Armée islamique d'Aden-Abyan – en référence à un hadith du Prophète selon lequel « douze mille hommes sortiront d'Aden-Abyan, donnant la victoire à Allah et Son messager ». Elle est bien implantée dans la région et y sert de relais à Al-Qaïda lorsque, en octobre 2000, le contre-torpilleur américain *USS Cole* est attaqué par un commando à bord d'un Zodiac, tuant dix-sept marins. Le principal suspect ne sera pas inquiété par les services de sécurité locaux. Mieux encore, le Yémen, considéré comme un pays de la ligne de front contre Al-Qaïda après le 11 septembre 2001, émargera à une aide militaire américaine de dizaines puis de centaines de millions de dollars pour traquer les jihadistes sur son sol. La porosité de sa structure tribale à la prolifération terroriste, facilitée également par le salafisme prévalant dans le Sud après la razzia de 1994, a permis au cercle présidentiel de se constituer une rente financière élevée provenant de Washington au nom de la « guerre contre la Terreur ». En 2003, l'invasion de l'Irak par les États-Unis et leurs alliés suscite de nouveaux départs vers ce champ de bataille et une radicalisation anti-occidentale accrue, tandis que les principaux détenus incarcérés à Sanaa dans la prison de haute sécurité s'échappent en février 2006, bénéficiant de nombreuses complicités. Parmi les évadés figurent les fondateurs de l'organisation Al-Qaïda dans la péninsule Arabique (Aqpa) en 2009, qui rassemble les Yéménites et Saoudiens ayant fait allégeance à Ben Laden, ainsi que divers autres ressortissants des pays du Golfe et des étrangers qui viennent s'entraîner militairement et s'endoctriner dans ce pays. C'est auprès d'Aqpa que l'un des frères Kouachi, assassins le 7 janvier 2015 des équipes de *Charlie Hebdo*, a parachevé sa formation au terrorisme, et c'est d'elle qu'il se réclamera.

Lorsque se déclenche le soulèvement en février 2011,

Aqpa tire parti du relâchement des institutions sécuritaires qui en résulte. À l'instar d'un Abou Iyadh en Tunisie, qui met à profit l'ouverture des geôles et se livre au prosélytisme dans les quartiers déshérités, ou des jihadistes libyens qui exploitent la fragmentation tribale pour prospérer, elle crée dans des circonstances similaires un mouvement populaire pour fédérer les sympathisants, mêlant doctrine radicale et prise en compte des enjeux sociaux. Il est nommé Ansar al-Sharia (Partisans de la loi islamique), comme dans les deux pays précités. En miroir inversé des Houthis qui contrôlent des zones dans le Nord où ils font régner l'ordre moral chiite, Ansar al-Sharia s'empare de la ville d'Abyan et de son littoral sur l'océan Indien en mai 2011, trois mois après le déclenchement du soulèvement. Elle assujettit la région pendant plus d'un an, à la manière de la mainmise sur le port de Darna en Cyrénaïque par son organisation sœur libyenne, et elle menace Aden. Séjournant dans cette ville en janvier 2012, je me remémore mes entretiens avec des habitants pris de panique à l'idée que leur cité passe sous la coupe des jihadistes dont le territoire n'est distant que d'une trentaine de kilomètres, et où la charia est appliquée à grand renfort de flagellations, amputations et décapitations.

En février 2012, à l'issue d'une médiation du Conseil de coopération des États arabes du Golfe (CCEAG) initiée en novembre précédent, Ali Saleh négocie son retrait du pouvoir en échange de son immunité – lui épargnant (momentanément) le destin peu enviable de ses collègues Ben Ali, Moubarak et Kadhafi. Il cède la place à son vice-président, Abdel Rabbo Mansour Hadi, un maréchal sudiste originaire d'Abyan (qui a à cœur de reprendre sa ville natale aux jihadistes en mai suivant). Ali Saleh reste néanmoins influent dans le jeu politique yéménite avec ses retournements permanents d'alliances. En dépit des espoirs mis dans le nouveau dirigeant par la communauté internationale, il ne parvient pas, otage des divers acteurs tribaux et régionaux en conflit perpétuel, à rétablir l'autorité étatique. Parmi les mesures prises, un redécoupage du Yémen en six provinces prive Saada de l'accès à la mer Rouge, et des bénéfices induits par la contrebande portuaire. Cela mécontente la population locale, en aggravant encore la marginalisation économique dont souffrent les zaydites dans leurs montagnes, et renforce dans sa dimension sociale et contestataire le mouvement houthi. En conséquence, celui-ci lève des milices plus nombreuses qui y assoient un pouvoir absolu et contrôlent la frontière avec l'Arabie saoudite, avant de lancer une razzia sur la capitale où elles entrent en force en septembre 2014, avec l'aide de troupes et tribus restées fidèles à Ali Saleh. Par rétorsion, deux mois plus tard, cent quarante Houthis, rassemblés dans une de leurs mosquées où ils viennent d'entonner leur slogan « Mort à l'Amérique ! Mort à Israël ! Maudits soient les Juifs ! », y sont massacrés dans un attentat revendiqué par Daesh – qui fait ainsi irruption dans un pays où la scène jihadiste est toujours dominée par des groupes plus ou moins affiliés à Al-Qaïda, comme Aqpa et Ansar al-Sharia. Le « calife » autoproclamé à Mossoul le 29 juin de cette année, Abou Bakr al-Baghdadi, accepte à cette occasion le serment d'allégeance de la branche yéménite. Mais, contrairement à la situation qui prévaut en Syrie et en Irak où Daesh conquiert la prééminence sur ses rivaux, elle demeure confinée dans les seconds rôles, faute d'insertion dans les réseaux tribaux où excellent en revanche ceux-ci.

En février 2015, le président Hadi, prisonnier dans son palais, s'enfuit de Sanaa pour Aden afin de sauver sa peau. Le mois suivant, le nouveau ministre de la Défense saoudien, vice-prince héritier et fils du roi, Mohammed Ben Salman, prend la tête d'une coalition militaire du CCEAG soutenue par les États-Unis, le Royaume-Uni, la France et à laquelle participent plusieurs États sunnites comme le Maroc. Elle lance une campagne aérienne de bombardements sur les zones sous domination houthie au nord et dans la capitale afin de restaurer le maréchal Hadi. En représailles, les Houthis déclenchent une offensive fulgurante vers le sud et s'emparent d'Aden, contraignant le président à fuir de nouveau pour se réfugier à Riyad. La métropole sudiste ne sera reprise par des troupes émiraties qu'en juillet, après quatre mois de combats de rue. Profitant de la confusion, Aqpa est parvenue à investir en avril Mukalla, principal port de la province du Hadramout, sur l'océan Indien. Le contingent militaire émirati l'en chassera un an plus tard, mais les jihadistes garderont le contrôle de l'arrière-pays : l'offensive des Houthis dans le Sud, sur des terres traditionnellement sunnites, est perçue par les populations locales comme une invasion chiite. Cela facilite l'acceptation temporaire de la mainmise de leurs coreligionnaires d'Aqpa qui les défendent – même si elles n'adhèrent pas nécessairement à leur idéologie. Un phénomène comparable a été observé, à une échelle de masse, dans les zones sunnites d'Irak refusant la domination chiite, ce qui ouvrit la voie à la prise de pouvoir par l'« État islamique » de Daesh à Mossoul en juin 2014.

L'aggravation du clivage religieux a ainsi aidé les plus radicaux de chaque camp, Houthis d'un côté et jihadistes de l'autre, à redessiner des entités confessionnelles en exaspérant leur antagonisme afin d'asseoir leur hégémonie respective. Pareille exacerbation sectaire menace la traditionnelle cohabitation entre zaydites et chaféites qui était l'une des clés de l'identité et des équilibres yéménites. Néanmoins, l'emprise des deux groupes sur la population est principalement dictée par les aléas de la guerre civile : aucun n'a réussi à araser la structure tribale – qui pourrait favoriser une forme de réconciliation nationale.

Peut-être cet espoir encore prématuré fut-il fatal à l'ancien président Ali Saleh. Après avoir résisté à toutes les vicissitudes au terme de retournements d'alliances permanents durant sa carrière politique longue de trois décennies, celui dont les manifestants de 2011 réclamaient en vain le départ fut tué le 4 décembre 2017 à Sanaa après un ultime reniement. Les dirigeants des Émirats arabes unis et de l'Arabie saoudite, confrontés au coût humain et financier d'une offensive militaire incertaine après deux ans d'enlisement, dont le bilan est estimé à dix mille morts et cinquante mille blessés, tandis que sept millions de Yéménites souffrent de malnutrition et un million du choléra, avaient repris langue avec Ali Saleh. Leur objectif consistait à promouvoir son fils Ahmad, résident à Abou Dhabi, comme pilier d'une solution politique de réconciliation. Après avoir commencé à critiquer ses alliés houthis en les traitant de simples « milices » non représentatives des zaydites durant l'été 2017, l'ancien président avait annoncé sa volonté de collaborer à un plan de paix du CCEAG au début de décembre. Mais il présuma de ses forces et de sa capacité manœuvrière : il fut ainsi condamné à mort pour « trahison » par les Houthis et abattu, tandis qu'il séjournait dans une zone tribale qu'il croyait acquise. Sa fin fut mise en scène par ses assassins, comme s'il avait été tué à un barrage alors qu'il tentait de fuir la capitale. La profanation du cadavre par une foule excitée fut relayée par des vidéos diffusées sur les réseaux sociaux, peut-être parce qu'elle évoquait le supplice de Kadhafi, permettant de confondre dans le même opprobre les deux anciens dirigeants – bien qu'Ali Saleh conservât une popularité beaucoup plus importante que le dictateur libyen.

Six ans après le déclenchement d'un « printemps yéménite » qui a abouti à la fragmentation du peuple censé vouloir la chute du régime, le trépas ignominieux de celui qui incarnait trois décennies de compromissions pour gouverner laisse une société toujours otage d'un conflit qui, exacerbé autour de la ligne de faille entre chiites et sunnites, voit les différents protagonistes jouer leur propre partition. Celle-ci s'est déployée dans le cadre de la lutte pour l'hégémonie régionale que se livrent Riyad et Téhéran, dont la guerre pour le contrôle du Levant – le Shâm – constitue le point d'orgue. Mais en 2018, tandis que l'aviation saoudienne continue à bombarder depuis le royaume les positions des Houthis retranchés dans leurs montagnes, les Émirats arabes unis, appuyés sur des projections de forces aéronavales, contrôlent la plupart de la côte de l'océan Indien, au sud, tout en encourageant le séparatisme porté par les nostalgiques de l'ancien État du Sud-Yémen, dont les drapeaux flottent partout. Installés sur le continent à Mukalla et à Aden, ils investissent l'île de Socotra, qui contrôle le détroit de Bab al-Mandab, porte de la mer Rouge, puis négocient ports et bases jusque dans les zones autonomes du Somaliland et du Puntland, en Somalie, ainsi qu'en Érythrée. La capacité de négociation de la richissime pétromonarchie est particulièrement forte face aux États faillis et démunis de la

Corne de l'Afrique Pour Abou Dhabi, le conflit yéménite est devenu l'occasion d'investir un vaste espace maritime par où passe l'une des principales routes de tankers de la planète, et d'y devenir un acteur régional majeur. Il reste à voir si cette fragmentation construite de l'extérieur peut s'enraciner durablement ou si au contraire la fluctuation des identités yéménites et leur fonctionnement transactionnel, que symbolisent les séances de *qat* partagées entre adversaires, permettront au pays de s'extraire de la prise en tenailles sectaire dont il est la victime.

DU SOULÈVEMENT SYRIEN
AU JIHAD DU LEVANT

La guerre au Levant a cristallisé l'ensemble des drames et des tensions issus des soulèvements arabes et les a fait basculer dans une horreur inouïe emblématique du début du XXIᵉ siècle. Elle combine de manière inédite les atavismes mortifères ethniques et confessionnels les plus archaïques et les technologies de la communication les plus modernes, propulsant l'exacerbation religieuse sur les murs Facebook, à travers les fils Twitter et les messageries cryptées. Fanatisme et cruauté apocalyptiques sont ainsi portés à leur paroxysme dans le monde virtuel grâce à une mise en scène voyeuriste et conquièrent au travers des réseaux sociaux une ubiquité planétaire. Débutant par une révolte démocratique en protestation contre l'arbitraire du régime syrien, le mouvement bascule en quelques mois dans une insurrection armée qui embrase le Levant. Celle-ci est rapidement prise en otage par le conflit régional entre sunnites, sous hégémonie salafiste, et chiites, et implique l'ensemble des puissances alentour. Elle se mêle à la rébellion sunnite préexistante en Irak pour aboutir le 29 juin 2014 à la proclamation du « califat » de Daesh qui efface la frontière entre les deux pays au nom de l'unité de l'Oumma – la communauté des croyants. Ledit « califat » devient alors l'épicentre du jihadisme international dans sa troisième phase qui, portée par l'idéologie des deux Abou Moussab – Souri et Zarqawi – endeuille la planète depuis Paris, Nice, Berlin, Londres et leurs banlieues populaires jusqu'à la vallée de l'Euphrate, détruisant au passage les vestiges de Ninive et de Palmyre dans une table rase de toutes les civilisations. Sur leurs décombres Daesh veut ériger l'islam universel et triomphant sur la terre tel que ses adeptes se le représentent à travers une lecture salafiste des Écritures saintes.

Le conflit implique également les grandes puissances, États-Unis, Russie et Europe, qui déploient leurs forces de projection sur l'espace syro-irakien, en lien avec les pouvoirs régionaux – Turquie, Jordanie, Arabie saoudite, Émirats arabes unis et Qatar –, ainsi qu'une quantité de milices locales, tant celles qui participent à l'insurrection armée que celles qui soutiennent le régime, des chiites venus d'Afghanistan, d'Iran, d'Irak ou du Liban, sans oublier les Kurdes qui poursuivent leurs propres intérêts nationaux. La prolifération de ces acteurs militaires para-étatiques est l'une des caractéristiques les plus saillantes de ce conflit, et l'un des principaux obstacles à surmonter pour le retour à une pacification du Levant. Le plus emblématique d'entre eux, « Daesh », proclame un « califat » de 2014 à 2017 sur un vaste territoire tout en multipliant les actes terroristes dans le monde. Il fédérera contre lui des forces hostiles dans une coalition *ad hoc* improbable entre adversaires, jusqu'à la chute de sa « capitale » Raqqa le 17 octobre 2017. En devenant l'objectif prioritaire de l'Occident, l'éradication de Daesh et des autres jihadistes change la donne du conflit, car elle élude la perspective de renverser Bashar al-Assad qui prévalait au début du soulèvement syrien, et favorise la résilience de son régime avec le soutien russe et iranien, sans que soient tirées les leçons nécessaires de la faillite de cette stratégie initiale. En trois années, l'« État islamique » et son territoire ont été anéantis, mais au prix de destructions massives transformant le Levant en un champ de ruines tandis qu'on dénombre au moins en sept ans de belligérance cinq cent mille tués et une dizaine de millions de déplacés. Plus d'un million d'entre eux, trouvant refuge en Europe, précipiteront la montée électorale de l'extrême droite en réaction à cette vague migratoire, fragilisant en particulier le modèle politique du principal État de l'Union européenne, la République fédérale d'Allemagne.

Par son extension universelle, le conflit du Levant constitue une sorte de guerre mondiale postmoderne, au sein de laquelle les alliances se font, se défont et se retournent à un rythme inédit. Sa mise en perspective est l'indispensable clé de compréhension tant des lignes de force de l'affrontement que des initiatives à prendre pour la sortie de la crise et la reconstruction de la région – dans le contexte nouveau de la baisse tendancielle du cours des hydrocarbures qui va affecter l'insertion du Moyen-Orient au sein du système international en minorant ses ressources et son influence.

Les six années et demie qui séparent l'éclosion du « printemps arabe » en Syrie le 18 mars 2011 à Deraa de la chute de Raqqa le 17 octobre 2017 voient une revendication démocratique portée par la société civile se transformer en une guerre de religions à la fois intra-islamique et anti-occidentale, doublée de conflits interethniques qui bouleversent en profondeur de fragiles équilibres. Comme cela a été le cas à Bahreïn puis au Yémen – et contrairement aux situations tunisienne, égyptienne et libyenne –, la fragmentation communautaire a très vite empêché l'agrégation d'un mouvement qui aurait rassemblé dans un moment d'enthousiasme les classes moyennes avec les milieux populaires et isolé le régime pour le faire choir. La minorité alaouite à laquelle appartient la dynastie des Assad, soutenue par les chrétiens, druzes, ismaéliens ou chiites – au total environ un cinquième de la population –, ainsi qu'une partie de la bourgeoisie sunnite urbaine sécularisée ayant bénéficié de la politique de libéralisation économique du président sont bon gré mal gré restées fidèles au pouvoir.

Le soulèvement, malgré le caractère unitaire des premières manifestations pacifiques accompagnées par certains intellectuels alaouites et chrétiens, a été porté par la jeunesse sunnite arabe pauvre – comme le documente précisément le géographe Fabrice Balanche dans son ouvrage sur le confessionnalisme dans la guerre civile syrienne (*Sectarianism in Syria's Civil War*, 2018). Il s'inscrit dans le prolongement d'une explosion démographique issue des campagnes et des petites villes de province ainsi que des banlieues des métropoles gonflées par l'exode rural. Entre 1960 et 2010, la Syrie est passée de quatre et demi à vingt et un millions d'habitants. La guerre aurait fait baisser la population de quatre à cinq millions de personnes de 2011 à 2018, combinant les morts, le déclin des naissances et l'émigration. À cette dernière date, on estime à seize millions les résidents, et sept millions les réfugiés. Cette croissance exponentielle en un demi-siècle touche surtout le monde paysan et tribal, ainsi que les banlieues populaires de Damas, Alep, Raqqa. La prolificité est massivement sunnite : sa proportion relative s'accroît au détriment des minorités et notamment des alaouites, dont beaucoup ont été installés à Damas par le pouvoir en tant que garde prétorienne. Leur natalité autrefois foisonnante a chu en conséquence : la communauté baisse de 15 % à 10 % de la population dans les vingt-cinq années qui précèdent l'insurrection. Il importe aussi de distinguer, au sein des sunnites, les Arabes des Kurdes – dont les allégeances politiques vont diverger durant la guerre civile : les premiers représentent 65 % des Syriens et les seconds 15 %.

Alors que le régime baathiste incarné pendant les trois dernières décennies du siècle écoulé par Hafez al-Assad avait laïcisé le pays – fût-ce « à coups de trique » selon l'expression du regretté Michel Seurat –, les dix années passées par son fils au pouvoir avant le déclenchement du soulèvement ont eu au contraire pour conséquence l'expansion et la radicalisation de son islamisation. Ce phénomène en partie souterrain constitue un paradoxe pour ceux qui se limitaient à observer avec sympathie le mode de vie cosmopolite des élites libérales personnifiées, croyait-on au tournant du nouveau millénaire, par le jeune président Bashar al-Assad, ophtalmologue de retour de Londres avec son élégante épouse Asma, banquière d'affaires issue de la bourgeoisie sunnite de Homs.

Les migrants ruraux, déracinés du monde paysan et de sa piété populaire organisée autour des confréries soufies sans impact dans les immenses quartiers informels et chaotiques des périphéries urbaines, se sont massivement orientés vers un salafisme rigoriste – comme l'a montré Thomas Pierret dans son livre *Baas et islam en Syrie : la dynastie Assad face aux oulémas* (2011). Il leur apportait l'espérance du salut dans l'au-delà par une pratique rigide et littérale des injonctions coraniques. Mais il prêchait aussi ici-bas la rupture culturelle avec la laïcité impie et l'exécration des hérétiques alaouites monopolisant le pouvoir et les richesses au détriment des bons musulmans. Et sur ce terreau salafiste, que le régime tolérait tant qu'il n'appelait pas au passage à la violence et qu'il maintenait l'ordre, fût-il religieux, dans les banlieues misérables, le jihadisme prit racine pour prospérer à partir de l'invasion américaine en Irak de mars 2003, puis de l'occupation subséquente jusqu'en 2011.

En effet, les organes de renseignement syriens organisèrent le passage discret de la frontière (qui deviendrait dix ans plus tard le cœur du territoire du « califat » de Daesh) pour des milliers de combattants allant rejoindre l'insurrection sunnite anti-américaine en Irak, et provenant tant de l'étranger que de l'intérieur. Rétrospectivement, cette politique peut sembler d'autant plus curieuse que ceux-ci massacraient dans le pays contigu les chiites appuyés par l'Iran, fidèle allié et futur soutien clé de Damas. Mais le monde obscur des *moukhabarat* – les services secrets au centre du pouvoir – considérait en bonne intelligence avec Téhéran que tout ce qui affaiblissait l'armée américaine d'occupation, saignée par le terrorisme en Irak, favoriserait en définitive l'emprise iranienne sur la Mésopotamie.

En outre, comme lors du jihad afghan encouragé dans la décennie 1980 par les régimes égyptien ou algérien qui voyaient là l'occasion de se débarrasser d'activistes dont ils espéraient qu'ils mourraient au combat, Damas identifiait les plus radicaux des salafistes locaux, leur facilitait l'accès au champ de bataille avec un objectif similaire, tout en infiltrant ces milieux et leurs commanditaires, leurs réseaux de mosquées, etc. Cet arrangement faisait l'objet de peu de publicité à l'époque, les relations avec Washington ayant été suffisamment bonnes en apparence durant la « guerre contre la Terreur » consécutive au 11 septembre 2001 pour que les Syriens arrêtés par les militaires des États-Unis en Afghanistan ou au Pakistan fussent remis à Damas. Ils étaient interrogés et incarcérés dans la prison spécialisée de Sednaya, non loin de la capitale. Parmi les plus célèbres de ces détenus figuraient l'idéologue Abou Moussab al-Souri – dont certaines sources indiquaient en 2015 qu'il y était toujours sous les verrous – et son condisciple Abou Khaled al-Souri, vétéran d'Al-Qaïda qui serait libéré en 2011 au début de l'insurrection et jouerait un rôle crucial dans la « jihadisation » de celle-ci. De même Bashar al-Assad livra à Paris des Français en route pour l'Irak, à l'instar du principal théoricien du jihad dans l'Hexagone, l'Albigeois Thomas Barnouin, intercepté avec l'ami intime de Mohammed Merah Sabri Essid à la frontière syro-irakienne le 12 décembre 2006. L'un et l'autre repartirent en Syrie après avoir purgé leur peine dans l'Hexagone en se livrant à un ardent prosélytisme auprès de leurs codétenus. Ce dernier se rendit célèbre en faisant exécuter par son beau-fils de douze ans un Arabe israélien accusé d'espionnage, exécution filmée par Daesh et diffusée sur les réseaux sociaux. Barnouin, pour sa part, serait de nouveau capturé en décembre 2017, après la chute de Raqqa, par les Kurdes des YPG. La manipulation des jihadistes dans les années précédant l'insurrection se retourna néanmoins contre le pouvoir par un effet d'arroseur arrosé – comme cela avait été le cas en Algérie et en Égypte en 1992 lorsque les anciens d'Afghanistan rentrèrent au bercail, dûment entraînés et endoctrinés, prêts à en découdre. Et la mansuétude envers la prolifération salafiste dans la jeunesse pauvre des quartiers informels d'Alep-Est jusqu'aux banlieues démunies de la Ghouta damascène facilita sa participation aux manifestations – avant que le régime ne bascule dans la répression brutale et que les protestataires ne prennent les armes.

L'étincelle qui déclencha le soulèvement eut lieu à Deraa, ville sunnite de quelque cent vingt mille âmes située dans le Sud-Ouest, chef-lieu de la région du Hauran, voisine du djebel druze et frontalière de la Jordanie. Elle avait été gonflée par l'explosion démographique, tandis que dans les campagnes environnantes, une densité de trois cents habitants au kilomètre carré ne permettait plus à la céréaliculture de nourrir les paysans. L'épuisement de la nappe phréatique par les forages rendant impossible le maraîchage plus rémunérateur, le taux de chômage élevé s'était aggravé avec la moindre émigration au Liban depuis le retrait militaire syrien de 2005, et la baisse des salaires dans ce pays. Le 6 mars 2011, une quinzaine de collégiens âgés de dix à quinze ans avaient barbouillé un mur avec le slogan répercuté sur tous les écrans de télévision du monde arabe par la chaîne Al-Jazeera après la déchéance de Ben Ali et Moubarak : « Le peuple veut la chute du régime. » Ils furent arrêtés par les services de renseignement locaux dirigés par des officiers alaouites. Dans le même temps, des premières manifestations de protestation rassemblaient, les 15 et 16 mars, quelques centaines de personnes à Damas, Alep et dans les principales villes. Une délégation des chefs de tribus auxquelles appartenaient les adolescents fut reçue par le patron de la sûreté de Deraa, parent éloigné du président Assad, et incapable notoire. Comme dans l'affaire de la gifle de Bouazizi par une policière le 17 décembre précédent à Sidi Bouzid en Tunisie, les versions de l'entrevue diffèrent. Selon l'une d'elles, qui eut le plus grand retentissement, les plaignants auraient été enjoints d'oublier leurs enfants, d'en engendrer d'autres et – en cas d'insuccès – d'amener leurs femmes aux *moukhabarat* pour qu'ils se chargent de les féconder.

L'insulte touchant au tréfonds de l'honneur masculin, particulièrement insupportable dans la culture tribale, déboucha immédiatement le 18 mars sur une manifestation devant le palais du gouverneur violemment réprimée et causant quatre morts – suscitant une intense émotion dans le pays. Bashar al-Assad envoya sur place une délégation de hauts responsables du parti et de l'État originaires de la ville, qui suspendirent les autorités locales et firent libérer les collégiens – mais à la découverte de traces de torture sur plusieurs d'entre eux une insurrection fut déclenchée. On l'écrasa avec des armes de guerre jusque dans la mosquée qui lui servait de quartier général et où les images de télévision montrèrent des murs tachés de sang – transgression d'autant plus sacrilège que les brodequins des militaires alaouites avaient souillé le lieu de culte sunnite. Le soulèvement syrien – le sixième des « printemps arabes » – avait commencé dans une violence emblématique des contradictions propres au pays. Mais nul ne se doutait du cataclysme qu'il déclencherait ici comme dans l'ensemble du Levant – ni de ses répercus-

sions à travers le monde –, sans commune mesure avec
les cinq autres insurrections.

Dans les premières semaines de ce printemps 2011, le
régime parut hésiter entre plusieurs attitudes pour contrer
les événements qui, sur le modèle de l'Égypte, se struc-
turaient autour de manifestations le vendredi à la sortie
des mosquées. Le slogan hebdomadaire était défini par
une consultation préalable sur la page Facebook intitulée « Révolution syrienne », marquant l'implication de
la jeunesse des classes moyennes urbaines cosmopolites
– comme au Caire ou à Tunis – dans le processus à ses
débuts. Bashar al-Assad lui-même, dont l'accession au
pouvoir à trente-cinq ans en juillet 2000 avait été l'occasion de quelques mois d'ouverture politique et culturelle
alors nommée le « printemps de Damas » – une expression
douce-amère en rétrospective – avant que les *moukhabarat*
contrôlés par les camarades de son père n'y mettent fin
à l'été 2001, prit un certain nombre de mesures conci-
liantes. Il leva l'état d'urgence, autorisa l'appartenance aux
Frères musulmans (qui était punie de mort depuis 1980)
et le port du *niqab* par les fonctionnaires, dont les salaires
furent augmentés de 30 %, envisagea le pluripartisme et
la liberté de la presse et procéda à des amnisties. La plupart de ces mesures, en décalage avec l'accélération des
manifestations, se réduisirent à de pâles effets d'annonce
et firent long feu. Mais elles nourrirent quelque temps la
rumeur que Bashar al-Assad défendait, contre son entourage atavique alaouite, une ligne « ouverte » qui rappelait
les premiers mois de sa présidence, et avec laquelle il serait
possible de trouver des accommodements. Quoi qu'il en
fût, les faits devaient promptement démentir cette option

avec le creusement des antagonismes et la spirale de la violence.

L'amnistie en revanche se traduisit par l'élargissement de très nombreux détenus appartenant à la mouvance islamiste – Frères musulmans, salafistes et jihadistes, y compris certains de ceux qu'avaient livrés les autorités américaines dans le cadre de la politique de *rendition*. Eu égard à l'omniprésence des manipulations imputées aux services de renseignement en Syrie, l'hypothèse a été souvent émise que le calcul des hommes de l'ombre prévoyait la montée en puissance rapide des plus radicaux à la tête du soulèvement, facilitant sa diabolisation par le régime qui espérait ainsi retrouver le soutien de la population, dont bon nombre de sunnites, face à l'épouvantail extrémiste. Telle fut à la même époque la stratégie de l'État-major égyptien (comme nous l'avait précisé l'un de ses membres en décembre 2011, voir plus haut p. 198), qui avait laissé les Frères l'emporter aux élections pour mieux exposer leur inanité puis torpiller ensuite le président Morsi et le renverser en juillet 2013. Mais l'Égypte ne connaissait pas la fragmentation confessionnelle de la Syrie, et le pouvoir n'y était pas identifiable à quelque minorité religieuse à même de fédérer contre elle une insurrection armée de la majorité sunnite. La stigmatisation de la rébellion syrienne serait un processus complexe et de longue durée qui ne fit véritablement sentir ses effets qu'après l'émergence de Daesh et la mise en œuvre de son terrorisme tous azimuts en 2014.

En août 2011, les manifestations quotidiennes du mois de Ramadan n'ont pas contraint à plier le régime qui, échaudé par le destin de Moubarak, n'a nulle part laissé se créer l'équivalent du happening sur la place Tahrir. La répression a dépassé le millier de morts, et des membres des forces de sécurité ont également été tués. Les combats surviennent de manière croissante dans les régions de dense peuplement sunnite – ou les zones de contiguïté avec les alaouites sur la côte méditerranéenne à Lattaquié ou Banyas notamment, ainsi qu'à Homs, ville-carrefour entre le littoral et Damas caractérisée par sa mixité confessionnelle, qui sera le lieu de la première grande bataille dès l'automne 2011. À partir de juillet, la militarisation de l'opposition a débuté avec des appels à la désertion d'officiers et de soldats sunnites qui refusent de tirer sur les manifestants, l'un de ces gradés annonçant la création de l'Armée syrienne libre (ASL). Dans un premier temps, les communiqués dont la vidéo circule en ligne montrent des capitaines ou lieutenants-colonels soucieux de leur prestance, rasés de frais et moustachus, qui tiennent un propos nationaliste dénonçant la répression et la dictature. Ils formeront l'axe d'une « opposition syrienne » dans laquelle placeront tous leurs espoirs les « Amis de la Syrie » à travers le monde – selon le nom d'une coalition initiée par la France et les États-Unis qui se réunit la première fois à Tunis le 23 février 2012 et groupera jusqu'à cent quatorze États désireux de soutenir une transition démocratique succédant au régime de Bashar al-Assad – avant de péricliter.

En octobre 2012, j'avais rencontré deux de ces officiers déserteurs, l'un à Istanbul et l'autre à Antioche, avant de passer clandestinement la frontière turco-syrienne pour visiter le bourg de Kherbet al-Joz – dont l'armée venait d'être chassée deux jours plus tôt. Les deux militaires – l'un d'eux commandait l'ASL dans la partie d'Alep contrôlée par la rébellion depuis le 19 juillet précédent –

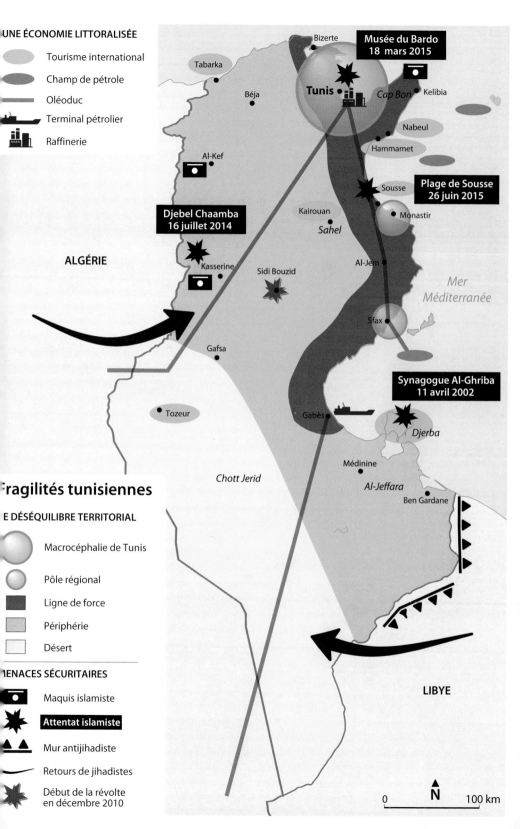

UNE ÉCONOMIE LITTORALISÉE

- Tourisme international
- Champ de pétrole
- Oléoduc
- Terminal pétrolier
- Raffinerie

Bizerte

**Musée du Bardo
18 mars 2015**

Tabarka

Béja

Tunis   *Cap Bon*   Kelibia

Nabeul

Hammamet

Al-Kef

**Djebel Chaamba
16 juillet 2014**

Kairouan

Sahel

Sousse

**Plage de Sousse
26 juin 2015**

Monastir

ALGÉRIE

Kasserine

Sidi Bouzid

Al-Jem

*Mer
Méditerranée*

Sfax

Gafsa

**Synagogue Al-Ghriba
11 avril 2002**

Tozeur

Gabès

Djerba

Médinine

Chott Jerid

Al-Jeffara

Ben Gardane

Fragilités tunisiennes

UE DÉSÉQUILIBRE TERRITORIAL

- Macrocéphalie de Tunis
- Pôle régional
- Ligne de force
- Périphérie
- Désert

MENACES SÉCURITAIRES

- Maquis islamiste
- **Attentat islamiste**
- Mur antijihadiste
- Retours de jihadistes
- Début de la révolte
  en décembre 2010

LIBYE

N

0   100 km

La désintégration libyenne - été 2018

ZONES DE CONTRÔLE

Habitée | Désert
- Gouv. de Tripoli
- Maréchal Haftar
- Amazigh
- Toubou
- Touareg

Zuwaya
- Daesh
- Tribu

HYDROCARBURES
- Champ de pétrole
- Oléoduc
- Terminal pétrolier
- Raffinerie

TRAFIC DE MIGRANTS
- Route de migrants
- Marché de migrants
- Embarquement

STRATÉGIE DU MARÉCHAL HAFTAR
- Encerclement de Tripoli
- Contrôle du Parlement
- Contrôle du pétrole

TUNISIE

Subventions européennes

Soutien de la Turquie et du Qatar

Armes russes

Soutien de l'Égypte et des EAU

ÉGYPTE

Mer Méditerranée

Zouara
Sabratha
Tripoli
Khoms
Misrata
Zintan
Warfala
Meghradi
Ghat

Syrte
Ras Lanouf
Magharba
Ajdabiya
Benghazi
Marj
Bayda
Derna
Tobrouk

Zuwaya

Qadhadhfa

Sabha

Jawaf (Koufra)

ALGÉRIE
NIGER
TCHAD
SOUDAN

0   200 km

N

Le Yémen en lambeaux - été 2018

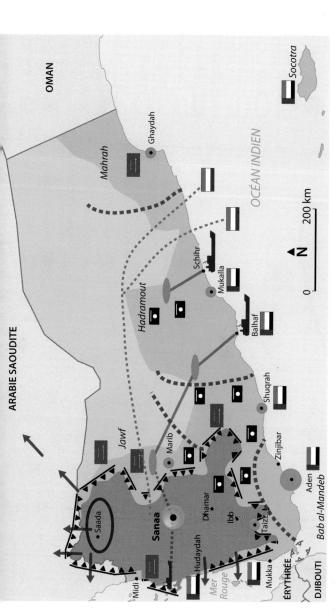

HYDROCARBURES

- ⬭ Champ de pétrole
- — Oléoduc
- ┅ Oléoduc fermé
- ⚓ Terminal pétrolier

ZONES DE CONTRÔLE

- Désert
- Habitée
- Gouvernement
- Houthis

RÉBELLION HOUTHIE

- ◯ Foyer houthi
- ┋ Armes iraniennes
- ↑ Tirs de missiles

INTERVENTION ÉTRANGÈRE ANTI-HOUTHIE

- Contrôle saoudien
- Contrôle émirati
- ▶▶▶ Blocus anti-houthi
- ⌵⌵ Protection du détroit de Bab al-Mandeb

FRAGMENTATION POLITIQUE

- ◯ Capitale officielle
- ● Siège du gouvernement
- • Centre indépendant
- ┅ Frontière informelle
- ▮ Fief d'Al-Qaïda

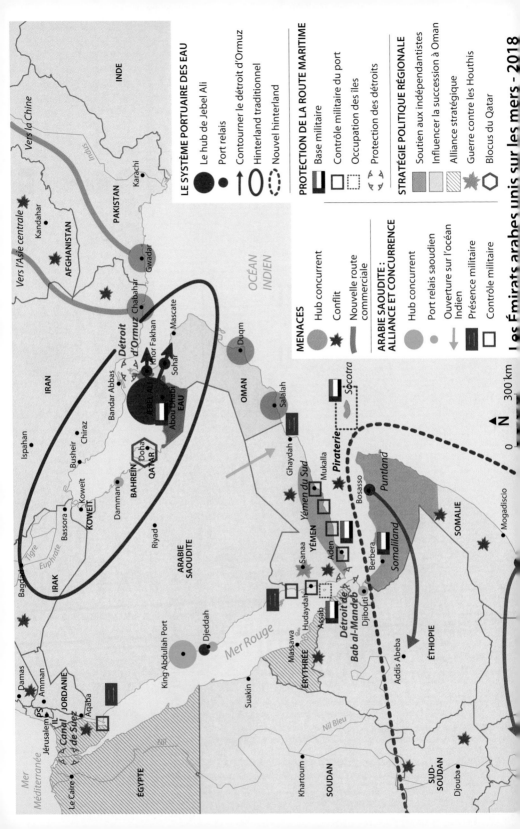

Les Émirats arabes unis sur les mers - 2018

LE SYSTÈME PORTUAIRE DES EAU
- Le hub de Jebel Ali
- Port relais
- Contourner le détroit d'Ormuz
- Hinterland traditionnel
- Nouvel hinterland

PROTECTION DE LA ROUTE MARITIME
- Base militaire
- Contrôle militaire du port
- Occupation des îles
- Protection des détroits

STRATÉGIE POLITIQUE RÉGIONALE
- Soutien aux indépendantistes
- Influencer la succession à Oman
- Alliance stratégique
- Guerre contre les Houthis
- Blocus du Qatar

MENACES
- Hub concurrent
- Conflit
- Nouvelle route commerciale

ARABIE SAOUDITE : ALLIANCE ET CONCURRENCE
- Hub concurrent
- Port relais saoudien
- Ouverture sur l'océan Indien
- Présence militaire
- Contrôle militaire

Mer Méditerranée

ÉGYPTE
Le Caire
Jérusalem
PS
Damas
Amman
JORDANIE
IL
Canal de Suez
Aqaba

IRAK
Bagdad
Bassora
Tigre
Euphrate

IRAN
Ispahan
Chiraz
Bandar Abbas
Busheir
Koweït
KOWEIT
Damman
Riyad

ARABIE SAOUDITE

BAHREÏN
Doha
QATAR
Abou Dhabi
EAU
JEBEL ALI
Khor Fakhan
Sohar
Mascate
Détroit d'Ormuz

Chabahar
Gwadar
Karachi
PAKISTAN
Kandahar
AFGHANISTAN
Vers l'Asie centrale
Vers la Chine
Indus
INDE

OCÉAN INDIEN

OMAN
Duqm
Salalah

Mer Rouge
King Abdullah Port
Djeddah
Suakin
Massawa
Hudaydah
ÉRYTHRÉE
Assab
Djibouti
Bab al-Mandeb
Détroit de

SOUDAN
Khartoum
Nil Bleu
Nil

YÉMEN
Sanaa
Ghaydah
Mukalla
Aden
Yémen du Sud
Piraterie
Socotra

Berbera
Somaliland
Bosasso
Puntland
SOMALIE
Mogadiscio

ÉTHIOPIE
Addis Abeba

SUD-SOUDAN
Djouba

N
0   300 km

Irak : construction nationale chiite – 2018

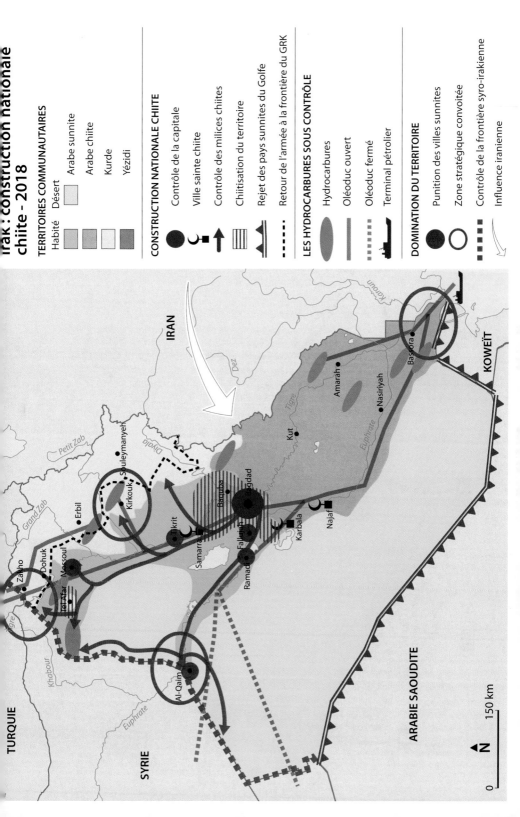

TERRITOIRES COMMUNAUTAIRES

- Habité
- Désert
- Arabe sunnite
- Arabe chiite
- Kurde
- Yézidi

CONSTRUCTION NATIONALE CHIITE

- Contrôle de la capitale
- Ville sainte chiite
- Contrôle des milices chiites
- Chiitisation du territoire
- Rejet des pays sunnites du Golfe
- Retour de l'armée à la frontière du GRK

LES HYDROCARBURES SOUS CONTRÔLE

- Hydrocarbures
- Oléoduc ouvert
- Oléoduc fermé
- Terminal pétrolier

DOMINATION DU TERRITOIRE

- Punition des villes sunnites
- Zone stratégique convoitée
- Contrôle de la frontière syro-irakienne
- Influence iranienne

TURQUIE

SYRIE

IRAN

ARABIE SAOUDITE

KOWEÏT

Zakho
Dohuk
Mossoul
Tal'Afar
Erbil
Souleymanyeh
Kirkouk
Tikrit
Samarra
Baquba
Bagdad
Fallujah
Ramadi
Karbala
Najaf
Al-Qaim
Kut
Amarah
Nasiriyah
Bassora

Tigre
Euphrate
Petit Zab
Grand Zab
Khabour
Diyala
Dez
Karoun

N
0   150 km

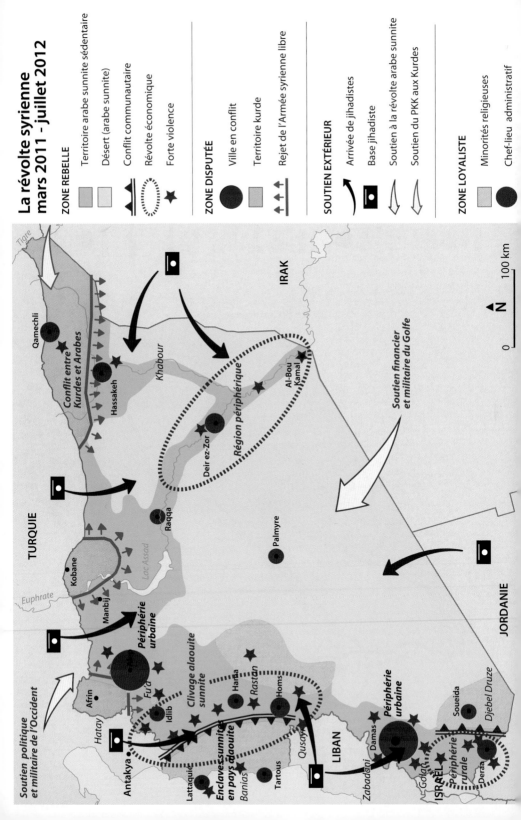

La révolte syrienne
mars 2011 - juillet 2012

ZONE REBELLE

- Territoire arabe sunnite sédentaire
- Désert (arabe sunnite)
- Conflit communautaire
- Révolte économique
- Forte violence

ZONE DISPUTÉE

- Ville en conflit
- Territoire kurde
- Rejet de l'Armée syrienne libre

SOUTIEN EXTÉRIEUR

- Arrivée de jihadistes
- Base jihadiste
- Soutien à la révolte arabe sunnite
- Soutien du PKK aux Kurdes

ZONE LOYALISTE

- Minorités religieuses
- Chef-lieu administratif

TURQUIE

Tigre

Qamechli

Conflit entre Kurdes et Arabes

Hassakeh

Khabour

Région périphérique

Deir ez-Zor

Al-Bou Kamal

IRAK

Raqqa

Kobane

Lac Assad

Euphrate

Manbij

Périphérie urbaine

Palmyre

Soutien financier et militaire du Golfe

Afrin

Hatay

Alep

Fu'a

Idlib

Hama

Rastan

Clivage alaouite sunnite

Lattaquié

Banias

Tartous

Enclaves sunnites en pays alaouite

Qusayr

Homs

LIBAN

Zabadani

Damas

Périphérie urbaine

Soueida

Djebel Druze

Golan

Périphérie rurale

Deraa

ISRAEL

JORDANIE

Soutien politique et militaire de l'Occident

Antakya

N

0   100 km

Daesh en Syrie et en Irak : une territorialité de conflits - juin 2015

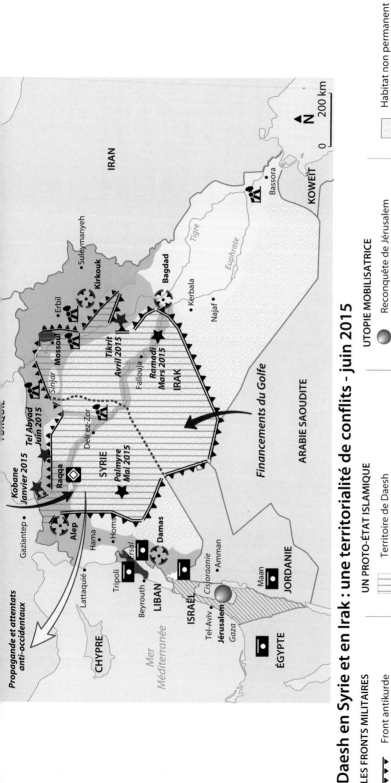

LES FRONTS MILITAIRES

- ▼▼ Front antikurde
- ▲▲ Front anti-État impie
- ✺ Cible stratégique
- ◼ Manifestation pro-Daesh
- ★ Victoire de Daesh
- ✦ Défaite de Daesh

UN PROTO-ÉTAT ISLAMIQUE

- ▨ Territoire de Daesh
- ◈ Capitale
- ▨ Population arabe sunnite à conquérir
- ▨ Population kurde à ré-islamiser
- ♠ Puits de pétrole
- ↗ Soutien extérieur
- ➚ Action anti-occidentale

UTOPIE MOBILISATRICE

- ● Reconquête de Jérusalem
- ▨ Destruction d'Israël
- ☐ Élimination des hérétiques et infidèles : chiites, alaouites, druzes, yézidis
- ◼ Réduction des chrétiens à la dhimmitude
- - - - Suppression de la frontière Sykes-Picot

☐ Habitat non permanent (arabe sunnite)

Propagande et attentats anti-occidentaux

Financements du Golfe

IRAN
KOWEÏT
ARABIE SAOUDITE
JORDANIE
ÉGYPTE
ISRAËL
LIBAN
CHYPRE
SYRIE
IRAK

0   200 km

N

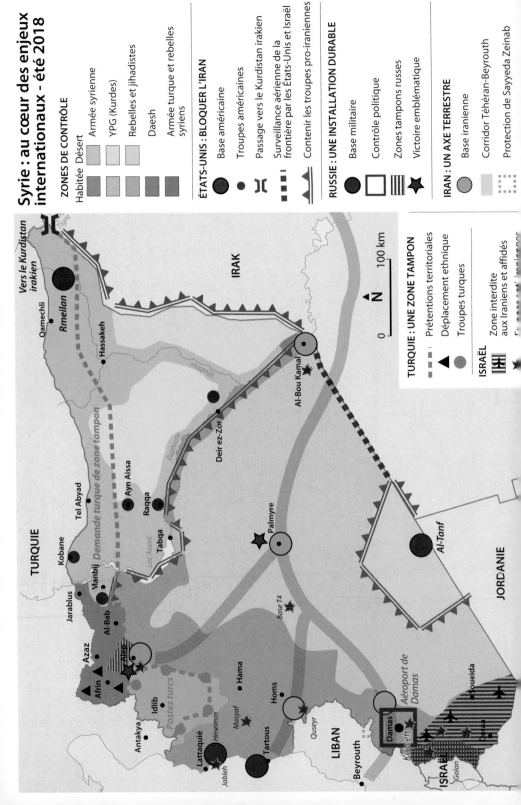

Syrie : au cœur des enjeux internationaux - été 2018

ZONES DE CONTRÔLE

Habitée Désert

- Armée syrienne
- YPG (Kurdes)
- Rebelles et jihadistes
- Daesh
- Armée turque et rebelles syriens

ÉTATS-UNIS : BLOQUER L'IRAN

- Base américaine
- Troupes américaines
- Passage vers le Kurdistan irakien
- Surveillance aérienne de la frontière par les États-Unis et Israël
- Contenir les troupes pro-iraniennes

RUSSIE : UNE INSTALLATION DURABLE

- Base militaire
- Contrôle politique
- Zones tampons russes
- Victoire emblématique

IRAN : UN AXE TERRESTRE

- Base iranienne
- Corridor Téhéran-Beyrouth
- Protection de Sayyeda Zeinab

TURQUIE : UNE ZONE TAMPON

- Prétentions territoriales
- Déplacement ethnique
- Troupes turques

ISRAËL

- Zone interdite aux Iraniens et affidés

TURQUIE

IRAK

JORDANIE

LIBAN

ISRAËL

Vers le Kurdistan irakien

N

0   100 km

Rmeilan

Tigre

Qamechli

Hassakeh

Khabour

Tel Abyad

Ayn Aissa

Raqqa

Tabqa

Lac Assad

Deir ez-Zor

Euphrate

Al-Bou Kamal

Palmyre

Al-Tanf

Kobane

Manbij

Demande turque de zone tampon

Jarablus

Azaz

Al-Bab

Afrin

Alep

Postes turcs

Idlib

Antakya

Hmeimim

Lattaquié

Jableh

Masyaf

Hama

Homs

Tartous

Quseyr

Base T4

Aéroport de Damas

Damas

Kisweh

Beyrouth

Soueida

Deraa

Golan

ainsi que les villageois interrogés me firent part de leur profession de foi démocratique et non confessionnelle, critiquant le despotisme du régime. Pourtant les vidéos de la libération diffusées sur la toile montraient des groupes salafistes donnant l'assaut. Mais rien n'en transparaissait dans la vie quotidienne campagnarde lors de mon séjour sur place, après leur départ. Au fil des mois, la dimension islamiste puis jihadiste l'emporta. Elle marginalisa les forces séculières que soutenaient les démocrates occidentaux, communiant dans l'utopie des « printemps arabes » graduellement frappée d'obsolescence, jusqu'à ce que la proclamation de l'« État islamique » en juin 2014 suivie par trois années d'existence du « califat » de Daesh avant son anéantissement en 2017 ne capture l'image de l'insurrection pour la transformer en un terrorisme apocalyptique planétaire.

La fabrique irakienne du jihadisme syrien

Dès ce mois d'août 2011, qui coïncide avec le jeûne du Ramadan – temps fort de l'exacerbation de la piété publique et de la mobilisation de la communauté des croyants comme telle –, la situation syrienne est jugée assez prometteuse au critère du jihad universel pour que le chef de l'organisation « État islamique en Irak » (EII) Abou Bakr al-Baghdadi, le futur « calife » de Daesh encore peu célèbre à l'époque, envoie une mission d'exploration en Syrie afin d'y développer une branche. Selon le chercheur Charles Lister, basé alors à Doha pour la Fondation Carnegie, en contact avec les islamistes syriens proches du Qatar, et dont l'ouvrage *The Syrian Jihad* (2015) est précisément documenté, la délégation est conduite par Abou Mohammed al-Jolani. Jusque-là « émir de la province de Ninive » (au nord de l'Irak) de l'EII, ce Syrien mystérieux dont le *laqab* (gentilé) se réfère au Golan (prononcé « Jolan » en arabe syrien) ne fera connaître son identité qu'en juillet 2016, à l'occasion de sa première apparition sur les écrans à visage découvert. Il est né en 1984 sous le nom de Ahmed Hussein al-Shara à Deraa, la ville où a commencé l'insurrection en mars 2011, au pied du Golan. Son voyage le mène dans une tournée à travers l'ensemble du territoire pour y organiser un réseau de contacts et de recrutements. Elle joue un rôle précurseur pour les futurs développements du jihad en Syrie, son interaction avec l'Irak voisin, la scission qui se produira au sein de la mouvance islamiste internationale entre Al-Qaïda dirigée depuis les confins afghano-pakistanais par Ayman al-Zawahiri (Oussama Ben Laden vient d'être abattu le 2 mai 2011 à Abbotabad), d'une part, et Daesh sous la houlette irakienne de Baghdadi, d'autre part.

La nature particulière du jihadisme contemporain en Irak eut un impact décisif sur l'évolution de son équivalent syrien : elle en fixa la dimension supranationale, attirant des dizaines de milliers de combattants étrangers fascinés par son messianisme funeste. Celui-ci est issu de la résistance sunnite à l'invasion américaine de mars 2003 suivie de huit ans d'occupation, et à la dévolution des pouvoirs à Bagdad à la majorité chiite soutenue par l'Iran. Le Jordanien Abou Moussab al-Zarqawi, vétéran de l'Afghanistan, avait fondé en Irak un mouvement nommé *Jamaat al-Tawhid wal Jihad* (Groupe de l'Unicité et du Jihad – ou JTWJ) – le premier terme se référant au cœur de doctrine du salafisme, l'Unicité divine comprise comme un monothéisme intransigeant opposé à toutes les dévotions populaires, au chiisme et au christianisme. Il s'était rapidement illustré par des attentats-suicides spectaculaires contre les forces américaines, leurs collaborateurs locaux, les institutions internationales. Furent successivement visés le 7 août 2003 l'ambassade de Jordanie (dont le roi avait pourtant gracié Zarqawi, incarcéré, en 1999), le 12 le siège de l'ONU – coûtant la vie à son représentant spécial Sergio Vieira di Mello – et le 29 la mosquée de l'Imam Ali dans la ville sainte de Najaf, causant quatre-vingt-quinze victimes dont l'ayatollah Baqir al-Hakim. La haine antichiite avait pris dans les déclarations et l'action de Zarqawi une importance primordiale, et ce fut la marque distinctive de toutes les organisations qui s'inscrivirent dans son sillage jusqu'à Daesh et son « califat ». L'année suivante, en mai 2004, il se rendit mondialement célèbre par la mise en ligne de la première vidéo de décapitation d'un otage américain, Nicholas Berg – revêtu de la combinaison orange des détenus de Guantanamo – un mode opératoire qui serait poussé au paroxysme dix ans plus tard depuis Raqqa et Mossoul.

Cette notoriété conduisit son groupe local à fusionner avec la multinationale de Ben Laden, bien que l'obsession antichiite ne fût pas une priorité de ce dernier, et en septembre 2004 Zarqawi lui prêta allégeance : « Al-Qaïda en Mésopotamie » était née (voir ci-dessus, p. 136). En dépit du surcroît de renommée que ce label procura tant à la filiale qu'à la maison mère, la poursuite des massacres indiscriminés de chiites destinés à hâter la survenue d'une guerre civile dont les jihadistes sortiraient victorieux contrevenait à la stratégie de Ben Laden et Zawahiri qui privilégiaient les attaques ciblées et explicitement politiques contre les gouvernements et l'Occident. C'était l'un des points de discorde principaux entre les jihadismes de deuxième génération, dont Al-Qaïda était l'incarnation, et de troisième génération. Daesh représenterait celle-ci tant dans sa version irako-levantine sous la guidance d'Abou Moussab al-Zarqawi que dans son application à travers le terrorisme en Europe inspiré par l'*Appel à la Résistance islamique mondiale* d'Abou Moussab al-Souri. Des admonestations furent adressées en ce sens par Zawahiri à Zarqawi, dans un courrier de 2005 intercepté et rendu public.

Mais ce dernier avait acquis un tel ascendant qu'il négligea ces reproches, fusionnant à nouveau son mouvement en janvier 2006 avec cinq autres groupes armés irakiens, parmi lesquels s'étaient recyclés d'anciens officiers baathistes qui y apportaient leurs compétences dans les domaines militaire et du renseignement. La nouvelle instance fut appelée *Majliss Shoura al Moujahidin* (Conseil consultatif des jihadistes), dont l'intitulé ne faisait plus même référence à Al-Qaïda – bien que la relation formelle n'eût pas été officiellement rompue. Le 7 juin suivant, Zarqawi fut tué par une frappe américaine, mais il avait étendu son emprise sur une large partie des zones sunnites d'Irak.

En octobre, son successeur Abou Ayyoub al-Masri annonça encore un changement de nom : l'« État islamique en Irak » (*Al Dawla al Islamiyya fi Iraq*). Ce fut la première occurrence du terme « État » (*Dawla*) pour désigner une organisation jihadiste. Comme le rappelle le chercheur arabisant William McCants dans son livre *ISIS Apocalypse* (2015), ce mot est porteur, en arabe ancien, d'une double acception. Au départ, il signifie « révolution dynastique », et il fut utilisé par les Abbassides, au milieu du VIIIe siècle, pour qualifier le soulèvement politico-religieux originaire du Khorasan (à l'est de l'Irak) par lequel ils renversèrent la dynastie omeyyade de Damas au nom d'un islam purifié, et instaurèrent leur califat à Bagdad. Ultérieurement, *Dawla* en vint à définir l'État issu de cette révolution, et c'est le sens commun de ce mot en arabe moderne. Mais pour les jihadistes férus d'une lecture idéologique de l'histoire musulmane, le terme est chargé de cette polysémie. De la sorte, dans des vidéos imitant un journal télévisé diffusées en 2006, des présentateurs masqués annoncèrent le nom des ministres de l'« État islamique en Irak », ainsi que son ambition territoriale. Elle s'étendait jusqu'à la Palestine en annihilant l'« entité sioniste » israélienne, au Levant en faisant disparaître les États créés par les puissances mandataires coloniales britannique et française qu'étaient le Liban, la Syrie et la Jordanie, et pénétrait la péninsule Arabique où seraient détruits les « États de carton-pâte » du Conseil de coopération du Golfe inféodés aux États-Unis. Ces déclarations mêlaient l'inspiration ancienne de la révolution abbasside et ses conquêtes territoriales à la géographie contemporaine.

Ce protoprojet de califat – que personne ne prit au sérieux à l'époque, mais que Daesh accomplirait en 2014 – présupposait que fût sacré un « commandeur des croyants ». La gloire en incomba à l'Irakien Abou Omar al-Baghdadi, un ex-gendarme et technicien informatique sans grande envergure, mais issu de la lignée de la tribu de Qoraysh à laquelle appartenait le Prophète, et Abou Ayyoub al-Masri (lui-même roturier égyptien) lui prêta allégeance. Le gentilé honorifique (*laqab*) al-Baghdadi (« bagdadien ») – que conservera son successeur Abou Bakr – se réfère aussi bien à la capitale de l'Irak moderne, que les jihadistes veulent libérer de l'occupation américaine et de la domination chiite, et à la cité abbasside – fondatrice du dogme intégral aujourd'hui résurgent. Pour en exalter l'inspiration, la *Dawla* choisit pour emblème le drapeau noir de cette dynastie, frappé du sceau du Prophète et de la profession de foi islamique en caractères blancs koufiques – la plus ancienne calligraphie arabe, symbole de la pureté originelle du message. Un *hadith* (« dit ») figurant dans un recueil de l'imam traditionniste al-Tirmidhi (824-892) stipule par ailleurs que « les bannières noires viendront du Khorasan [région qui englobe l'Afghanistan actuel], rien ne les fera revenir en arrière jusqu'à ce qu'elles soient plantées à Jérusalem ». Il est abondamment cité dans la littérature jihadiste comme annonciateur de la destruction prochaine d'Israël.

Le maximalisme salafiste de cette « Révolution-État » qui appliqua la charia dans toute sa rigueur sur les territoires contrôlés, massacrant chiites et yézidis, imposant la capitation aux chrétiens, lui aliéna le soutien d'un certain nombre de tribus sunnites irakiennes dont les fils étaient également tués s'ils ne faisaient pas allégeance. Cette opportunité fut saisie par les généraux Petraeus et Allen qui fomentèrent en leur sein, comme on l'a vu ci-dessus (p. 137), un vaste mouvement de contre-insurrection financé par les États-Unis, la *sahwa* (le « réveil »). Cette mauvaise gestion politico-militaire de la *Dawla* lui valut de fortes critiques internes et les remontrances de Ben Laden qui estimait qu'Abou Ayyoub et le « commandeur des croyants » portaient tort par leur démesure irresponsable – ou kharijisme – à la cause jihadiste. Le territoire de l'« État » s'était rétracté, en 2009, à la province septen-

trionale de Ninive et son chef-lieu Mossoul, ville massivement sunnite. Mais de puissantes attaques terroristes sous
forme d'attentats-suicides continuaient d'être commises
contre des cibles gouvernementales ou chiites à Bagdad.
Le 10 octobre 2010, le « commandeur des croyants » Abou
Omar al-Baghdadi fut tué avec son vizir Abou Ayyoub
al-Masri dans un raid américain, tandis que la plupart des
chefs de l'« État islamique en Irak » avaient été capturés et
enfermés dans la prison de Camp Bucca – qui leur servit
de séminaire de direction, soudant ainsi l'organisation.

C'est au sein de cette population carcérale que fut désigné le successeur d'Abou Omar, Ibrahim Awad Ibrahim
Ali al-Badri, dit Abou Bakr al-Baghdadi. Né dans la ville
de Samarra en juillet 1971, ancien étudiant en charia et
prédicateur salafiste, décrit comme un personnage timide,
voire falot, par ceux qui l'ont approché, il rejoint la rébellion sunnite après l'invasion américaine de mars 2003
et est arrêté en janvier 2004, passant dix mois à Camp
Bucca, d'où il est relâché en raison de sa « faible dangerosité ». Il intègre alors le mouvement de Zarqawi à travers
ses avatars successifs jusqu'à en devenir le 16 mai 2010 le
dirigeant, promu à cette fonction par l'éminence grise de
la *Dawla*, Haji Bakr, ci-devant colonel des services secrets
de Saddam Hussein.

Salafisation de la rébellion et cécité occidentale

Le processus de fécondation du jihad syrien qui aboutira à Daesh naît ainsi de la greffe irakienne portée par
Abou Bakr al-Baghdadi. Le déroulement en est complexe,
car l'envoyé de celui-ci en août 2011, Abou Mohammed

al-Jolani, prendra son autonomie par rapport à son mentor grâce à son implantation propre dans le pays dont il est lui-même originaire, sur fond de compétition internationale entre Zawahiri et Baghdadi pour l'hégémonie. À la fin de l'été 2011, le soulèvement syrien a basculé dans une insurrection armée : mais ses soutiens occidentaux s'aveugleront volontairement sur sa dimension salafiste et jihadiste qui ira croissant. Ils lui préféreront des métaphores transhistoriques vulgaires faisant notamment de « la Syrie notre guerre d'Espagne ». Pareille lecture, qui dominera l'interprétation de la rébellion tant à Washington sous la présidence de Barack Obama qu'à Paris sous celle de François Hollande, s'inscrit au cœur d'un débat plus vaste sur l'occultation des dynamiques de l'islamisme.

Celui-ci a fait primer « l'islamisation de la radicalité » sur la « radicalisation de l'islam ». En d'autres termes, le jihadisme était pensé comme un phénomène contingent, superficiel et passager. Or cette position de principe pèche par une méconnaissance de la sociologie politique et religieuse de l'islam contemporain, fondée sur l'ignorance de la langue et de la culture arabes par ses principaux champions universitaires. Elle n'a pas vu que la guerre en Syrie devenue le jihad du Shâm a eu comme effet d'intenses luttes intestines pour l'hégémonie sur l'islam, local et international. Ce conflit à la violence inouïe exacerba, au sein du sunnisme, la montée en puissance et la compétition mutuelle des Frères musulmans, des salafistes et des jihadistes. Le processus aboutit, du fait de l'exaspération de l'affrontement avec le chiisme, à la marginalisation des Frères plus accommodants avec cette doctrine, au profit d'un salafisme-jihadisme intransigeant, mais que son extrémisme même mènera à la chute du « califat » messianique et apocalyptique de Daesh en 2014-2017. En ne voulant pas voir ce qui se jouait pour l'hégémonie sur l'islamisme planétaire jusqu'à ce que les attentats de Daesh en Europe les contraignent à réagir par une offensive militaire contre le territoire de l'« État islamique », les dirigeants occidentaux ont montré leur incapacité – et celle des experts qui les conseillaient – à analyser les transformations du monde musulman. Ils ont ainsi exposé leurs sociétés, mal préparées au déferlement de la violence jihadiste sur leur sol même. Ils ont renforcé à leur corps défendant la stratégie du président syrien qu'ils souhaitaient chasser, mais qui sortira raffermi de la guerre en 2017, avec l'appui de ses alliés russe et iranien et grâce au renoncement de ses adversaires occidentaux.

La rébellion est en effet dès ses débuts divisée par des luttes idéologiques sur un large spectre qui va des démocrates aux jihadistes. Les premiers se placent, sur le terrain, sous la houlette de l'Armée syrienne libre et, à l'étranger, se réfèrent à des instances composées d'exilés sous divers avatars, à commencer par le Conseil national syrien basé à Istanbul, mais sans grand ascendant. Le 11 novembre 2012, à Doha au Qatar, les « Amis de la Syrie » le convainquent de se fondre dans une « Coalition nationale » qui est rapidement la proie de querelles d'influence entre le Qatar et la Turquie, d'une part, lesquels soutiennent les Frères musulmans en son sein, et l'Arabie saoudite et les Émirats arabes unis, d'autre part, qui leur sont hostiles.

Comme dans les autres pays touchés par les soulèvements, les mouvements islamistes de multiples obédiences en ont détourné la dynamique à leur profit. Cette tendance se vérifie en Syrie également où le curseur des groupes armés se déplace dès 2012 vers les salafistes et les jihadistes, renforcés par la porosité avec l'insurrection sunnite irakienne inspirée par feu Zarqawi. Simultanément, la dissociation entre combattants sur le terrain et instances en exil s'accroît, nourrie du ressentiment de ceux qui risquent leur vie envers les négociateurs de salon dans les grands hôtels internationaux. Le rôle des soutiens étrangers de la rébellion contribue de son côté à la faire évoluer, au gré des financements tant publics que privés originaires de la péninsule Arabique, dont le montant estimé par la plupart des observateurs dépasse le milliard de dollars annuel. Ils favorisent d'une part les groupes qui s'inscrivent de près ou de loin dans le sillage des Frères musulmans et atteindront jusqu'aux brigades s'inspirant d'Al-Qaïda, bénéficiant des largesses du Qatar et d'une valorisation privilégiée sur la chaîne Al-Jazeera, et d'autre part les mouvements les plus explicitement salafistes qui sont perçus comme un rempart contre l'expansion chiite au Levant. Les fonds gigantesques qui les financent, par contraste avec l'impécuniosité de l'Armée syrienne libre, facilitent dès 2012 des défections des combattants originels de cette dernière vers des groupes qui assurent une meilleure paye et fournissent des armements plus performants. Enfin, l'irruption face aux rebelles des supplétifs venus d'Iran, d'Irak, d'Afghanistan et du Pakistan, et surtout du Hezballah libanais à compter de 2013, radicalise plus encore l'affrontement en termes confessionnels – ce dont Damas tirera partie *in fine*.

La bataille de Homs qui se déroule de l'automne 2011 au printemps 2012 et s'achève par la reconquête du principal quartier insurgé, Baba Amr, par les forces du régime est emblématique de la tournure que prendra la guerre civile pendant les cinq années suivantes. Troisième ville de Syrie, l'ancienne Émèse constitue le nœud routier entre Damas et la côte alaouite, entre le cœur du pouvoir et sa base originelle de soutien. Elle commande également l'axe Nord-Sud entre Damas et Alep. Ce carrefour stratégique, majoritairement sunnite, comporte aussi d'importants faubourgs alaouites. Sa proximité avec le Liban, peuplé de sunnites dans la zone frontalière du Akkar, en a fait dans les premiers temps de l'insurrection l'un des canaux majeurs de son approvisionnement en armes, provenant des stocks datant du pacte de Varsovie et achetés en Europe centrale et balkanique. La principale brigade des rebelles, al-Farouq – nommée ainsi en hommage au calife Omar, héros des sunnites contre les chiites (comme on l'a vu ci-dessus à Bahreïn, p. 260) –, y est encadrée par des officiers déserteurs, et les premières vidéos diffusées font état de son soulèvement démocratique contre un régime dictatorial. C'est également ce qui ressort du récit de l'écrivain Jonathan Littell, Prix Goncourt 2006, *Carnets de Homs*, paru en 2012, qui a vécu durant les premiers mois de la bataille dans les quartiers mutinés. Or, au fil du temps, on observe le contenu des reportages et les allégeances des combattants (dont la barbe croît régulièrement) basculer vers un registre de plus en plus salafiste, mêlant désenchantement envers l'Occident – qui n'effectue pas d'intervention militaire aérienne en soutien à l'insurrection contrairement aux frappes en Libye, en dépit des espoirs – et financements massifs en provenance notamment du Koweït.

Le premier attentat-suicide, qui a lieu le 23 décembre 2011 contre un bâtiment des services de renseignement à Damas, est revendiqué le 23 janvier suivant par le Front al-Nousra, le groupe armé jihadiste fondé en octobre 2011

par Abou Mohammed al-Jolani après sa mission d'août
– important ainsi les modalités d'action irakiennes dans le
conflit syrien. L'appellation complète du mouvement, qui
signifie « Front de soutien (*nousra*) au peuple du Shâm par
les combattants (*moujahidin*) du Shâm dans le champ du
jihad » explicite, dans sa redondance même, ses origines :
l'« État islamique en Irak » d'Abou Bakr al-Baghdadi. Dans
le cadre de l'extension de son projet au Levant comme
entité eschatologique essentielle, il apporte son « soutien »
à la rébellion en Syrie afin qu'elle bascule dans le « champ
du jihad ». L'intitulé arabe du site en ligne du Front, *al
manara al bayda*, provient des récits prophétiques qui
annoncent la descente de Jésus en messie musulman par
ce « minaret blanc » de la Grande Mosquée de Damas pour
conduire l'assaut ultime contre le Mal qui soumettra la
planète à la religion véridique. Il formule ainsi la centralité
de la Syrie et de sa capitale (qui en arabe sont nommées
al-Shâm par métonymie, comme l'ensemble du Levant)
dans le jihad universel. Il s'agit de la première occurrence
significative de ce thème apocalyptique pour qualifier le
champ de bataille syrien, ce qui contribuera puissamment
à y attirer par dizaines de milliers les jihadistes du monde
entier. La vidéo du 23 janvier 2012 fixe également pour
objectif l'établissement d'un « État islamique en Syrie »,
en utilisant le vocabulaire usuel d'Al-Qaïda, organisation
à laquelle le Front al-Nousra fait allégeance – tout comme
Abou Bakr al-Baghdadi et l'EII à cette époque, avant la
scission de l'année suivante. Par ailleurs, une prolifération de brigades salafistes combine implantation locale et
présence sur les réseaux sociaux, dans une compétition
effrénée pour l'obtention de financements en provenance
de la péninsule Arabique – l'une d'elles prendra même le

nom de son sponsor, un fameux cheikh koweïtien de cette tendance, en gratitude pour sa munificence.

La salafisation croissante de la rébellion dès l'année 2012 et son absorption graduelle dans une logique régionale qui, à partir des lignes du conflit en Irak, l'inscrit au cœur de l'affrontement entre les axes chiite et sunnite, font dans un premier temps l'objet d'un déni par les instances en exil. Elles craignent d'aliéner les soutiens occidentaux, et à l'inverse le régime de Damas en assure une grande publicité pour diaboliser ses adversaires. Mais sur le terrain, tant l'afflux d'argent du Golfe que le zèle religieux et la propension au martyre des combattants salafistes et jihadistes font significativement évoluer la situation militaire au détriment du pouvoir, tandis que les désertions dans l'infanterie dont les conscrits et les officiers sont sunnites se multiplient. L'emprise des troupes de Damas diminue comme peau de chagrin. Le 19 juillet 2012, Alep-Est est conquis par la rébellion, qui domine les quartiers populaires peuplés de migrants ruraux de la métropole septentrionale et capitale économique. Et les banlieues pauvres de Damas, qui ont mité d'habitations de fortune, où se dressent les fers à béton, l'antique oasis de la Ghouta chantée par la poésie arabe classique comme une anticipation terrestre du paradis, sont passées également sous le contrôle de l'insurrection. Face aux revers du régime, des éléments du Hezballah commencent à arriver du Liban en appui au sol, à la charnière des années 2012 et 2013, un flux dissimulé par ses concepteurs jusqu'à ce que les funérailles des morts au combat, célébrés comme martyrs, donnent au phénomène sa visibilité publique au printemps 2013.

Mais ces secours ne parviennent pas à inverser le rapport de forces en faveur du pouvoir, tandis que la pression des rebelles se resserre sur la capitale. Alors que le président Obama avait déclaré en juillet 2012 que l'utilisation d'armes chimiques représentait une « ligne rouge » déclenchant des frappes occidentales, le lâcher de gaz sarin sur plusieurs localités de la Ghouta, qui cause au moins un millier de victimes dont de nombreux enfants et civils, le 21 août 2013, constitue le principal tournant du conflit. François Hollande annonce six jours plus tard sa disponibilité à engager l'aviation, mais le Parlement britannique se refuse à toute action en dépit de la demande en ce sens du Premier ministre Cameron. La méfiance des députés de Westminster est imputable au souvenir des mensonges de l'exécutif sur les armes de destruction massive prétendument en possession de Saddam Hussein pour justifier l'intervention britannique en Irak en mars 2003, ainsi qu'au bilan mitigé des bombardements en Libye en 2011 qui ont abouti, une fois le tyran occis, à l'anarchie meurtrière. Quant au président Obama, qui vient de désengager les troupes américaines d'Irak et a entamé des pourparlers secrets avec l'Iran sur la non-prolifération nucléaire, il décide de consulter le Congrès le 9 septembre. Ce recul occidental – qui isole diplomatiquement la France très en pointe pour exiger le renversement immédiat de Bashar al-Assad – est mis à profit par la Russie qui propose le même jour de procéder sous contrôle de l'ONU et avec la participation de la Syrie à l'annihilation de son arsenal chimique. Face à l'impasse militaire, la communauté internationale se range à la suggestion russe, entérinée par un accord signé le 14 septembre à Genève par les ministres des Affaires étrangères Sergueï Lavrov et John Kerry. La Russie est désormais à l'initiative dans la guerre civile syrienne, du fait des atermoiements occidentaux.

Ce succès diplomatique du Kremlin est imputable à un processus de décision qui s'appuie sur les analyses des orientalistes russes, meilleurs connaisseurs du Levant que les experts dont s'entourent alors les dirigeants d'Europe et d'Amérique. Rencontrant à l'automne 2014 dans la capitale russe Evgueni Primakov, ancien directeur de l'Institut des études orientales de Moscou avant de devenir patron du renseignement puis brièvement Premier ministre en 1998-1999, je m'étais entendu expliquer par ce dernier, qui conserva jusqu'à son décès en juin 2015 l'oreille de Vladimir Poutine, la stratégie suivie. Elle consistait d'abord à défendre la crédibilité russe en restaurant une légitimité internationale au pouvoir syrien allié, grâce à sa participation au processus onusien de démantèlement de l'arsenal chimique. Cela permettrait d'éliminer toute perspective d'intervention militaire occidentale qui pèserait en faveur des forces démocratiques au sein de la rébellion. Cette situation faciliterait la cristallisation du conflit entre des insurgés pris en otages par le jihadisme mondial, qui feraient l'objet d'une suspicion occidentale croissante, et un axe russo-iranien qui se sentirait d'autant plus libre d'agir directement en Syrie – comme le ferait Moscou à partir de septembre 2015. Quant au destin du président Assad, il serait subordonné aux intérêts de M. Poutine.

L'accélération du jihadisme a lieu dans ces circonstances, caractérisée par l'arrivée massive de combattants étrangers, notamment européens, au motif de pallier la déficience de leurs États à soutenir l'opposition. Cette nouvelle phase est aussi marquée par une radicalisation ultime du phénomène, qu'illustre la scission entre le Front

al-Nousra et son mentor l'EII, prolongée par la proclamation le 8 avril 2013 de l'« État islamique en Irak et au
Shâm » – connu en français sous son acronyme arabe de
Daesh (en anglais ISIS, ou ISIL). Ce dernier conquiert la
suprématie médiatique sur le reste de la rébellion, grâce à
l'instauration du « califat » à Mossoul le 29 juin 2014. Elle
sera suivie par le contrôle d'un vaste territoire durant trois
années où le terrorisme se propage à l'Europe, période qui
s'achève avec la chute de Raqqa le 17 octobre 2017. C'est
contre Daesh – et non contre le pouvoir de Damas comme
l'avait envisagé François Hollande en août 2013 – que sera
dirigée l'intervention militaire occidentale.

Scission au cœur du jihad

La scission au cœur du camp jihadiste intervient en
avril 2013. Le Front al-Nousra, qui n'a jamais officiellement annoncé qu'il avait été créé à l'initiative de l'« État
islamique en Irak » afin de se fondre plus aisément dans le
tissu insurrectionnel syrien, s'y est profondément intégré. Il
a mené de nombreuses batailles en coalition avec d'autres
brigades, salafistes et jihadistes de diverses nuances, mais
également avec celles qui se réclament encore de l'Armée
syrienne libre. Les combattants se répartiraient alors environ entre mille cinq cents entités plus ou moins autonomes.
Jolani a fait prévaloir la lutte commune contre le pouvoir
syrien sur les divergences idéologiques. L'allégeance à Al-
Qaïda et à son dirigeant Ayman al-Zawahiri ne soulève
que peu d'objections dans le reste de la rébellion, peut-
être parce que la multinationale n'est plus que l'ombre
d'elle-même deux ans après l'élimination de Ben Laden,

et que sa filière syrienne semble mue principalement par des considérations stratégiques locales. Elle s'est rendue populaire par des mesures d'édilité inspirées par la charia dans les zones qu'elle contrôle, du ramassage des ordures aux transports en commun. Jolani donne des entretiens sur la chaîne Al-Jazeera à deux journalistes proches des Frères musulmans et fort peu critiques à son endroit – le Syro-Espagnol Taysir Allouni en décembre 2013 et l'Égyptien Ahmad Mansour le 27 mai 2015.

Le 7 avril 2013, un message d'encouragement de Zawahiri est adressé au Front al-Nousra afin que son « combat sacré débouche sur un État islamique jihadiste établissant la charia divine ». Le 8, comme en réponse aux prétentions du vieux leader égyptien d'Al-Qaïda à affirmer depuis sa cachette afghano-pakistanaise la perpétuation de son magistère universel, son jeune concurrent Abou Bakr al-Baghdadi révèle dans un discours que le Front al-Nousra n'est originellement qu'une extension de l'EII, et que tous deux ont vocation à se fondre dans une organisation unique nommée l'« État islamique en Irak et au Shâm » (*Al Dawla al Islamiyya fi Iraq wa-sh Shâm*). Son acronyme arabe de Daesh, avec sa sonorité singulière aux résonances peu harmonieuses (le paronyme *daes* signifie « piétiner »), devient immédiatement viral et servira à désigner ce mouvement stupéfiant. L'appellation perdurera même après qu'elle aura été prohibée par ses créateurs lors de la proclamation du « califat » à Mossoul le 29 juin 2014, et remplacée par « État islamique » tout court. Les partisans de celui-ci récuseront l'usage de « Daesh » qui leur paraît limitatif, voire péjoratif, préférant utiliser le seul terme « État » (*Dawla*) – avec ses connotations révolutionnaires remontant à l'époque abbasside. En revanche, les acronymes Daesh (en arabe ou français) et ISIS en anglais resteront usités par les analystes du phénomène pour en indiquer la singularité. Mais en Syrie, Jolani refusa la fusion et l'abandon du label « Front al-Nousra », dans un enregistrement vidéo diffusé le 10 avril 2013 où il renouvela solennellement à Zawahiri une allégeance devenue moins encombrante que la tutelle agressive de Baghdadi pour ses relations avec les autres factions de la rébellion syrienne.

Or l'émergence de Daesh correspondit à un prurit d'immodération accrue dans une partie du camp salafiste-jihadiste syrien, et un grand nombre de combattants rejoignirent la nouvelle organisation, taillant des coupes claires dans le Front al-Nousra. Parmi les étrangers, peu motivés par les équilibres locaux, ce fut le cas des Tchétchènes, connus pour leur extrémisme sanguinaire, et de la plupart des Européens, qui poursuivaient au Shâm une sorte d'utopie messianique marquée par l'adhésion enflammée à l'idéologie et l'indifférence aux réalités du terrain syrien. La manifestation initiale de l'implantation de Daesh eut lieu à Raqqa. Première préfecture tombée aux mains de la rébellion, le 6 mars 2013, elle est choisie pour sa valeur de symbole par la nouvelle organisation. Ses brigades commencent à y faire régner la terreur dès le 14 mai, quand la première vidéo siglée de Daesh à partir du territoire syrien est diffusée, montrant l'exécution publique de trois hommes d'une balle dans la tête sur la place al-Naïm, le principal rond-point de la ville. Le ton est donné pour la litanie d'images d'horreur qui suivront durant quatre années, constituant sa signature distincte. La métropole de l'Euphrate est conquise par Daesh, qui tue ou chasse les autres groupes à la mi-janvier 2014. Vidée de ses classes moyennes en fuite dont les appartements spacieux sont redistribués aux combattants étrangers arrivés des HLM des banlieues européennes, elle devient à des fins de propagande l'intersection entre les utopies virtuelle et réelle du jihadisme sur terre. Elle est dépeinte sous les couleurs de la cité heureuse régulée par la charia, où la vie se déroule au rythme des baignades dans le fleuve et de l'application des châtiments coraniques aux contrevenants dont les cadavres crucifiés ou les têtes tranchées sont exhibés sur la place – entre deux razzias pour massacrer impies et apostats et étendre le territoire de l'islam authentique. La force d'attractivité du sectarisme fanatique de Daesh fournit un exutoire héroïque plus adapté à la masse des sympathisants internationaux du jihad que les alliances du Front al-Nousra avec d'autres insurgés syriens.

Le redoublement de la violence et son exaspération extrémiste sont alimentés par la conjoncture militaire et politique. Au moment où les rebelles s'emparaient de Raqqa en mars 2013, et où Daesh commençait ses exécutions, la place forte sunnite de Qusayr près de la frontière syro-libanaise, qui contrôlait l'autoroute Damas-Alep, était en train de subir un siège victorieux du Hezballah. Ses troupes apparaissaient pour la première fois au grand jour dans le conflit syrien – au point de susciter des fatwas vengeresses émises par les principaux oulémas sunnites globalisés, du cheikh Qaradawi sur la chaîne Al-Jazeera jusqu'au grand moufti saoudien appelant au jihad universel pour libérer la ville de « l'ennemi ». La télévision satellitaire du Qatar avait pourtant chanté les louanges du parti de Dieu (mot à mot : *Hezb Allah*) et de son secrétaire général Hassan Nasrallah (son patronyme signifie en arabe « victoire divine »), sept ans auparavant, lors de la « guerre des trente-trois jours » remportée à l'été 2006 par le parti chiite contre l'armée israélienne au Sud-Liban. Qualifié désormais de « parti de Satan » sur ces mêmes ondes, aguerri par le combat contre les soldats de l'État hébreu, il l'emporta sur la rébellion sunnite dont les forces capitulèrent à Qusayr le 4 juin 2013. Cet immense boule-versement de toutes les certitudes dans un Moyen-Orient en plein chaos fournissait un cadre idéal à la floraison sur leurs décombres de Daesh, qui transcendait par sa démesure et sa vision simplificatrice du Bien et du Mal les vieilles idéologies aux incompréhensibles retournements.

Dans les jours qui suivirent la chute de Qusayr, Jolani et Zawahiri échangèrent des missives. Le leader d'Al-Qaïda réitérait sa confiance au Front al-Nousra – ainsi qu'à l'« État islamique en Irak » – mais refusait la fusion des deux enti-tés dans Daesh, et nommait comme son représentant au Shâm Abou Khaled al-Souri. Celui-ci, après sa libération de la prison de Sednaya où il était incarcéré avec Abou Moussab al-Souri, l'été 2011, avait rejoint la brigade Ahrar al-Shâm (« Les hommes libres du Shâm »), contribuant à orienter vers le jihad sur le modèle afghan ce groupe salafiste « libre » devenu l'un des plus puissants militaire-ment de la rébellion. Abou Khaled devait faire fonction de « sage du jihad » afin d'éviter une *fitna* (sédition) dévasta-trice entre « frères ». Or, dans le même temps, le dirigeant d'Ahrar al-Shâm qui avait accueilli Abou Khaled dans ses rangs, Hassan Abboud, fut l'hôte d'Al-Jazeera pour un grand entretien. Dans la foulée, il rejoignit Le Caire en juin 2013 – le dernier mois où Mohammed Morsi était encore président de la République. Il y prononça une conférence au nom de l'insurrection syrienne sous les auspices d'une association d'oulémas animée par le cheikh Qaradawi, battant le rappel pour sauver Morsi face au mouvement Tamarrod (« rébellion ») qui était descendu dans la rue pour le renverser – avec le soutien discret de l'État-major. Cela manifestait le rapprochement entre les Frères égyptiens, le Qatar à travers Al-Jazeera et Qaradawi, et une nébuleuse « jihadiste modérée » syrienne promue désormais par ceux-ci autour du Front al-Nousra et d'Ahrar al-Shâm. Mais ces recompositions subtiles, qui tordaient le curseur de la « modération » jusqu'à Al-Qaïda, furent insuffisantes pour freiner l'attractivité de Daesh. Affluaient vers ce groupe des recrues envoûtées en provenance de l'ensemble des brigades islamistes. Pour eux Zawahiri appartenait au passé, les Frères musulmans ainsi qu'Al-Jazeera n'étaient qu'apostats et suppôts de l'Occident. Abou Khaled fut tué le 23 février 2014 par un assassin qu'avait dépêché Abou Bakr al-Baghdadi, afin d'intimider ses opposants au sein de la mouvance jihadiste tentés par une ligne moins ultra.

À partir de l'automne 2013, l'irruption de Daesh dans le champ de bataille syrien bouleverse l'équation du conflit, parallèlement à l'entrée en lice des supplétifs étrangers chiites en nombre croissant qui assurent l'essentiel des offensives terrestres pour reconquérir les zones tenues par les insurgés. L'accord onusien pour la destruction des armes chimiques syriennes en septembre a signifié l'incapacité occidentale à agir militairement contre Damas. Quant aux rebelles « traditionnels », des survivants de l'Armée syrienne libre jusqu'aux salafistes et jihadistes « modérés » d'al-Nousra, ils doivent se battre sur deux théâtres : contre les troupes de Damas, mais aussi face à Daesh qui consacre toute son énergie à annihiler ses rivaux. Si les États-Unis et leurs alliés parmi les pétromonarchies de la péninsule Arabique s'efforcent de fortifier des opposants à celui-ci – tout en s'inquiétant que les panoplies américaines tombent sans coup férir entre leurs mains par défection ou défaite des « bons rebelles » –, la faible belligérance entre le régime et Daesh suscite beaucoup de questionnements. Dans l'Est syrien, les jihadistes se sont emparés de tous les puits de pétrole, en bonne intelligence avec la plupart des tribus locales, et vendent le baril par camion-citerne en Turquie voisine pour un prix attractif qui assure de confortables royalties. Bien que l'aviation de Bashar al-Assad ait la maîtrise du ciel, ces convois ne sont pas bombardés... Vu de Damas en effet, Daesh présente l'intérêt de mener une guerre fratricide contre les autres rebelles, divisant l'insurrection en profondeur. Ce qui n'est pas sans rappeler la stratégie suivie par les généraux algériens, également conseillés par les services de renseignement russes, durant la décennie 1990. Le pouvoir d'Alger avait tiré parti des massacres mutuels entre l'Armée islamique du salut (AIS) et le Groupe islamique armé (GIA). Les décapitations et les multiples atrocités commises par ces derniers avaient fait d'eux des épouvantails, rendant par contraste la hiérarchie militaire plus fréquentable. En Syrie plus encore, grâce à l'immense publicité donnée aux exactions de Daesh par la diffusion des vidéos d'exécutions sur les réseaux sociaux – qui n'existaient pas vingt ans auparavant –, l'attention internationale se focalisa sur les crimes contre l'humanité perpétrés par l'organisation jihadiste.

Le 7 janvier 2014, le nouveau porte-parole de Daesh en Syrie, Abou Mohammed al-Adnani, né en 1977 dans la région d'Idlib et qui avait fait ses classes auprès de Zarqawi en Irak, prononça le *takfir* – ou excommunication – contre les membres des autres groupes rebelles non explicitement jihadistes. Cela rendait leur sang « licite » sans autre forme de procès. Le début de cette année voit la violence entre insurgés atteindre son paroxysme dans le Nord-Ouest syrien : au terme de combats fratricides qui causent des milliers de morts, Daesh est chassé de nombreuses localités, où certaines brigades ont été équipées d'armements américains. L'organisation jihadiste regroupe ses forces tant sur la zone frontalière avec la Turquie, qui constitue un point de passage crucial pour les étrangers qui la rejoignent, que dans la vallée de l'Euphrate, entre Raqqa et Deir ez-Zor vers les confins irakiens.

Dans ces deux régions, Daesh se heurte à un adversaire qui bénéficiera d'un important soutien occidental, mais aussi russe : les milices des YPG (Unités de protection du peuple), branche militaire créée en juillet 2011 du Parti de l'union démocratique (PYD) kurde dans la région du Rojava – ou Kurdistan du Sud (situé en Syrie septentrionale) –, d'où les soldats de Damas se sont retirés. Extension syrienne du PKK (Parti des travailleurs du Kurdistan) de Turquie, mouvement indépendantiste d'inspiration marxiste fondé par Abdullah Ocalan – emprisonné depuis 1999 sur l'île d'Imrali dans la mer de Marmara –, le PYD est en conflit avec Ankara comme avec les jihadistes. Fortes de plusieurs dizaines de milliers de combattants – dont les brigades féminines du YPJ (Unités de protection de la femme) –, les YPG ont étendu leur emprise en luttant avec succès depuis l'automne 2012 contre le Front al-Nousra et Ahrar al-Shâm. En 2014, elles sont le principal rempart contre l'expansion de Daesh vers le nord de la Syrie et ses voies d'approvisionnement en hommes et en matériel provenant de Turquie. Elles occupent un positionnement stratégique qui représentera un insurmontable défi pour l'« État islamique » à partir de la constitution du territoire autonome du « califat » en juin 2014.

La proclamation du « califat »

Les affrontements du premier semestre de cette année conduiront en effet à l'événement le plus spectaculaire de l'histoire du jihadisme international après les attentats du 11 septembre 2001 à New York et Washington : la proclamation du « califat » par Daesh. Le 10 juin 2014, ses forces conquièrent sans coup férir Mossoul, où l'organisation était implantée en profondeur depuis l'époque de Zarqawi et d'où les troupes gouvernementales prennent la fuite. Abou Bakr al-Baghdadi voit alors l'opportunité de s'emparer des arsenaux considérables qu'y ont laissés les États-Unis, permettant un véritable *Blitzkrieg* en direction de Bagdad en passant par Tikrit et Samarra, une zone majoritairement sunnite. Daesh tire parti du profond ressentiment de cette population face à la politique du Premier ministre chiite Nouri al-Maleki qui la marginalise, facilitant la sympathie à un mouvement – quel que soit son extrémisme – qui se fait le champion de l'identité confessionnelle. Les soldats qui s'enfuient devant l'offensive sont capturés, les chiites systématiquement exécutés par milliers. Une autre avancée fulgurante dans la province de Ninive en direction d'Erbil, capitale de la région autonome du Kurdistan irakien, contraint à l'exode les chrétiens et les yézidis – ces derniers, considérés comme *kouffar* (mécréants), sont tués et leurs femmes et enfants vendus comme esclaves. Enfin, le transfert des énormes stocks militaires américains récupérés à Mossoul sur le front syrien permet la conquête d'un vaste territoire qui longe l'Euphrate, à l'exception de quelques poches de résistance de l'armée d'Assad. Le 11 juin, Daesh s'est symboliquement emparé du bâtiment du consulat général de Turquie à Mossoul, dont les diplomates sont capturés, et sur lequel le drapeau turc est amené pour être remplacé par la bannière fuligineuse de l'organisation : tout est prêt pour qu'un nouveau califat succède, tant sur le terrain que dans l'univers virtuel, au califat ottoman aboli en 1924 par Atatürk, quatre-vingt-dix ans auparavant.

La proclamation a lieu le 29 juin, jour emblématique marquant cette année-là le début du Ramadan. Une première vidéo diffusée sur les réseaux sociaux, intitulée « La fin de Sykes-Picot », montre la démolition d'un poste-frontière syro-irakien par un jihadiste originaire du Chili. S'adressant ainsi à l'ensemble des musulmans du monde jusqu'aux confins du Pacifique sud-américain, Daesh s'affirme le champion véridique d'une lutte contre le colonialisme européen du siècle précédent dont s'étaient en revanche accommodés les régimes nationalistes arabes qui avaient conservé les frontières « illégitimes » établies par les chancelleries à Londres et Paris le 19 mai 1916 pour morceler la « communauté des croyants ». Le territoire de près de 700 km d'étendue d'est en ouest contrôlé sur les deux côtés de l'ancienne démarcation, et qui a compté entre huit et dix millions d'habitants à son apogée, concrétise désormais les objectifs fixés dès 2006 par l'« État islamique en Irak » (EII) pour placer la totalité du Shâm sous domination sunnite. C'est la condition nécessaire à la réalisation de la Prophétie qui en fait le point de départ de la conquête du monde et de la soumission universelle à l'islam.

Dans un enregistrement diffusé ce même jour, le porte-parole de Daesh Abou Mohammed al-Adnani annonce que « le soleil du jihad s'est levé » sur la terre, et que l'organisation a proclamé le « califat » dont le titulaire est Abou Bakr al-Baghdadi, auquel l'ensemble des musulmans de la planète sont tenus de prononcer le serment d'allégeance (*bay'a*). À partir de là, l'ancienne appellation d'« État islamique en Irak et au Levant » est abolie et doit être remplacée par « État islamique », qui marque l'ambition globale de la nouvelle entité. Cinq jours plus tard, le vendredi 4 juillet, le calife, tout de noir vêtu selon la tradition de la dynastie abbasside de Bagdad (mais une Rolex au poignet), est filmé proférant le sermon dans la mosquée Al-Nouri, qu'avait fait édifier en 1172 l'émir Noureddine Zengi, unificateur de la Syrie et figure impitoyable du jihad contre les croisés. Sacré « calife Ibrahim » – qui est à la fois son prénom de naissance et celui d'Ibrahim Ibn Muhammad, descendant de l'oncle du Prophète au nom duquel fut menée originellement la révolution abbasside –, Baghdadi s'inscrit ainsi dans une continuité historique dont il manipule scrupuleusement les symboles. Noureddine Zengi, dont l'une des brigades islamistes syriennes porte le nom, est l'un des principaux héros de la généalogie jihadiste, tout particulièrement révéré par Zarqawi. Quant à sa *kounia* (surnom) Abou Bakr, c'est celle du premier calife Abou Bakr as-Siddiq (573-634).

Dès le lendemain de la diffusion de la vidéo, Daesh publie en ligne la livraison initiale de son périodique anglophone, intitulé *Dabiq* – toponyme d'une localité à la frontière syro-turque où, selon les dits de Mohammed, l'armée des chrétiens sera définitivement vaincue par celle des musulmans qui conquerront le monde. Le magazine est abondamment illustré à la manière d'une revue glamour sur papier glacé dont les photos alternent entre les images terrifiantes d'exécutions d'apostats et de mécréants, et les clichés romantiques des combattants du jihad. En paraîtront des versions adaptées en d'autres langues (dont *Dar al-Islam* en français) ayant vocation à faire de Daesh un phénomène global de premier plan en répercutant partout le coup de tonnerre qu'a constitué la proclamation du nouveau « califat ». C'est également un instrument de propagande pour le recrutement des jeunes Occidentaux, qui s'avérera d'une grande efficacité si l'on en juge par l'augmentation constante du nombre de départs pour le Shâm d'Européens, enfants d'immigrés musulmans comme convertis – prélude aux attentats coordonnés par Daesh qui endeuilleront le Vieux Continent dès l'année suivante. La bourgade de Dabiq est conquise un mois plus tard, le 13 août 2014, au prix de lourdes pertes alors que sa localisation n'est pas stratégique, témoignant de l'acharnement de l'organisation à faire coïncider prophétie et réalité. Elle restera sous son contrôle pendant deux ans, fournissant l'arrière-plan de vidéos menaçant l'Occident à grand renfort de drapeaux noirs et de décapitations. Le jihadiste britannique Mohammed Emzawi, dit « Jihadi John », y exhiba la tête tranchée de l'otage américain – ancien militaire, puis étudiant en sciences politiques et travailleur humanitaire – Peter Abdul Rahman Kassig, en novembre de la même année. « Nous voici en train d'enterrer le premier croisé américain à Dabiq et nous attendons avec impatience l'arrivée de vos autres soldats pour qu'ils soient égorgés et enterrés ici », déclara son bourreau. La conversion à l'islam de l'infortuné n'avait

pas adouci son destin mais motiva... une admonestation
d'Ayman al-Zawahiri à Baghdadi.

Les assassinats récurrents auxquels se livre Daesh à
partir de l'automne 2014 en diffusant leurs images insoutenables s'inscrivent dans la construction d'un rapport
de forces qui passera à compter de 2015 par la multiplication des attentats en Europe, et par l'accroissement en
contrepartie des bombardements de la coalition internationale destinés à détruire le « califat ». La première bataille
d'ampleur dans laquelle s'alignent les différentes forces en
présence a lieu à Kobané, ville située à la frontière syro-
turque et également à la jonction de deux des provinces
kurdes du Rojava. Pour les milices kurdes, le contrôle de
cette localité est essentiel afin d'assurer la continuité de
leur territoire tandis que Daesh considère cette région
comme un accès vital à la Turquie d'où proviennent
volontaires étrangers et approvisionnements. L'« État
islamique » lance dans cette bataille test des contingents
nombreux pour prendre l'avantage sur les YPG qui l'ont
toujours emporté jusqu'alors. La ville est attaquée à partir
du 13 septembre 2014 par les jihadistes supérieurement
équipés grâce aux arsenaux pillés à Mossoul. Ils comp-
teront huit mille hommes, alignant une cinquantaine de
chars. Ils s'emparent de plusieurs quartiers – à portée de
jumelles et de caméra de la presse internationale massée
de l'autre côté de la frontière. Les forces kurdes bénéficient de parachutages d'armes et de munitions par la coalition anti-Daesh menée par les États-Unis. Le pilonnage
intense des jihadistes par l'aviation n'aura raison de leur
acharnement que le 26 janvier 2015, et l'ensemble de la
région frontalière sera finalement libérée le 14 juin après
la conquête de la ville de Tel Abyad, principal point de

passage de Daesh vers la Turquie. Il s'agit de la première défaite militaire significative de l'organisation, dont près de mille cinq cents combattants ont été tués.

Durant le déroulement de la bataille de Kobané a lieu l'exécution du pilote jordanien Moazz al-Kassasbeh, capturé par Daesh après que son F-16 qui participe aux frappes de la coalition a été abattu le 13 décembre 2014. Il est brûlé vif dans une cage probablement le 3 janvier suivant, revêtu de l'infamante combinaison orange, mais la vidéo de son supplice n'est diffusée qu'un mois plus tard. Justifiée au nom du châtiment des apostats, la mort qui lui est infligée suscite l'horreur jusque chez de nombreux sympathisants potentiels dans le monde tribal (auquel appartient la victime), en raison de l'interdit islamique de faire périr sur le bûcher un condamné musulman. Et quatre jours après la date supposée de son décès, le 7 janvier, les frères Kouachi massacrent à Paris la rédaction de *Charlie Hebdo* et assassinent un policier « apostat » d'origine nord-africaine, puis Amedy Coulibaly tue une agente municipale de sécurité antillaise le lendemain et abat les clients juifs qu'il a pris en otages dans un supermarché Hyper Cacher le 9. Le Shâm s'est désormais rétro-projeté au cœur même du territoire français – alors que le président Hollande a été en pointe dans la condamnation du régime syrien et du soutien à la rébellion.

Mais la logique spécifique syrienne des attentats, dans le cadre d'un affrontement planétaire entre le Bien et le Mal, a été invoquée en Europe comme justification par Daesh et ses sympathisants. Au cours d'un débat avec des jihadistes incarcérés dans la prison de Villepinte, en Seine-Saint-Denis, au printemps 2016, je me suis fait interpeller par l'un d'entre eux qui établissait une comparaison entre le nombre de victimes du jihad en France et celui des bombardements occidentaux « sur les enfants musulmans du califat » en posant la question rhétorique : « Qui tue le plus ? C'est vous ou c'est nous ? » Le 4 janvier 2015, trois jours avant la tuerie de *Charlie Hebdo* et au lendemain de l'exécution de Kassasbeh, le Normand Maxime Hauchard, devenu célèbre en participant à l'égorgement collectif de pilotes syriens, avait menacé sur Twitter en ces termes : « Je reste informé de la situation économique, politique et sociale en France afin de mieux préparer la contre-attaque [...]. L'État français doit bien savoir que la guerre ne se déroulera pas toujours dans les pays musulmans [...]. Donc un jour il faudra bien s'attendre que ce soit l'armée islamique qui entre en France. Et ce sera bien mérité ! »

Intervention russe et reprise d'Alep

Année de la projection sur la France et l'Europe du jihad du Shâm, 2015 marque également l'intervention militaire directe de la Russie sur le terrain syrien. Il s'agit de la première opération armée de Moscou en dehors des frontières de l'ex-URSS depuis la malencontreuse invasion de l'Afghanistan de 1979-1989. Elle puise sa justification dans la prolifération terroriste qui démultiplie la visibilité des jihadistes au sein de la rébellion depuis la proclamation du « califat ». Dès lors que l'aviation de la coalition internationale menée par les États-Unis et comportant des appareils européens et arabes pénètre dans l'espace aérien syrien pour y exécuter des frappes contre Daesh – et le Front al-Nousra –, le Kremlin se considère comme fondé à se joindre au processus. C'est chose faite le 30 septembre. À l'évidence, l'intention, par-delà le motif antiterroriste invoqué, est d'apporter l'appui décisif qui sauvera le régime syrien, et favorisera les objectifs propres de Vladimir Poutine. Le corps expéditionnaire prend ses quartiers principalement sur la base de Hmeimim, près de la Méditerranée au sud de Lattaquié, au cœur du territoire alaouite et à 20 km du fief de la famille Assad à Qardaha. Y sont stationnés plusieurs milliers d'hommes et une trentaine de chasseurs-bombardiers Sukhoï. Les frappes russes visent d'abord, en appui au sol à l'Armée syrienne loyaliste et aux quelque cinquante mille supplétifs chiites étrangers, à desserrer l'étau des rebelles sur les régions littorales, les grandes villes de Damas, Homs, Hamas et Alep, et à reconquérir des cibles symboliques importantes, à l'instar de Palmyre, capturée par Daesh le 21 mai 2015.

Carrefour caravanier depuis l'époque romaine entre la Mésopotamie et la Méditerranée, la ville de la reine Zénobie, universellement célèbre par ses ruines majestueuses et sa statuaire funéraire, a permis aux jihadistes d'établir une continuité terrestre entre le territoire central du « califat » de Raqqa à Mossoul et la Syrie occidentale vers Homs et Damas. Les dynamitages de monuments témoins des civilisations « impies », à l'instar de la destruction en Irak des chefs-d'œuvre du musée de Mossoul et du site assyrien de Nimrod en février précédent, la décapitation de l'ancien directeur des Antiquités et la suspension de son cadavre à une colonne, l'exécution spectaculaire de soldats du régime par des adolescents sur le proscenium du théâtre romain sont autant de mises en scène destinées à la sidération de l'adversaire – au moment où les attentats se multiplient en Europe ou en Tunisie – et à démontrer la puissance globale de l'organisation pour galvaniser les sympathisants et accroître les recrutements.

En Syrie même, Palmyre avait des connotations moins culturelles : sous son nom arabe de Tadmor elle était connue de manière infamante dans une large partie de l'opinion pour son pénitencier dans lequel eut lieu le 27 juin 1980 le massacre par les Brigades de défense de plusieurs centaines de détenus islamistes. La tuerie fut exécutée en rétorsion à une tentative d'assassinat du président Hafez al-Assad la veille, durant la campagne d'attentats perpétrée à cette époque par les Frères syriens, où le jeune Abou Moussab al-Souri fit ses premières armes (le carnage des jihadistes libyens incarcérés à la prison d'Abou Slim à Tripoli se déroula dans un contexte comparable le 29 juin 1996, comme on l'a vu plus haut p. 226). La chute de pareil symbole du despotisme ne pouvait qu'accroître le prestige de Daesh aux yeux de ses sympathisants potentiels.

Grâce à d'intenses bombardements russes, une première reconquête de Palmyre par les soldats de Damas eut lieu du 7 au 26 mars 2016, avec la participation de milices chiites étrangères, du Hezballah et de Gardiens de la Révolution iraniens. Le 5 mai, à l'initiative de Vladimir Poutine, un concert triomphal de musique classique russe et allemande fut donné dans le théâtre romain où s'étaient déroulées les exécutions – pour manifester aux yeux du monde la contribution du Kremlin à la lutte de la civilisation contre la barbarie, en présence d'une délégation de l'Unesco. Mais cette victoire fut éphémère, car tandis que le plus gros des troupes de Damas était mobilisé pour la reconquête d'Alep,

Palmyre fut réinvestie le 11 décembre suivant par Daesh. Ce n'est qu'après la chute de la métropole du Nord le 22 décembre 2016 que l'armée syrienne, appuyée sur les mêmes forces russes, iraniennes et supplétives chiites, put conduire une nouvelle – et finale – offensive, du 14 janvier au 2 mars 2017.

La chute d'Alep, dont la partie orientale et les quartiers populaires se trouvaient sous le contrôle des rebelles depuis le 19 juillet 2012, constitua le couronnement de la stratégie de Moscou, faisant basculer la guerre civile en faveur de son allié de Damas. Le conflit avait été mené méthodiquement depuis que les Occidentaux n'avaient pu s'entendre, en août 2013, sur des frappes punitives contre Bashar al-Assad après les lâchers de gaz sarin sur la Ghouta, et s'étaient retrouvés contraints à entériner le plan du Kremlin de destruction de l'arsenal chimique syrien sous l'égide de l'ONU avec la collaboration du régime. Mais la reconquête de la plus grande ville de Syrie fut facilitée, par-delà l'utilisation au sol des forces chiites étrangères usuelles et les bombardements russes sur les quartiers insurgés, par l'assentiment d'Ankara qui, au prix d'une de ces volte-face dont la guerre au Levant donna tant d'exemples, cessa d'approvisionner les assiégés. Le 20 décembre 2016, une rencontre entre officiels russes, turcs et iraniens dans la capitale turque, où les États-Unis n'étaient pas invités, avait finalisé le cessez-le-feu et l'évacuation des combattants, faisant suite à des pourparlers entre Russes, Turcs et rebelles plus tôt dans le mois. Ce réalignement de M. Erdogan, graduellement dissocié d'un axe américano-sunnite pour se rapprocher de M. Poutine, s'explique par la hantise d'une montée en puissance des Kurdes qui se traduisait par leur irrédentisme sur le territoire turc à l'occasion du chaos syrien.

Le grand jeu turc : entre projection néo-ottomane et contraintes nationales

La relation turco-syrienne, traditionnellement médiocre depuis Atatürk, avait pris un jour nouveau sous les auspices du Pr Ahmet Davutoglu, universitaire islamiste, conseiller diplomatique de M. Erdogan puis ministre des Affaires étrangères (2009-2014) et Premier ministre (2014-2016) de son gouvernement. Il fut le concepteur de la vision d'une « profondeur stratégique » de la Turquie gouvernée par le parti islamo-conservateur AKP, qui redécouvrait son environnement régional avec une appétence néo-ottomane après huit décennies de tropisme laïque et occidental. Un accord de libre-échange fut signé entre les deux pays dès 2004, prélude à un « marché commun levantin ». À l'occasion d'un entretien à Paris avec Bashar al-Assad en novembre 2010, quatre mois avant le déclenchement du « printemps de Damas », tandis que le président syrien, considéré alors comme fréquentable, menait une offensive de charme auprès d'un petit groupe d'intellectuels et universitaires français, ce dernier m'avait fait l'éloge des relations avec la Turquie, étendues au Liban et à la Jordanie, dans lesquelles il voyait une zone de prospérité bientôt comparable à l'Union européenne. L'idylle entre Ankara et Damas ne résista pas longtemps au soulèvement en Syrie, que le gouvernement turc, soucieux de se trouver « du bon côté de l'Histoire », encouragea. Sa politique globale envers les « printemps arabes » consista, en collusion avec le Qatar, à favoriser partout la venue au pouvoir des Frères musulmans dont l'AKP représente un épigone. Ce positionnement était en accord avec l'administration Obama et n'éveillait guère d'objections dans les chancelleries européennes résignées à l'apothéose du parti qui mêlait éthique islamique et esprit du capitalisme.

Siège d'une grande partie de l'opposition en exil, lieu de rencontre de multiples conférences et pourparlers des « Amis de la Syrie », accueillant environ la moitié des sept millions de réfugiés, la Turquie contrôle une frontière longue de 822 km avec ce pays. La plupart des points de passage, tombés aux mains de l'insurrection dans l'année de son déclenchement, furent le corridor privilégié de l'approvisionnement de celle-ci dans tous les domaines, de la nourriture aux médicaments jusqu'aux armes et munitions. La plupart de ces transferts ont été favorisés par la coalition internationale en soutien aux rebelles. Mais deux flux ont posé problème dès l'année 2013 : celui des jihadistes venant rejoindre le champ de bataille, ou repartant vers l'Europe afin d'y commettre des attentats, et celui des exportations de pétrole par le Front al-Nousra ou Daesh, exploitant les puits des territoires conquis. Ceux-ci engendraient des gains quotidiens estimés en 2015 entre 1 et 1,5 million de dollars, soit environ la moitié du budget de l'« État islamique » – classé organisation terroriste la plus riche du monde. Cette dernière question, qui a soulevé des polémiques en Turquie, a été graduellement réglée à partir de la fin de cette même année 2015 par les bombardements systématiques des convois de camions-citernes par l'aviation russe. En revanche, l'enjeu des flux transfrontaliers de jihadistes a suscité de nombreuses tensions avec les États occidentaux, notamment européens, ainsi lorsque des attentats d'ampleur ont été commis par des individus revenant de Syrie *via* la Turquie, à l'instar de plusieurs des tueurs du 13 novembre 2015 à Paris.

Le laxisme d'Ankara a été imputé à son inquiétude face au développement sur le côté sud de la frontière (ou Rojava) habité par des Kurdes d'une administration autonome sous l'égide du parti PYD, lié au PKK turc, comme on l'a vu plus haut, et à l'avantage que pourrait en tirer l'irrédentisme de ce dernier dans l'est de l'Anatolie. Ce faisant, le harcèlement des Unités de protection du peuple (YPG) par le Front al-Nousra et surtout Daesh, qui les considèrent comme des *kouffar* (mécréants) n'était pas pour chagriner Ankara. Or cet accommodement avec les ennemis de son ennemi kurde devint inacceptable pour les alliés de la Turquie au sein de l'OTAN tant que l'éradication des jihadistes internationaux fut la priorité des États occidentaux qui subissaient le terrorisme sur leur propre sol. En effet, constituant les plus efficaces – et longtemps les seuls – adversaires capables de vaincre Daesh sur le terrain, les YPG reçurent des armements américains extrêmement performants. Les autorités et la presse turques les accusèrent d'en avoir livré une partie au PKK, qui les aurait utilisés contre la gendarmerie, confrontée à une puissance de feu inouïe lors des affrontements qui reprirent avec les indépendantistes kurdes en 2014, après une trêve de deux ans, dans la ville et la région de Diyarbakir, au sud-est du pays.

Pareille tension entre Ankara et ses partenaires de l'OTAN eut pour conséquence un rapprochement progressif avec la Russie. La relation avait pourtant été particulièrement mauvaise puisque le 24 novembre 2015, deux mois après le début de l'intervention russe en Syrie, dont les bombardements visaient parmi d'autres cibles les rebelles soutenus par la Turquie, un chasseur Sukhoï Su-24 fut abattu au-dessus de la frontière turco-syrienne. Du fait qu'aucun avion militaire russe ni soviétique n'avait jamais été détruit en vol par un membre de l'OTAN, même pendant la guerre froide, Moscou prit des mesures de rétorsion, depuis les sanctions économiques jusqu'à une campagne de presse accusant un fils de M. Erdogan d'organiser le trafic de pétrole avec Daesh et Ankara d'avoir partie liée avec le terrorisme jihadiste. Les vieux réseaux communistes des indépendantistes kurdes, crypto-marxistes eux-mêmes, furent ravivés, des armes livrées, et l'aviation russe bombarda les convois de camions-citernes circulant entre les puits exploités par Daesh et la Turquie.

Le président turc ayant exprimé par courrier ses regrets à son homologue russe à la fin de juin 2016 (grâce à la médiation de leur collègue kazakh Nazarbaïev), la situation connut un renversement spectaculaire après le coup d'État manqué contre Erdogan le 15 juillet suivant. Attribué au prédicateur exilé aux États-Unis Fethüllah Gülen – ancien allié de l'AKP pour la conquête du pouvoir et la liquidation de l'héritage laïque du kémalisme en Turquie –, le putsch raté eut pour conséquence une répression féroce, créant une grave tension avec les chancelleries occidentales critiques envers les atteintes à la démocratie, d'autant plus que la dérive autoritaire s'était aussi traduite par le limogeage en mai du Premier ministre Davutoglu, partenaire apprécié en Occident. En revanche, Vladimir Poutine affirma immédiatement son soutien à son collègue d'Ankara – dont le mode de gouvernement devenait de plus en plus semblable au sien. Ce rapprochement soudain se manifesta par une mutation majeure de la position turque dans le dossier syrien. Pour les Occidentaux, l'éradication de Daesh primait désormais sur l'objectif du départ de Bashar al-Assad. Or elle passait par un appui massif aux YPG (issues, on l'a vu, du PKK et liées à lui), ressenti très négativement par la Turquie comme portant atteinte à ses intérêts vitaux. M. Erdogan donna ainsi la priorité au combat contre le PKK et les YPG sur le soutien aux rebelles syriens, et sacrifia pour cela la perspective de l'élimination du président Assad en échange d'une alliance avec Moscou et Téhéran lui laissant les mains aussi libres que possible face aux Kurdes.

Ce repositionnement complexe fut mis à l'épreuve six semaines à peine après le putsch manqué dans lequel de très nombreux officiers supérieurs avaient été impliqués puis arrêtés. Ankara déclencha l'opération militaire « Bouclier de l'Euphrate », laborieusement menée du 26 août 2016 au 29 mars 2017 sur le territoire syrien. Environ cinq mille soldats traversèrent la frontière, accompagnés d'une dizaine de milliers de rebelles appartenant à une trentaine de brigades plus ou moins affiliées à l'Armée syrienne libre et dorénavant dépendantes de l'aide turque au point d'en être réduites à leur servir de supplétifs. L'offensive visait Daesh, qui contrôlait les postes-frontières d'al-Raï et Jarablus, autour desquels passaient jihadistes, contrebande et flux financiers, ainsi que le district de la ville d'al-Bab – où se trouve le village de Dabiq. Mais surtout, derrière Daesh et en les confondant dans le même opprobre anti-terroriste, elle ciblait les Forces démocratiques syriennes (FDS), une coalition principalement composée des Kurdes des YPG et de quelques groupes arabes, déterminés de leur côté à déloger en premier Daesh qui occupait une zone séparant les provinces majoritairement kurdes de Hassaké à l'Est et Afrin à l'Ouest. Leur victoire dans cette course de vitesse aurait permis d'établir une région sous contrôle kurde d'un seul tenant au sud de la frontière – perspective inacceptable pour Ankara. Du 24 au 26 août 2016, l'offensive de la Turquie et des supplétifs de l'ASL, qui bénéficie d'un appui aérien américain, commence par chasser Daesh d'al-Raï et de Jarablus et est saluée par la communauté internationale.

Puis, du 27 au 30 août, les troupes turco-rebelles bombardent les FDS et les YPG kurdes pour les contraindre à quitter la ville majoritairement arabe de Manbij, et à se replier à l'est de l'Euphrate. La pression américaine – et même iranienne (Téhéran maintenant des liens avec le PKK) – sur Ankara interrompt les hostilités. L'offensive se poursuit alors malaisément jusqu'au 23 mars 2017 en direction d'al-Bab, bastion de Daesh, mais des combats l'opposent là aussi aux FDS-YPG, protégés par des forces spéciales américaines. Quant à l'armée syrienne et aux contingent chiites étrangers, ils contournent al-Bab par le Sud, et parviennent aux berges de l'Euphrate.

Ces batailles se traduisent *in fine* par un recul significatif de Daesh, qui perdra tout accès à la frontière. Elles voient s'affronter quatre adversaires distincts : les Turcs et leurs supplétifs rebelles syriens, les Kurdes syriens et leurs propres alliés arabes, les troupes « loyalistes » de Bashar al-Assad et du Hezballah, ainsi que Daesh. Les trois premiers protagonistes se livrent entre eux à des escarmouches d'autant plus circonscrites que les États-Unis et la Russie, par la présence de forces spéciales au sol et des bombardements, veillent aux intérêts de leurs protégés pour éviter l'irréparable. Seul Daesh est l'ennemi officiel de tous, et son éradication est programmée. L'opération « Bouclier de

l'Euphrate » est déjà emblématique des conflits qui pro-
longeront dans le futur la guerre du Shâm, avec l'entrelacs
des enjeux ethniques, confessionnels et idéologiques qui
opposent les acteurs sur le terrain, et l'intervention des
deux grandes puissances américaine et russe.

Le prix à payer fut lourd pour Moscou comme Ankara
en termes de rétorsion terroriste. L'ambassadeur russe
en Turquie fut tué par un policier turc sympathisant de
Daesh le 20 décembre 2017 et un attentat causa trente-
neuf morts la nuit de la Saint-Sylvestre dans la discothèque
Reina, night-club le plus chic d'Istanbul, perpétré par un
jihadiste ouzbek passé par le territoire du « califat islamique ». Et deux soldats turcs capturés pendant l'offensive
sur al-Bab furent brûlés vifs dans une cage, comme l'avait
été le pilote jordanien Moazz al-Kassasbeh. La vidéo de
leur supplice fut mise en ligne le 22 décembre, jour de la
chute d'Alep.

Tel fut l'environnement dans lequel eut lieu la capitulation négociée des assiégés d'Alep. Le « lâchage » partiel
de leur parrain turc, prix à payer pour l'alliance avec Moscou afin d'avoir les mains libres contre les milices kurdes,
signifia la fin de tout espoir de la rébellion de l'emporter
contre le régime de Damas, désormais conforté dans son
devenir. Mais Ankara se portait toujours garant en partie
de celle-ci, qui pouvait lui servir d'atout dans des négociations futures, et avait organisé le transfert des combattants vers la province d'Idlib, où se regroupèrent à partir
de l'année 2017 les brigades des insurgés qui étaient
évacuées en cas de reddition de tout point du territoire.
Ce fut le cas même quand l'armée libanaise et le Hezballah chassèrent en août les jihadistes syriens retranchés
dans la ville sunnite frontalière d'Ersal : ils furent amenés

en autobus climatisés vers Idlib, bénéficiant d'un sauf-conduit à travers les zones contrôlées par les soldats de Damas.

Dans cette province, la première où s'était structuré dès 2012 un « territoire libéré », se juxtaposaient de nombreuses brigades rebelles, parmi lesquelles les jihadistes du Front al-Nousra, pris en tenailles entre Daesh qu'il combattait, mais dont il partageait la détestable réputation terroriste, et des groupes bien équipés par les États-Unis ou la Turquie. Chaque faction prenait position, tant dans cette zone que dans le Sud autour de Deraa et dans le Golan, pour négocier au mieux son avenir, après la chute d'Alep et dans la perspective de la destruction du « califat ». Déjà, dans le long entretien qu'il avait accordé sur Al-Jazeera au journaliste et Frère musulman Ahmad Mansour le 27 mai 2015, filmé probablement dans le palais du gouverneur d'Idlib tout juste capturé, le chef du Front, Abou Mohammed al-Jolani, s'efforçait de se dissocier de Daesh – selon l'analyse précise du chercheur suédois Aron Lund publiée deux jours plus tard sur son site de référence « Syria in Crisis ». Tant la vêture « typiquement syrienne » du personnage, assis pour l'occasion sur un fauteuil incrusté de nacre à la mode levantine, que le propos avaient pour ambition de présenter l'image d'un « jihadiste modéré » implanté sur le terrain, dans la lignée de la pensée de Sayyid Qotb et non du salafisme ultra de Baghdadi. Ainsi Jolani, relancé par son interlocuteur complaisant, expliquait-il que chrétiens et alaouites n'avaient pas vocation à être systématiquement massacrés – comme Daesh en donnait l'exemple dans ses vidéos d'exécutions diffusées sur les réseaux sociaux – mais à payer la capitation (*jiziya*, « impôt de protection » humiliant) pour les premiers – et à abandonner leur hérésie et revenir à l'islam pour les seconds...

En 2016, signe d'un renversement de la surenchère à la radicalisation et de l'impasse où elle avait mené la rébellion, des débats eurent lieu au sein du Front al-Nousra pour changer une appellation évoquant par trop les relations originelles avec Daesh, et s'émanciper de l'allégeance à Al-Qaïda devenue embarrassante. Fin juillet, Jolani, dans sa première apparition à visage découvert diffusée en exclusivité par Al-Jazeera qui assumait ostensiblement sa promotion et sa communication, annonça la dissolution de l'organisation, la séparation d'avec Zawahiri et la renaissance sous le nom plus sobrement islamiste de Front de la conquête du Shâm (*Jabhat Fatah ash Shâm* – le terme *fatah* désignant littéralement l'ouverture à l'islam d'un territoire), mais cela suscita de multiples scissions dans ses rangs. Cette dilution de l'identité jihadiste fut toutefois insuffisante pour permettre au mouvement relooké de se fondre avec d'autres brigades rivales rassemblées dans la région d'Idlib. Jolani changea l'appellation une nouvelle fois six mois plus tard en Organisation de libération du Shâm (*Hayat Tahrir ash Shâm*), dans une recherche constante de légitimité et d'attraction sur le restant des rebelles – à moins que cela n'eût témoigné, après un lustre de guerre infructueuse et la perte d'Alep, d'une sorte de fatigue du jihad comme tel et d'un ajustement tactique. L'ultime vocable ne contenait plus grand-chose d'islamiste – le terme « libération » (*Tahrir*) appartenant typiquement au registre du nationalisme arabe –, si ce n'est la connotation messianique du *Shâm* dans les textes religieux, mais on pouvait l'entendre simplement dans son acception neutre et géographique de « Levant ». Des scissions de brigades locales loyales à Al-Qaïda se produisirent dans la violence, avec emprisonnement et exécutions. Cela ne suffirait pourtant pas à rendre l'organisation respectable aux yeux de la coalition internationale, malgré les efforts en ce sens d'Al-Jazeera et de Doha.

La région d'Idlib fut érigée en « zone de désescalade », lors de la conférence d'Astana, tenue dans la capitale du Kazakhstan en septembre 2017 pour faciliter la solution militaire en Syrie dans la perspective d'un futur cessez-le-feu sous l'égide de la Russie, de l'Iran et de la Turquie. Dans les faits, les négociations ont lieu entre Russes et Turcs, au nom de leurs alliés respectifs, les forces du régime et de la rébellion. Les premiers veillent à éviter que les soldats loyalistes syriens n'attaquent l'enclave, et les seconds – qui disposent là au printemps 2018 d'une douzaine de points de contrôle avec quelques chars chacun – s'efforcent de faire de même afin que les insurgés persévèrent dans un état de non-belligérance face aux troupes de Damas. Dans la réalité, il en alla autrement, car le Front al-Nousra, devenu l'Organisation de libération du Shâm au terme de contorsions onomastiques qui n'avaient guère convaincu, restait officiellement exclu, terrorisme et jihadisme obligent, de la trêve, et il prépara une offensive sur Hama. Il demeura néanmoins la force dominante tout au long de l'année 2017, régentant en particulier la zone frontalière avec le département turc du Hatay d'où provenait toute l'aide humanitaire pour les deux millions de réfugiés et déplacés de la province d'Idlib, et dont la distribution constituait un moyen unique de forcer les allégeances et recrutements dans les camps. Ainsi, tandis que l'offensive militaire de la coalition sous direction occidentale se focalisait à l'est de la Syrie sur l'éradication de l'« État islamique » à Raqqa, persistait à l'ouest un foyer jihadiste majeur, inspiré originellement par l'idéologie d'Al-Qaïda, et déterminé à mener une guérilla en élargissant ses alliances avec d'autres rebelles. Les modalités de son affaiblissement, à partir du début de 2018, seraient l'un des enjeux de la recomposition du paysage politique après la fin du « califat ».

La chute du « califat »

En rétrospective, l'année 2017 fut principalement marquée par la chute de l'« État islamique » – dont la métropole irakienne de Mossoul tomba le 10 juillet, et la « capitale » Raqqa le 17 octobre. L'élimination territoriale du « califat » changea la donne, non seulement en Syrie, mais dans toute la région et dans l'Occident frappé par un terrorisme international coordonné à partir de celui-ci. Elle achevait un cycle, dont aucun acteur ne maîtrisait véritablement les tenants et les aboutissants dans leur complexité, et ouvrait surtout à une ère de recomposition du Moyen-Orient et de la Méditerranée selon des lignes à la fois renouvelées et anciennes, qui détermineraient l'avenir de cette région, ses relations avec son voisin européen ainsi que son insertion dans le système du monde. La chute des deux cités emblématiques du « califat », l'une en Irak et l'autre en Syrie, fut l'occasion d'observer les rapports de forces, afin d'anticiper leur évolution.

L'offensive contre Daesh à Mossoul impliqua les soldats de l'État irakien qui y recouvrait ainsi sa souveraineté – contrairement à ce qui se produirait à Raqqa, à la libération de laquelle ne participèrent ni les troupes de Bashar al-Assad ni ses soutiens chiites même s'ils poussèrent leur avantage en reconquérant au sud de cette ville le désert oriental syrien. L'alliance qui reprit Mossoul, au terme d'une campagne longue et difficile qui s'étendit sur neuf mois, malgré la disproportion des adversaires, comprenait la plupart des acteurs régionaux et internationaux disposant d'une force de projection militaire. Outre l'Irak, à travers son armée nationale et ses divers supplétifs, elle incluait les peshmergas venant du Gouvernement régional kurde (KRG) d'Erbil, des brigades locales de la région de Ninive (chrétiennes et yézidies) ainsi que la Turquie et l'Iran, et huit pays de la coalition dirigée par les États-Unis, dont la France et le Royaume-Uni. Si l'éradication de Daesh constituait le but de guerre partagé, chaque partenaire observait l'autre en veillant à limiter l'avantage qu'il pourrait retirer de la victoire commune attendue – sur le modèle de ce qui s'était déroulé lors de l'opération « Bouclier de l'Euphrate » quelques mois auparavant. En reprenant ce bastion sunnite, où Daesh avait bénéficié de complicités et de l'assentiment, au moins passif, d'une partie de la population locale marginalisée par le gouvernement Maleki, les troupes de Bagdad, formées et équipées par les États-Unis tout en étant sous la surveillance de l'Iran, devaient remporter un succès militaire qui serait sans lendemain si elles ne conquéraient pas les cœurs et les esprits.

Le condominium complexe exercé sur Bagdad par Washington et Téhéran, obligés en Irak à un *modus vivendi* alors que tout opposait par ailleurs l'Amérique et la République islamique, contraignit à laisser en retrait les supplétifs chiites du Hachd Cha'abi (« mobilisation populaire ») qui s'étaient rendus coupables de nombreuses exactions envers les sunnites durant la montée vers Mossoul. Ces groupes paramilitaires étaient nés à l'appel du grand ayatollah de Najaf, Ali al-Sistani, après l'effondrement de l'armée irakienne au moment de la prise de la ville par les jihadistes en juin 2014, tandis qu'ils déferlaient vers Bagdad. Entraînés et encadrés par les Gardiens de la Révolution iraniens, ces miliciens représentent depuis lors l'un des principaux relais de Téhéran en Irak. En parallèle à ces forces attaquant Mossoul par le sud, l'offensive fut lancée à partir du Nord-Est par les peshmergas venus du Gouvernement régional kurde d'Erbil. Ceux-ci (sunnites pour la plupart) bénéficient – à l'encontre de leurs rivaux du PKK turc et des YPG syriennes – du soutien de la Turquie. Ankara se présente, dans une démarche post-ottomane, comme le défenseur des sunnites, notamment des Turkmènes, une ethnie turcophone très présente dans la ville de Tal Afar sur la frontière syro-irakienne, pépinière d'officiers supérieurs baathistes fidèles de Saddam Hussein recyclés par la suite dans le haut commandement de Daesh. Finançant la milice antijihadiste dirigée par l'ancien gouverneur de Mossoul, M. Erdogan s'est vu opposer une fin de non-recevoir par le Premier ministre irakien Abadi à sa volonté d'envoyer des troupes prendre part à la reconquête de la ville – même si un contingent y participa toutefois, ainsi que l'aviation. L'antagonisme arabo-kurde a eu pour effet de maintenir les peshmergas en lisière de Mossoul, leur permettant seulement d'accompagner les chrétiens et yézidis qui récupéraient leurs villages de la plaine de Ninive d'où ils avaient été chassés par Daesh.

Face à une dizaine de milliers de combattants jihadistes, la coalition de leurs adversaires a mobilisé une force environ dix fois supérieure, outre les bombardements aériens occidentaux sur la cité assiégée. Il faut cependant compter sept mois, de novembre à juillet, pour reprendre Mossoul, dont deux pour les douze derniers kilomètres carrés de la vieille ville. Le 21 juin 2017, la mosquée Al-Nouri où le « calife » de Daesh Abou Bakr al-Baghdadi, vêtu de noir à la mode abbasside, avait prononcé son premier sermon du vendredi le 4 juillet 2014, est dynamitée avec son minaret incliné, Al-Hadba, par les jihadistes. Les lieux sont aujourd'hui quadrillés par des barrages de l'armée irakienne, qui arborent des bannières représentant l'Imam Hussein, figure fondatrice du martyrologe chiite.

La reconquête de Raqqa prend la suite de celle de Mossoul : déclenchée le 6 juin 2017, elle ne dure que quatre mois et onze jours, pour s'achever le 17 octobre. La ville est environ cinq fois moins peuplée que la métropole irakienne – qui comptait encore un million et demi d'habitants à la veille de l'offensive. La disproportion des forces en présence est bien moindre – une dizaine de milliers d'assaillants et probablement trois mille jihadistes face à eux. L'attaque terrestre est menée par les Forces démocratiques syriennes (FDS), au sein desquelles les Kurdes des YPG sont largement dominants, accompagnés de brigades arabes. Les armées syrienne loyaliste, turque et russe ne participent pas à ces combats qui se déroulent sous l'égide de la coalition internationale dirigée par les États-Unis, soutenus par la France et le Royaume-Uni, avec l'appui des aviations jordanienne et émiratie. À la chute de Raqqa le 17 octobre, on estime que près de mille cinq cents jihadistes sont morts, que la moitié ont été capturés, tandis que trois cents d'entre eux, appartenant aux tribus locales pour la plupart, ont été transférés vers la dernière poche contrôlée par Daesh, Deir ez-Zor, en échange de l'évacuation des civils. Le 18 octobre, sur la grand-place An Naïm, où Daesh procédait aux exécutions publiques, une commandante des Unités de protection de la femme (YPJ) plante le drapeau des Forces démocratiques syriennes, et le lendemain un immense portrait d'Abdullah Ocalan, fondateur et président du PKK emprisonné en Turquie dans l'île-prison d'Imrali, y est déployé. Ses enseignements sont dispensés à la manière d'un catéchisme dans tout le Rojava.

Le 11 décembre 2017, Vladimir Poutine effectue une brève escale sur la base militaire russe de Hmeimim, au cours d'une tournée en Égypte et Turquie. Sur les images diffusées par les médias Spoutnik ou Russia Today, Bashar al-Assad, empressé auprès du maître du Kremlin, apparaît comme un vassal. Le président russe se félicite du succès remporté par ses soldats dans la lutte contre le terrorisme, et annonce qu'une partie significative du corps expéditionnaire va rentrer à la maison, une fois sa mission accomplie. Pourtant, les troupes russes restent présentes. Elles jouent un rôle central de coordination et de soutien lors de l'offensive lancée par le régime de Damas pour reprendre aux rebelles la Ghouta orientale, banlieue populeuse de la capitale, en février-avril 2018. Face à la coalition dirigée par les États-Unis dont le président présente peu d'appétence pour agir au Moyen-Orient, et avec des acteurs régionaux profondément divisés, s'ouvre dans l'incertitude une nouvelle page, celle de la sortie du conflit, après qu'a été mené depuis six années le processus de « destruction d'une nation » – comme l'a nommé Nikolaos van Dam, connaisseur de longue date du pays et auteur de l'un des meilleurs livres sur la guerre civile syrienne, *Destroying a Nation* (Hurst, 2017).

CONCLUSION

La « destruction de la nation » syrienne, qu'avait portée au paroxysme la délimitation par le « califat » de Daesh d'un État jihadiste effaçant la frontière « impie » tracée entre Irak et Syrie par les accords Sykes-Picot de 1916, demeure toutefois, après la chute de l'« État islamique », un phénomène résilient. La Syrie – que la puissance mandataire française avait morcelée initialement en un État de Damas, un État d'Alep, un État des Druzes, un Territoire des alaouites ainsi que le Sandjak d'Alexandrette – est à la fin de 2017 divisée entre des zones dont certaines sont contrôlées par le pouvoir de Damas, d'autres par les rebelles ou par les Kurdes du PYD. L'armée turque y est présente, et se livre en février-mars 2018 à une incursion dans le canton frontalier d'Afrin où elle lutte contre les Kurdes – au secours desquels se portent des chiites encadrés par les Gardiens de la Révolution iraniens, alors que Téhéran est l'allié d'Ankara et de la Turquie au sein du processus d'Astana. Les troupes russes au sol et l'aviation participent au combat, à partir de la base de Hmeimim principalement, et les forces spéciales américaines et françaises sont stationnées dans le Nord-Est en soutien aux Kurdes. En février 2018,

un affrontement les oppose à un raid de tribus arabes et
de mercenaires russes sur un puits de pétrole – ce qui se
traduit par des dizaines de morts chez les assaillants. À
l'instar des Grandes Compagnies du Moyen Âge européen,
les supplétifs chiites vivent sur le pays où ils ont établi des
fiefs sur lesquels l'autorité de Damas n'est guère affermie,
et il en va de même des diverses brigades sunnites, depuis
les restes de l'Armée syrienne libre désormais inféodée à
Ankara jusqu'aux jihadistes en passant par les salafistes de
toutes obédiences, qui pratiquent des formes d'extorsion
légitimées ou non par la charia sur la population locale.
Cette situation se retrouve à des degrés moindres au Yémen
et – dans une certaine mesure – en Libye, mais c'est en
Syrie qu'elle a atteint son point culminant : l'interférence
entre des acteurs militaires paraétatiques et des puissances
étrangères crée les éléments du chaos qui symbolise par
excellence le défi le plus extrême pour l'ensemble de la
région Moyen-Orient-Méditerranée – et dont les pages
qui suivent vont s'efforcer de définir les enjeux et la mise
en contexte.

Troisième partie

APRÈS DAESH :
DÉSAGRÉGATION ET RECOMPOSITIONS

1

La fracture du « bloc sunnite »

La disparition du « califat » de Daesh en octobre 2017 advient tandis que l'espace de sens sunnite connaît des divisions très profondes. Celui-ci avait pourtant fait bloc face au chiisme à l'occasion des « printemps arabes » de 2011, comme le montra dès le 14 mars la répression du soulèvement à Bahreïn. Menée conjointement par les forces armées et de police saoudiennes, émiraties et qataries au nom du Conseil de coopération des États arabes du Golfe (CCEAG), elle se prémunissait de l'expansionnisme prêté à Téhéran. Plus tard dans l'année, l'ensemble des États sunnites importants, voisins de la Syrie, avaient en revanche apporté leur soutien à la rébellion, massivement sunnite, contre le régime de Bashar al-Assad – lui-même alaouite et appuyé par l'Iran et la Russie. Riyad, Abou Dhabi, Doha, Le Caire, Amman, Ankara avaient contribué de manière axiale, avec la Ligue arabe, l'Organisation de la conférence islamique ainsi que Washington et Bruxelles au consensus international rassemblant les « Amis de la Syrie » pour porter assistance à l'opposition. La première réunion eut lieu à Tunis en février 2012, et en décembre les représentants de cent quatorze nations se retrouvèrent à cette fin à Marrakech. Mais ils n'étaient plus que onze participants lors de la sixième – et dernière – à Doha le 22 juin 2013. Dans l'intervalle, l'insurrection syrienne était graduellement passée sous le contrôle d'une mouvance islamiste – puis, pour certaines brigades, jihadiste – où s'aiguisait la concurrence entre groupes armés soutenus par le Qatar et la Turquie d'un côté, l'Arabie et les Émirats de l'autre. Quant aux soulèvements en Tunisie, Libye et Égypte, ils avaient vu les Frères musulmans en disputer le leadership à des opposants allant des démocrates laïques aux militaires. Les deux camps avaient également leurs parrains et sponsors respectivement à Doha et Ankara face à Riyad et Abou Dhabi.

L'OSTRACISME CONTRE LE QATAR

Alors que la situation du président égyptien Morsi apparaissait irrémédiablement compromise, l'émir du Qatar annonça le 28 juin 2013, dans la semaine qui suivit l'ultime conférence sur la Syrie, son abdication en faveur du prince héritier Tamim, âgé de trente-trois ans et fils favori de sa troisième et médiatique épouse, cheikha Mouza. En quittant le pouvoir à soixante et un ans, il assumait l'insuccès d'une politique ambitieuse qui avait voulu faire des Frères musulmans les bénéficiaires des « printemps arabes » et ses relais pour disputer à l'Arabie saoudite l'hégémonie sur le monde sunnite. Arbitrant ainsi la succession, il mettait sur la touche le Premier ministre et homme le plus riche du pays Hamed bin Jassem, patron de la chaîne Al-Jazeera, thuriféraire des Frères, lui faisant endosser l'échec stratégique du soutien à ces derniers – et il procurait de la sorte quelque répit à la dynastie. Le surlendemain, en effet, une manifestation monstre accompagnée par les hélicoptères de l'armée se tenait au Caire contre le président Morsi. Le 3 juillet, un pronunciamiento donna tous les pouvoirs au général Sissi – appuyé par l'Arabie et les Émirats.

Cette fissuration du bloc sunnite continua à s'approfondir pendant les quatre années suivantes, malgré le changement de dirigeant au Qatar, à l'épreuve des conflits entre les Frères et leurs adversaires. En Libye, Doha, épaulé par Ankara, soutenait à Tripoli les islamistes de Fajr Libya, le mufti radical de même tendance Sadeq al-Ghariani, son influente chaîne de télévision locale modelée sur Al-Jazeera, et l'ancien jihadiste Abdelhakim Belhadj. Dans le camp opposé, Riyad, Abou Dhabi et Le Caire se tenaient aux côtés du maréchal Haftar en Cyrénaïque et des milices de Zintan en Tripolitaine, sous le contrôle desquels Saïf al-Islam Kadhafi, leur prisonnier, fit annoncer dès décembre 2017 sa candidature éventuelle à la présidence de la République. En Tunisie, les premiers avaient apporté leur appui à Nahda, et les seconds à Nida Tunis. Au Yémen, même si le Qatar participa à la coalition internationale menée par l'Arabie et les Émirats arabes unis à partir de mars 2015 contre les Houthis qui s'étaient emparés du pouvoir à Sanaa, il maintint sa propre stratégie : il conservait avec ces derniers un canal de communication pour rechercher une issue négociée à la crise, de même qu'il entretenait une relation privilégiée avec le parti Islah, branche locale des Frères musulmans. Les organisations caritatives et humanitaires religieuses qataries investissaient le pays pour construire des relais et manifester ainsi le *soft power* de l'émirat gazier.

L'arrivée de Donald Trump à la Maison-Blanche en

janvier 2017 referma le dialogue (*engagement*) avec les Frères qu'avait ouvert son prédécesseur Barack Obama. Elle changea aussi la donne dans la politique iranienne de Washington, qui remit en question l'accord de Vienne du 14 juillet 2015 sur la limitation du programme nucléaire de Téhéran en contrepartie de la levée des sanctions économiques (JCPOA). Lors de son voyage inaugural à l'étranger, le quarante-cinquième président des États-Unis effectua à Riyad sa première escale, les 21 et 22 mai 2017. Il y érigea la lutte contre le terrorisme en principal thème de son séjour, ciblant la République islamique et son affidé le Hezballah, ainsi qu'un ensemble sunnite culminant dans Daesh, Al-Qaïda et le Hamas. Cette version revisitée de la « guerre contre la Terreur » qu'avait déclarée George W. Bush à l'automne 2001 serait confortée au fil des remaniements dans l'exécutif américain par la désignation comme secrétaire d'État de Mike Pompeo et comme conseiller à la Sécurité nationale de John Bolton en mars 2018, tous deux vétérans de ce combat. Le motif en était différent : alors que l'Arabie saoudite de 2001, dont quinze ressortissants figuraient parmi les dix-neuf kamikazes du 11 Septembre, avait été l'objet de graves soupçons et d'une forte défiance, celle de 2017 devint le vecteur par excellence du nouvel axe antiterroriste américain. Quinze ans auparavant, le rêve chimérique néoconservateur avait consisté à faire surgir une république irakienne chiite et démocratique qui serait le relais principal des États-Unis dans la région, punissant ainsi le royaume des Saoud en lui substituant Bagdad comme *swing producer* (producteur élastique) d'hydrocarbures. Désormais, l'échec consommé de ce projet puis les succès irano-russes dans la guerre civile syrienne rendaient sa place cardinale dans la stratégie américaine à la monarchie dirigée *de facto* par le prince héritier Mohammed Ben Salman. Cette absolution plénière pour toute implication ou tout laxisme saoudien dans la « double razzia bénie » contre New York et Washington fut conférée de façon spectaculaire avec l'inauguration conjointe, dans l'enceinte du palais à Riyad, du Centre mondial pour combattre l'idéologie extrémiste (Global Center for Fighting Extremist Ideology, connu sous le nom d'*I'tidal*, « modération », en arabe) par le président Trump, le roi Salman et le raïs égyptien Sissi. Tous trois se firent photographier joignant les mains sur un mystérieux globe lumineux, entourés de dirigeants sunnites, comme si les États-Unis affermaient à la monarchie cette tâche dans la région, entérinant en contrepartie ses inimitiés particulières.

L'aggravation des tensions entre le Qatar d'un côté, et l'Arabie, les Émirats arabes unis, Bahreïn et l'Égypte de l'autre, fut précipitée le 24 mai, deux jours après la fin de ce sommet antiterroriste de Riyad, auquel l'émir Tamim avait assisté en participant mineur. L'officielle *Qatar News Agency* publia des propos de celui-ci qualifiant l'Iran de « puissance stabilisatrice dans la région » que l'on « ne pouvait ignorer » et qu'il était « imprudent d'affronter ». Ils furent abondamment repris par ses adversaires, en dépit des protestations de Doha établissant que le site de l'agence avait été victime de hackers et que les déclarations constituaient des *fake news* – dont l'origine fut successivement imputée à Moscou et Abou Dhabi.

L'argumentaire qui donna matière à cette escalade subite provenait d'une rançon versée par le Qatar à la mi-avril pour libérer vingt-six otages, dont plusieurs membres de la famille dirigeante. Ils avaient été capturés en décembre 2015 au sud de l'Irak par une branche du Hezballah local durant une partie de chasse à l'outarde – activité très prisée par l'aristocratie bédouine qui s'adonne à la fauconnerie. Selon le *New York Times*, l'émirat aurait payé une cinquantaine de millions de dollars à l'Organisation pour la libération du Shâm (ci-devant Front al-Nousra) et ses alliés salafistes d'Ahrar al-Shâm, ainsi que des sommes astronomiques à leurs ravisseurs chiites et à divers intermédiaires. L'injection d'environ un milliard de dollars dans la guerre du Levant, bénéficiant à des factions extrémistes des deux camps, avait nourri les accusations saoudiennes et émiraties de « financement du terrorisme » par Doha. Quant aux kidnappeurs, ils auraient extorqué ce prodigieux butin d'abord pour sécuriser l'évacuation vers la zone contrôlée par l'armée syrienne loyaliste des résidents de deux villages chiites de la province d'Idlib, Foua et Kfaraya, assiégés par les groupes jihadistes dirigés par le Front al-Nousra depuis le printemps 2015 – en soudoyant ceux-ci. Cela permit en contrepartie le transfert dans cette « zone de désescalade » de la population de deux bourgs sunnites insurgés proches de Damas et encerclés par les milices liées au régime – Mayada et Zabadani, situés dans l'Anti-Liban –, afin de servir de monnaie d'échange pour soulager le siège des deux villages chiites. L'énormité des montants en jeu – et la qualité des otages – laissait supposer des relations au plus haut niveau avec les organismes de renseignement de l'Iran, parrain du Hezballah. La partie qatarie argua que la somme avait été versée à l'État irakien (qui en préleva en effet un tiers environ, dans des conditions rocambolesques précisément restituées par Robert Worth dans son enquête fouillée du *New York Times Magazine* parue le 14 mars 2018). Mais l'essentiel des fonds servit à favoriser une sorte d'épuration ethno-confessionnelle en Syrie au profit du régime et de ses alliés, qui sécurisaient les alentours de Damas en éloignant des populations sunnites insurgées. Doha, en y prêtant la main *nolens volens* pour sauver ses otages princiers, fournit l'occasion idoine à ses adversaires pour l'incriminer.

Le Qatar fut ainsi désigné par un « bloc saoudien » formé de ce pays, des Émirats arabes unis, de Bahreïn et de l'Égypte tout à la fois comme le fourrier du terrorisme sunnite – au moment où l'offensive de la coalition internationale contre le « califat » de Daesh battait son plein à Mossoul – et comme le complice de Téhéran. Les 5 et 6 juin 2017, ces quatre États rompirent leurs relations diplomatiques avec lui et instaurèrent un sévère blocus terrestre, maritime et aérien. Cela eut un effet délétère sur l'unité du CCEAG puisque le Koweït – qui avait pourtant contribué à soutenir aux côtés de Riyad et Abou Dhabi le pronunciamiento du maréchal Sissi en juillet 2013, maintint le contact avec le Qatar, s'offrant en médiateur dans la crise. Le sultan d'Oman (que son appartenance à l'ibadisme avait toujours tenu à distance des solidarités sunnites) fit de même, allégeant l'embargo par ses ports et aéroports. Ces deux États craignaient que la mise au pas de Doha, si elle aboutissait, ne fût suivie de mesures similaires à leur encontre, conduisant à une vassalisation par le géant saoudien, comme l'avait vécue Bahreïn, tout particulièrement depuis l'avortement de la révolte à Manama le 14 mars 2011. Avec la création du CCEAG en 1981 pour faire face à l'expansion de la révolution islamique iranienne dans la péninsule Arabique, les petits États côtiers du Golfe, dont l'indépendance avait été soutenue par les Britanniques puis l'Occident afin d'éviter que Riyad ne contrôle de trop grandes quantités d'hydrocarbures par rapport au marché mondial, avaient dû aliéner une part de leur souveraineté à cette instance dominée *de facto* par leur gigantesque voisin.

En réaction, l'émir Hamad du Qatar, en renversant en 1995 son père jugé inféodé à l'Arabie, avait fait de la distanciation envers le royaume l'axe de sa politique. Cette hardiesse lui fut permise par l'accroissement exponentiel des revenus du Trésor sous son règne grâce à l'exploitation et l'exportation de gaz naturel liquéfié (GNL). Le produit national brut bondit de 18 à 210 milliards de dollars (pour deux millions six cent mille habitants, dont quelque trois cent mille nationaux) dans les deux décennies séparant son intronisation de l'abdication en faveur de son fils Tamim en juin 2013. Tandis que l'Arabie saoudite se figeait du fait de sa gérontocratie, le Qatar mit sa soudaine et fabuleuse richesse au service d'une ambition de modernisation tous azimuts. Elle épouserait les transformations sociologiques du Moyen-Orient, investirait les multiples canaux d'un *soft power* arabe alors balbutiant, et constituerait un modèle alternatif et dynamique à une Arabie percluse. Créée en 1996, l'année suivant la prise du pouvoir par l'émir Hamad, la chaîne Al-Jazeera en fut le vecteur médiatique par excellence – comme le détaille Claire Talon dans son livre *Al Jazeera : liberté d'expression et pétromonarchie* (2011). La tribune permanente qu'elle offrait aux diatribes et autres philippiques de tous les opposants au royaume valut au Qatar le rappel de l'ambassadeur saoudien entre 2002 et 2008. Elle devint à nouveau le point focal de la crise de 2017 – à cause du rôle cardinal qu'elle avait joué dans les soulèvements arabes depuis 2011 et de sa promotion *urbi et orbi* des Frères musulmans.

En effet, la fermeture de la station de télévision fut la première des treize exigences de Riyad et de ses alliés pour lever le blocus – parmi lesquelles on comptait également la réduction du niveau des relations diplomatiques avec l'Iran, la rupture avec les Frères, le Hamas, Daesh, Al-Qaïda, le Front al-Nousra (ultérieurement, on l'a vu, Organisation de libération du Shâm), ainsi que le Hezballah. Figurait aussi dans la liste l'injonction à clore une base militaire turque où commençaient à s'installer quelques dizaines de soldats. Le parlement d'Ankara en avait ratifié la création en juin 2015, dans le cadre de l'alignement de la politique des deux États en soutien aux rebelles syriens et plus généralement aux Frères à travers le monde. Dès la déclaration du blocus, M. Erdogan prit *a contrario* la défense du Qatar, accrut le nombre de ses troupes (qui atteindraient trois mille hommes en mars 2018) et exporta massivement ses produits alimentaires qui suppléèrent (avec ceux de l'Iran) les importations provenant auparavant de l'Arabie ou transitant par elle. Enfin Doha annonça le 24 août, par un ultime défi à ses adversaires, qu'un ambassadeur serait accrédité à Téhéran.

La fracture du bloc sunnite à partir du printemps 2017, qui poussait à son terme un processus de fissuration initié par les soulèvements arabes de 2011 mais aux origines plus anciennes, rapprochait paradoxalement le Qatar et la Turquie, alliés aux Frères qui luttaient contre le pouvoir syrien, de l'Iran qui appuyait Bashar al-Assad. Ce trio sunnite-chiite improbable vit le jour en réaction à l'Arabie et à ses partenaires – brisant l'apparente cohésion sunnite face aux sectateurs des Imams Ali et Hussein. Pourtant, par-delà les vicissitudes de la guerre au Levant, il a existé d'emblée une convergence idéologique entre les Frères et la République islamique, tous deux ayant leur noyau dans la classe moyenne pieuse et déterminés à établir un régime politico-religieux. Téhéran et son relais le Hezballah libanais avaient apporté leur soutien au Hamas, tout sunnite qu'il fut, dès sa création en décembre 1987. En 1984 l'Iran avait émis un timbre-poste « à la mémoire du martyre de Sayyid Qotb », qui représentait l'auteur de *Signes de piste* derrière les barreaux, sur un fond rouge, couleur utilisée pour magnifier à cette époque les nombreux *shahid* (« martyrs ») du conflit contre l'Irak de Saddam. Quant au Guide Ali Khameneï, il traduisit de l'arabe au persan plusieurs ouvrages de Qotb. Et Fathi Shqaqi, fondateur de l'organisation du Jihad islamique palestinien – sunnite –, avait dédié son manifeste aux « deux imams du [xxe] siècle » Khomeyni et Banna (comme on l'a vu plus haut, p. 68). Contrairement au salafisme, qui taxe d'hérésie le chiisme et que celui-ci disqualifie en retour comme *takfiri* (« excommunicateur »), la confrérie et la République islamique n'entretenaient pas, avant la guerre civile syrienne, de contentieux. En tournée à Paris le 29 juin 2017, en pleine crise saoudo-qatarie, le ministre des Affaires étrangères iranien Mohammed Javad Zarif avait dépeint élogieusement à l'auteur cette organisation sous les traits d'un courant politique très important, parfaitement légitime à exercer le pouvoir – une pierre dans le jardin de ses adversaires saoudiens, propre à aiguiser les contradictions du monde sunnite.

L'incrimination du Qatar fut relayée par quelques tweets du locataire de la Maison-Blanche au retour de son voyage au Moyen-Orient, le 9 juin 2017, dont le plus substantiel stipulait : « @realDonaldTrump : Super de voir que la visite en Arabie saoudite avec le roi et 50 pays est déjà payante. Ils ont dit qu'ils auraient une ligne dure sur le financement… de l'extrémisme, et toutes les allusions montraient le Qatar du doigt. Ce sera peut-être le début de la fin de l'horreur du terrorisme. » Il fut complété par une déclaration publique du président le même jour selon laquelle « la nation du Qatar a malheureusement été un financier du terrorisme, et à un niveau très élevé ». Toutefois, la haute administration américaine renâcla à emboîter le pas à son chef : le Pentagone, qui gère la base d'al-Udeid dans l'émirat, dispositif avancé du CentCom (Commandement des armées américaines pour la zone) comptant quelque onze mille militaires et une centaine d'avions, d'où partaient alors les opérations de frappes sur les positions de Daesh à Mossoul, réitéra sa « gratitude aux Qataris pour leur soutien de longue date à [notre] présence et leur engagement durable dans la sécurité de la région ». Quant au secrétaire d'État Rex Tillerson (il serait remplacé par le « faucon » Mike Pompeo au printemps 2018), qui occupait précédemment la fonction de PDG d'ExxonMobil, et avait bien connu et apprécié les dirigeants de Doha en cette qualité, il appela les protagonistes à régler leurs différends pacifiquement.

La pression massive sur le Qatar s'inscrivait au centre d'une réorientation stratégique de l'Arabie saoudite mise en œuvre par le prince héritier Mohammed Ben Salman, et destinée à sauvegarder la pérennité du royaume par des réformes ambitieuses lui permettant de sortir de l'économie de rente par laquelle il se nécrosait. L'effondrement des cours du pétrole, qui baisse de 70 % entre 2014 et

2016 – tandis que Salman Ben Abdel Aziz succède sur le trône à son demi-frère Abdallah le 23 janvier 2015 à l'âge de quatre-vingts ans –, se traduit alors par un déficit du budget avoisinant les 100 milliards de dollars, dont la compensation impacte environ 15 % des réserves. À ce rythme, les observateurs en prédisent l'épuisement à l'échéance de 2020. Ce sombre pronostic sera revu grâce à la remontée du prix du brut, qui oscille entre 50 et 70 dollars/baril en 2017. C'est l'effet, entre autres, d'un accord entre les deux principaux producteurs mondiaux, symbolisé par la première visite à Moscou d'un monarque saoudien depuis la fondation du royaume en 1932, le 5 octobre 2017. Elle souligne l'importance de l'enjeu, alors même que les deux États demeurent chacun fortement impliqués aux côtés des camps antagoniques en Syrie. Mais sur le moyen terme, la montée en gamme de l'exploitation de pétrole et gaz de schiste à un coût très compétitif, notamment aux États-Unis, est perçue comme un défi majeur qui met en péril le modèle saoudien s'il ne se réforme pas en diversifiant son économie, et donc en transformant profondément sa société.

Depuis le pacte fondateur de la pétromonarchie naissante que son souverain Abdelaziz Ibn Saoud signe avec le président des États-Unis Franklin D. Roosevelt le 14 février 1945 (voir ci-dessus, première partie, p. 31), le royaume a édifié un régime tribal et rentier, qui détermine à la fois la répartition des ressources et la succession au pouvoir. Les revenus des hydrocarbures sont en effet versés, selon une clé secrète mais évaluée généralement à 20 % environ du total (soit deux millions de barils/jour sur dix), aux différentes branches de la dynastie en proportion de la proximité à celle dont le chef détient le titre régalien, à ses frères utérins puis seulement consanguins, à leurs enfants mâles puis à leurs descendants, et ainsi de suite par ordre décroissant d'importance. Au sommet de cette arborescence généalogique figurent les « Altesses royales » (HRH en anglais, pour *His Royal Highness*), princes issus par hérédité masculine d'Ibn Saoud, exclusivement qualifiés pour la compétition à la succession. Ils formèrent à partir de 2007, sous l'égide du roi Abdallah, un conseil d'allégeance censé y pourvoir de manière consensuelle, mais qui demeura défaillant face à la puissance des clans en concurrence.

Le monarque éponyme et la plupart de ses quarante-cinq fils ont pratiqué la polygamie, engendrant ainsi une foisonnante progéniture – de façon que la famille fasse nombre en multipliant les alliances matrimoniales pour favoriser son emprise face aux roturiers. Cela lui permettait de conserver sa part exorbitante de la rente pétrolière, mais la croissance exponentielle de la quantité des bénéficiaires réduisait le revenu de chacun, sauf si les cours du brut progressaient au même rythme. Dans la tradition bédouine où les hommes mouraient jeunes à cause de la rudesse de l'existence au désert marquée par des combats incessants, la prolificité était un enjeu de survie de la tribu, et la succession à la tête de celle-ci passait par la transmission latérale car les enfants étaient souvent mineurs au décès du père. La dynastie saoudienne contemporaine perpétua ce modèle polygyne à large assise. Elle faisait primer la solidarité entre frères issus de lits divers sur le pouvoir d'un individu unique soucieux de voir ses propres rejetons le suivre sur le trône, ce qui aurait affaibli la cohésion familiale, mettant en danger son hégémonie globale sur l'ensemble de la société. Le premier héritier d'Abdelaziz, le roi Saoud (qui régna de 1953 à 1964), fut contraint à l'abdication par sa fratrie lorsqu'il tenta de transmettre la monarchie à ses descendants.

Quand Salman fut sacré en janvier 2015, ce système présentait de tels dysfonctionnements qu'il y avait péril en la demeure. En termes purement biologiques, la sédentarisation dans de luxueux palais et l'accès aux techniques les plus onéreuses de la gériatrie grâce aux ressources fabuleuses de l'or noir avaient considérablement prolongé l'espérance de vie et dévolu depuis les années 1990 le pouvoir à des octogénaires alors que les Bédouins d'antan trépassaient dans la fleur de l'âge. Cette mécanique avait grippé le régime en prohibant l'innovation et la compétitivité, mais l'abondement par la rente pétrolière en permettait la perpétuation sans qu'il fût confronté à l'épreuve de la réalité. Pareil engourdissement avait fourni l'opportunité au Qatar – comme on l'a vu – de remplir ce vide par ses multiples initiatives et provocations qui concurrençaient le leadership saoudien. Dubaï, de son côté, avait tiré le meilleur parti économique de cette torpeur en développant les biens et services que les producteurs géants d'hydrocarbures voisins – Riyad, mais aussi, d'une autre manière, Téhéran comme Bagdad – ne pouvaient assurer du fait de l'absence de libertés publiques et privées. En Arabie, le phénomène engendra une corruption gigantesque au bénéfice des nombreux membres prééminents de la famille régnante. Elle restait socialement supportable tant que la rente demeurait abondante, mais elle mit le système tout entier en détresse dès lors qu'elle commença, au tournant du siècle, à diminuer drastiquement par effet de ciseau, combinant la baisse des prix du brut et l'énorme croît démographique facilité par l'irresponsabilité née de la manne pétrolière. En 2004, j'avais pointé dans l'ouvrage *Fitna* le dilemme du pouvoir saoudien « pris entre l'impératif de son unité, au risque d'une sclérose et d'un vieillissement fatals, et l'urgence d'une modernisation, au risque de saper la domination absolue de la famille sur le pays et son contrôle primordial sur les revenus des hydrocarbures. Ce dilemme ne met pas la famille en position de force lorsqu'elle renégocie l'alliance avec les religieux wahhabites, fondatrice de sa légitimité à gouverner ».

LA « RÉVOLUTION DU RITZ-CARLTON » À RIYAD

Il revient à Mohammed Ben Salman de trancher ce nœud gordien en cassant d'un coup la machine tribalo-rentière lorsqu'il fait enfermer le 4 novembre 2017 dans l'hôtel Ritz-Carlton de Riyad, en tant que président d'une commission anticorruption créée le jour même, environ deux cents dignitaires dont onze altesses, des ministres, anciens comme en fonction, et des hommes d'affaires. Ce coup de force qui transmute le prince héritier de trente et un ans en souverain absolu, sous la bienveillante tutelle paternelle, a plusieurs causalités et conséquences majeures. Il a été précédé par deux étapes : la fin de la succession latérale entre les fils d'Ibn Saoud, puis l'instauration d'une monarchie héréditaire de fait.

En effet le plus jeune survivant de ceux-ci, le septuagénaire Moukrin, ne reste que trois mois dauphin du roi Salman, avant d'être écarté dès avril 2015. Le remplace à ce poste Mohammed Ben Nayef, ministre de l'Intérieur, jusqu'à présent héritier en second, fonction à laquelle est nommé alors Mohammed Ben Salman, lui-même titulaire du portefeuille de la Défense depuis janvier (et responsable de l'offensive contre les Houthis au Yémen en mars). Pour la première fois la génération des petits-fils du fondateur est en position exclusive d'accéder au trône. Elle est infiniment plus nombreuse que celle des enfants, rassemblant des cousins entre lesquels les solidarités sont ténues, bien davantage qu'entre frères utérins ou consanguins. Le système tribal, à ce niveau de parenté, ne peut plus s'accommoder de la dynastie consensuelle à transmission latérale dont le spectre serait par trop vaste. Cela appelle donc un nouveau mode de pouvoir monarchique absolu. Dans ce cadre les tensions entre le premier et le second prince héritier sont de notoriété publique et le 21 juin 2017 Mohammed Ben Nayef est relevé de ses fonctions et assigné à résidence. Il est remplacé par son cousin le fils du roi – tout juste conforté par la réconciliation spectaculaire avec les États-Unis lors de la venue du président Trump à Riyad le mois précédent. Salman a ainsi, en deux ans et demi, transformé de fond en comble l'institution dynastique en établissant une succession héréditaire par filiation. Elle doit mettre fin à la nécrose du pouvoir et permettre un bouleversement de la structure décisionnelle dans un sens autoritaire, en raccourcissant son tempo pour plus d'efficacité. Il en est attendu qu'elle prépare la société à s'émanciper de la dépendance exclusive et désormais funeste à la rente pétrolière sur le plan économique, et à la légitimation par l'establishment religieux wahhabite au niveau politique. Néanmoins, cette transition suscite de nombreuses frustrations dans la famille royale, d'autant que le déchu Mohammed Ben Nayef, âgé de cinquante-huit ans dont quatorze passés au ministère de l'Intérieur, dispose d'un puissant réseau de soutien.

La consolidation du pouvoir du prince héritier procède en deux étapes, qui se déroulent consécutivement dans le même lieu emblématique : l'hôtel Ritz-Carlton, un palace néoclassique grandiose situé aux abords du quartier diplomatique de Riyad. Le 24 octobre, devant plus de trois mille huit cents dirigeants économiques internationaux, Mohammed Ben Salman y inaugure, en sa qualité de président du Fonds d'investissement public (PIF), la *Future Investment Initiative* destinée à attirer les placements étrangers. Son point culminant est alors présenté comme l'introduction prochaine en Bourse d'une partie du capital de la compagnie Saudi Aramco, première société pétrolière du monde. Pour ce faire, Ben Salman fait miroiter aux participants un royaume tourné vers l'avenir et les nouvelles technologies, autour du projet d'une cité visionnaire équipée de drones, nommée NEOM. Sa localisation est prévue dans l'angle nord-ouest du territoire, sur la côte orientale du golfe d'Aqaba, face au Sinaï égyptien, jouxtant la Jordanie et à proximité d'Israël. Afin de marquer les esprits des Occidentaux présents, la nationalité saoudienne est conférée au robot (féminin) Sophia qui prend la parole à la tribune.

Et dans un entretien avec une journaliste de la chaîne de télévision favorite du président Trump, Fox News, le prince héritier exprime pour la première fois avec ce degré de précision que le royaume doit « revenir à ce que nous étions avant 1979 ». Cette date charnière (voir ci-dessus, p. 40) est assignée après coup comme le début de la propagation des « idées extrémistes ». Selon lui, dans un pays où « 70 % de la population a moins de trente ans,

on ne va pas perdre encore trente ans avec elles » mais
« les éradiquer très vite », afin de « mener une vie normale
où on coexiste avec tous ». Dans un entretien ultérieur
avec la revue *The Atlantic* du 2 avril 2018, il précisera que,
durant cette année-là (précédant de huit ans sa propre
naissance) « qui a tout fait exploser, la révolution iranienne
a créé un régime basé sur une idéologie de mal absolu.
[…] Et dans le monde sunnite, les extrémistes essayaient
de copier la même chose. Nous avons eu l'attaque sur [la
Grande Mosquée de] La Mecque ». Déniant l'existence du
wahhabisme comme doctrine, et érigeant Mohammed Ibn
Abdel Wahhab en grand esprit de la péninsule, il rappelle
que l'Occident encourageait, contre le communisme, les
Frères musulmans, et qu'un président américain (Ronald
Reagan) nommait « combattants de la liberté » (*Freedom
Fighters*) les jihadistes en Afghanistan dans la décennie
1980. Il concède cependant que « des gens d'Arabie saoudite finançaient des groupes terroristes » pour marquer
la fin de toute tolérance en ce domaine : « On a beaucoup d'individus en prison aujourd'hui, pas seulement
pour financement de terroristes, mais aussi pour soutien
à ceux-ci. »

Par-delà le coup de chapeau du prince à l'institution religieuse, ses limites viennent néanmoins de lui être signifiées
avec le décret royal de septembre 2017 autorisant prochai-
nement les femmes à conduire (après le mois de Ramadan, le 24 juin 2018). Et ces propos, en filigrane, veulent
mettre un terme à la relation transactionnelle entre une
dynastie qui tirait sa légitimité de l'onction des oulémas
en contrepartie de l'instauration d'une police religieuse
ostensible et redoutée (« l'instance pour la commanderie
du Bien et le pourchas du Mal »). Ils expriment dans la

foulée la rupture avec une mouvance radicale inspirée par des clercs salafistes à qui, me rappellera le 28 février 2018 à Riyad le secrétaire général de la Ligue islamique mondiale, « il est interdit de se rebeller contre le prince musulman » (*la yajouz al khourouj ʿala wali al amr*).

La première étape de cette « révolution du Ritz-Carlton », à la fin d'octobre 2017, vise donc à établir la nouvelle légitimité politique du pouvoir en s'appuyant sur la mobilisation d'une jeunesse à qui sont promises des opportunités d'emploi grâce aux investissements étrangers. C'est un chamboulement explicite du modèle de l'État rentier. En réitérant la rupture avec l'« extrémisme » proclamée par le roi Salman et le président Trump en mai 2017, le prince héritier relativise du même coup l'adoubement de la monarchie par la religion, qui devient simplement formel. La seconde étape consolide la première en affermissant son autorité avec la saisie des biens de ses compétiteurs au sein de la famille Saoud, offerts comme « corrompus » en pâture à la génération montante dont il a fait sa base principale de soutien.

À peine ôtées les installations de la *Future Investment Initiative*, le Ritz-Carlton, dont les clients sont relogés dans d'autres hôtels de la capitale, est réquisitionné pour se transformer en maison d'arrêt et centre d'interrogatoire. Près de deux cents personnes, dont onze princes du sang, appréhendées à travers le pays, y seront détenues. Le plus notoire des suspects est l'homme le plus riche du royaume, classé en mars 2017 par le magazine *Forbes* première fortune arabe et cinquantième mondiale, avec des avoirs individuels estimés à 18,7 milliards de dollars et des holdings qui contrôlent des fleurons du business planétaire, le légendaire Al-Waleed Ben Talal, petit-fils d'Ibn

Saoud. Il est considéré pourtant comme un « libéral » en matière de morale, favorable, comme le prince héritier, à l'émancipation des femmes. Mais l'enjeu de cette seconde étape de la « révolution du Ritz-Carlton » est la purge de l'économie et l'affermissement du leadership, non l'avancement des mœurs. L'autre puissant incarcéré est le fils du défunt souverain, Mut'ib Ben Abdallah, ancien chef de la Garde royale, les prétoriens de la monarchie, l'un des dispositifs clés de l'appareil sécuritaire. Il dirige la fondation qui gère la fortune des enfants d'Abdallah, cible prioritaire de l'enquête. L'entourage du précédent roi, dont beaucoup de membres avaient tenté de contrecarrer l'ascension du successeur, est particulièrement touché par les arrestations. Le prince Mut'ib, par ailleurs propriétaire de l'hôtel Crillon à Paris, sera la première sommité libérée, le 21 novembre, en échange, selon l'agence Bloomberg, d'un chèque d'un milliard de dollars (une centaine de milliards sont censés au total faire retour aux caisses de l'État). Un prisonnier est décédé, tandis que le palais dément les rumeurs de torture. En l'absence de procédure judiciaire proprement dite, les accusations ont porté sur l'appropriation indue de richesses, facilitée par les modes de distribution de la rente pétrolière privilégiant les Altesses royales et leurs affidés.

Quelles que soient les zones d'ombre qui entourent, au moment où ces pages sont écrites, tant ce qui est advenu au Ritz-Carlton en novembre 2017 que les sommes versées par les personnes gardées à vue en contrepartie de leur élargissement, l'opération « anticorruption » a manifesté sans aménité qu'il n'y avait désormais qu'une autorité unique et absolue, et plus aucun espace pour les baronnies. Lors d'un séjour dans le royaume en février-mars 2018, je

n'ai pas observé d'expression de sympathie ni de commi-
sération pour les notables incriminés – dans la mesure où
ils symbolisaient, aux yeux de la jeunesse, l'ancien régime
qui détournait la richesse à son détriment. Il reste toutefois à mettre en œuvre les promesses correspondant aux
aspirations – défi titanesque dans une société qui demeure
marquée par un profond conservatisme. L'éditorialiste du
New York Times Tom Friedman, au terme d'un entretien
avec le prince Mohammed Ben Salman en janvier 2018,
l'intronisa héritier paradoxal des révolutions arabes – celle
de l'Arabie saoudite, impulsée par le haut (*top down*), étant
plus susceptible de réussir que les soulèvements « par le
bas » (*bottom up*) de l'année 2011. La question est de savoir
si sa base de soutien peut s'étendre au-delà de la jeunesse
éduquée des classes moyennes globalisées, et mobiliser des
forces plus larges et plus profondes, ce dont le défaut fut
l'une des causes principales de la déconfiture des « printemps arabes ».

DÉBÂCLE SUNNITE
ET COGESTION DU CHIISME EN IRAK

La chute de Mossoul le 9 juillet 2017 détruisit l'infrastructure étatique de Daesh en Irak, mais elle eut aussi
pour effet de réduire *a quia* le sunnisme en Mésopotamie.
L'ampleur des dévastations combinées des jihadistes – qui
firent exploser de nombreux bâtiments dont la fameuse
mosquée Al-Nouri où avait été proclamé leur « califat » –
et surtout de la coalition internationale, par ses bombardements massifs, transforma la rive droite (ou occidentale)
du Tigre en un champ de ruines. Du célèbre minaret

penché de cette mosquée, surnommé Al-Hadba (« le bossu »), il ne reste qu'un moignon pathétique émergeant d'un monceau de gravats, couvert de graffitis en arabe d'où se détache pour solde de tout compte, en anglais, l'inscription vengeresse *Fuck ISIS* (« Nique Daesh ! »). Tel immeuble ravagé est reconnaissable car il a été vu sur moult vidéos édifiantes : depuis sa terrasse furent précipités les « sodomites » condamnés à la peine capitale par les tribunaux chariatiques de Daesh. Ailleurs, à l'entrée du quartier ancien du Maïdan, s'ouvrait la place publique où le Franco-Algérien Rachid Qassim et un complice égorgèrent deux prisonniers chiites en tenue orange, tandis que le funeste Oranais de Roanne, ci-devant éducateur social et rappeur, déclamait en rythme hip-hop ses menaces à François Hollande de porter semblable terreur dans les rues de France, avant de me vouer quelques semaines plus tard à la mort. Les voies principales ont été dégagées, mais personne ne s'aventure dans les ruines jonchées de carcasses d'automobiles et de cadavres enfouis, où des affiches mettent en garde contre les mines et les objets piégés. Seul émerge intact le clocher du couvent de l'Horloge des pères dominicains, d'où le frère Najeeb Michaeel soustrayait, en les chargeant dans son véhicule, les centaines de manuscrits historiques que les jihadistes auraient livrés aux flammes – comme le narre son récit *Sauver les livres, sauver les hommes* (Grasset, 2017). Ce paysage de désolation m'évoque, lors d'un séjour sur place les 21-22 avril 2018, les images effroyables du Berlin ravagé par lesquelles Roberto Rossellini ouvre en 1945 *Allemagne année zéro.*

Par-delà l'éradication de Daesh, la ruine de Mossoul a pour effet de punir collectivement une communauté sunnite soupçonnée à tort ou à raison d'avoir collaboré avec Daesh, ou à tout le moins d'avoir facilité sa mainmise sur la ville et la plaine de Ninive environnante lors de l'offensive fulgurante de l'été 2014, par ressentiment envers la politique discriminatoire mise en œuvre par le Premier ministre chiite Nouri al-Maleki. De nombreux témoignages, provenant notamment des minorités chrétiennes traumatisées, contraintes à fuir pour sauver leur peau, font état des exactions commises à leur encontre par des membres plutôt conservateurs de la majorité sunnite de la cité – où nous n'observons nulle femme se hasarder sans voile même sur le campus universitaire de la rive gauche (orientale) du fleuve, relativement épargnée par les destructions, neuf mois après la chute du « califat ». Aucun étranger ni aucun non-sunnite – à l'exception des soldats irakiens et des miliciens chiites de la Mobilisation populaire contrôlant les check-points – ne se risque encore à cette date à y passer la nuit, de crainte d'une action hostile des jihadistes. Leur infrastructure a été brisée mais bon nombre se fondent dans la population, en particulier parmi les centaines de milliers d'habitants déplacés par l'anéantissement de leur domicile et survivant dans les pires conditions au sein des camps de réfugiés en périphérie. Au cours du débat suivant la conférence en arabe que je donne à la faculté de droit – détruite par Daesh en représailles pour avoir enseigné des lois impies contrevenant à la charia divine seule légitime sous le « califat », puis reconstruite dès la libération –, plusieurs intervenants locaux s'interrogent sur la résilience des idées jihadistes par-delà la défaite militaire. La majorité néanmoins incrimine tout à trac et sans aménité l'Occident qui aurait créé l'organisation terroriste – théorie du complot à l'appui – et causé la calamité qui s'est abattue sur la cité. Ces derniers propos se mêlent à l'expression d'une forte hostilité envers le pouvoir central (chiite) de Bagdad, accusé d'abandonner à son sort la métropole septentrionale dévastée.

De fait, le sunnisme irakien est l'objet, après la chute de Daesh qui s'en réclamait, d'un tel opprobre que même les milieux de la péninsule Arabique qui avaient financé ses insurrections récurrentes depuis 2003 contre un appareil d'État stigmatisé pour son contrôle par les chiites et l'influence de l'Iran en son sein, semblent s'en désintéresser – en tout cas momentanément. La défaite militaire de Daesh s'est prolongée par la faillite politique de la confession dont l'organisation terroriste se recommandait, fût-ce indûment, contribuant à l'affaiblissement du sunnisme dans l'ensemble de la région – à quoi va s'ajouter la débâcle de la rébellion syrienne au lendemain de la reconquête des banlieues damascènes de la Ghouta par l'armée loyaliste et son allié russe dans les premiers jours d'avril 2018. L'Irak est en effet redevenu la principale ligne de front dans l'endiguement de l'expansion iranienne, tel qu'il est voulu à Washington ou à Riyad. Mais il ne passe plus en premier lieu par le soutien à une communauté sunnite décrédibilisée et traumatisée durablement par la porosité de certains de ses membres au « califat » d'Abou Bakr al-Baghdadi. C'est à l'intérieur de la dénomination chiite, désormais institutionnellement hégémonique, que se joue l'affrontement entre les États-Unis, leurs alliés du « bloc saoudien » et Israël d'un côté, et l'Iran et son partenaire russe de l'autre. Cet antagonisme est complexe car il comporte en outre les diverses forces kurdes, la Turquie, ou l'Union européenne, qui se trouvent dans une situation intermédiaire, et parce que les intérêts des adhérents de chaque bloc ne sont pas toujours parfaitement alignés – ainsi pour Moscou et Téhéran.

La prise de Mossoul par l'« État islamique » le 10 juin 2014, suivie du déferlement des troupes de Daesh augmentées de supplétifs tribaux sunnites en direction de Bagdad dans la foulée, a suscité en réaction ce qui apparaît *a posteriori* comme l'acte de refondation de l'État irakien contemporain : la fatwa de l'ayatollah Sistani datée du 13 de ce mois, lue par son porte-parole attitré durant la prière du vendredi à Karbala, sépulcre de l'Imam Hussein, et appelant à une « mobilisation populaire » (*hashd sha'bi*) passant par le « jihad armé » (*al jihad al kifahi*) contre les hordes descendues du Nord. « Les citoyens qui sont capables de porter les armes et de combattre les terroristes, de défendre leur pays, leur peuple et leurs lieux saints, doivent être volontaires et rejoindre les forces de sécurité afin de réaliser cet objectif sacré », récompensant les victimes éventuelles par le statut de *shahid* (martyr).

Cette proclamation cardinale s'inscrit simultanément sur plusieurs registres. Elle oppose tout d'abord, en termes islamiques, la légitimité d'un jihad chiite à celui de Daesh. Le cheikh sunnite égyptien Youssef al-Qaradawi ne s'y est pas trompé, qui a depuis Doha fait dénoncer dès le lendemain par la Fédération internationale des savants musulmans qu'il dirige une « fatwa sectaire appelant les Irakiens à lutter les uns contre les autres ». Il met en garde contre « des déclarations pouvant mener à une guerre civile destructrice qui déchirerait le tissu social et tribal ». Déniant que l'offensive soit à l'initiative de Daesh, le texte la présente comme « une révolution de tous les sunnites contre l'injustice et l'exclusion, qui aspirent à la liberté et refusent

de vivre dans l'humiliation ». Ce faisant, le communiqué
– qui se garde de critiquer l'organisation de Baghdadi et
occulte toute violence anti-chiite – se contente d'entériner
le ressentiment de la population sunnite aliénée par les
mesures discriminatoires imputées au Premier ministre
Maleki, et de justifier le passage à l'acte de celle-ci. Or,
durant l'offensive, les jihadistes multiplièrent les tueries
de chiites, notamment le 12 juin lorsqu'ils capturèrent
environ mille sept cents recrues sur la base militaire de
Camp Speicher, près de Tikrit, dont la plupart furent victimes d'un massacre de masse – documenté par une vidéo
de propagande de Daesh aux images insoutenables, et
accompagné du commentaire « Message au monde entier,
et tout spécialement aux chiens *rafidha* ["hérétiques"] ».

À un second niveau, la fatwa de l'ayatollah Sistani crée
une situation nouvelle qui ouvrira la voie à quelque ambiguïté : la Mobilisation populaire à laquelle il appelle se
veut rassembler la totalité des « citoyens » sans spécificité
confessionnelle, et son vocabulaire n'est pas explicitement
chiite. Elle peut évoquer aussi bien la « patrie en danger »,
à partir du moment où une entité qui se réclame d'une
légitimité étatique – l'EI – aspire à détruire et supplanter
l'État irakien constitué. Et parmi les « Unités de la Mobilisation populaire » qui prendront les armes contre Daesh on
comptera des chrétiens, des yézidis, des sabéens, et même
des sunnites – mais l'immense majorité des combattants
sont chiites, et arborent sur leurs drapeaux leurs signes
et images distinctifs, portraits sacrés de l'Imam Hussein
ou eulogies de celui-ci, de sa sainte mère Fatima, et de la
lignée des Douze Imams. Encadrés par la force Qods des
Gardiens de la Révolution iraniens, bon nombre d'entre
eux constituent le fer de lance de la présence militaire

de Téhéran sur le sol irakien, face à une armée régulière et surtout des unités contre-terroristes formées par les États-Unis et vecteurs d'influence, au moins partiels, de Washington.

Dans son spectre le plus large, la Mobilisation populaire incarne le sursaut de l'Irak nouveau face au péril mortel de Daesh. La victime sacrificielle inaugurale en sera du reste le Premier ministre Maleki, poussé dehors par l'ayatollah Sistani lors d'une déclaration du 25 juillet 2014 appelant le dirigeant du pays à montrer un « esprit de responsabilité nationale » et non à rechercher ses propres intérêts. C'est la corruption qui est incriminée pour expliquer la débâcle des forces irakiennes, suréquipées par les États-Unis, mais dont beaucoup d'officiers touchent leur solde sans occuper leur position. Le chef du gouvernement sortant, en s'aliénant la population sunnite, a en outre favorisé par réaction la popularité de Daesh en son sein. Encadrée par des *moukhabarat* (agents de renseignement) baathistes formés sous Saddam Hussein, la branche militaire de l'« État islamique » a été à même de mener des opérations très mobiles mêlant guérilla et guerre conventionnelle, et d'infliger aux troupes régulières stationnées à Mossoul, pourtant dix fois plus nombreuses, une cuisante défaite qui a mis tout leur armement américain du dernier modèle entre les mains des jihadistes. Le 11 août 2014, c'est Haïdar al-Abadi, un autre homme politique chiite également issu du parti islamiste Da'wa, qui devient Premier ministre, et tirera les bénéfices de la reconquête de la métropole du Nord en juillet 2017 et de l'éradication des principaux bastions de Daesh.

Mais ce processus, basé sur le regain patriotique initié par la fatwa du 13 juin 2014, construit l'identité nationale nouvelle sur un opprobre diffus contre les sunnites. Après la chute du « califat » en juillet 2017, les rues de Bagdad s'étaient couvertes de litanies de photos des jeunes combattants (chiites pour l'immense majorité) tombés au front contre Daesh, parfois accompagnées de portraits du Guide suprême iranien Khameneï ou de l'ayatollah Sistani – mais rien de tel, en revanche, n'était observable dans la sunnite Mossoul lors de notre visite fin avril 2018. Ce martyrologe ambigu, prolongé par l'émission d'un timbre-poste en hommage aux recrues massacrées de Camp Speicher, créait la nouvelle légitimité du discours politique après l'élimination militaire de Daesh. Avec le début de la campagne pour le scrutin législatif de mai 2018, les images des martyrs furent occultées aux regards par la prolifération des affiches géantes des sept mille candidats à la fonction rémunératrice de député au sein d'une chambre de trois cent vingt-neuf membres. « Les photos des voleurs se substituent à celles des héros », constatait sur un mode désabusé l'humour local. L'enjeu consistait toutefois à construire sur le sacrifice de ceux qui avaient donné leur vie contre Daesh un système politique viable en traduisant dans le Parlement les rapports de forces issus de la Mobilisation populaire.

Or celle-ci, dans son acception la plus étroite, a offert l'opportunité aux groupes les plus favorables à Téhéran de pousser leurs pions en engrangeant les bénéfices électoraux de leur participation aux combats, et de se mesurer à leurs adversaires plus proches de Washington. En effet, l'Irak présente le paradoxe – par-delà l'exacerbation de l'antagonisme américano-iranien qui atteint son paroxysme avec la présidence Trump – d'être le lieu d'une forme de collaboration entre les deux ennemis qui ont l'un et l'autre investi des efforts considérables pour dynamiser la communauté chiite. Comme l'écrit l'une des meilleures expertes de ce pays, Loulouwa al-Rachid, dans son article « L'Irak après l'État islamique » (*Notes de l'IFRI*, juillet 2017), « les deux puissances extérieures en concurrence sur le territoire irakien semblaient plus ou moins s'accorder sur un duopole [...] en se répartissant les tâches sécuritaires et les zones d'influence ». Les États-Unis ont créé, équipé et entraîné, dès l'invasion de 2003, les forces spéciales du Service de l'antiterrorisme, qui comportent lors de la contre-offensive face à Daesh après l'été 2014 environ dix mille hommes aguerris. Dépendant directement du Premier ministre, ces derniers ont assuré le plus gros des combats décisifs amenant la défaite finale des jihadistes en 2017, incarnant une armée nationale patriotique. En revanche, les milices rassemblées sous l'appellation globale de « Mobilisation populaire » forment un ensemble dix fois plus important. Placées sous l'autorité nominale du Premier ministre, elles obéissent en réalité à de nombreux commandants qui représentent les factions opposées et perpétuellement renouvelées du spectre politico-religieux chiite. Celui-ci se répartit sur une gradation qui s'étend des groupes les plus alignés sur l'Iran à ceux qui sont liés aux Américains. Ses composantes se distinguent aussi selon qu'elles constituent des rassemblements opportunistes de jeunes déshérités soucieux d'en découdre ou des milices préexistantes soudées par l'idéologie et l'entraînement paramilitaire. Enfin, elles s'articulent avec la force la plus ancienne de l'islamisme chiite, le parti Da'wa, ainsi qu'avec les familles majeures de Grands Ayatollahs et la *marja'iyya* – l'instance de guidance spirituelle de la communauté dirigée à Najaf par l'ayatollah Sistani. L'enjeu des élections législatives de mai 2018 consiste à arbitrer entre ces tendances, dont les divers représentants sont candidats sur des listes concurrentes, afin d'édifier la coalition majoritaire qui sortira des urnes et gouvernera cet État par excellence de la ligne de front entre l'Iran et les États-Unis.

Le parti Da'wa, qui a donné à l'Irak ses trois Premiers ministres à partir de 2005 – Ibrahim al-Jaafari (2005-2006), Nouri al-Maleki (2006-2014) et Haïdar al-Abadi (2014-2018) – constitue la matrice et la pépinière de ses leaders actuels. Fondé à la fin des années 1950, sous les auspices de l'ayatollah Mohammed Baqir al-Sadr, il avait vu le jour en opposition à la sécularisation de la société durant cette décennie, et en particulier à l'émergence d'un mouvement communiste puissant – qui recrutait une large partie de ses dirigeants parmi les rejetons des oulémas et ses troupes dans les banlieues pauvres où s'entassaient les ruraux du sud du pays attirés par les promesses et les illusions de la manne pétrolière. Fortement influencé par la doctrine des Frères musulmans, Da'wa se veut alors un parti islamiste global, sans expression de particularisme chiite, donnant la priorité au combat contre la laïcité et le socialisme. Il comporte dans ses rangs nombre de technocrates issus des classes moyennes pieuses mais aussi des clercs. Avec l'arrivée au pouvoir du Baath se multiplient les persécutions et beaucoup de cadres sont exécutés, condamnant le parti à la clandestinité – comme les Frères égyptiens à l'époque nassérienne. Soutenant Khomeyni, il est pourchassé avec d'autant plus de vigueur et Baqir al-Sadr est assassiné par le régime le 9 avril 1980, tandis que les autres dirigeants fuient à Téhéran. Durant le conflit de huit ans déclenché à partir de septembre de cette année contre l'Iran par Saddam Hussein, la République islamique crée parmi les exilés et les prisonniers de guerre, le 17 novembre 1982, un Conseil suprême pour la révolution islamique en Irak, sous l'égide du chef d'une autre grande lignée d'ayatollahs, Mohammed Baqir al-Hakim. Face à cette mise au pas, Da'wa commence une mue qui le conduira à se distancier graduellement de l'État voisin : ses cadres partent pour Damas, puis à Londres et à Washington à la fin de cette décennie. L'invasion du Koweït par Saddam Hussein en août 1990 transforme le régime baathiste d'un allié de l'Occident pour endiguer l'expansion iranienne en ennemi principiel de Washington. Cela favorisera l'évolution de Da'wa vers un nationalisme ouvrant la voie à des accommodements avec les États-Unis et les opposants non islamistes qui fondent en 1992 le Congrès national irakien. C'est durant cette décennie que le parti, tout en conservant ses principes religieux, effectue sa transition en faveur de la démocratie représentative, dans une logique qui veut dépasser le confessionnalisme. Mais son premier défi sera d'organiser un consensus parmi les différentes factions dont les chefs ont gravité au long des années dans son orbite, et qui fluctuent entre les pôles d'attraction de Téhéran et de Washington.

Les deux principales tendances au sein du parti se réfèrent aux lignages majeurs d'ayatollahs irakiens, les Sadr d'une part et les Hakim de l'autre. Les premiers comptent dans leurs rangs Mohammed Baqir al-Sadr, figure tutélaire du Da'wa, mais plus encore son cousin Mohammed Sadiq, grand ayatollah extrêmement populaire qui s'éleva contre le régime de Saddam Hussein et fut tué le 19 février

1999. Ce dernier est le père de Moqtada al-Sadr, fondateur en 2004 de l'armée du Mahdi, un regroupement de milices chiites qui ouvrirent un second front contre l'occupant américain déjà aux prises avec l'insurrection sunnite (sur ces événements, voir plus haut, p. 141). Pourchassé par les forces des États-Unis, le jeune leader, né en 1973 dans un Irak baathiste coupé du monde, partit parfaire sa formation à Qom en Iran entre 2007 et 2011. À partir de 2012, il annonça renoncer à la violence et organisa ses partisans en « Brigades de la paix » – qui gardèrent les Lieux saints chiites menacés par les jihadistes sunnites, puis participèrent à compter de juin 2014 à la Mobilisation populaire contre Daesh. Très bien implanté dans la banlieue pauvre de Sadr City à Bagdad, ainsi que dans le sud du pays, bénéficiant de l'immense aura des ayatollahs Mohammed Sadiq et Mohammed Baqir, Moqtada al-Sadr accompagne la montée en puissance et les aspirations d'une nombreuse petite classe moyenne chiite en devenir. Après avoir orchestré en mars 2016 un sit-in devant la zone verte de la capitale, territoire protégé où sont regroupés les bureaux de l'administration et les résidences des dirigeants, pour protester contre la corruption, il rend visite en juillet 2017 aux princes héritiers saoudien et émirati, Mohammed Ben Salman et Mohammed Ben Zayed. Ces repositionnements, qui lui valent les critiques iraniennes, ont permis au descendant de la lignée de construire une popularité nationaliste dans un pays épuisé par les guerres et dont la population est désireuse de jouir de la paix et de bénéficier de la prospérité – manifestée par les centaines de milliers de personnes qui participent aux rassemblements qu'il organise. Son œcuménisme est allé jusqu'à s'allier, au sein de sa liste pour les élections de mai 2018

(*Sa'iroun* – «En marche »), avec le Parti communiste irakien, hier objet d'anathème. L'un de ces intellectuels de
gauche ralliés, écrivain et poète, au cours d'un entretien
à Bagdad le 18 avril où je lui demande s'il ne craint pas
que pareil pacte devienne rapidement celui du loup et
de l'agneau, estime que la pensée de Moqtada a changé.
Celui-ci, considérant le projet islamiste comme un échec,
est convaincu selon notre interlocuteur de la nécessité de
construire un État « civil » (*madani*) dirigé par un gouvernement de technocrates seul à même d'éradiquer la corruption et de refaire de l'Irak un carrefour régional en paix
avec l'ensemble de ses voisins, sunnites comme chiites, et
non un champ de bataille par procuration.

Face à l'héritier des Sadr et à son évolution paradoxale,
la lignée des Hakim a également connu des transmutations
révélatrices de la plasticité politique du chiisme irakien
et d'une certaine imprévisibilité dans ses rangs. Mohammed Baqir al-Hakim avait été l'un des principaux agents
d'influence du régime khomeyniste durant l'affrontement
entre les deux États mitoyens. Il avait dirigé le Conseil
suprême pour la révolution islamique en Irak créé à Téhéran en 1982, puis la brigade Badr (du nom de la première
bataille remportée en l'an 624 par le Prophète contre les
infidèles) levée parmi les prisonniers irakiens chiites qui
combattaient les troupes de Saddam. Rentré dans son
pays en mai 2003 au lendemain de l'invasion américaine,
il s'était déclaré ouvert à un certain compromis avec l'occupant – ce qui lui avait valu d'être assassiné dans la ville
sainte de Najaf au cours d'un attentat-suicide commandité
par Zarqawi en août suivant (voir ci-dessus, p. 291). Lui
succédant, son frère Abd al-Aziz présida brièvement en

décembre 2003 le Conseil gouvernemental sous supervision américaine, puis le ministère de l'Intérieur fut investi par la brigade Badr – suscitant de nombreuses critiques sur les exactions commises contre les sunnites par des escadrons de la mort qui en étaient issus. Le changement de nom de l'organisation, devenue le Conseil islamique suprême d'Irak, facilita un rapprochement avec les États-Unis, marqué par une visite qu'effectua son chef à la Maison-Blanche de George W. Bush le 4 décembre 2006. Mais Abd al-Aziz al-Hakim souffrit à partir de l'année suivante d'un cancer qui l'emporta en août 2009 – six ans précisément après le meurtre de son frère. Des scissions apparurent alors à l'intérieur de ce courant, dont certains membres continuaient à cultiver une très grande proximité avec Téhéran. En 2010, à l'occasion des élections législatives, la brigade Badr prit son autonomie par rapport au Conseil suprême, se transformant en « Organisation Badr » sous la houlette de Hadi al-Ameri, parlementaire à partir de 2014 et très proche des Gardiens de la Révolution iraniens. Après l'appel à la Mobilisation populaire contre Daesh de l'ayatollah Sistani le 13 juin 2014, l'Organisation Badr fut l'un des groupes armés les plus actifs en son sein, menant de violentes batailles pour chasser la population sunnite de la ville de Jurf al-Sakhar, dans la banlieue de Bagdad sur la route de Najaf et Karbala – d'où des attentats étaient préparés contre les pèlerins chiites. Elle participa également aux combats en direction de Mossoul, mais fut tenue à l'écart de la cité par les forces de la coalition, du fait de sa réputation détestable de commettre des exactions sectaires.

Tandis que Badr suivait sa propre voie, le Conseil suprême porta à sa tête Ammar al-Hakim, fils d'Abd al-

Aziz. Né en 1971 – deux ans avant Moqtada al-Sadr –, il pâtit de son jeune âge, sans posséder la même aura charismatique que son concurrent. Mais il connut une évolution qui le conduisit lui aussi à adopter un discours « moderne » et émancipé de la référence à l'islam politique. Quittant l'organisation en décembre 2017 en emportant avec lui la majorité des trente et un députés et l'infrastructure du parti, il créa le Courant national de la Sagesse (*Tayyar al Hikma al Watani*). Le terme *Hikma* connote le nom de même racine *Hakim* – qui signifie « Sage » – et figure dans le verset 269 de la deuxième sourate coranique, « La vache » : « Celui à qui est donnée la sagesse, il lui est donné beaucoup de bien. » Dans l'interprétation chiite des Écritures saintes de l'islam, les douze imams et leurs successeurs les ayatollahs sont les dépositaires uniques de cette sagesse.

Se réclamant de la modération, du patriotisme, de l'émancipation des femmes, de la promotion de la jeunesse et de la consolidation de l'État, Ammar al-Hakim appelle à dépasser le confessionnalisme et me déclare, le 16 avril 2018, aspirer à jouer un rôle pivot dans une majorité de coalition issue des urnes le mois suivant. Observant un défilé de ses partisans dans une avenue du quartier de classes moyennes de Karrada le surlendemain, depuis le café-librairie branché Ridha al-Alwan, qui contribue à la renaissance intellectuelle d'un pays arabe qui fut celui où on lisait le plus avant les guerres régionales et civiles, je note que ce sont des jeunes à l'allure mondialisée. Vêtus de tee-shirts et coiffés de casquettes aux couleurs bleu pétrole du mouvement, parmi lesquels plusieurs femmes arborent sans voile une chevelure blonde oxygénée, ils sont aux antipodes des cortèges suivis de théories de tchadors qui constituent la signature des manifestations de rue du chiisme politique. Selon Ammar al-Hakim, « aucune formation politique chiite irakienne n'est hostile à l'Iran avec lequel nous avons des liens de parenté : mais toute la question est de savoir si l'Iran est notre père, notre grand frère, ou si nous sommes simplement des cousins ? ».

Cette question se repose avec acuité lors de la proclamation des résultats des élections législatives le 19 mai : la liste « En marche » de Moqtada al-Sadr arrive première avec cinquante-quatre sièges, précédant l'« Alliance de la conquête » des « badristes » menés par Hadi al-Ameri et proches de Téhéran (quarante-sept), de « la coalition de la victoire » du Premier ministre sortant Haïdar al-Abadi qui enregistre un recul (quarante-deux). Derrière ce trio de tête, trente-trois autres listes se partagent le restant de l'hémicycle, rendant les négociations ardues et facilitant d'autant les interventions étrangères. Le succès assez net de Moqtada al-Sadr témoigne – en dépit des fluctuations et du passé anti-américain de cet activiste de grande lignée qui séjourna ensuite trois ans en Iran dans la ville sainte de Qom pour parfaire sa formation, mais prit ultérieurement ses distances avec Téhéran en effectuant des visites en Arabie et aux Émirats, avant de se dresser avec force contre la corruption des élites et de se joindre aux communistes pour ces élections – d'un regain nationaliste. Celui-ci relativise d'abord l'immixtion du religieux dans le politique, et accroît l'acclimatation aux logiques démocratiques d'un courant du chiisme militant et de ses ouailles qui en étaient au départ fort éloignés. Il marque également une recherche de neutralité de l'Irak, contraint par sa démographie confessionnelle et ethnique à maintenir des équilibres entre ses composantes sous peine de se voir à nouveau déchiré par des guerres civiles attisées par ses voisins, et dont le pays, épuisé par un état de belligérance ininterrompu depuis 1980, aspire à sortir au bout de trente-huit années. Il témoigne enfin de la réceptivité populaire aux mots d'ordre de lutte contre la corruption, stigmatisant les « voleurs » qui se sont partagé les dépouilles de la société exsangue et ont capté à leur profit la rente pétrolière. Le score modeste des listes menées par les anciens Premiers ministres l'atteste, de même qu'une faible participation de 44,5 % – avec près de deux tiers d'abstention à Bagdad.

Mais la proclamation de ces résultats a été lue avec prudence à Washington où la figure de Moqtada al-Sadr conserve une réputation sulfureuse même si certains think tanks ont souligné avec faveur son évolution. Elle a aussi suscité assez de perplexité à Téhéran – étrillé par des bombardements massifs israéliens sur ses positions en Syrie dix jours auparavant (voir ci-dessous) – pour que le patron de la force Qods des Gardiens de la Révolution, Qassem Solaymani, soit dépêché en urgence à Bagdad afin d'éviter qu'une coalition de gouvernement issue des élections ne se conclue au détriment du « cousin iranien ».

L'enjeu planétaire de la bataille du Levant

Le 11 avril 2018, après la reconquête des banlieues damascènes de la Ghouta par l'armée loyaliste, puis l'expulsion des derniers jihadistes du camp palestinien mitoyen de Yarmouk le 21 mai, les relations qu'entretiennent les régimes de Damas et de Téhéran et, par-delà, les deux sociétés – l'une arabe et l'autre persane – questionnent la profondeur et la pérennité de l'alliance entre la minorité alaouite au pouvoir en Syrie et la théocratie iranienne. La défaite de l'insurrection sunnite sous toutes ses formes, tant de Daesh que du reste des rebelles, est annoncée – même si des poches de résistance demeurent dans le Nord-Ouest et dans la « zone de désescalade » d'Idlib encadrée par les observateurs militaires turcs, ainsi que dans le désert oriental. Durant les deux mois d'offensive contre la Ghouta, dont la fin a été marquée symboliquement par une frappe de missiles américains, britanniques et français sur des installations syriennes soupçonnées de fabriquer des munitions chimiques dont certaines auraient été utilisées contre la localité de Douma le 7 avril 2018, les supplétifs chiites – qu'ils soient iraniens, afghans, pakistanais, irakiens – ne furent pas engagés, non plus que les membres du Hezballah. En revanche, les forces russes, habituellement aux commandes des avions, des hélicoptères ou des batteries d'engins balistiques, mais rarement affectées au sol, ont été directement impliquées sur le terrain, notamment à travers la Police militaire qui a matérialisé le cessez-le-feu au fur et à mesure dans les zones reconquises et sécurisé le transfert des rebelles dans les autocars à destination d'Idlib. Moscou veille à ce que ce corps soit surtout formé de citoyens russes sunnites, tchétchènes, ingouches ou daghestanais, originaires du Caucase septentrional – pour susciter la confiance des insurgés ainsi véhiculés.

LA DÉFAITE ANNONCÉE DE L'INSURRECTION SYRIENNE : L'OCCIDENT À LA PEINE

Contrairement à l'Irak dont le chiisme offre une grande porosité à l'influence de l'Iran, que ce soit par la continuité territoriale ou la prééminence de Najaf et Karbala comme Lieux saints pour les fidèles des deux côtés de la frontière, la minorité alaouite aux commandes en Syrie n'a qu'une relation distanciée avec la doctrine et les croyances de l'islam duodécimain. La connexion entre le régime post-baathiste de Bashar al-Assad et la République islamique est d'abord d'opportunité. Dans les années 1980, Damas fut principalement le relais par où transitaient les soutiens de toutes sortes que Téhéran destinait à son affidé libanais, le Hezballah. La montée en puissance du parti de Dieu (voir ci-dessus, p. 65 *sq*) fut l'occasion pour l'Iran d'exercer une pression offensive sur l'État hébreu à travers sa captation de la « résis-

tance » anti-israélienne à l'OLP, devenue inapte après
son expulsion du Sud-Liban en 1982. Cela projeta la
puissance de Téhéran au Proche-Orient par-delà son
ancrage territorial dans le seul Moyen-Orient, et aida à
construire sa résilience contre les menaces occidentales
concernant son programme nucléaire. Puis le Hezballah,
force hégémonique du système libanais, sut se concilier
de nombreux chrétiens du pays du Cèdre qui voyaient
dans l'alliance entre minoritaires à l'échelle régionale
la garantie de leur survie commune face à la volonté
d'extermination que proclamait le jihadisme sunnite en
pleine expansion, avec l'aval d'une vaste mouvance salafiste. Le 6 mai 2018, les Libanais se rendent aux urnes
pour la première fois depuis 2009 afin d'élire leurs cent
vingt-huit députés – selon un scrutin complexe, dont la
première conséquence est une participation en baisse, de
49 % contre 54 % en 2009. C'est aussi le résultat de la
défiance populaire envers une classe politique dominée
par les milliardaires : l'argent répandu sans vergogne
est le nerf de la campagne. Si le Hezballah revendique
la victoire, ayant fait le plein des voix chiites avec son
allié Amal, et détenant avec ses partenaires chrétiens
du Front patriotique libre du général Michel Aoun et
quelques autres une courte majorité des sièges, les chrétiens opposants des Forces libanaises menées par Samir
Geagea ont effectué une percée dans le nord du pays.
Saad Hariri, qui a perdu en crédibilité après un séjour
en Arabie saoudite en novembre 2017 où il avait lu à
la télévision sous contrainte une lettre de démission de
ses fonctions de Premier ministre avant de revenir sur
celle-ci, voit son Mouvement du futur significativement
affecté (passant de 33 à 21 sièges) – à l'instar de l'es-

souflement de l'ensemble du sunnisme levantin après l'éradication de Daesh et l'effondrement de l'insurrection syrienne. Le leader sunnite de Tripoli et ancien chef du gouvernement Najib Mikati s'est ainsi porté candidat contre lui à ce poste réservé à cette confession par la Constitution – même si M. Hariri est reconduit, quoique affaibli, le 24 mai, pour un troisième mandat consécutif, afin de ne pas mécontenter Riyad. Le parti chiite ne manifeste pourtant pas de triomphalisme, attaché au contraire à souligner sa conformité dans un cadre consensuel aux institutions démocratiques sur lesquelles il exerce son hégémonie. Dans l'atmosphère d'aggravation des tensions entre Israël et la nébuleuse iranienne, c'est de Tel-Aviv que viennent les déclarations qui soulignent avec emphase la victoire du Hezballah auquel on identifie désormais l'État libanais – une perspective lourde de menaces. Elle signifie que l'armée frappera directement Beyrouth en cas de lancers de missiles, au lieu de s'enliser dans une guerre terrestre au Sud-Liban comme en 2006. Et dans les échanges de missiles qui s'ensuivront, le 9 mai, entre l'État juif et la force Qods, le parti de Dieu se garde de faire usage de ses engins balistiques : c'est de Syrie, comme on va le voir, que sont tirées des roquettes sur le Golan.

En dépit de l'engagement sur le terrain syrien de combattants chiites dès la fin de 2012 qui sauvèrent le pouvoir alors chancelant de Bashar al-Assad, la défaite progressive de l'insurrection fut causée de manière croissante à compter de 2015 par la montée en première ligne d'autres entités. Le territoire du « califat » de Daesh fut investi par les milices kurdes des « Unités de protection du peuple » (YPG) au sol, soutenues par les bombardements aériens de la coalition occidentale dirigée par les États-Unis. Les rebelles de l'Ouest syrien, pilonnés par l'aviation russe décollant de la base de Hmeimim, furent transférés – après chaque reddition d'une de leurs enclaves – vers la « zone de désescalade » de la province d'Idlib, dont la mise en œuvre avait été formalisée par les accords d'Astana en 2017 (voir ci-dessus, p. 331). Si l'Iran en était officiellement partie prenante, dans les faits seule la coordination entre militaires russes et turcs se porta garante du bon fonctionnement de ce processus. Les premiers assuraient la sécurité du convoyage des insurgés à travers les zones contrôlées par les troupes loyalistes jusqu'à la région concernée, tandis que les seconds répondaient de la non-belligérance des combattants ainsi déplacés, dont certains serviraient de supplétifs aux soldats turcs lors de leurs incursions en Syrie – les opérations « Bouclier de l'Euphrate » de 2016-2017 et surtout « Rameau d'olivier » à Afrin en janvier-mars 2018.

Les vicissitudes de la Ghouta, banlieue damascène semi-rurale soulevée dès la fin de mars 2011 et hissant le drapeau blanc devant l'armée de Bashar al-Assad soutenue par les forces russes le 11 avril 2018, après une attaque chimique ultime (fût-elle « présumée »), portent témoignage de manière emblématique de cette évolution. Elles permettent de lire les modalités politiques et militaires selon lesquelles se prépare la phase de transition postérieure à la défaite anticipée de la rébellion. L'offensive finale contre l'enclave coïncide à peu près avec celle que les soldats turcs ont lancée contre la ville syrienne à dominante kurde d'Afrin, qui tombe le 18 mars 2018 après cinquante-sept jours de combats. La combinaison de ces deux batailles augure des recompositions à venir et du positionnement des différents acteurs régionaux, témoignant de la montée en puissance de la Russie et de la Turquie au Levant, entre lesquelles est passée une alliance circonstancielle non dénuée d'anicroches.

La Ghouta représentait tout au long du conflit la menace la plus pressante contre le régime de Bashar al-Assad, du fait de sa contiguïté avec la capitale, vers laquelle étaient régulièrement tirés des obus par les insurgés. Cette oasis autrefois mythique transformée en ceinture de pauvreté, peuplée d'immigrants intérieurs, de réfugiés palestiniens, ou de membres des petites classes moyennes chassés du centre-ville par l'inflation durant les années de libéralisation économique, constituait un concentré des problèmes sociaux de la Syrie. Elle formait un réceptacle idéal pour la prédication salafiste, anciennement implantée dans la ville de Douma (cent cinquante mille habitants), l'un des rares bastions au Levant de l'école ultraconservatrice hanbalite, dominante en Arabie saoudite. Son prêcheur le plus illustre, Abdallah Alloush, émigra, pour fuir l'emprisonnement, vers le royaume au milieu de la décennie 1990, d'où il construisit relais et réseaux de financement qui s'avéreraient précieux pendant la guerre civile, au bénéfice de son fils Zahran, né en 1971, le chef du principal groupe insurgé, l'Armée de l'islam, d'obédience saoudienne. Incarcéré pour son militantisme dès avant les « printemps arabes », celui-ci fut élargi à l'été 2011, comme bien d'autres activistes islamistes qui sèmeraient la division dans les rangs d'une opposition naissante.

En 2013, tandis que le régime perdait le contrôle de nombreuses régions de Syrie, Zahran Alloush s'imposa par la force et le charisme comme le leader d'une sorte de contre-société enclavée de 300 km² et un million d'habitants, qui jouxtait les centres du pouvoir. Refuge des opposants de toutes tendances, elle se transforma en citadelle islamiste. Celle-ci subit en août 2013 les bombardements au gaz sarin qui firent environ mille quatre cents victimes, et face auxquels le camp occidental ne s'accorda pas pour répliquer – au profit d'une solution russe de démantèlement (partiel) de l'arsenal chimique syrien (voir ci-dessus, p. 302). Financé par des donateurs salafistes koweïtiens et saoudiens, comme le retrace Aron Lund dans son étude de référence sur la Ghouta *Into the Tunnels* (The Century Foundation, décembre 2016), Alloush préfigura dès lors ce que deviendrait le pays en cas de victoire de la rébellion. L'enclave était administrée par un Conseil juridique d'oulémas appliquant strictement la charia, et si l'Armée de l'islam dut concéder des territoires à des groupes rivaux d'obédience frériste ou jihadiste, elle exerçait une répression impitoyable sur toute dissidence. La disparition le 10 décembre 2013 de l'icône de la résistance séculière, l'avocate Razan Zeitouné, qui avait établi un centre des droits féminins à Douma où elle s'était réfugiée, en donna une preuve. La torture dans les geôles était courante. Alaouites, chrétiens et autres « hérétiques » captifs furent exhibés dans des cages, afin de servir de boucliers humains. Zahran Alloush vouait aux gémonies la « souillure chiite » ainsi que la démocratie. Très prolixe sur les chaînes satellitaires du Golfe et les réseaux sociaux islamistes, ce diplômé de l'université de Médine s'exprimait avec la faconde des prédicateurs salafistes les plus virulents. Ce qui ne l'empêchait pas de collaborer par ailleurs avec certains affairistes liés au pouvoir dans le cadre d'une fructueuse économie de siège, en important de la nourriture revendue à des prix astronomiques, grâce à la corruption des militaires contrôlant les points de passage ou les tunnels de contrebande – à l'instar de ce que l'on pouvait observer à Gaza. Tant que cette situation se perpétuait, l'homme fort de l'enclave maintenait un *modus vivendi* minimal avec le régime.

En juin 2015, il se rendit en Turquie et en Jordanie, où des contacts avec des responsables occidentaux aboutirent à ce que l'Armée de l'islam appuie le processus de paix des Nations unies, dit « de Genève III » – tandis qu'il modérait ses propos dans les médias anglophones où il se présentait comme un « pragmatique », troquant la jellabah ou le treillis de rigueur sur les chaînes arabes pour un veston gris mieux adapté à ce nouveau public de téléspectateurs. Lors d'une réunion à Riyad de la Coalition nationale syrienne, sous influence saoudienne, à la fin de 2015, il est nommé négociateur en chef de l'opposition pour les pourparlers qui doivent se tenir sur les rives du lac Léman au début de l'année suivante, une première pour le représentant d'un groupe combattant sur le terrain. Mais le 25 décembre 2015, après son retour dans la Ghouta, il y est tué – opportunément – par un drone russe de l'armée syrienne. Son élimination conduisit à une fragmentation de l'enclave, ses troupes s'y battant contre les « Brigades du Miséricordieux » (Faylaq al-Rahman – l'un des quatre-vingt-dix-neuf noms d'Allah), proches des Frères musulmans et de la nébuleuse turco-qatarie, ainsi que le Front al-Nousra issu d'Al-Qaïda.

Le disparu fut remplacé comme négociateur par son frère puîné Mohammed Alloush, moins charismatique. Il n'en incarnait pas moins la rébellion armée et sala-

fiste, d'autant que son groupe ne figurait pas sur la liste
onusienne des organisations terroristes, contrairement à
Daesh et al-Nousra. Les pourparlers de Genève se tra-
duisirent par un cessez-le-feu de quelques semaines en
février 2016, mais Alloush s'avéra peu apte à la négociation et les quitta en avril avec la reprise des violences.
L'année suivante, il participa cependant à la conférence
d'Astana réunissant les insurgés et le pouvoir, sous les
auspices conjoints de la Russie, de la Turquie et dans une
moindre mesure de l'Iran. En juillet 2017, il y annonça
qu'une « zone de désescalade » serait instaurée dans la
Ghouta. Si celle-ci n'eut que des effets minimes, elle
marqua que les parrains saoudiens de l'organisation,
ayant entériné après la reconquête d'Alep par le régime
en décembre 2016 que la rébellion serait *in fine* défaite,
commençaient à chercher un accord avec Moscou qui
permît de limiter la prégnance iranienne dans la Syrie
postérieure au terme de la guerre civile. En octobre 2017,
le roi Salman s'était rendu au Kremlin pour une première
visite d'un monarque saoudien en Russie, traduite par
un développement tous azimuts, notamment politique
et culturel, de la coopération entre les deux premiers
exportateurs de pétrole de la planète – à un niveau jamais
atteint auparavant. Fut même envisagé l'achat par Riyad
de missiles antiaériens russes S-400, les plus performants
du monde, et dont Téhéran avait reçu le modèle anté-
rieur S-300, depuis 2016.

La chute de la Ghouta dans la première moitié
d'avril 2018 présagea du repositionnement des acteurs
internationaux, régionaux et locaux dans le Levant pour
l'après-guerre. D'une part, la Russie confirma son rôle
prééminent sur le terrain en réglant l'évacuation des

combattants vers Idlib. Les supplétifs chiites étrangers devinrent moins visibles, tandis que les symptômes de recomposition des capacités offensives de l'armée syrienne se multipliaient, après des années d'étiage. Bashar al-Assad se fit filmer au volant de sa voiture en tournée dans les cités reconquises, commentant la situation en tenue décontractée, et célébrant les succès militaires au milieu de ses soldats, dans un mode d'assertion de son pouvoir bien plus net que lorsqu'il avait accueilli Vladimir Poutine en vassal sur la base de Hmeimim en décembre. D'autre part, la capitulation de l'enclave fut précipitée par une attaque chimique « présumée » sur le bourg de Douma, le 7 avril – au terme de laquelle les quelque quatre mille derniers irréductibles de l'Armée de l'islam acceptèrent le transfert vers la zone de désescalade d'Idlib, comme l'avaient fait dans les semaines précédentes les combattants des factions rebelles rivales. Ce drame, après lequel furent identifiés une quarantaine de morts victimes de suffocation, a fait l'objet de deux interprétations contradictoires, par Moscou et Damas d'un côté, et Washington, Londres et Paris de l'autre, qui ont déclenché en représailles une frappe de missiles le 14 avril sur des cibles syriennes. Par-delà les polémiques sur les circonstances précises de l'attaque du 7 avril et les gaz utilisés, la séquence des deux événements ne revêt sa pleine signification que par son inscription dans la durée – entre le pas de deux occidental d'août-septembre 2013 et la projection des diverses puissances concernées dans le devenir du Levant.

À l'été 2013, l'incapacité des États-Unis, du Royaume-Uni et de la France à réagir contre le régime syrien alors que le président Obama avait fait de l'usage des armes chimiques une « ligne rouge », et leur acceptation calamiteuse de l'offre russe de démantèlement de l'arsenal chimique syrien en compensation avaient manifesté la faiblesse de la position occidentale et entériné le leadership de Moscou. La frappe tripartite du 14 avril 2018 dont les Russes avaient été prévenus et qui, effectuée nuitamment, ne fit aucune victime et ne causa que des dommages matériels limités corrigeait le ratage de 2013. Confrontées à une provocation du même type (quelle qu'en eût été l'ampleur exacte, voire la nature réelle), les trois puissances occidentales ne pouvaient rester sans réaction, sauf à se déclarer totalement hors jeu des négociations futures sur le devenir de la Syrie et du Levant. Le déploiement d'engins balistiques de dernière génération et, pour la France, le premier lancer de missiles de croisière navale depuis une frégate en haute mer s'inscrivaient dans la recherche d'un équilibre des forces destiné à ne pas laisser à Moscou et à ses alliés les mains entièrement libres – dans un contexte où la livraison envisagée de S-300 à la Syrie et S-400 à la Turquie changerait la donne dans le ciel régional. D'autant plus que deux mois auparavant, le 10 février 2018, un chasseur-bombardier F-16 israélien avait été abattu par un S-200 syrien – une première dans la remise en cause de la suprématie absolue de l'État hébreu dans les airs au Proche-Orient. Pour le président Trump, il s'agissait en outre avec cette frappe tripartite de réitérer sa différence avec l'« impuissance » de son prédécesseur Barack Obama, après avoir déjà le 7 avril 2017 diligenté un lancement de missiles contre la base aérienne de Shayrat de laquelle avaient décollé des avions syriens soupçonnés de largages chimiques sur le bourg de Khan Sheikhoun – alors contrôlé par l'Organisation de libération du Shâm (ex-Front al-Nousra), où quatre-vingt-douze personnes avaient péri.

D'AFRIN À KIRKOUK :
RETOUR AU « MALHEUR KURDE »

En août 2016, l'armée turque avait franchi une première fois la frontière syrienne dans le cadre de l'opération « Bouclier de l'Euphrate » (voir ci-dessus, p. 327), poursuivant deux adversaires, l'un conjoncturel, Daesh, et l'autre structurel, les milices kurdes des YPG (Unités de protection du peuple), soutenues par l'Occident face aux jihadistes. Cette offensive, qui advenait quelques semaines après le coup d'État manqué contre le président Erdogan en juillet, avait transformé le positionnement d'Ankara envers le conflit syrien. Jusqu'alors, celui-ci avait été déterminé par des considérations idéologiques liées au néo-ottomanisme dont l'ancien Premier ministre Ahmet Davutoglu, issu de la matrice intellectuelle des Frères musulmans, s'était fait le champion. Le soutien à l'insurrection syrienne permettrait à la majorité sunnite de parvenir au pouvoir à Damas, s'inscrivant dans la grande entreprise de récupération des « printemps arabes » au profit de la confrérie appuyée par le Qatar et la Turquie avec la bienveillance de Barack Obama. Les Frères syriens devraient servir de vecteur au basculement du Levant dans cette obédience, achevant de lui conférer l'hégémonie sur le Moyen-Orient face à l'Arabie saoudite d'un côté et à l'Iran chiite de l'autre. Mais le pronunciamiento du général Sissi au Caire, le compromis historique de Rached Ghannouchi avec les forces laïques à Tunis, la fragmentation entre Tripolitaine et Cyrénaïque en Libye qui reflétait le différend qataro-saoudien, avaient changé la donne régionale à partir de 2013 à leur détriment. Simultanément, sur le terrain syrien, l'entrée en lice des supplétifs chiites et l'engagement croissant de Moscou, puis la montée en puissance de Daesh avaient creusé les antagonismes, réduisant l'espace de la confrérie prise en tenailles entre ce mouvement jihadiste et le régime de Bashar al-Assad.

Le *benign neglect* dont avait fait preuve Ankara en laissant tous les jihadistes étrangers rejoignant le Front al-Nousra ou l'« État islamique » franchir la frontière, sans compter le trafic de pétrole avec les puits exploités par ces organisations, n'était plus de mise à partir de 2015 alors même que les alliés européens de la Turquie et ses partenaires au sein de l'OTAN étaient frappés sur leur sol, de Paris à Bruxelles et de Nice à Berlin, par des terroristes ayant transité à l'aller et au retour à travers ses confins. La capture d'écran montrant Hayat Boumedienne, l'épouse du meurtrier de l'Hyper Cacher Amedy Coulibaly, passant les contrôles à l'aéroport d'Istanbul juste avant la tuerie que ce dernier perpétra en janvier, en témoignait éloquemment, et d'autres cas nombreux suivraient, avec les voyages vers l'Europe depuis Raqqa des auteurs des massacres du 13 novembre à Paris et au Stade de France. De plus, ce laxisme avait causé un effet pervers pour Ankara : il avait favorisé l'entrée en scène d'un acteur militaire nouveau sur le terrain pour défaire Daesh – et qui s'était attiré de ce fait immédiatement les bonnes grâces occidentales – les miliciens kurdes des YPG, implantés dans le Rojava, les provinces septentrionales syriennes jouxtant la frontière. Lors de la conquête de Mossoul par Daesh en juin 2014, suivie de la proclamation du « califat » d'Abou Bakr al-Baghdadi, ils avaient été les seuls à résister à la déferlante jihadiste devant laquelle ses autres adversaires prenaient la fuite en débandade. Or, pour M. Erdogan, les liens symbiotiques entre les YPG et le parti irrédentiste kurde de Turquie PKK, désigné comme organisation terroriste (ainsi que par les États-Unis et l'Union européenne), étaient perçus en termes de péril pour la souveraineté nationale.

Les changements de l'équation syrienne conduisirent à un repositionnement turc, dû tout à la fois à des raisons intérieures, régionales et mondiales. Le coup d'État manqué, attribué à un prédicateur réfugié aux États-Unis, avait considérablement refroidi les relations avec Washington, qui refusait de l'extrader. En contrepartie, un réchauffement spectaculaire eut lieu avec Moscou (comme on l'a vu plus haut, p. 321) – aboutissant sur le terrain au lâchage des rebelles d'Alep par Ankara. Cela permit aux troupes syriennes loyalistes de reconquérir la métropole nordiste en décembre 2016, tandis que l'armée turque, qui avait franchi la frontière dans les secteurs d'al-Bab et Jarablus – dans le cadre de l'opération « Bouclier de l'Euphrate » –, y repoussait les éléments de Daesh à la satisfaction des capitales occidentales. Mais elle mit à profit ces gains pour installer des rebelles syriens arabes à sa dévotion dans un espace qui séparait les deux provinces orientales du Rojava kurde de celle d'Afrin, à l'ouest. De la sorte, la Turquie mettait obstacle à la constitution d'un « corridor kurde » en gestation qui pourrait déboucher sur la Méditerranée.

En janvier 2018, la situation militaire globale a profondément changé, après la reconquête de Mossoul et Raqqa. L'« État islamique » ne contrôle plus de territoire, à l'exception de quelques zones désertiques où des tribus semi-nomades protègent les rescapés. Deux mille soldats américains et deux cents français appartenant aux forces spéciales restent positionnés dans le Nord-Est syrien, aux côtés des milices kurdes des YPG. Leur premier objectif est de traquer les fuyards de Daesh et de prévenir leurs coups de main. Le retour éventuel de jihadistes européens encore en liberté vers le Vieux Continent est un enjeu de sécurité considérable, et tout est mis en œuvre pour l'éviter. Le traitement des dizaines de prisonniers originaires de France et des pays voisins, détenus par les Kurdes, représente dans ce contexte un atout pour ces derniers grâce aux précieux éléments de renseignement qu'ils peuvent procurer. Des figures majeures du jihad français – Adrien Guihal, Thomas Barnouin, Émilie Koenig – se trouvent au printemps 2018 sous écrou kurde. Enfin cette assistance militaire veut témoigner, face aux reconquêtes croissantes du territoire syrien par le régime de Bashar al-Assad, les Russes et les chiites, que l'éradication de Daesh a été un succès occidental – ainsi que l'affirme en décembre 2017 le ministre français des Affaires étrangères Jean-Yves Le Drian, qui en critique alors « l'appropriation par les Russes ». De leur côté, ceux-ci maintenaient toutefois également des observateurs à Afrin – officiers de liaison avec les YPG. Des relations anciennes avaient été tissées entre la mouvance militante kurde historique, frottée à sa naissance à l'idéologie communiste, et les services de renseignement soviétiques puis russes.

Au motif d'une annonce par les États-Unis qu'ils allaient créer un corps de trente mille gardes-frontières parmi la milice des Forces démocratiques syriennes (majoritairement kurdes), le président Erdogan déclara le 15 janvier

2018 : « Un pays [les États-Unis] que nous appelons un allié insiste pour former une armée de la terreur sur nos confins ! Que peut-elle viser sinon la Turquie ? Notre mission est de l'étrangler avant même qu'elle ne soit née. » Le 19 janvier, les observateurs russes quittèrent Afrin et le lendemain l'offensive « Rameau d'olivier » fut lancée. Comme lors de l'opération « Bouclier de l'Euphrate » un peu plus d'un an auparavant, le gros des troupes était composé d'insurgés de diverses obédiences, équipés et soldés par Ankara, pour la plupart transférés depuis la « zone de désescalade » d'Idlib à travers le territoire turc. Ils formaient un groupe disparate, depuis les vestiges de l'Armée syrienne libre jusqu'à des jihadistes – lesquels se livrèrent à la profanation du cadavre d'une combattante kurde. Investie le 18 mars après avoir été évacuée par la plupart de ses habitants et des nombreuses personnes qui s'y étaient réfugiées, la ville d'Afrin fut pillée, dans une logique de « déplacement ethnique » où des rebelles arabes se substitueraient aux Kurdes. Le drapeau turc fut hissé aux côtés de celui des insurgés syriens sur le principal sommet de la province, le mont Barsaya. Mais à la différence de l'offensive précédente, où la lutte contre Daesh et son expulsion de la zone frontalière constituèrent la première phase des combats, avant l'attaque contre les miliciens kurdes, celle-ci fut exclusivement dirigée contre ces derniers. En contrôlant ce territoire, la Turquie porta un coup fatal au rêve du « corridor kurde » vers la Méditerranée, préalable à l'émergence d'un État indépendant qui aurait opportunément tiré profit du chaos régional.

L'opération « Rameau d'olivier » n'avait pu se dérouler qu'avec l'aval discret de la Russie maîtresse de l'espace aérien, mais elle suscita de vigoureuses protestations de

Bashar al-Assad contre la violation de la frontière et l'affirmation d'une souveraineté d'Ankara et des rebelles sur le
sol syrien. Elle motiva aussi des admonestations de Téhéran – pourtant partenaire dans le processus d'Astana. Un
convoi de miliciens favorables à Damas, qui tenta une
incursion dans la zone pour exprimer sa solidarité avec
les Kurdes, fut contraint de reculer sous la mitraille de
l'armée turque et de ses supplétifs arabes. Et le malaise
de Moscou, qui estima le 9 avril par la bouche de son
ministre des Affaires étrangères que la région conquise
devrait repasser sous contrôle du gouvernement, lui valut
le lendemain les rebuffades de M. Erdogan : « Quand il
sera temps, nous la remettrons personnellement aux gens
d'Afrin, mais c'est notre affaire et c'est nous qui décide-
rons quand, non M. Serguei Lavrov. » La presse nationaliste avait glorifié l'opération militaire menée « contre
l'Amérique et la Russie ». Cinq jours plus tard, la Turquie
approuvait les frappes occidentales sur la Syrie en réaction
à l'utilisation d'armes chimiques à Douma – marquant la
complexité des relations entre Ankara et Moscou. C'est
dans ce contexte tendu que M. Erdogan – qui n'avait pas
fait mystère de ses intentions de lancer une autre offensive
contre les YPG dans les provinces orientales du Rojava
malgré la présence sur place de troupes américaines et
françaises – convoqua pour juin 2018 des élections présidentielle et législatives anticipées initialement program-
mées pour l'année suivante, afin de capitaliser dans les
urnes l'exaltation chauvine qu'avaient déclenchée l'attaque et la conquête d'Afrin, et de lui donner pour de
bon les pleins pouvoirs en accentuant la présidentialisation
du régime.

Ce processus s'inscrivait dans une inflexion du posi-

tionnement turc dans le jeu moyen-oriental depuis les
« printemps arabes » de 2011. En effet, selon l'ancien Premier ministre Ahmet Davutoglu, dans un entretien que
j'eus avec lui à Istanbul le 22 mai 2018, un basculement
décisif s'effectue à l'été 2013 – marqué simultanément
par l'émergence de Daesh comme force significative dans
l'insurrection syrienne, par le pronunciamiento du général
Sissi en Égypte qui démet le président Frère musulman
Morsi, et par l'échec de la coalition occidentale à frapper
Damas par rétorsion à l'usage d'armes chimiques sur la
Ghouta. La vision de « profondeur stratégique » qu'avait
élaborée l'universitaire dans son ouvrage homonyme dès
2001, afin de projeter le rayonnement régional de la Turquie par son dynamisme commercial et non plus par la
focalisation militaire sur des frontières difficilement défend-
ables car ne correspondant pas à des limites naturelles
(sauf avec l'Iran dans les montagnes), devient intenable.
Le coup d'État en Égypte va mettre les Frères musulmans
hors jeu comme acteurs centraux pour les lendemains des
soulèvements – contrariant ainsi leur accompagnement par
Ankara et Doha. Bashar al-Assad, selon M. Davutoglu,
voit dans l'échec des Frères en Égypte le signe qu'il peut
lui aussi l'emporter à terme – impression que renforcent
tant la division irréfragable entre Daesh et les autres insurgés que l'incapacité occidentale à frapper Damas en septembre 2013 après le gazage de la Ghouta. Par là même,
la politique régionale turque, faisant de nécessité vertu,
va graduellement revenir à une conception étatique plus
classique de défense militaire des frontières. Cela se traduit par une réaffirmation nationaliste qui se reconstruit
sur les valeurs fondamentales du modèle d'Atatürk, réin-
carné avec un vocabulaire plus islamisé mais une gram-

maire kémaliste, par le propos de M. Erdogan – comme le montre éloquemment l'ouvrage de Jean-François Pérouse et Nicolas Cheviron, *Erdogan : nouveau père de la Turquie ?* (réédité en 2017). La répression de la tentative de putsch du 15 juillet 2016, qui a conduit à la purge des disciples de Fethüllah Gülen de toutes les positions de pouvoir qu'ils avaient conquises dans l'appareil d'État ou dans les médias et à l'Université, a éliminé ces adversaires les plus virulents, au sein de la mouvance islamiste, de la figure d'Atatürk. Ce qui a permis à l'AKP au pouvoir de se réapproprier celle-ci plus aisément, en y substituant M. Erdogan. En mai, lors de la campagne pour les élections anticipées de 2018, j'ai pu observer sur les murs d'Istanbul comment l'image du « père des Turcs » était annexée par le président en exercice, jusqu'à la juxtaposition dans les affiches de propagande de leurs deux portraits qui en cultivent, au moyen de quelques retouches Photoshop, la ressemblance. Le président sortant fut réélu au premier tour avec 52,5 % des suffrages.

Dans ce contexte, la question syrienne n'est plus tant la victoire – désormais inenvisageable – d'une insurrection dirigée par les Frères musulmans, que la sécurisation de la frontière. L'unité de l'État-nation turc passe par la pérennité de la Syrie dans son intégrité territoriale, nous a-t-on répété le 21 mai 2018 au ministère des Affaires étrangères à Ankara : il s'agit d'un impératif, à partir duquel se discutera le maintien ou non de Bashar al-Assad au pouvoir, en fonction de l'équilibre des forces sur le terrain et entre les grandes puissances. Cela signifie que l'autonomie d'une région kurde dans le Nord-Est syrien – le

Rojava – est perçue comme une menace à la souveraineté de la Turquie, et que la lutte contre celle-ci devient le déterminant principal de sa politique.

Pour les Kurdes, le bilan de la participation à l'éradication de Daesh, qui leur avait donné la possibilité de s'ériger en partenaire précieux de l'Occident, s'avéra amer au regard des ambitions séculaires d'édifier un État rassemblant les quarante millions de kurdophones répartis entre le sud-est de la Turquie, le nord de la Syrie et de l'Irak et le nord-ouest de l'Iran. Déjà, à la fin de la Première Guerre mondiale, le traité de Sèvres de 1920, qui en prévoyait la création, avait été annulé sous la pression militaire des armées turques victorieuses dirigées par Atatürk et remplacé en 1923 par celui de Lausanne – d'où toute mention de pareil État avait été omise. Le combat séculaire des guérilleros peshmergas « sans autres alliés que leurs montagnes », comme le voulait un dicton local, avait été marqué par des massacres récurrents, mais également une résilience obstinée – narrée par le livre de référence de Gérard Chaliand, *Le malheur kurde*, paru en 1992. Avec les vicissitudes puis l'élimination du régime de Saddam Hussein en Irak, ces espoirs commencèrent à se concrétiser, par l'autonomie de fait des provinces kurdes irakiennes de Dohouk, Erbil et Souleimaniyeh à partir de 1992, et surtout à la suite de l'édification en 2005 du Gouvernement régional du Kurdistan basé à Erbil et bénéficiant d'une quasi-indépendance.

Mais les conflits fratricides, après une phase sanglante dans la décennie 1990, avaient creusé un clivage entre le PDK (Parti démocratique du Kurdistan) – dominé par la famille Barzani et hégémonique dans les régions d'Erbil et Dohouk – et l'UPK (Union patriotique du Kurdistan), issu du clan Talabani, implanté à Souleimaniyeh. Ces divisions recoupaient des alliances régionales différentes. Le PDK maintenait de bonnes relations, principalement commerciales, avec la Turquie. Paradoxalement, durant les premières années où M. Erdogan contrôlait le pouvoir à Ankara à partir de 2003, un processus de réconciliation avec les Kurdes avait été engagé, au titre de leur appartenance à l'islam sunnite, tandis que l'hypernationalisme d'Atatürk était mis à distance par le parti islamo-conservateur AKP. D'importants capitaux turcs abondèrent à Erbil, qui devint un comptoir pour le flux des marchandises fabriquées en Anatolie et destinées aux marchés irakien et iranien coupés du négoce international par les risques sécuritaires dans le premier cas ou par l'embargo sur les transactions bancaires imposé par la loi américaine D'Amato/Kennedy de 1996, dans le second. Cet effet d'aubaine permit à la ville de connaître un développement remarquable, sur un modèle inspiré, toutes proportions gardées, par Dubaï. En revanche, l'UPK de M. Talabani conservait des relations plus étroites avec Téhéran, ainsi qu'avec le PYD du Rojava syrien et le PKK turc. L'ouverture en novembre 2013 d'un oléoduc kurde reliant des champs pétrolifères au port méditerranéen turc de Ceyhan assura une manne financière au gouvernement régional, mais la baisse consécutive des prix du brut puis le refus de Bagdad à partir de février 2014 de verser à Erbil sa part de 17 % des recettes pétrolières irakiennes, dès lors que le KRG exportait directement son pétrole, ont déclenché une crise économique dont les conséquences se font toujours sentir en 2018 – avec l'arrêt des investissements, la suspension des projets immobiliers, etc.

L'effondrement de l'armée irakienne face à l'offensive

de Daesh qui déferle depuis Mossoul en juin 2014 et la résistance un peu plus solide des combattants peshmergas (surtout les YPG du Rojava) avaient mis dans la foulée les Kurdes en situation de repousser les jihadistes qui étaient parvenus jusqu'à Kirkouk. Ce territoire disputé fut annexé *de facto* et les hydrocarbures exploités et exportés au détriment de Bagdad, suscitant son ire. La situation conflictuelle ainsi créée avec la capitale fédérale atteignit son paroxysme à l'été 2017 pour se renverser en défaveur des Kurdes. D'un côté, la reconquête de Mossoul en juillet avait autorisé l'État irakien central à réaffirmer son autorité, appuyé militairement sur les « Unités de la Mobilisation populaire ». De l'autre, un référendum audacieux pour l'indépendance, organisé en septembre à l'initiative du président historique du Gouvernement régional kurde (KRG) Massoud Barzani, donna la victoire au « oui » avec plus de 92 % des voix. Soutenu par la seule Russie – intéressée à exploiter le pétrole de Kirkouk tandis que la société russe Rossneft acquerrait 60 % de l'oléoduc de Ceyhan en octobre –, ce vote ne fut pas reconnu par Bagdad, qui interdit en représailles les vols entre l'aéroport d'Erbil et l'étranger, y aggravant la crise économique. La communauté internationale, préoccupée par l'émergence d'un nouveau foyer de tension, ne reconnut pas davantage ce scrutin jugé inopportun, dont les résultats triomphaux restèrent ainsi lettre morte. Le 17 octobre suivant, à l'occasion des funérailles de l'ancien président de la République d'Irak et figure légendaire du nationalisme kurde Jalal Talabani à Souleimaniyeh, en présence de Qassem Solaymani, commandant iranien de la force Qods, les pressions conjuguées de Téhéran et de Bagdad convainquirent les peshmergas de l'UPK qui contrôlaient Kirkouk avec le PDK de quitter les lieux où les supplantèrent l'armée irakienne et les « Unités de la Mobilisation populaire ». En avril 2018, les électeurs kurdes que nous rencontrons à Erbil s'apprêtent à participer sans enthousiasme au scrutin pour choisir les députés irakiens – alors même qu'une vaste majorité a, quelques mois plus tôt, plébiscité en vain l'indépendance.

Affaiblis politiquement en Irak, les Kurdes subissaient simultanément dans le nord de la Syrie les assauts des soldats turcs. Dans la grande recomposition du Levant qui se mettait en place après l'éradication du « califat » de Daesh et avec la défaite à venir de l'insurrection syrienne, ils se retrouvaient dans une situation qui n'était pas sans rappeler celle prévalant à la fin de l'Empire ottoman au lendemain de la Première Guerre mondiale. Confortés dans leurs aspirations nationales par le traité de Sèvres, ils avaient dû y renoncer sur la pression militaire d'Atatürk, comme l'entérina celui de Lausanne. Un siècle plus tard, ils avaient pareillement bénéficié d'un créneau d'opportunités exceptionnel pour réaliser leur ambition – avec l'effondrement de l'Irak de Saddam dans un premier temps, et grâce au rôle essentiel qu'ils avaient joué pour endiguer Daesh en 2014 puis le détruire à Raqqa en 2017. Mais là encore – présumant de leurs forces en déclenchant le référendum de septembre –, ils avaient uni contre eux les États constitués de la région : Iran, Irak comme Turquie avaient surmonté leurs antagonismes pour faire obstacle à cette indépendance, vue par chacun d'entre eux comme une menace existentielle. Tel Atatürk dans les années 1920, M. Erdogan avait fait usage de la pression militaire avec les opérations « Bouclier de l'Euphrate » et « Rameau d'olivier ».

Et les puissances, de Moscou à Washington et à l'Europe, n'étaient pas prêtes à envoyer leurs soldats mourir pour un hypothétique État kurde, fût-ce en remerciement des services rendus contre Daesh – comme le manifesta Donald Trump en annonçant dès la fin mars 2018 qu'il avait l'intention de retirer ses soldats de Syrie dans les six mois. À l'heure où les États-Unis faisaient croître leur production de pétrole et gaz de schiste, redevenant auto-suffisants puis exportateurs d'hydrocarbures, il paraissait de moins en moins opportun à la Maison-Blanche d'intervenir avec des troupes au sol dans le chaos moyen-oriental – comme l'avait montré le coût exorbitant des occupations de l'Afghanistan puis de l'Irak depuis le début du XXIe siècle, pour des résultats mitigés. À l'instar de son prédécesseur et en dépit de leurs divergences d'appréciation, le quarante-cinquième président américain déléguait à des auxiliaires régionaux la charge de maintenir ou de modifier les équilibres sur place, sans plus s'impliquer directement. Mais là où Barack Obama voyait dans la consolidation des Frères musulmans appuyés par le Qatar et la Turquie et dans la réintégration de l'Iran sur la scène internationale les lignes d'affirmation du nouveau monde révélées par les « printemps arabes », et avec lequel il recherchait un dialogue (*engagement*), Donald Trump n'accorda aucune confiance à ces partenariats novateurs. Il revint à des « fondamentaux » de la politique américaine en multipliant les gestes fortement symboliques en faveur des alliés traditionnels, et de défiance aux adversaires d'hier à qui son devancier avait tendu la main. Il restaura en mai 2017 le pacte antiterroriste avec l'Arabie saoudite absoute pour les attentats du 11 septembre 2001, et imposa le transfert de Tel-Aviv à Jérusalem de l'ambas-

sade américaine en Israël le 14 mai 2018, six jours après
s'être retiré du traité de Vienne avec l'Iran.

HÉGÉMONIE IRANIENNE
OU EMPIRE AUX PIEDS D'ARGILE ?

Le 14 juillet 2015 avait été signé dans la capitale autri-
chienne le Plan d'action conjoint sur le nucléaire iranien
– connu par son acronyme anglais de JCPOA (*Joint Com-
prehensive Plan of Action*), par les cinq membres permanents du Conseil de sécurité de l'ONU et l'Allemagne (dit
« P5 + 1 »), ainsi que l'Union européenne, avec l'Iran. En
contrepartie d'une renonciation de Téhéran pour quinze
ans à enrichir l'uranium dans une perspective militaire,
dûment vérifiée par l'Agence internationale de l'énergie
atomique, les sanctions économiques liées à ce programme
et votées par l'ONU, les États-Unis et l'Union européenne
seraient levées. Cette réintroduction de l'Iran dans la communauté des nations était principalement le fruit de la
volonté du président Obama, convaincu qu'une solution
de la crise syrienne où l'Iran jouait un rôle important dans
le soutien au régime de Damas ne pourrait advenir que si
la République islamique sortait de son statut de paria et
devenait comptable de ses agissements. De force pertur-
batrice, elle se transformerait en élément stabilisateur dans
le golfe Persique, faisant baisser les tensions et donc le
coût des hydrocarbures dont cette région exportait quotidiennement le quart de la consommation mondiale. C'est
en large part pour parvenir à ce traité que les États-Unis
avaient renoncé aux frappes aériennes en septembre 2013
après le bombardement de la Ghouta à l'arme chimique

– bien que cela eût été érigé en « ligne rouge » par Washington. Et, de fait, dès novembre 2013, un accord intérimaire avait été conclu entre le « P5 + 1 » et Téhéran, où venait d'être élu en juin à la présidence de la République le « pragmatique » Hassan Rouhani, succédant au provocateur Mahmoud Ahmadinejad. Quant à la signature finale de juillet 2015, elle eut lieu au moment où la violence de Daesh battait son plein en Europe – entre les tueries de *Charlie Hebdo* et du supermarché Hyper Cacher en janvier et celle du Bataclan en novembre – un an jour pour jour avant le massacre de Nice le jour de la fête nationale française de 2016. Face au danger jihadiste, Washington comme Bruxelles cherchaient des congruences avec l'Iran et la Russie, par-delà les divergences. Et dans la foulée de l'accord, Moscou – qui s'y était engagé avec ardeur pour conforter son allié iranien – installerait son aviation en septembre 2015 sur la base de Hmeimim en Syrie au nom de la lutte contre la terreur, un facteur décisif pour l'issue de la guerre civile.

Le 13 octobre 2017, quatre jours avant la chute finale de Raqqa qui mettrait un terme à l'« État islamique » et au « califat » de Daesh, réduisant significativement le niveau de la menace du jihadisme sunnite contre l'Occident, le président Trump annonça qu'il ne fournirait pas la certification américaine permettant la reconduction régulière du traité, exigée par le Congrès des États-Unis. En mai 2017, lors de son premier déplacement à l'étranger, à Riyad, il avait érigé de nouveau l'Iran en une puissance terroriste – épousant la vision de ses hôtes saoudiens. Le 12 janvier 2018, réactivant ainsi une de ses promesses de campagne selon laquelle il « déchirerait » le JCPOA qualifié de « pire accord jamais négocié » et susceptible de déclencher un

« holocauste nucléaire », il donna à ses partenaires réticents du « P5 + 1 » un délai de cent vingt jours pour édicter de nouvelles mesures coercitives contre l'Iran. Et le 8 mai, alors même que le secrétaire d'État Mike Pompeo arrivait à Pyongyang pour préparer la rencontre inédite entre les deux dirigeants américain et nord-coréen afin de résoudre la tension atomique entre eux, le locataire de la Maison-Blanche annonça qu'il retirait les États-Unis d'un « abominable accord qui n'aurait jamais dû être conclu [...]. Il est évident à mes yeux qu'avec la structure pourrie de l'accord actuel, on ne peut empêcher l'Iran de se doter d'une bombe nucléaire ». En conséquence serait rétablie une large palette de sanctions destinées à interdire le commerce avec la République islamique, à gêner les investissements pour exploiter ses hydrocarbures, à fermer les liaisons qu'avaient ouvertes les compagnies aériennes européennes, annuler les contrats de Boeing et Airbus pour plusieurs centaines d'avions de ligne – remettant en cause des dizaines de milliards de dollars ou d'euros engagés depuis la signature du JCPOA le 14 juillet 2015.

Du côté iranien, la possibilité de parvenir à l'accord de Vienne avait été la résultante de l'élection de Hassan Rouhani, le 14 juin 2013, et de la situation périlleuse dans laquelle l'embargo avait plongé l'économie nationale. Ancien négociateur nucléaire de 2003 à 2005, sous la présidence Khatami, celui-ci revenait sur le devant de la scène après huit années où Mahmoud Ahmadinejad fut notoire tout autant par ses bravades incessantes contre l'Occident et ses menaces contre Israël – qu'il voulait voir « effacé de la carte » – que par l'accélération d'un programme militaire dont la finalité hostile à l'État hébreu était ainsi clairement proclamée. Si le jusqu'au-boutisme d'Ahmadinejad avait été sanctionné en 2013 par les électeurs, avec l'aval d'Ali Khameneï, car il avait porté l'isolement du pays à un paroxysme qui mettait en péril la pérennité même de la République islamique, la répartition des pouvoirs en Iran restait complexe et changeante. Un président qualifié de réformiste devait rendre des comptes au Guide attaché à la doctrine du *velayat-e faqih* (« gouvernement par le juriste islamique » – c'est-à-dire lui-même) et contrebalancer la puissance de l'armée des Gardiens de la Révolution (Pasdarans) à l'occasion de leurs interventions décisives en Syrie aux côtés de Bashar al-Assad et en Irak face à Daesh, en soutien aux « Unités de la Mobilisation populaire ». Cet équilibre politique fut d'autant plus fragilisé avec le décès le 8 janvier 2017 de l'ayatollah Hashemi Rafsandjani. L'un des personnages les plus riches d'Iran, régnant sur l'exportation des pistaches et possédant de nombreux investissements à Dubaï, cet homme de confiance de Khomeyni avait été élu président à la mort de celui-ci en 1989, jusqu'en 1997. Il avait gommé les aspérités les plus « idéologiques » du régime et marqué ses distances avec la stratégie d'« exportation de la Révolution » aux pays voisins, en faveur d'une *Realpolitik* construite sur la puissance d'un État peuplé de soixante-deux millions d'habitants alors (quatre-vingts en 2018). Pour Rafsandjani, l'affichage de l'identité chiite établissait d'abord, avant toute considération doctrinale, un réseau d'alliances régionales permettant de renforcer, dans une logique obsidionale, le système défensif du territoire iranien. Le premier rempart de la République islamique assiégée par ses ennemis occidentaux était édifié chez les chiites et les alaouites des Proche et Moyen-Orient – le

Hezballah libanais en constituant le fortin avancé face à la frontière israélienne.

Pour les tenants de ce pragmatisme, les rodomontades d'un Ahmadinejad n'ont fait que conduire à des sanctions économiques internationales qui ont impacté négativement la population iranienne et accru ainsi son hostilité au régime. L'ont montré les mouvements récurrents et réprimés depuis les manifestations contre sa réélection en 2009 jusqu'aux soulèvements contre la cherté de la vie et le chômage massif en décembre 2017 et janvier 2018. Les premières – qui furent surnommées « vague verte » du fait de la couleur dont s'étaient vêtus ou parés les protestataires – participaient d'une atmosphère qui évoquait aussi bien les « printemps arabes » que les « révolutions de couleur » des anciens États soviétiques – également abominables pour le pouvoir. Celui-ci les mata durement car elles mettaient en cause sa légitimité et son mode de gouvernance, manquant de le faire vaciller lorsque plus d'un million de personnes descendirent dans la rue. Par la suite, le président à la réélection controversée fut contraint de multiplier les subventions pour renforcer une relation de clientèle avec les couches populaires, aggravant encore les déficits, et le Guide Khameneï veilla à la marginalisation graduelle d'Ahmadinejad. Les soulèvements du tournant de l'année 2017-2018 furent d'une autre nature : sans leaders, ils agrégèrent des mécontentements diffus, rassemblant des dizaines de milliers de protestataires dans de nombreuses villes de province rarement touchées par l'expression de la dissidence politique. Les adversaires de Hassan Rouhani, et notamment d'anciens proches de son prédécesseur Ahmadinejad depuis leur bastion de la cité sainte de Mashhad, tentèrent d'en tirer parti en l'accusant d'avoir renoncé pour rien au programme nucléaire dans le cadre du JCPOA puisque la population n'en recevait aucun dividende. Alors que le président exprimait sa compréhension pour certaines des revendications économiques, il revint au chef des Pasdarans, le général Jaafari, de proclamer le rétablissement de l'ordre le 3 janvier 2018 en signifiant « la fin de la *fitna* » (terme coranique pour la sédition religieuse qui brise l'unité des croyants et met en péril l'islam) – démontrant que ce corps militaire demeurait l'instance répressive de dernier recours du pouvoir. Cependant, une semaine plus tard, et tandis que les événements faisaient l'objet d'une large couverture de la presse américaine et d'encouragements aux manifestants, Donald Trump choisit son moment pour annoncer que, faute d'une réécriture du traité de Vienne, les États-Unis s'en retireraient en mai. La coïncidence paraissait d'autant moins fortuite que les problèmes économiques s'étaient exacerbés dans la rue et que c'est ce même levier que la Maison-Blanche voulait utiliser avec la reprise des sanctions. Pour s'en prémunir, l'Iran suspendit les opérations de change sur son territoire afin d'éviter la fuite des capitaux, et au premier semestre de 2018 le rial perdrait la moitié de sa valeur. L'interdiction d'acquérir des devises impacte ainsi directement la classe moyenne qui, déjà privée de voyages aux États-Unis du fait du *Muslim ban* décrété en janvier 2017, voit ses possibilités de déplacements à l'extérieur extrêmement réduites.

Même si la dimension idéologique de l'affrontement récurrent avec l'Occident est désormais relativisée, le coûteux soutien au Hezballah et aux clients de l'Iran dans la région – l'appui armé au pouvoir syrien a été évalué en l'absence de sources fiables entre 6 et 15 milliards de dollars annuels – obère néanmoins le budget de l'État et empêche la population de bénéficier des investissements étrangers comme de la pleine jouissance des exportations pétrolières et gazières. La signature de l'accord de Vienne en juillet 2015 avait pour principal objet de tenter de remédier à cette situation en redéfinissant les relations de Téhéran avec ses voisins et la communauté internationale pour en retirer un profit économique direct et un gain social induit. En desserrant la pression de l'embargo et des sanctions en contrepartie de la renonciation pour quinze ans au programme nucléaire militaire, dûment vérifiée par les inspecteurs de l'Agence internationale de l'énergie atomique (AIEA), un retour à la confiance avec les puissances occidentales membres du « P5 + 1 » devait pouvoir s'édifier graduellement.

Toutefois, la République islamique – en parallèle à ce processus global mis en œuvre à Vienne qui procurait de l'oxygène au gouvernement Rouhani – maintenait depuis la guerre contre l'Irak en 1980 un autre fer au feu en politique étrangère qui n'était pas du ressort présidentiel. Cet instrument consistait en la projection – principalement en Mésopotamie et au Levant – des Gardiens de la Révolution et tout particulièrement la force Qods, chargée des opérations spéciales. Son chef, le général Qassem Solaymani, est devenu le premier haut gradé à acquérir pareille notoriété et popularité, dans un appareil d'État où les grands noms connus de tous étaient surtout depuis 1979 ceux du Guide ou des ayatollahs. Cette situation inédite est due à deux facteurs. En politique intérieure, les privilèges exorbitants des religieux enturbannés, les *akhound* (« curés ») brocardés par la majorité de la classe moyenne et une bonne partie du peuple pour leur cupidité, leur corruption et leur accaparement du pouvoir, favorisent l'émergence d'une figure galonnée alternative dépositaire d'un nationalisme iranien défensif, par-delà la dimension idéologique propre aux Gardiens de la Révolution. En avril 2018 est découverte une momie, déterrée près d'un mausolée de Téhéran. Elle est attribuée par la rumeur à Reza Shah, général de cosaques fondateur de la dynastie pahlavie et modernisateur de l'Iran. La chaîne de télévision opposante et monarchiste Manoto (« Moi et Toi »), émettant par satellite depuis l'étranger et aujourd'hui la plus populaire dans le pays, avait diffusé quelques années auparavant un feuilleton à la gloire de cet empereur autoritaire et anticlérical, qui régna de 1925 à 1941, et on entendit, pendant les manifestations de l'hiver 2017-2018, des démonstrations d'enthousiasme aux cris de « Vive Reza Shah ! », vite dispersées par la police et les Bassiji (« Unités de Mobilisation populaire » iraniennes). Il n'en fallut pas plus pour créer, dans certains cercles, la certitude qu'un nouveau général – fût-il barbu – allait sauver l'Iran…

Pareille appétence à voir dans un sabre le recours face au turban a contribué à la faveur du général Solaymani qui incarne pourtant l'*éthos* de la République islamique. Pour les plus basses couches sociales, cela se combine avec la capacité distributrice des Gardiens de la Révolution, à la tête de Fondations (*Bonyan*) puissantes et riches qui possèdent des ports et aéroports, des usines et des sociétés commerciales, des compagnies d'aviation et de navigation. De la sorte, le complexe militaro-industriel des Pasdarans entretient par des subventions de tous ordres une clientèle populaire nombreuse, aisément mobilisable. Ils gèrent également, grâce à leur infrastructure sécuritaire, les principales voies d'approvisionnement qui passent sous le radar des observateurs internationaux, notamment à travers les frontières d'Irak mais surtout du Gouvernement régional du Kurdistan et de la Turquie – ce qui a permis à l'Iran de contourner l'embargo et leur donne un rôle clé pour ravitailler le peuple après la reprise des sanctions annoncée par Donald Trump le 8 mai 2018.

Qassem Solaymani a gagné ses lauriers par une suite ininterrompue de victoires contre les *takfiris*. Ce terme arabe, on l'a vu, qui se réfère à la pratique du *takfir* – l'excommunication que profèrent les salafistes et les jihadistes contre les chiites « hérétiques » (*rafidha*), ainsi que les apostats et autres mécréants supposés –, diabolise comme fanatiques les adversaires sunnites de l'Iran. Il permet de nouer des relations de solidarité entre victimes avec l'ensemble des minorités, depuis les chrétiens jusqu'aux yézidis, persécutées par Daesh et nourrissant une forte méfiance globale envers un monde sunnite qui s'est radicalisé à la faveur de la flambée des violences. Un assez long chemin a été parcouru depuis que la République islamique, dans les premières décennies de son existence, abusait d'un vocabulaire idéologico-religieux pour stigmatiser ses ennemis comme « corrupteurs sur la Terre », condamnait à mort Salman Rushdie et exécutait les sentences à la peine capitale prononcées au nom des Écritures saintes. Aujourd'hui, ses tenants ainsi que ses alliés se posent, par un retournement sémantique, en victimes par excellence à l'instar des populations occidentales du terrorisme universel, dont Daesh constitue la figure emblématique. Animant les 16 et 19 avril 2018 des débats en arabe à Bagdad sur les différentes phases du jihadisme (reprenant la matière de la première partie de ce livre) en milieu majoritairement chiite dans lequel s'exprimait un fort « cousinage » (voir ci-dessus, p. 376) avec l'Iran, j'y trouvai une oreille bien plus attentive, informée et favorable, que dans l'ambiance sunnite de l'université de Mossoul trois jours plus tard. Il nous fut remis en témoignage d'appréciation une « encyclopédie du terrorisme jihadiste » en langue arabe de trois gros volumes dont toutes les notices concernaient des idéologues ou activistes sunnites...

En apparaissant comme un rempart contre les *takfiris*, la figure du général Solaymani rassure à la fois les chiites dévots qui forment la clientèle populaire du régime, mais aussi la classe moyenne qui affiche volontiers en privé son agnosticisme, voire son athéisme, et nourrit pour Daesh et consorts la même horreur mêlée d'effroi que l'on peut rencontrer chez son équivalent en Europe. Les bazars dans les lieux de pèlerinage iraniens proposent depuis 2015 des souvenirs, de la vaisselle et du linge à son effigie. Et selon un sondage auprès de quelque cinq cent mille internautes publié par le site « conservateur modéré » Khabaronline à l'occasion du Nouvel An iranien (*Nowrouz*) le 21 mars 2018, il est la personnalité la plus appréciée avec 37,3 % des votes, devant le ministre des Affaires étrangères et négociateur avec l'Occident Javad Zarif (29,9 %) et un chanteur local récemment décédé, Mortaza Pasha'i (18,2 %), auteur de chansonnettes sentimentales sirupeuses compatibles avec l'idéologie de la République islamique. Par-delà les apparences apaisées, voire triviales, de ce hit-parade au pays des mollahs, Qassem Solaymani a construit en réalité une figure redoutable incarnant la continuité de deux décennies de projection de la force

politico-militaire iranienne. Il a bâti, alors que le « califat »
de Daesh a été éliminé à l'automne 2017 et au moment
où l'insurrection syrienne est en passe de succomber, une
hégémonie régionale de substitution. C'est d'abord pour
miner celle-ci, à l'heure des grandes recompositions du
Moyen-Orient, que Donald Trump torpille le 8 mai 2018
le traité de Vienne de juillet 2015. Il en espère que le
retour des sanctions asphyxiera l'Iran, voire aboutira à un
changement de régime à Téhéran, l'empêchant de capitaliser ses gains. Cette politique rappelle la doctrine que
voulaient mettre en œuvre après 2001 au Moyen-Orient
les néo-conservateurs – et dont le conseiller à la Sécurité nationale John Bolton et le secrétaire d'État Mike
Pompeo demeurent des adeptes. Ce dernier présente le
21 mai 2018, dans un discours au think-tank Heritage
Foundation, une liste de douze exigences au pouvoir iranien qui reviennent à une sorte de capitulation. Il restera
à voir dans quelle mesure elle peut réaliser ses objectifs
globaux, ou n'aboutira qu'à affaiblir le camp du président
Rouhani et favoriser au contraire celui de Qassem Solaymani – pourtant nommément incriminé par M. Pompeo.
Selon lui, « l'Iran n'a fait qu'avancer à travers le Moyen-
Orient depuis la signature du JCPOA. Qassem Solaymani
a joué avec l'argent de la banque pour en faire de l'argent
ensanglanté ! La richesse créée par l'Occident a financé
ses campagnes militaires ».

La perception américaine de la personnalité du chef de
la force Qods en tant qu'incarnation du principal adversaire des États-Unis et de leurs alliés au Moyen-Orient,
ainsi que de ses méthodes comme exprimant la nature
profonde d'un « régime meurtrier », est éloquemment res-
tituée dans la biographie occidentale la plus informée dont

on dispose sur le général. Publiée dans l'hebdomadaire de référence *The New Yorker* en septembre 2013 sous la signature de Dexter Filkins, à qui ses reportages sur une décennie de belligérance américaine au Moyen-Orient ont valu le prestigieux prix Pulitzer, elle est intitulée « The Shadow Commander ». Ce « commandant de l'ombre » y est dépeint comme « l'opérateur iranien qui a remodelé le Moyen-Orient ». À la date de parution de ce long article qui coïncide avec la reprise de la ville syrienne insurgée de Qusayr (voir ci-dessus, p. 307) par les forces du Hezballah coordonnées par Solaymani, il est devenu celui qui « dirige la guerre d'Assad en Syrie ». Le texte est nourri des sources en persan rassemblées par le chercheur Ali Alfoneh pour le think tank conservateur American Enterprise Institute dans son livre *Iran Unveiled* (sorti en 2013) mais surtout par des entretiens avec les principaux responsables de la politique américaine dans la région depuis le tournant du siècle, ainsi qu'avec les leaders kurdes et irakiens qui ont accompli l'intermédiation entre le « commandant de l'ombre » de Téhéran et ses équivalents à Washington.

Solaymani naît en 1957 dans un village proche de Kerman dans le sud-est du pays, lieu d'origine de Rostam, héros mythique qui sauva l'intégrité de l'Iran face à ses multiples ennemis – et personnage central du *Livre des rois (Shah nameh)*, épopée nationale rédigée par Ferdoussi autour de l'an mille. Le général est aujourd'hui identifié à ce dernier par la propagande populaire et qualifié de « nouveau Rostam » tant sur des sites proches du régime que par un journaliste des programmes en persan de la radio Voice of America... Issu d'une famille de paysans pauvres dont il a dû racheter les dettes au gouvernement en travaillant dès sa prime jeunesse – ce qui aurait motivé sa haine sociale du pouvoir oppresseur du shah –, Qassem Solaymani entre en 1979 dans le corps des Gardiens de la Révolution après avoir fréquenté les sermons d'un clerc proche du futur Guide Khameneï. Le logo de cette institution en résume éloquemment les ambitions : un bras brandissant un fusil mitrailleur AK-47 est replié pour former le mot arabe *La* – qui signifie « non », en refus de l'ordre injuste, et constitue aussi le premier vocable de la double confession de foi musulmane « Il n'y a de dieu qu'Allah et Mohammed est Son envoyé ». Il repose sur la date 1357 notée en chiffres persans – correspondant, dans le calendrier hégirien, à 1979, année de l'avènement de la République islamique et de la promesse messianique du monde nouveau que les Pasdarans vont diffuser à l'univers, représenté par un globe terrestre au sommet du blason. Le début du verset coranique 60 de la sourate *Al Anfal* (« Le butin ») y figure en suscription, parallèle au fusil-mitrailleur : « Et préparez contre eux tout ce que vous pouvez comme force... » La suite du texte, « pour terroriser l'ennemi d'Allah et le vôtre », est la référence de rigueur de tous les mouvements islamistes qui utilisent la violence, et y fondent la « terreur légitime » (voir ci-dessus, p. 120, pour la justification des attentats-suicides par le cheikh Qaradawi, *inter alia*).

Qassem Solaymani y fait ses premières armes contre l'insurrection séparatiste kurde dans le nord-ouest de l'Iran. Puis, durant la guerre contre l'Irak entre 1980 et 1988, il est remarqué pour sa bravoure à la tête de ses hommes, déplorant des pertes massives dans leurs rangs dues aux vagues d'assauts de jeunes recrues destinées à se faire exploser pour déminer la voie face aux lignes adverses. Il prend ses premiers contacts avec les leaders kurdes d'Irak soulevés contre Saddam ainsi qu'avec la milice Badr composée de prisonniers irakiens retournés – qui lui seront précieux lorsqu'ils se retrouveront en position de force après l'invasion américaine de 2003 –, démontrant ainsi ses capacités d'anticipation géopolitiques. Dans la décennie 1990, sa biographie édifiante mentionne qu'il est affecté dans sa région natale, la province de Kerman, où il éradique le trafic d'héroïne alimenté par l'opium cultivé de l'autre côté de la frontière afghane – la toxicomanie et l'immigration clandestine en provenant étant des fléaux régulièrement dénoncés et combattus. Il devient chef de la force Qods autour de la fin de 1997, à une date restée secrète qui sied à son destin, désormais celui du « commandant de l'ombre » pour les opérations extérieures de la République islamique. En 1999, sous la présidence du « libéral » Khatami, il fait partie des signataires d'une lettre des généraux des Pasdarans qui l'objurguent d'écraser la révolte estudiantine, sans quoi ils interviendraient directement – une occasion de rappeler où se trouve le vrai pouvoir –, et ce dernier obtempère.

Le 11 septembre 2001, suivi de l'invasion américaine de l'Irak en mars 2003, ouvre une période charnière de la carrière de Qassem Solaymani. Il y traite, quasiment d'égal à égal, avec ses homologues américains. L'Iran et les États-Unis ont, durant cette première décennie du siècle, une congruence d'intérêts sur deux enjeux majeurs : la lutte contre Al-Qaïda puis l'élimination de Saddam Hussein. Dans les deux cas, la collaboration initiale échoue rapidement pour se transformer en un regain d'affrontement, marquant la persistance d'une profonde défiance entre les deux adversaires et l'incapacité d'institutionnaliser des relations, fussent-elles conflictuelles. Pendant le dernier trimestre de 2001, d'intenses échanges d'informations circulent entre une équipe d'agents de Solaymani et leurs collègues d'outre-Atlantique sous la houlette d'un des meilleurs connaisseurs de la région, l'ambassadeur Ryan Crocker. Ils permettront de localiser ou neutraliser des opérateurs de Ben Laden comme des bataillons de Talibans. Cette période faste entre les deux États prend brutalement fin quand George W. Bush prononce en janvier 2002 son « Discours sur l'état de l'Union » où il inclut l'Iran dans l'« axe du Mal » (voir ci-dessus, p. 141). Le sentiment de trahison alors ressenti à Téhéran n'empêche pas une reprise des contacts entre les mêmes interlocuteurs à la suite de l'invasion américaine de l'Irak : « La formation du conseil de gouvernement irakien [l'exécutif provisoire mis en place par l'occupant] résulta essentiellement d'une négociation entre Téhéran et Washington », confia au *New Yorker* l'ambassadeur Crocker, qui en avait la charge. Mais cette coopération s'avéra également de courte durée, et l'insurrection sunnite dont Zarqawi fut l'un des principaux initiateurs (voir ci-dessus, p. 290) trouva son parallèle dans des attaques de diverses milices chiites proches de la force Qods contre les intérêts américains, tandis que les massacres interconfessionnels se développaient à large échelle. En « saignant » l'armée américaine pour la piéger dans le bourbier mésopotamien, l'Iran, qui s'était doté avec Mahmoud Ahmadinejad en juin 2005 d'un président offensif relançant le programme nucléaire, se prémunissait contre la crainte d'être le troisième domino que voulaient faire tomber les néo-conservateurs dans le cadre de leurs « changements de régime » – après l'Afghanistan des Talibans et l'Irak de Saddam Hussein. Sur le terrain, Qassem Solaymani fut l'instrument efficient de cette politique, qui conduirait au retrait américain d'Irak en octobre 2011. Ce dernier épisode – promesse de campagne de Barack Obama – fut rendu possible grâce à la composition du gouvernement de Nouri al-Maleki en décembre 2010, où il fallait voir la main du chef de la force Qods, selon les témoignages des dirigeants irakiens chiites et kurdes impliqués dans l'opération.

Le sentiment de toute-puissance de l'Iran né du départ des GI de l'Irak – Washington ayant confié paradoxalement le destin de ce pays à Téhéran dans une sorte de condominium où les États-Unis étaient le partenaire mineur – fut sans doute à la racine de l'*hubris* chiite de M. Maleki. On a observé plus haut comment il s'aliéna la population sunnite et ouvrit ainsi la voie à la pénétration de Daesh au sein de celle-ci, puis à la conquête de Mossoul en juin 2014, et à la proclamation du « califat » par Abou Bakr al-Baghdadi. Telle est la borne d'une stratégie fondée sur la manipulation des acteurs politiques par les « hommes de l'ombre » incarnés en la force Qods. Celle-ci dut se réinvestir massivement dans les « Unités de la Mobilisation populaire » après l'appel de l'ayatollah Sistani le 13 juin 2014 – et Qassem Solaymani eut à entrer en jeu personnellement sur le champ de bataille irakien pour contenir le déferlement de Daesh puis superviser la contre-offensive militaire au sol tandis que l'US Air Force bombardait les jihadistes – dans un nouveau rebondissement du feuilleton aux péripéties improbables de la collaboration irano-américaine en Mésopotamie.

Cette interaction devait connaître plus encore ses limites dans la Syrie voisine. Par contraste en effet avec l'Irak où une population majoritairement chiite favorise le « cousinage » avec l'Iran qui y trouve d'innombrables relais, l'intervention décisive de la force Qods à partir de la seconde moitié de 2012 pour sauver le régime de Bashar al-Assad de l'effondrement s'inscrivit dans un tout autre contexte. Dans la vision iranienne, Damas et Beyrouth – à travers le Hezballah – constituent comme on l'a noté la ligne de défense avancée de la République islamique, sur le front avec Israël. La capacité à incarner la « Résistance » contre l'État hébreu, après la défaillance de l'OLP depuis le milieu de la décennie 1980, fut un atout maître pour mobiliser des soutiens à Téhéran dans un monde arabe massivement sunnite, méfiant tant envers la Perse que le chiisme. Mais l'implication directe des hommes de Qassem Solaymani et du Hezballah sur le terrain syrien et leur fonction décisive pour retourner le rapport de forces au détriment des rebelles ont changé la donne et transformé négativement la représentation de l'Iran et de ses alliés dans l'opinion sunnite globale. On l'a vu plus haut (voir p. 307) quand les médias arabes du Golfe se sont déchaînés contre le Hezballah au moment où celui-ci a conquis la ville de Qusayr à l'été 2013, alors qu'ils l'avaient encensé en 2006 pour son rôle « héroïque » dans la « guerre des trente-trois jours » contre Israël. Toutefois, tant que Daesh faisait peser une menace majeure sur les États occidentaux, à travers la perpétration d'actes terroristes atteignant leur paroxysme en Europe entre 2015 et le début de 2017, la priorité donnée à la lutte contre celui-ci avait réduit l'intensité de l'affrontement entre un axe Moscou-Téhéran appuyant Damas et les membres de l'OTAN qui avaient initialement soutenu l'insurrection. Or la destruction du « califat » en 2017, à Mossoul en juillet, puis à Raqqa en octobre, a réinstauré le face-à-face de deux blocs antagoniques au sujet de l'avenir de la Syrie. Ils se sont recomposés autour d'un enjeu qui n'est plus tant la continuité du régime de Bashar al-Assad, désormais entérinée – fût-ce à mots couverts – au nom du réalisme politique et de l'évolution de la situation militaire, que le rôle de l'Iran en son sein. C'est cette question qui a été cristallisée avec le retrait américain du traité JCPOA le 8 mai 2018, immédiatement suivi le lendemain par l'ouverture des hostilités entre Israël et les éléments de la force Qods présents sur le territoire. Or cette décision renvoie la balle dans le camp de la Russie, qui s'est affirmée tout au long du conflit comme le principal acteur sur le terrain, et se trouve dès lors sur la sellette.

DU « MOMENT RUSSE »
AU DILEMME POUTINIEN

Protagoniste principal en Syrie, M. Poutine a fait de son implication dans ce pays l'axe de sa politique étrangère et la clé du retour de la Russie sur la scène internationale comme grande puissance, dans l'ère postérieure à la disparition de l'URSS – alors même que l'annexion de la Crimée en mars 2014 a créé une crise diplomatique majeure traduite par l'isolement de Moscou et marquée par la résolution 68/262 de l'Assemblée générale de l'ONU la condamnant (pour laquelle Israël s'est abstenu). On a observé comment le Kremlin avait emporté une victoire stratégique à l'été 2013 en convainquant les États-Unis, le Royaume-Uni et la France de renoncer à toute frappe contre le régime de Bashar al-Assad à la suite des attaques au gaz sarin sur la Ghouta, et de collaborer au contraire avec celui-ci pour détruire la plupart de son arsenal chimique. Cette opération, qui avait sauvé le président syrien, ainsi que me l'explicita M. Primakov en 2014, conforta Moscou et se prolongerait par une montée en puissance militaire circonstanciée. Par contraste avec le déploiement américain en Irak, extrêmement coûteux financièrement et en vies, ou à l'invasion soviétique de l'Afghanistan qui avait sonné le glas de l'URSS, la Russie a construit une économie politique efficace et adaptée de son intervention, relayée au sol par une infanterie bon marché sous encadrement iranien. Cette dernière est formée, en sus de mille à deux mille membres de la force Qods, de troupes auxiliaires – reposant principalement sur des chiites arabes, afghans ou pakistanais, dont la solde mensuelle est estimée à quelque 800 dollars, pour une dizaine de milliers de combattants – outre le Hezballah – graduellement engagés sur le terrain syrien à partir de la seconde moitié de 2012. À compter du 30 septembre 2015, une trentaine de Sukhoï basés à Hmeimim constituent le fleuron de l'offensive, changeant la donne de l'affrontement. Le coût des pilotes et des matériels russes est là encore beaucoup moins élevé que celui de leurs équivalents américains, voire britanniques ou français, et leur mode de bombardement des zones rebelles, qui n'est pas contraint de rendre des comptes à une opinion publique ni à des organisations de défense des droits de l'homme, s'est avéré opératoire pour réduire l'emprise territoriale de l'insurrection. Ce dispositif a pu être mis en œuvre en profitant d'un double effet d'aubaine : la signature du JCPOA à Vienne en juillet 2015, qui a apaisé (temporairement) les tensions entre l'Occident et l'Iran, et l'exportation planétaire de la violence jihadiste à cette période – qui a focalisé l'attention universelle et permis à la Russie d'exciper de sa participation à la guerre mondiale contre le terrorisme pour bénéficier d'un blanc-seing lorsqu'elle a investi sa base aérienne en Syrie.

Or, en 2018, l'élimination de Daesh comme entité territoriale et le nouveau positionnement agressif des États-Unis de Donald Trump appuyé sur une alliance renforcée avec Israël et le « bloc saoudien », exprimé par le retrait américain du JCPOA (l'accord de Vienne sur le nucléaire iranien) le 8 mai, changent les termes de l'équation régionale. Cela oblige désormais la Russie à un arbitrage complexe pour tenir son rôle prééminent dans le dossier syrien. En effet, M. Poutine a construit un système de rapprochement avec quatre partenaires – l'État juif, l'Arabie saoudite, la Turquie et l'Iran – qui sont néanmoins antagoniques entre eux à des degrés divers, et dont les rapports mêmes avec le Kremlin restent déterminés par de nombreux aléas conjoncturels.

Avec Israël, tout d'abord, les relations diplomatiques avaient été rompues depuis la guerre des Six-Jours de juin 1967 jusqu'en octobre 1991 – deux mois avant la chute de l'URSS. Après cette ère de glaciation soviétique où Moscou parrainait l'OLP, elles ont connu un réchauffement d'autant plus significatif à partir de l'an 2000 quand arriva au pouvoir Vladimir Poutine. La minorité russophone immigrée dans l'État hébreu forme 20 % de la population, comptant un million de personnes, et s'avère particulièrement influente. Ses députés à la Knesset constituent un appui essentiel pour M. Netanyahou, qui a fait du flamboyant Avigdor Liberman son ministre de la Défense. Les échanges commerciaux ont progressé de manière exponentielle dans de multiples domaines – de

12 millions de dollars en 1991 à 2,5 milliards en 2017 –, notamment dans la haute technologie et l'armement. C'est grâce à des ingénieurs israéliens, souvent originaires de l'ex-URSS, que l'industrie russe des drones a été « ressuscitée », selon Igor Delanoë, auteur de l'ouvrage très bien documenté *Russie : les enjeux du retour au Moyen-Orient* (Paris-Moscou, 2016).

En 2016 et 2017, le Premier ministre s'est rendu au moins sept fois – officiellement – en Russie, où le poids de la communauté juive demeure important parmi les élites tant économiques que politiques. Dès le 9 mai 2017, lors de sa rencontre à Moscou avec Vladimir Poutine, il précise – tandis que l'offensive de la coalition occidentale contre Daesh a commencé – que ses entretiens sont centrés sur la nécessité d'empêcher l'Iran de remplir le vide que laissera l'éradication du « califat islamique » par une « terreur islamique radicale chiite ». Il insiste auprès du Kremlin pour qu'il n'autorise pas l'Iran à disposer d'installations permanentes dans le pays, et rappelle que le contrôle du plateau du Golan (annexé unilatéralement par Israël en 1981, et situé à une quarantaine de kilomètres de Damas) est un enjeu de sécurité non négociable pour l'État hébreu. Participant le 29 janvier 2018 au colloque annuel de l'Institut national d'études stratégiques (INSS) à Tel-Aviv, on m'y expliqua que M. Netanyahou, qui se trouvait justement à Moscou ce jour-là, y traitait principalement de questions aériennes et balistiques. La présence militaire russe en Syrie remet en cause l'hégémonie de Jérusalem dans les cieux régionaux, et demande des ajustements complexes entre les deux capitales. En novembre 2015, après que la DCA turque eut abattu un Sukhoï russe au-dessus de la frontière syrienne, Moscou installa près de Lattaquié des batteries de missiles sol-air S-400 couvrant un vaste espace s'étendant du sud d'Israël à la base d'Incirlik, en Turquie méridionale, d'où décollent les avions de l'OTAN. Un mécanisme d'échanges entre les états-majors a été établi à cette fin. La destruction en février 2018 d'un F-16 israélien par un S-200 syrien – même si elle était imputable à une erreur de pilotage – apporta la démonstration de l'incandescence de pareil dossier. Les bombardements incessants de cibles du Hezballah et de positions de la force Qods en Syrie le confirmeraient dans les mois suivants, notamment les 9 et 26 avril, causant la mort de plusieurs conseillers iraniens.

La nuit du 9 mai 2018, au lendemain du discours de Donald Trump annonçant le retrait américain du JCPOA et la reprise des sanctions contre l'Iran, une vingtaine de roquettes sont lancées, vraisemblablement par les hommes du général Solaymani, contre des bases israéliennes sur le plateau du Golan (elles n'atteindront pas leur objectif). Cette même journée, M. Netanyahou a passé dix heures à Moscou en présence de Vladimir Poutine. Outre les entretiens bilatéraux, il assiste, comme l'année précédente, à la parade militaire marquant l'anniversaire de la victoire des alliés sur le nazisme, un enjeu symbolique très important pour la légitimité du pouvoir russe, où la foule défile en arborant le portrait d'un parent tué durant la « Grande Guerre patriotique ». La présence du Premier ministre est d'autant plus significative que les dirigeants occidentaux ne font plus le déplacement, du fait des sanctions contre Moscou après l'annexion de la Crimée en 2014 (Israël, on le rappelle, n'en appliquant aucune). Après avoir contemplé entre autres le matériel livré par la Russie en Syrie, M. Netanyahou évoque les sacrifices de l'Armée rouge et de son demi-million de soldats juifs, les leçons tirées de la nécessité de « se dresser à temps contre une idéologie meurtrière » alors que « soixante-treize ans après l'Holocauste, il y a un pays au Moyen-Orient, l'Iran, qui appelle à la destruction de six autres millions de juifs ». Au moment de repartir pour Jérusalem, quelques heures avant les frappes massives auxquelles participeront vingt-huit avions sur les cibles iraniennes en Syrie, il déclare à la presse n'avoir aucune raison de croire que le Kremlin tentera de limiter la liberté opérationnelle d'Israël dans la région. Pour l'État hébreu il s'agit de la plus importante campagne aérienne au-dessus de la Syrie depuis la guerre d'octobre 1973 (une temporalité qui recoupe celle du présent ouvrage). Côté iranien, ce serait la première attaque directe – et non par l'intermédiaire du Hezballah (occupé à former le gouvernement libanais après les élections du dimanche 6 mai) – si l'initiative en est bien imputable à Téhéran, et donc un saut stratégique majeur. De fait, une vingtaine de sites de la force Qods seront détruits la nuit suivante sans plus de réaction russe qu'une déclaration du ministre des Affaires étrangères M. Lavrov appelant le lendemain à la négociation et la désescalade.

Le lundi 14 mai, soixante-dixième anniversaire de la fondation de l'État juif, l'ambassade des États-Unis est transférée de Tel-Aviv à Jérusalem, conformément à une promesse de campagne de Donald Trump, dans la liesse et les célébrations de l'amitié américano-israélienne. Le même jour, soixante Palestiniens qui s'approchent sans armes de la ligne de clôture au nord de la bande de Gaza sont abattus par des tireurs d'élite, parmi une foule de milliers de personnes qui chaque semaine depuis le 30 mars, dans le cadre de la « marche du Grand Retour », commémorent la *nakba* (« catastrophe ») qu'a constituée la spoliation de leur terre. Dans une région où les massacres se succèdent sans arrêt, de Syrie en Irak et au Yémen, cette tuerie-ci passe presque inaperçue – comme si la cause palestinienne s'était désormais diluée dans le chaos. Malgré des impacts de mortier en provenance de Gaza le 29 mai, les plus importants depuis la guerre de l'été 2014, les soutiens arabes traditionnels sont devenus inaudibles, occultés par le bruit et la fureur de l'antagonisme entre sunnites et chiites. Israël au contraire, qui peut se targuer de bénéficier des faveurs conjointes de Moscou et de Washington et de jouer de l'une contre l'autre, pavoise – et se constitue comme un acteur indispensable pour dénouer la crise syrienne, y mettant comme condition l'élimination de la présence iranienne.

L'Arabie saoudite est le plus récent partenaire significatif de Moscou au Moyen-Orient : après des décennies d'antagonisme, les relations entre les deux États ont pris un nouveau départ avec la première visite d'un souverain saoudien, le roi Salman, le 5 octobre 2017, voyageant en somptueux arroi avec un escalator d'or pour descendre de son avion. La coopération entre les deux champions de l'exportation de brut sur la planète a été mutuellement bénéfique comme l'a montré l'augmentation des cours, qui atteignent un niveau beaucoup plus élevé que ne l'avaient prédit les économistes au moment de l'effondrement en 2014. En mai 2018, le baril de Brent est passé à 70 euros / 80 dollars, en hausse de 45 % en un an – et les incertitudes sur les livraisons iraniennes d'hydrocarbures après le retrait américain du JCPOA le tirent vers le haut. Dans ce contexte d'entente structurelle entre Russes et Saoudiens, la gestion du dossier syrien a été subordonnée à l'enjeu pétrolier pour devenir entre le Kremlin et Riyad un thème de concertation et non plus d'affrontement. En février 2018, une source éminente m'a expliqué durant un séjour à Riyad, tandis que se déroulait l'offensive sur la Ghouta où serait liquidé le groupe salafiste « Armée de l'islam » fondé par le défunt Zahran Alloush et long-temps considéré comme le principal relais saoudien parmi la nébuleuse des rebelles, que le royaume, au vu de la situation sur place, avait fait son deuil de l'insurrection et n'objectait plus à la perpétuation du pouvoir de Bashar al-Assad – à condition de le voir se débarrasser du parrai-nage iranien. Ce scénario dont la témérité pouvait paraître irréaliste avait été porté à la connaissance de Vladimir Poutine. Il n'était pas impensable de trouver des affinités entre celui-ci et les pressions militaires israéliennes sur les forces iraniennes en Syrie le 9 mai ainsi que les sanctions économiques annoncées par Donald Trump la veille, pour contraindre Téhéran à céder du terrain.

Troisième allié de Moscou, M. Erdogan s'est réconci-lié soudainement avec la Russie en août 2016 après un semestre de rupture violente. Le 24 novembre 2015, un Sukhoï SU-24 provenant de la base de Hmeimim avait été abattu par la DCA au-dessus de la frontière syrienne, après deux mois de bombardements intensifs par l'avia-tion russe des rebelles que soutenait la Turquie. Une telle action suscita la fureur du maître du Kremlin et se tra-duisit, outre une campagne de presse virulente qui dépei-gnait le président turc comme le complice de Daesh et son acolyte dans la contrebande de pétrole, par des rétorsions économiques douloureuses pour Ankara, premier parte-naire commercial de Moscou au Moyen-Orient avec une vingtaine de milliards de dollars d'échanges. Ceux-ci baissèrent de 40 % au premier semestre 2016, et les touristes russes désertèrent les plages turques au profit de la Tunisie. Dans un contexte où la moitié des besoins énergétiques turcs sont couverts par la Russie, où les relations entre l'Union européenne et Ankara se dégradaient, et où les Frères musulmans avaient subi de cuisants revers dans la région, M. Erdogan ne pouvait qu'aller à Canossa. Après quelques signes avant-coureurs, et des excuses pour l'affaire de l'avion abattu, un raccommodement radical fit suite au coup d'État manqué de juillet 2016 en Turquie, qui eut lui-même pour effet de bouleverser l'ordre des priorités d'Ankara en Syrie (voir ci-dessus, p. 325 *sq*). Le rapprochement avec la Russie et la distanciation simultanée envers les États-Unis accusés d'héberger le prédicateur Fethüllah Gülen, inspirateur supposé du putsch, se traduisent par l'inscription au sommet de l'agenda politique turc de la lutte contre l'irrédentisme kurde, relativisant par conséquent le soutien au soulèvement chez le voisin méridional.

Ainsi la Turquie a facilité la reprise d'Alep par l'armée loyaliste en décembre 2016 en « lâchant » les rebelles assiégés. Garante avec la Russie et l'Iran des accords d'Astana, elle accueille dans la « zone de désescalade » d'Idlib les insurgés ayant capitulé, qui y sont véhiculés sous protection russe. Certains d'entre eux ont servi ensuite de supplétifs durant les opérations « Bouclier de l'Euphrate » et « Rameau d'olivier » pour lutter contre les forces kurdes du Rojava, puis investir la zone d'Afrin à compter de janvier 2018. Or la relation turco-russe reste instable et imprévisible, otage d'aléas conjoncturels : M. Lavrov a été rabroué par le président turc après avoir proposé le 9 avril qu'Afrin soit remise aux autorités de Damas, puis Ankara a applaudi dans la foulée aux frappes américano-franco-britanniques contre la Syrie le 14 avril. L'obsession de la diplomatie turque, affirme-t-on à l'auteur lors d'entretiens au ministère des Affaires étrangères le 21 mai, est le maintien de l'intégrité territoriale de la Syrie – quel qu'en soit le dirigeant à moyen terme. L'autonomie des provinces septentrionales et kurdes du Rojava est dépeinte comme l'enjeu de sécurité nationale le plus pressant car il nourrit l'insurrection du PKK.

En revenant à une stratégie très « atatürkienne » de défense des frontières, M. Erdogan exerce une forte pression sur ses alliés français et surtout américains de l'OTAN, pour qu'ils fassent reculer les Unités de protection du peuple (YPG) de Manbij, une ville à dominante arabe. Ce sera chose faite le 5 juin 2018, lors d'une visite du ministre turc des Affaires étrangères chez son homologue américain Mike Pompeo. Les États-Unis ont besoin de resserrer l'alliance avec Ankara au sein de l'OTAN, au prix du lâchage des Kurdes, hier encore fers de lance de la lutte contre Daesh. Mais Moscou, qui garde des relations anciennes avec les divers partis kurdes, ne sacrifiera pas totalement ces derniers – et il en va de même pour Téhéran. Cependant, l'opportunité que fournissent les YPG aux troupes américaines et françaises de rester sur le terrain syrien, mettant obstacle à l'expansion iranienne vers la Méditerranée et empêchant l'armée loyaliste de se déployer à l'est de l'Euphrate et de reprendre cette zone pétrolière, reste fort mal vue dans les deux capitales. Ankara – même s'il s'accommode sur le court terme du maintien au pouvoir de Bashar al-Assad, à l'instar de Jérusalem et de Riyad – doit satisfaire l'électorat islamiste de l'AKP, émotionnellement proche des insurgés, et surtout des Frères musulmans qui ont établi dans ce pays leur principale base de repli après leur débâcle de l'été 2013 en Égypte. De plus, la Turquie dispose d'une carte particulière dans le jeu syrien, grâce à son ascendant sur les rebelles relocalisés dans la zone de désescalade d'Idlib. Ils constituent toujours au printemps 2018 une force armée, et l'ancien Front al-Nousra (rebaptisé Organisation de libération du Shâm) exerce son hégémonie militaire sur les autres groupes. Cette brigade liée idéologiquement à Al-Qaïda – même si les relations institutionnelles ont été rompues selon des modalités peu claires (voir ci-dessus, p. 330) – contrôle les approvisionnements à travers la frontière avec la province turque du Hatay et reste autonome par rapport à Ankara, où l'on m'a signifié que ses membres figuraient sur liste noire et étaient interdits d'entrée sur le territoire. Quoi qu'il en soit, la persistance du problème des « insurgés » multiforme dans le Nord-Ouest ne permet pas d'envisager la pacification totale du pays sous la houlette du seul régime de Damas – et de réaliser le projet américano-israélo-saoudien d'éloignement de la force Qods et de ses supplétifs chiites. Enfin, l'occupation de l'enclave d'Afrin et de la zone mitoyenne de Jarablus à al-Bab donne à la Turquie – qui avait déjà annexé le Hatay au détriment du mandat français sur la Syrie en 1939 – un levier de négociation pour influer sur le devenir de la Syrie, contrer l'autonomie des régions kurdes du Rojava, et gérer l'intégration des rebelles dans un futur État. Mais elle crée des tensions avec la Russie et l'Iran dans la mise en œuvre du processus d'Astana.

Entre Moscou et Téhéran, la coopération a été intense et fondamentale sur le dossier syrien depuis 2012. Pour-

tant les relations entre les tsars et les shahs furent toujours
contentieuses, depuis que la Perse était l'objet des convoi-
tises russes afin de descendre vers les « mers chaudes »
face aux ambitions britanniques de remonter vers le nord
– comme l'illustre le roman historique de Iouri Tynianov
paru en 1928, *La mort du Vazir-Moukhtar*, qui narre le lynchage par la foule de l'ambassadeur Griboïedov à Téhéran
en janvier 1829. Cette profonde psychologie de la méfiance
demeure résiliente entre les deux nations et, à la fin de la
Seconde Guerre mondiale, le soutien soviétique à l'éphémère République kurde autonome de Mahabad, au nord
de l'Iran, l'a rappelé. Après l'instauration de la République
islamique et bien que le parti communiste Toudeh eût été
liquidé en 1983, le régime des mollahs a vu dans l'URSS
puis dans son successeur russe un partenaire à plusieurs
titres. En dépit de l'affichage théocratique du pouvoir à
Téhéran qui anathématisait l'athéisme officiel soviétique,
son tiers-mondisme revendiqué lui fit reconnaître dans le
chantre de l'internationalisme prolétarien un camarade de
combat contre l'« arrogance mondiale » – l'une et l'autre
idéologie d'État abominant le même ennemi : l'Occident.
Après la chute du communisme, Moscou est resté un allié
indispensable face à Washington, mais la Russie demeurait un voisin par rapport auquel la prudence prédominait
– du fait de la mémoire historique conflictuelle partagée.

Vue du Kremlin, la relation était d'abord instrumentale tant sur le plan politique qu'économique. Lors de la
guerre entre l'Irak et l'Iran entre 1980 et 1988, Brejnev,
Andropov, Tchernenko et Gorbatchev – en excellents
termes avec le régime de Saddam Hussein – n'ont pas
pris position en faveur de Téhéran. Au terme du conflit
et après la disparition de Khomeyni en 1989, suivie d'un

premier voyage présidentiel iranien à Moscou en la personne du pragmatique Hachemi Rafsandjani, la Russie postsoviétique a maintenu l'Iran à flot grâce à divers investissements, y compris dans le secteur nucléaire en construisant la centrale de Bouchehr sur le golfe Persique, mais avec une extrême lenteur, sans franchir la ligne rouge qui créerait un trop grand contentieux avec Washington. Et les géants russes des hydrocarbures, Lukoil, Gazprom, Rosneft – directement liés au Kremlin – veillent à ce que les exportations iraniennes ne concurrencent pas les leurs. Les deux États, qui détiennent les premières réserves de gaz planétaires sont, chacun à sa manière, des pétromonarchies autoritaires et leurs économies sont plus supplémentaires que complémentaires. Par comparaison aux trois alliés régionaux précités de Moscou, l'Iran apparaît le moins solvable – et cela doit être gardé en mémoire lorsqu'on suppute les arbitrages que M. Poutine serait éventuellement amené à rendre s'il était contraint à choisir entre eux sous pression américaine pour sécuriser son hégémonie sur la Syrie. L'Iran n'est que le cinquième partenaire de la Russie, avec 1,7 milliard de dollars en 2017, en baisse de 21,8 % par rapport à l'année précédente, loin derrière les 21,6 milliards de la Turquie, et distancé par les 2,5 milliards d'Israël – cependant que le commerce global de Moscou avec le Moyen-Orient connaît une progression spectaculaire (+ 86 % pour l'Arabie saoudite par exemple, l'année de la visite du roi).

Depuis le déclenchement des « printemps arabes » et ses conséquences au Levant, Russie et Iran ont néanmoins « mutualisé » leurs efforts militaires afin de sauver le pouvoir de Bashar al-Assad – avec un succès d'autant plus remarquable, en termes géopolitiques, que les observateurs du monde entier étaient convaincus en 2012 et 2013 de sa disparition inéluctable à brève échéance. Au sol, l'Iran a engagé la force Qods de Qassem Solaymani, supervisant les supplétifs d'infanterie venus de tout le « croissant chiite ». Une photo disponible sur la toile montre le général, dans le désert syrien au moment de la bataille de Palmyre en 2016, en tenue civile et souriant, entouré de colosses hazaras d'Afghanistan aux yeux bridés qui l'enlacent, combattants de la brigade des « Fatemiyoun » (protecteurs de l'honneur de Fatima, fille du Prophète et mère de l'Imam Hussein). Sur une vidéo qui tourne en ligne à l'automne 2017, on voit un groupe comprenant des membres de la brigade, des Pakistanais « zeynabiyoun » (du nom de Zeynab, autre sainte femme du chiisme, sœur de Hussein et dont le mausolée se trouve à Sayyeda Zeynab dans la banlieue de Damas), des miliciens irakiens et du Hezballah libanais, chanter en persan avec un accent étranger leur joie de s'être engagés pour défendre la Syrie contre les *takfiris* et le terrorisme sous l'inspiration de « Sayyid al-Khorassani » (le Guide Khameneï) et l'autorité de Qassem Solaymani. Simultanément, et de manière officielle à partir du 30 septembre 2015, les officiers des forces spéciales, aviateurs et conseillers militaires russes, ont pris l'ascendant sur l'État-major syrien en plein marasme et ont redressé la situation au profit du régime en occupant l'espace aérien – d'où ils mèneront d'incessants bombardements qui aboutiront à réduire les zones contrôlées par les insurgés.

Pourtant, au moment où le sort des armes paraissait avoir décisivement tourné en faveur de Damas, à l'automne 2017, un important incident opposa, par Kurdes interposés, Moscou et Téhéran, un mois après la chute de

Raqqa. La Russie, on l'a vu, avait acquis à travers la société Rosneft la majorité des parts de l'oléoduc kurde allant de Kirkouk à Ceyhan. Or, sous pression iranienne, représentée par le général Solaymani lors d'une réunion pour les obsèques de Jalal Talabani le 17 octobre, les Kurdes furent contraints d'évacuer Kirkouk – rendant inopérant cet oléoduc et portant ainsi atteinte aux intérêts russes. La question de l'alignement ou de la divergence des stratégies russe et iranienne en Syrie est posée à cette occasion, dans un contexte où Washington, Jérusalem et Riyad s'efforcent de les dissocier. Il est possible d'interpréter dans cette perspective le retrait américain du JCPOA le 8 mai et les bombardements israéliens sur les cibles iraniennes de Syrie le lendemain comme la volonté d'isoler et d'affaiblir Téhéran et de convaincre M. Poutine que le prix à payer pour le maintien de leur coopération en Syrie est trop élevé.

Ce calcul se fonde sur une imputation de l'hétérogénéité des objectifs russes et iraniens dans ce pays. Le Kremlin n'a jamais fait mystère – et M. Primakov me l'avait redit en 2014 – que la pérennité des institutions syriennes était d'abord un enjeu qui confortait le statut retrouvé de grande puissance pour la Russie postsoviétique, tandis que la perpétuation d'Assad au pouvoir serait négociable une fois la situation stabilisée, afin d'assurer une base plus large et consensuelle au régime. À l'inverse, l'expansion au quotidien d'une présence proprement chiite et persane dans un pays arabe et massivement sunnite ne pourrait que couper le gouvernement de sa population, et contraindre à mettre en œuvre un degré élevé et coûteux de répression. Là réside une différence structurelle entre l'Irak majoritairement chiite d'un côté, facilitant un « cousinage » social et culturel avec l'Iran, et la Syrie de l'autre.

Pour Téhéran au contraire, la pérennisation au pouvoir de Bashar al-Assad est une ligne rouge, et la stratégie d'influence appuyée sur la force Qods et ses supplétifs est une garantie de sécurité essentielle. Elle stabilise le couloir terrestre vers la Méditerranée qui recoupe le « croissant chiite » de la mer Caspienne jusqu'à Beyrouth-Sud, permet d'envisager une zone de coprospérité où le commerce et l'agriculture du Levant seraient complémentaires des productions d'hydrocarbures de Mésopotamie et du golfe Persique – tout en établissant un rempart contre l'« arrogance mondiale » en tenant Israël sous pression. Cette vision est évidemment inacceptable pour l'État hébreu, comme pour les États-Unis et l'Arabie saoudite. Parce que le JCPOA est vu par Washington, dans une variation sur l'ancien thème néoconservateur du *regime change*, comme un instrument qui donne à Téhéran les moyens économiques de cette politique, il a été déchiré par Donald Trump. Le pari de la Maison-Blanche est que le Kremlin ne voudra pas s'engager à ce niveau d'affrontement, et qu'il sacrifiera son allié iranien.

Vladimir Poutine se retrouve ainsi, au lendemain du 8 et du 9 mai 2018, face à un dilemme cornélien. La rupture avec l'Iran serait un risque majeur, alors même que la force Qods et les auxiliaires chiites restent indispensables pour conforter une situation sur le terrain favorable à Damas, car l'insurrection n'est pas encore totalement vaincue, notamment dans le nord-ouest du pays. Des dizaines de milliers de rebelles demeurent, frustrés et avides de revanche, dans la « zone de désescalade » d'Idlib, sous le contrôle de la Turquie aux réactions imprévisibles. En donnant le sentiment de céder sous la pression américaine, secondée par Israël et l'Arabie saoudite, Moscou perdrait son statut retrouvé de grande puissance, reconstruit grâce à sa maîtrise du dossier syrien. Et M. Poutine tient à conserver d'excellentes et fructueuses relations tant avec Israël qu'avec l'Arabie saoudite. À l'occasion de la frappe de l'aviation de l'État hébreu le 9 mai 2018 sur les positions de la force Qods, la réaction modérée de la Russie a montré qu'elle ne mettrait pas d'obstacle à la défense du Golan – et qu'elle ne soutiendrait pas Téhéran dans quelque affrontement avec Tel-Aviv – mais qu'elle poursuivait ailleurs en Syrie sa collaboration militaire avec les troupes iraniennes et les autres supplétifs chiites qui fournissent l'infanterie dont le régime de Damas a toujours un grand besoin.

Le dissensus le plus visible entre Moscou et Téhéran, au printemps 2018, réside dans le passage du succès des armes (encore à consolider) à l'élaboration du processus politique assurant la stabilité de la Syrie après le conflit. Cela doit permettre un désengagement partiel russe afin d'éviter de grever le budget en prolongeant l'opération à son niveau maximal. Le 14 mai 2018, tandis que les États-Unis transfèrent en grande pompe leur ambassade en Israël de Tel-Aviv à Jérusalem le jour du soixante-dixième anniversaire de l'État hébreu, focalisant ainsi l'attention des médias, Bashar al-Assad est convoqué à Sotchi par Vladimir Poutine, où il se rend seul à bord d'un avion militaire russe. Le dirigeant de Damas semblait en effet traîner les pieds pour enclencher le processus initié dans cette même station balnéaire de la mer Noire le 31 janvier, qui l'incitait à créer un « Comité constitutionnel » afin de trouver un accord avec diverses branches de l'opposition dans la perspective d'élections générales. À l'issue de la

436   *Après Daesh : désagrégation et recompositions*

rencontre, le maître du Kremlin déclare : « Il faut que les
troupes étrangères quittent la Syrie », des propos d'interprétation complexe, qui peuvent signifier que les Russes
ne sont pas concernés car ils ont été « invités » officiellement par Damas. Mais ils réitèrent également que « la
guerre a été gagnée », comme M. Poutine l'avait proclamé
le 11 décembre 2017 en se rendant sur la base de Hmeimim, et qu'il faut passer à la phase plus délicate consis-
tant à « remporter la paix ». Le 19 mai 2018, Alexandre
Lavrentiev, représentant spécial du Kremlin pour la Syrie,
explicite la pensée présidentielle en précisant : « Cela s'applique à tous les contingents militaires étrangers en Syrie.
Ils viennent des États-Unis, de Turquie, du Hezballah,
d'Iran parmi d'autres. » Dans un entretien que m'accorda
à Moscou le 28 mai M. Vitali Naumkin, directeur de l'Institut d'études orientales, disciple du regretté Evgueni Primakov, très impliqué dans les contacts entre la Russie et
les parties en conflit ainsi qu'universitaire écouté, celui-ci
m'explicita les incertitudes de la situation en la replaçant
dans l'histoire des relations entre Moscou et Bashar al-
Assad. Il me rappela que l'intervention russe, à ses débuts,
n'était pas tant destinée à soutenir sa personne qu'à éviter
une répétition du « scénario libyen ». En effet, à la suite
de l'abstention de la Russie – à l'époque de la présidence
Medvedev – dans le vote de la résolution 1973 du Conseil
de sécurité de l'ONU en date du 17 mars 2011 instaurant
une zone d'exclusion aérienne en Libye pour l'aviation de
Kadhafi, et autorisant les États à prendre toutes mesures
pour protéger les populations menacées, la coalition occidentale, menée par MM. Sarkozy et Cameron, en avait
profité pour mettre en œuvre un changement de régime.
Cela fut perçu comme une trahison à Moscou, et porté au

passif de M. Medvedev lorsque Vladimir Poutine revint *de jure* au Kremlin en 2012.

Quant à Bashar al-Assad, il n'avait pas cru bon de déférer aux invitations qui lui avaient été faites à se rendre à Moscou, en dépit de la nécessité d'apurer une dette militaire colossale, depuis son accession au pouvoir en juillet 2000 jusqu'à 2005. Cette année-là, l'assassinat de Rafiq Hariri le 14 février, qui fut imputé à la mouvance iranosyrienne, le coupa notamment de la France de Jacques Chirac, très attaché au Premier ministre libanais – et le jeune président syrien retrouva la route du Kremlin, où 73 % de sa dette furent effacés. Il serait toutefois courtisé ensuite par M. Sarkozy, en délicatesse avec son prédécesseur, et hôte d'honneur au défilé du 14 juillet 2008 sur les Champs-Élysées – effectuant sa dernière visite à Paris en novembre 2010, quelques mois avant les « printemps arabes » (à l'occasion de laquelle nous l'avions rencontré, voir ci-dessus, p. 322). Comme me l'avait explicité M. Primakov, la Russie avait d'abord pour objet en Syrie, lors du déclenchement du « printemps arabe », d'éviter qu'un de ses alliés fût défait – sans se prononcer à ce stade sur les qualités de celui-ci. La période 2013-2015 est décrite par mon interlocuteur moscovite de mai 2018 comme très difficile pour le régime de Damas, tenu à bout de bras par le Kremlin, avec des troupes syriennes démoralisées et un président qui aurait été renversé si l'intervention du 30 septembre 2015 ne l'avait sauvé *in extremis*. Ce succès russe accroît le prestige de ses armes dans la région, et gonfle les carnets de commandes de son complexe militaro-industriel, lui permettant de recouvrer une stature internationale, qui contraste avec la « décennie noire » de Boris Eltsine au terme du siècle écoulé. La stratégie « proactive » de son successeur consiste désormais à trouver un accord de paix, qui suppose un consensus avec une partie de l'opposition, même islamiste, à l'exception des groupes désignés comme terroristes par l'ONU, le Front al-Nousra et Daesh. Cela demande une solution au problème d'Idlib, où deux millions et demi de personnes sont entassées, entre habitants originels et insurgés déplacés dans la « zone de désescalade ». Fort de ses succès dans la banlieue de Damas, avec la reconquête de la Ghouta et du camp de Yarmouk, le régime syrien serait tenté à la fin du printemps 2018 par l'option militaire à Idlib, puisqu'il bénéficie du soutien iranien. Mais cela entraînerait un affrontement avec la Turquie, qui détruirait le processus d'Astana.

La Russie, quant à elle, privilégie la logique constitutionnelle initiée à Sotchi en vue de préparer des élections. De même, dans le nord-est du pays, Moscou n'abandonnera pas ses vieux amis kurdes, sous condition que ceux-ci se détachent de leur protecteur américain – prêt en tout état de cause à les délaisser si l'on en croit des déclarations de tréteaux de Donald Trump le 30 mars 2018 (« *We're gonna get out of Syria very soon* »), nuancées ensuite par la Haute Administration. Enfin, selon Moscou, les puits de pétrole situés à l'est de l'Euphrate, autrefois occupés et exploités par Daesh dans le cadre d'une fructueuse contrebande, doivent faire retour à l'État syrien, à qui ils peuvent fournir les seuls revenus qui assureraient sa viabilité. Or ils demeurent en 2018 sous le contrôle des forces spéciales américaines aux côtés des Kurdes des YPG. Elles ont repoussé un raid mené par des mercenaires russes et des tribus et miliciens arabes proches du régime de Damas le 7 février – au prix de centaines de morts parmi les assaillants causées par des frappes massives de l'US Air Force en provenance de la base d'al-Udeid au Qatar. Ces derniers cherchaient à s'emparer d'une exploitation pétrolière de la compagnie américaine Conoco Oil – testant ainsi la détermination de Washington par supplétifs interposés, dans un affrontement Est-Ouest d'un nouveau genre, emblématique des incertitudes sur la répartition des zones d'influence au Levant après la fin du conflit syrien.

Des propos du Pr Naumkin, il ressort que Moscou possède de nombreuses cartes en main, mais qu'il lui faut entrer dans un jeu complexe de pressions entre les intérêts contradictoires de ses alliés pour aboutir à une *pax russica* aléatoire, dans un contexte international mouvant. Chacun fait prévaloir ses gains à court terme – selon la vision russe – sur la quête d'une solution consensuelle, et le pourrissement de la situation demeure coûteux pour le Kremlin. On se souvient du traumatisme de la précédente intervention hors des frontières, en Afghanistan en 1979, et du piège mortel qu'elle constitua. Mais la sortie du conflit syrien peut-elle se passer d'une négociation avec les Occidentaux ? Tel est le dilemme poutinien, et le retrait américain du JCPOA, avec le regain de tensions régionales qu'il induit, expose la Russie en première ligne.

Le 14 juin 2018, Vladimir Poutine reçut au Kremlin Mohammed Ben Salman, à l'occasion du coup d'envoi de la Coupe du monde de football. Par une coïncidence miraculeuse, cette date correspondait avec celle de l'Aïd el-Fitr, la fête de la rupture du jeûne qui marque la fin du Ramadan. Cette synchronisation entre le temps sacré du calendrier musulman et la grand-messe de l'adoration cathodique universelle du ballon rond était soulignée

par le match inaugural qui opposait les équipes russe et saoudienne. Vingt-neuf ans plus tôt, en 1989, l'Union soviétique
s'effondrait, après le coup mortel que lui avait porté en
Afghanistan le jihad cofinancé par l'Arabie saoudite et les
États-Unis : le retrait de l'Armée rouge vaincue de Kaboul
le 15 février ouvrait la voie à la chute du mur de Berlin le
9 novembre. Le président russe, alors jeune officier du
KGB âgé de trente-sept ans, était en poste dans l'ancienne
République démocratique allemande, aux premières loges
de la débâcle. Quant à son hôte du 14 juin 2018, il n'avait
que quatre ans. Si l'équipe russe écrasa aisément son
adversaire par cinq buts à zéro, vengeant symboliquement
trois décennies plus tard la défaite soviétique de 1989, ce
résultat résonna comme la chambre d'écho sur le gazon
du stade Loujniki de la déroute annoncée du jihad syrien
désormais « lâché » par Riyad, face à l'offensive russe victorieuse au secours du régime de Damas. La tonalité extrêmement cordiale des échanges entre les deux dirigeants,
prolongés par les marques d'amitié affichées dans la tribune officielle, témoigna de l'immense chemin parcouru,
et du bouleversement de l'ordre du monde advenu durant
la période charnière qu'ont décrite les pages précédentes.
Le maître du Kremlin, dans la « capitale de l'athéisme »
d'antan, après avoir présenté ses félicitations à son invité
saoudien pour l'Aïd, rappela combien la visite historique
du roi Salman en octobre 2017 avait accéléré la coopération économique et politique mutuellement bénéfique
entre les deux pétromonarchies – naguère championnes
des blocs antagoniques de la guerre froide. Plus prolixe,
le prince héritier insista sur la dimension énergétique de
la collaboration, soulignant ses effets positifs sur le main-

tien des cours du brut, et souhaitant la renforcer face aux troubles à venir.

Mais il y avait quelques ombres au tableau : le Qatar, au bout d'une année d'embargo par l'Arabie, les Émirats arabes unis et leurs alliés, avait manifesté une certaine résilience, en puisant dans son immense richesse pour tenir tête à ses adversaires. Et Doha avait annoncé au début de ce même mois sa prochaine acquisition rubis sur l'ongle de missiles russes de défense aérienne S-400 par rétorsion au blocus – suscitant une furieuse campagne diplomatique de Riyad qui menaça sa bête noire d'une offensive militaire. Cette bravade fut qualifiée de « chantage » par des cercles de pouvoir moscovites relayés par le site officieux Sputnik News. Quant à la Coupe du monde de football suivante en 2022, elle était justement supposée se dérouler au Qatar, en lien avec les États voisins d'un Conseil de coopération du Golfe dorénavant bien mal en point. Mais le bloc sunnite s'était tant fracturé sur la question iranienne et levantine que le déploiement en grande pompe d'un événement sportif aussi considérable, dont l'État hôte avait obtenu dans des conditions controversées de reporter le déroulement à l'hiver pour des raisons climatiques, apparaissait improbable dans un contexte régional si tendu. Les frères ennemis sunnites de Doha ne faisaient pas mystère de leur volonté d'y mettre obstacle. En guise de prélude, la chaîne Bein (« Soyez dans le coup »), l'autre fleuron avec Al-Jazeera de l'empire cathodique du Qatar, qui avait acheté à la FIFA (Fédération internationale de football association) les droits de diffusion exclusifs des matchs de la Coupe du monde 2018, et qui vendait le « package » de ceux-ci pour la somme de 150 dollars (la moitié du salaire moyen en Égypte), fut l'objet d'un piratage massif par un canal inconnu narquoisement intitulé BeoutQ (« Soyez hors du Qatar »). Bein incrimina le satellite ArabSat, majoritairement contrôlé par son ennemi saoudien, d'avoir permis à des hackers très bien équipés de relayer ces images volées – ce que ce dernier démentit. Et en Égypte, remarqua le très sérieux *The Economist* (23 juin 2018), des téléspectateurs impécunieux se ruaient sur la retransmission gratuite par la télévision publique israélienne (en arabe) de la rencontre de l'équipe nationale avec l'Uruguay le 15 juin. « Je le regarderais même en hébreu plutôt que de donner de l'argent au Qatar », déclara un fan à l'hebdomadaire financier... signifiant à sa manière que la fracture du bloc sunnite l'emportait à ses yeux sur le vieil antagonisme avec l'État juif. Il n'était pas envisageable que l'émirat gazier puisse bénéficier quatre ans plus tard d'une telle aubaine, qui conférait à son organisateur un prestige important comme la Russie en faisait la démonstration en juin 2018. Moscou couronnait par le *soft power* du ballon rond son retour parmi les puissances grâce aux succès de sa politique au Moyen-Orient – face à un Occident profondément divisé.

Cela venait d'être amplement démontré par l'échec calamiteux du G7 au Canada le 9 juin, opposant le président Trump à ses alliés, prélude à une réunion de l'OTAN à Bruxelles les 11 et 12 juillet où le locataire de la Maison-Blanche fit planer la menace d'une fracture du Bloc atlantique. L'ancien *tycoon* de l'immobilier manifestait son inclination aux deals par rapport aux traités. Lors de sa visite consécutive au Royaume-Uni il réitéra sa préférence pour un « Brexit » radical, préambule dans son esprit à la destruction de l'Union européenne désormais décriée comme « ennemie », afin que son pays puisse signer des accords de libre-échange très favorables aux États-Unis avec chaque (ex-)État membre séparément. Le principal dirigeant occidental instaura une logique de chaos en sapant méthodiquement la plupart des piliers de l'ordre planétaire prévalant depuis 1945, selon une stratégie disruptive dont l'anéantissement du multilatéralisme était l'objectif, mais qui, par-delà l'utilisation compulsive de Twitter et l'élévation de Fox News en parole d'évangile postmoderne, retrouvait des structures isolationnistes lourdes de l'histoire américaine.

Pendant ce temps, le 15 juillet, la Coupe du monde était remportée par la France, avec une équipe métissée par les enfants de l'immigration d'outre-Méditerranée à l'instar de la jeunesse de ses quartiers populaires, face à une Croatie aux joueurs mono-ethniques et catholiques, issue de la désintégration de l'ancienne Yougoslavie dans les années 1990 après une guerre l'opposant à ses voisins serbes orthodoxes et bosniaques musulmans. Deux ans et un jour après le 14 juillet 2016, où un attentat revendiqué par Daesh avait ravagé la promenade des Anglais à Nice, des footballeurs dont plusieurs provenaient de la Seine-Saint-Denis, le département qui fut le plus gros pourvoyeur de départs pour le jihad en Syrie entre 2013 et 2017, permettaient à l'Hexagone de panser ses blessures et de se retrouver sur ce « toit du monde » sportif aux enjeux éminemment politiques dont Paris raflait finalement la mise, au-delà d'une scénographie des symboles agencée par le maître de la place Rouge. Face à une chancelière allemande et à une Première ministre britannique affaiblies par la crise des réfugiés et la montée de l'extrême droite ainsi que par le déroulement calamiteux du « Brexit », et vilipendées par Donald Trump, Emmanuel Macron, galvanisé par la victoire au stade Loujniki des Bleus, symbole d'une société française réconciliée et remobilisée malgré tout, faisait figure de chef de file européen. Mais, sauf à incarner une figure héroïque et solitaire, il lui fallait donner une nouvelle impulsion à une Union que déchiraient les forces centrifuges d'un populisme obsédé par les « invasions migratoires » en provenance du sud et de l'est de la Méditerranée et hanté par le terrorisme islamiste. Lors de sa rencontre avec Vladimir Poutine, en préalable au sommet d'Helsinki le 16 juillet entre les présidents russe et américain, fut discuté l'avenir de la Syrie. Le « lâchage » américain des rebelles du Sud venait de permettre la chute le 12 juillet de Deraa, ville berceau de la révolte dans ce pays depuis le 18 mars 2011. Les troupes loyalistes escortées de la police militaire russe l'avaient reprise, rendant inéluctable la défaite de l'insurrection aux conditions de Moscou. En écho au retrait américain du JCPOA le 8 mai précédent, la région de la Méditerranée et du Moyen-Orient entrait dans une période à haut risque de turbulences, propice à des bouleversements inouïs.

C'est dans ce contexte que se déroula la rencontre entre les occupants de la Maison-Blanche et du Kremlin. Pour l'ancien officier du KGB traumatisé par la défaite soviétique, le choix de la capitale finlandaise – qu'il avait imposée – comportait un goût de revanche. Là en effet avaient été signés le 1ᵉʳ août 1975 les accords d'Helsinki, le moment clé de la guerre froide qui, en instaurant une vigilance sur les droits de l'homme des deux côtés du Rideau de fer, introduisirent le poison qui emporterait l'URSS en légitimant la dissidence sur son sol. Quarante-trois ans plus tard, Vladimir Poutine, arrivé en voisin de Saint-Pétersbourg, s'employa à mettre à profit les vulnérabilités de son interlocuteur, qui venait de diviser l'Occident en s'aliénant l'ensemble de ses partenaires européens, et qui demeurait empêtré dans les accusations d'ingérence russe dans le scrutin américain de novembre 2016 pour favoriser son élection. Le procureur spécial chargé de l'affaire, Robert Mueller, avait tout juste inculpé de ce chef douze agents des services de renseignement de Moscou. Sorti affaibli de la rencontre et de la conférence de presse conjointe consécutive au terme d'une prestation brouillonne durant laquelle il incrimina le procureur, le président des États-Unis fournit à son adversaire, parfaitement maître de ses dossiers, l'opportunité d'apparaître, comme au temps de la guerre froide avant 1975 et du « partage du monde » américano-soviétique, sous les traits d'un homologue de même niveau, libre d'agir comme il le souhaitait dans sa zone d'influence. Cela revenait à confier pour de bon au maître du Kremlin les clés de la Syrie, pour solde de tout compte des atermoiements et des erreurs de la politique occidentale au Levant depuis 2011. À charge pour ce dernier de trouver une issue sur place au « dilemme poutinien », et de savoir construire une transition consensuelle afin de sortir du chaos – pour laquelle il ne pourrait se passer à terme d'une négociation avec les Européens, à condition qu'ils soient capables de définir une politique commune pour la stabilité et la sécurité en Méditerranée.

Conclusion générale

FAILLES DU MOYEN-ORIENT ET TECTONIQUE MONDIALE

La Méditerranée et le Moyen-Orient ont connu dans les quarante ans écoulés des bouleversements immenses, inscrivant cette région au cœur des séismes qui accouchent du nouvel ordre du monde au début du XXIᵉ siècle. Une belligérance récurrente et exacerbée s'y entrecroise avec les tensions et conflits internationaux majeurs dont on a tenté de retracer au long des pages précédentes la séquence et l'articulation.

Au lendemain de la guerre d'octobre 1973, l'affrontement israélo-arabe qui en fut l'axe structurant cède la place à une dynamique où l'explosion des prix du pétrole advient en parallèle à l'essor de l'islamisme politique, qui s'en nourrit. Celui-ci se fragmente au cours de l'année charnière 1979 tandis que le jihad en Afghanistan fait pièce à la révolution iranienne. L'antagonisme avec l'État hébreu se subordonnera au heurt entre croissant chiite et bloc sunnite. Le jihadisme, après avoir contribué à porter l'estocade finale à l'URSS en 1989 et achevé ainsi le XXᵉ siècle, déborde spectaculairement l'espace musulman traditionnel lorsque Al-Qaïda commet les attentats du 11 septembre 2001 aux États-Unis, traumatisme inaugural du troisième millénaire. Pourtant, les stratégies de Ben Laden comme de la « guerre contre la Terreur » déclenchée contre lui par Washington échouent en 2005 en étant absorbées par les massacres interconfessionnels dans l'Irak occupé. Mais elles auront pour legs durant la décennie suivante la diffusion de Daesh depuis la Mésopotamie jusqu'aux banlieues populaires de l'Europe. Surgis dans pareil contexte, les soulèvements des « printemps arabes » de 2011 en deviennent l'otage après une brève phase d'euphorie démocratique. À l'exception de la Tunisie, où les libertés retrouvées restent menacées par la précarité de l'économie, les autres pays concernés basculent dans l'autoritarisme ou des guerres civiles dévastatrices dont le Levant est le nadir avec l'instauration du « califat islamique » entre 2014 et 2017. Ce drame se projette également sur l'Occident par les flux de millions de réfugiés et immigrés clandestins qui traversent la Méditerranée *via* la Libye et la Turquie et déclenchent en réaction un vote populiste d'extrême droite, hanté par le déferlement islamique et le Grand Remplacement – fragilisant l'Allemagne, l'Italie et la Hongrie, où affleure la tentation du retour aux totalitarismes, questionnant l'esprit même et la pérennité de l'Union européenne. Celle-ci est simultanément mise à mal par le président américain Donald Trump, qui brise le multilatéralisme en s'exonérant des traités parmi lesquels le JCPOA régulant la production nucléaire iranienne, mais aussi le réchauffement climatique ou le commerce international, tandis que Vladimir Poutine tire profit de son succès en Syrie pour réaffirmer la puissance russe et que la Chine trace à travers le Moyen-Orient le réseau de pouvoir et d'influence de ses nouvelles routes de la soie.

D'une situation qui semble si chaotique émergent

pourtant quelques facteurs structurants pour le monde de demain. Ce demi-siècle déployé sous les auspices du « Coran et du baril » fut, comme on l'a observé, marqué continûment par l'inflation des hydrocarbures et l'expansion de l'islamisme politique. Or cette corrélation n'apparaît plus tenable à moyen terme. D'une part, l'exploitation des pétrole et gaz de schiste, aux États-Unis notamment, accroît significativement l'offre, tandis que la mutation des transports vers l'énergie électrique va diminuer la demande. Les prix du brut ont baissé de 70 % entre 2014 et 2016, précipitant la « révolution du Ritz-Carlton » en Arabie saoudite, principale pétromonarchie arabe – traduite par les mesures drastiques mises en œuvre pour réduire la dépendance à la rente pétrolière par le prince héritier et homme fort du royaume Mohammed Ben Salman. Elles sont accompagnées par des transformations dans le domaine des mœurs qui sapent le magistère des oulémas wahhabites, leur osmose avec le pouvoir, ainsi que le sponsoring de l'expansion salafiste à travers la planète. Cette tendance ne suivra pas nécessairement une évolution linéaire : les effets de conjoncture, l'accord saoudo-russe pour stabiliser la production et relancer les cours à la hausse, les incertitudes sur les exportations iraniennes ont donné un répit financier à Riyad et à Moscou sur le court terme. Mais les mutations structurelles sont inéluctables, et les ambitions affichées de hâter la transition vers l'économie numérique dans le Golfe témoignent de la conviction en ce sens des dirigeants de ces États. Elles supposent cependant une distanciation par rapport à l'idéologie salafiste, qui s'est pourtant parfaitement adaptée au monde virtuel, comme l'expriment la prédication ou le jihad *online* qui constituent désormais l'un des principaux vecteurs du prosélytisme et de sa diffusion planétaire. Mais cela ne concerne que l'utilisation de l'outil informatique, la consommation de données, voire leur manipulation, et non la fondation des entreprises de haute technologie, productrices de la nouvelle richesse des nations. La perpétuation de régimes autoritaires jugulant l'initiative individuelle en restreignant les libertés publiques n'est sans doute pas de bon augure pour pareille créativité – mais l'échec des processus de démocratisation portés par les « printemps arabes » de 2011 et dévoyés par l'islamisme pose la question d'une réforme culturelle dans la relation au dogme, comme préalable à la transformation du rapport entre société et État.

Or la confusion entre ce que l'arabe coranique nomme *dîn* (religion, ou au-delà) et *dounya* (monde, ici-bas) instaure un ordre qui ne parvient pas à sortir de la soumission au sacré, et substitue la souveraineté divine incarnée dans les Écritures à celle du *dèmos* – du peuple constitué en nation. La rente – présentée par ses bénéficiaires comme une manne venue récompenser par faveur du Très-Haut les plus rigoristes de Ses fidèles – a détruit la société civile car elle a entravé la formation de la richesse par le travail et l'entrepreneuriat. Elle a créé un cercle vicieux permettant à des oligarchies défendues par des prétoriens et légitimées par des clercs enturbannés d'accaparer le pouvoir, tout en redistribuant cette manne afin d'acheter la paix sociale. De plus elle a circonscrit l'horizon du changement à l'intérieur du registre sacré : le prince est dénoncé comme impie, pervers, étranger à une Justice transcendante dont des prêcheurs dissidents se prétendent les exégètes authentiques. Tel fut le processus qui aboutit à l'instauration du « califat islamique ». Il est significatif que la ressource principale de cet « État » – ou *dawla*, comme le nommaient ses adeptes – a été le pétrole, transporté en contrebande par des camions-citernes au-delà des frontières voisines en échange de millions de pétrodollars qui en firent l'entité terroriste la plus riche de la planète. La rente, sous une forme criminelle, finançait l'« État islamique » et son application de la charia, montrée et démontrée *ad nauseam* par les innombrables vidéos de sévices, tortures et décapitations infligés aux corps récalcitrants. Il fut l'aboutissement « monstrueux », au sens propre, de l'État rentier. Son extermination finale, outre les dévastations terribles, a légué comme monument mémoriel le *Fuck ISIS* inscrit parmi d'autres insanités sur le moignon du minaret émergeant des gravats de la mosquée Al-Nouri où fut proclamé le « califat » par Abou Bakr al-Baghdadi en juillet 2014, qui sanctifiait la soumission de l'ordre politique à un règne religieux dont il constituait le garant.

La défaite territoriale de Daesh a achevé le processus de son effondrement moral – même si, depuis les prisons et les banlieues françaises jusqu'aux confins des déserts syriens et dans les camps de déplacés de Mossoul, son idéal mortifère est perpétué par des noyaux de fanatiques. Mais l'échec – interprété comme mise à l'épreuve divine sur les forums de discussion des jihadistes à travers les réseaux sociaux – les a laissés désemparés quant aux modes d'action pour continuer le combat. Les Frères musulmans, eux, ont subi un revers historique après le renversement du président Mohammed Morsi au Caire en juillet 2013. Leurs filières demeurent résilientes, de l'Europe à la Turquie et au Qatar. Mais leur capacité à incarner une alternative pieuse et bourgeoise au désordre révolutionnaire des « printemps arabes » que voyait avec faveur la présidence Obama et dont la chaîne Al-Jazeera se faisait le thuriféraire est désormais passée de mode. En Turquie, même si la référence islamique reste présente dans le parti AKP au pouvoir, la priorité donnée au nationalisme par M. Erdogan face à l'irrédentisme kurde et à la déréliction syrienne relativise le soutien aux Frères. Le Qatar, qui en juin 2018 a déjà supporté une année d'embargo et de blocus à l'initiative de ses voisins saoudien et émirati, fait de la sauvegarde de son territoire et de ses intérêts l'axe de sa politique étrangère et de son *soft power* opulent, dans l'espoir de pouvoir en 2022 accueillir la Coupe du monde de football. Il a d'autres priorités que le soutien tous azimuts à la confrérie, comme ce fut le cas en 2012. Chez les rivaux saoudiens le salafisme subit une crise inédite dans sa relation à la monarchie qui, si elle se prolonge et s'approfondit, le privera au moins partiellement de la manne financière inouïe dont il a bénéficié au cours du demi-siècle écoulé. Dans le camp chiite, les succès sur le terrain remportés en Irak et surtout en Syrie sont d'abord le fait de la force Qods dont le chef, le général Qassem Solaymani, quoiqu'il incarne l'*éthos* de la République islamique, représente également aujourd'hui une figure nationaliste et militaire où certains voient une alternative à la théocratie violemment mise sous tension par le retour des sanctions économiques après le retrait américain du JCPOA.

L'islamisme politique dans ses diverses variantes subit ainsi l'une des grandes épreuves de son histoire récente. Ce constat ne saurait préjuger d'une capacité de ressort dont il a fait preuve précédemment : on a observé dans la première partie de ce livre comment, après ses défaites en Algérie et en Égypte en 1997, le jihadisme avait muté en se projetant sur la scène globale sous les espèces d'Al-Qaïda, puis comment l'échec de cette organisation avait ouvert la voie dans un ultime moment à l'émergence de Daesh. Ce mouvement dialectique quasi hégélien, passé par trois phases successives d'affirmation, de négation et de dépassement en quatre décennies, a-t-il épuisé son modèle de mobilisation politique dans la perspective de la baisse structurelle de la rente pétrolière, ou saura-t-il trouver une nouvelle forme d'expression à même de galvaniser des masses paupérisées vivant dans des pays dont l'économie et la société sont dévastées – à l'instar de la Syrie, de l'Irak, du Yémen ou de la Libye pour se limiter aux cas les plus tragiques des années 2010 ?

La responsabilité des boutefeux jihadistes et autres islamistes est engagée dans ces drames, et l'on pourrait imaginer qu'ils en soient tenus pour comptables. Mais comme on a eu l'occasion de le constater en débattant sur le campus de l'université de Mossoul en avril 2018 – où les bâtiments des facultés détruites par les bombardements de la coalition occidentale avoisinent ceux que Daesh a sabotés –, l'incrimination pour la culpabilité du chaos est partagée. Dans une ville où une partie de la population s'est accommodée du « califat » d'Abou Bakr al-Baghdadi, certains intervenants se faisaient l'écho de la nécessité d'une révolution culturelle en profondeur pour dissocier le corpus sacré, capté par ses interprètes littéralistes, de l'organisation de la société civile et de ses rapports avec l'État. Mais d'autres, non moins virulents, portaient le soupçon sur l'Occident dans son entier, accusé d'avoir créé Daesh à seule fin de détruire avec lui les pays sur lesquels il avait étendu son emprise. Cette théorie du complot, très en vogue dans le monde arabe et alimentée au quotidien par

les réseaux sociaux, s'était déjà déployée après le 11 septembre 2001, où la fierté que des musulmans eussent
frappé la superbe Amérique se mêlait à la mise en cause
du Mossad israélien qui aurait commis l'attentat afin d'en
faire retomber la faute sur les mêmes musulmans.

À Mossoul, en Irak, l'ampleur des destructions, avec
quelque trois cent mille personnes survivant en périphérie
dans des camps de tentes, chassées de leurs logements
bombardés, et qui s'estiment oubliées par les autorités
nationales comme internationales, nourrit d'évidence
pareille rancœur. Dans cette perspective, les projets de
reconstruction pour lesquels l'Unesco a prévu de prendre
sa part avec d'autres organismes ont une importance
majeure, tant pour soulager les souffrances des déplacés
que par la force symbolique considérable dont sera por-
teuse la renaissance après Daesh. Si celle-ci peine à voir
le jour, on imagine aisément les conséquences adverses
pour faire sortir le Moyen-Orient du chaos.

Cela constituera également le banc d'essai pour le
chantier syrien, d'une ampleur plus grande encore tant
les dévastations de la guerre ont ravagé l'ensemble du territoire et notamment les villes, de Raqqa à Alep, Homs et
les banlieues de Damas. Mais cela suppose qu'une solution
politique soit trouvée, ce qui, au moment où ces lignes
sont écrites (juillet 2018), reste suspendu à l'évolution des
rapports de forces sur le terrain, et à un consensus entre la
Russie et les Occidentaux garants d'un processus de paix
sans lequel la renaissance du Levant serait un vain mot.
Elle constitue pourtant la clé de voûte de la réinsertion
vertueuse de toute la région du Moyen-Orient dans l'ordre
mondial, contribuant à son salut.

APPENDICES

REMERCIEMENTS

Les opinions et conclusions exprimées dans ce livre sont de ma seule responsabilité, mais elles ont été rendues possibles à la fois par de nombreuses rencontres et des soutiens et concours sans lesquels cet ouvrage n'aurait jamais vu le jour. Je voudrais tout d'abord dire ma gratitude à Jamal Daniel pour avoir partagé avec moi son expertise sur les questions énergétiques et le Moyen-Orient, ainsi que son analyse de l'avenir d'un Levant intégré où il croit fermement que tous les Levantins sont inextricablement liés par leur identité culturelle commune. Mes collègues Bernard Rougier, Fabrice Balanche, Loulouwa al-Rachid, Franck Debié, Alexandre Kazerouni ont relu tout ou partie du manuscrit à ses différents stades et m'ont fait part de leurs remarques et des interrogations et convictions qu'a nourries leur familiarité avec ces sujets. J'ai également bénéficié de manière précieuse du soutien matériel et moral de la chaire Moyen-Orient Méditerranée de l'École normale supérieure, et notamment de Hugo Micheron et Damien Saverot, qui n'ont ménagé ni leur disponibilité ni leur enthousiasme. Le séminaire mensuel « Violence et Dogme », mené depuis l'automne 2015 à l'ENS avec la participation de nombreux universitaires français et étrangers a été le banc d'essai de plusieurs des hypothèses formulées dans ce livre. J'ai plaisir à dire ici ma gratitude à Mohamad-Ali Amir-Moezzi et à Héla Ouardi pour nos échanges fructueux. J'ai également pu tester en temps réel la progression des différents chapitres en professant le cours « Les crises du Moyen-Orient » dans le cadre de la Middle East Freethinking Platform dont j'ai eu la charge en 2017-2018 à l'Università della Svizzera Italiana à Lugano. Toute ma reconnaissance va au recteur le Pr Boas Erez, pour m'avoir proposé cet enseignement, ainsi qu'à Mme Maria-Cristina Reinhart, administratrice de la Plate-forme, et à ma collègue le Dr Federica Frediani qui en a assuré le séminaire et l'accompagnement.

Les voyages que j'ai accomplis pour assembler le matériau de la dernière partie de ce livre, au premier semestre de 2018, ont été facilités par les autorités de Palestine et d'Israël, de Tunisie, d'Arabie saoudite, d'Irak, de Turquie et de Russie – qu'elles trouvent ici l'expression de mes remerciements. À Jérusalem, Mounib al-Masri et Sari Nusseibeh m'ont, comme à l'habitude, éclairé de leurs lumières sur la situation de la Terre sainte. À Tel-Aviv, Itamar Rabinovitch m'a aidé à comprendre les enjeux de la politique israélienne. À Tunis, Brigitte Curmi, Badr Ouali, Khayam Turki ont partagé leurs connaissances sur la Libye et la Tunisie. En Arabie saoudite, François Gouyette, Christian Robin et les équipes de la Misk Foundation m'ont permis d'apprécier les importants changements en cours. En Irak, dans des circonstances difficiles, j'ai eu grand plaisir à échanger à Bagdad avec M. Yassir Abdulhussein à l'Institut des Affaires étrangères, au centre Al-Nahrein autour de M. Safa Al-Sheikh, et à l'université de Mossoul sous les auspices de mon collègue le Pr Mohammed Zouhair Zaidan. À Erbil et à Ninive, mon ami le Fr. Najeeb Michaeel a trouvé « miraculeusement » les moyens d'organiser mes déplacements et Mgr Petros Moucheh m'a accordé sa précieuse hospitalité au séminaire de Karakosh. Sans Loulouwa al-Rachid, j'aurais été aveugle et sourd dans ce pays dont elle maîtrise les complexités mieux que quiconque. À Istanbul et Ankara, M. Ahmet Davutoglu a bien voulu évoquer avec moi longuement ses années au gouvernement, et j'ai également tiré profit des analyses des responsables du ministère des Affaires étrangères ainsi que des experts des principaux think tanks qui lui sont liés. Enfin à Moscou, M. Igor Delanoë et mon collègue le Pr Vitaly Naumkin, directeur de l'Institut d'études orientales, m'ont gratifié de leurs connaissances – dans la continuité de l'entrevue que m'avait accordée en 2014 le regretté Evgueni Primakov.

J'ai aussi bénéficié d'entretiens avec plusieurs dirigeants politiques en activité que je remercie pour leur disponibilité à mon endroit.

Il m'est agréable pour finir de dire ma gratitude aux services culturels et diplomatiques du ministère français des Affaires étrangères, qui ont toujours très aimablement facilité mes contacts et mes déplacements lorsque le besoin s'en faisait sentir. Privilège ou drame de l'âge, nombre de celles et ceux qui sont affectés dans la région du Moyen-Orient et de la Méditerranée ou en suivent l'actualité furent mes camarades de classe – pour les plus seniors – ou mes anciens étudiantes et étudiants. Au moment où ce livre trace son sillon d'encre et de papier, c'est une très grande joie de retrouver de vivants témoignages du passé pour scander le présent et l'avenir.

CHRONOLOGIE

622 Arabie : hégire du Prophète et de ses compagnons vers Médine.

626 Arabie : bataille d'Ohoud, mort de Moussab ibn Omayr, compagnon du Prophète.

632 Arabie : décès du Prophète de l'islam.

636 Irak : bataille de Qadissiyya. Victoire définitive du calife Omar sur l'Empire sassanide.

680 (10 octobre) Irak : mort de l'imam Hussein, petit-fils du Prophète, tué en martyr à Karbala par les soldats du calife sunnite Yazid.

1453 (29 mai) Chute de Byzance prise par le sultan Mehmet II Fatih.

1799 Égypte : expédition de Bonaparte.

1836 Égypte : publication de *L'or de Paris*, par le cheikh réformiste Rifaat al-Tahtawi.

1916 (19 mai) Signature des accords Sykes-Picot.

1920 Mandats de la Société des nations à la France et au Royaume-Uni sur le Levant.

1920 (10 août) Signature du traité de Sèvres.

1923 (24 juillet) Signature du traité de Lausanne.

1924 (3 mars) Fin du califat ottoman.

1928 Égypte : fondation des Frères musulmans par Hassan al-Banna à Ismaïlia.

1931 (16 septembre) Libye : pendaison d'Omar al-Mokhtar par le régime mussolinien.

1932 (21 septembre) Fondation de l'Arabie saoudite.

1936 Bosnie : fondation d'Al-Hidaje, groupe inspiré des Frères musulmans.

1941 Bosnie : naissance de l'organisation « Mladi Muslimani » (les Jeunes Musulmans).

1945 (4-11 février) URSS : accords de Yalta.

1945 (14 février) Égypte : pacte du *USS Quincy*, entre F. D Roosevelt et le roi Ibn Saoud.

1945 Yougoslavie : dissolution par le pouvoir titiste de l'organisation Al-Hidaje en Bosnie.

1948 (15 mai) Israël : proclamation de l'État par David Ben Gourion.

1948 (mai) Palestine : *nakba* (« catastrophe ») ; exode de centaines de milliers de Palestiniens.

1949 Bosnie : dissolution de l'organisation « Mladi Muslimani ».

1952 (23 juillet) Égypte : prise de pouvoir par Gamal Abdel Nasser et les Officiers libres.

1953 États-Unis : fondation de la Zapata Petroleum Company par George H. W. Bush, père.

1954 (26 octobre) Égypte : tentative d'assassinat contre Nasser ; interdiction et démantèlement des Frères musulmans.

1956 (octobre) Égypte : crise du canal de Suez. Expédition tripartite puis retrait des troupes françaises, anglaises et israéliennes du canal, nationalisé par Nasser.

1956 (avril) Tunisie : arrivée au pouvoir d'Habib Bourguiba en Tunisie, comme Premier ministre ; président de la République le 25 juillet 1957.

1958 (octobre) Syrie : naissance à Alep de Moustapha Sitt Mariam Nassar, *alias* Abou Moussab al-Souri.

1962 Yémen : l'armée égyptienne soutient les forces républicaines contre les royalistes aidés par l'Arabie saoudite.

1962 (15 décembre) Arabie saoudite : fondation à La Mecque de la Ligue islamique mondiale par le prince héritier Fayçal.

1964 Irak : début de l'exil de l'ayatollah Khomeyni à Najaf.

1966 (29 août) Égypte : pendaison de Sayyid Qotb, principal idéologue des Frères musulmans et auteur de *Signes de piste*.

1966 (20 octobre) Jordanie : naissance à Zarqa d'Ahmed Fadil Nazzal al-Khalayla, *alias* Abou Moussab al-Zarqawi.

1967 (5-10 juin) Guerre des Six-Jours, « défaite » (*naksa*) arabe. Israël conquiert Gaza, le Sinaï, la Cisjordanie, Jérusalem-Est, le Golan.

1967 (27 novembre) France : conférence de presse du général de Gaulle, qui annonce que la France cesse de fournir des armes à Israël et aux pays du champ de bataille.

1969 (1er septembre) Libye : le colonel Kadhafi dépose le roi Idris.

1969 Yasser Arafat, dirigeant de l'Organisation de libération de la Palestine (OLP), quitte Le Caire et s'installe en Jordanie.

1969 (3 novembre) Accords du Caire entre le chef de l'armée libanaise et Yasser Arafat, reconnaissant l'extraterritorialité des camps palestiniens au Liban.

1970 (6 septembre) Jordanie : détournement de trois avions de ligne à Zarqa par le Front populaire de libération de la Palestine (FPLP) marxiste, dirigé par Georges Habache.

1970 (12 septembre) Jordanie : massacres palestiniens du « Septembre noir ».

1970 (28 septembre) Égypte : décès de Nasser. Anouar al-Sadate lui succède.

1970 Bosnie : Alija Izetbegović publie la *Déclaration islamique*, inspirée de *Signes de piste* de Sayyid Qotb.

1971 (juillet) Irak : naissance à Samarra d'Ibrahim Awad Ibrahim Ali al-Badri, *alias* Abou Bakr al-Baghdadi, futur « calife » de Daesh.

1973 (6-25 octobre) Guerre du Ramadan (du « Kippour », ou d'« Octobre »). Quadruplement du prix du pétrole, à l'initiative des pays arabes exportateurs.

1975 (13 avril) Liban : déclenchement de la guerre civile. Assaut d'un bus palestinien par des miliciens phalangistes (maronites).

1976 (juin) Liban : envoi de troupes syriennes par Hafez al-Assad.

1977 (15 novembre) États-Unis : visite du shah d'Iran Mohammed Reza Pahlavi à Washington, déclenchant de violentes manifestations d'hostilité.

1977 (20 novembre) Égypte : discours d'Anouar al-Sadate à la Knesset.

1978 (14 mars) Liban : invasion israélienne dans le Sud (opération « Litani »).

1978 Fin de l'exil de l'ayatollah Khomeyni à Najaf, qui part pour Neauphle-le-Château en banlieue parisienne.

1979 (1er février) Iran : retour victorieux de l'ayatollah Khomeyni à Téhéran.

1979 (26 mars) États-Unis : signature du traité de paix israélo-égyptien à Washington.

1979 (4 novembre) Iran : début de la prise d'otages de l'ambassade américaine.

1979 (20 novembre) Arabie saoudite : début de la prise d'otages de la Grande Mosquée de La Mecque par Juhayman al-Otaybi. Le Groupe d'intervention de la gendarmerie nationale (GIGN) participe à la reprise des Lieux saints au bout de deux semaines de siège.

1979 (25 décembre) Afghanistan : début de l'invasion par l'Armée rouge.

1980 (9 avril) Irak : exécution de l'ayatollah Mohammed Baqir al-Sadr, représentant personnel de Khomeyni, par le régime de Saddam Hussein.

1980 (27 juin) Syrie : massacre de centaines de prisonniers islamistes incarcérés à Palmyre (Tadmor).

1980 (septembre) Début de la guerre Iran-Irak.

1981 (mai) Création du Conseil de coopération des États arabes du Golfe (CCEAG), pétromonarchies sunnites de la péninsule Arabique.

1981 (6 octobre) Égypte : assassinat d'Anouar al-Sadate par l'« Organisation du Jihad ».

1981 (15 décembre) Liban : attentat-suicide contre l'ambassade d'Irak.

1982 (6 juin) Liban : opération « Paix en Galilée ». Invasion israélienne jusqu'à la banlieue de la capitale. Création du Hezballah, parti chiite d'inspiration khomeyniste.

1982 (septembre) Liban : massacres dans les camps palestiniens de Sabra et Chatila par des miliciens phalangistes. Arrivée de la Force multinationale d'interposition (FMI).

1982 Algérie : Moustapha Bouyali fonde le Mouvement islamique armé (MIA).

1982 (25 avril) L'Égypte récupère la péninsule du Sinaï, conquise par Israël depuis 1967.

1982 (17 novembre) Iran : création du Conseil suprême pour la Révolution islamique en Irak, sous l'égide de l'ayatollah Mohammed Baqir al-Hakim.

1983 (avril) Liban : attentat contre l'ambassade américaine. 63 morts.

1983 (23 octobre) Liban : attentats contre les casernes des contingents américains et français de la FMI (256 et 58 morts).

1984 (mars) Liban : départ de la FMI.

1984 Syrie : naissance du jihadiste Abou Mohammed al-Jolani, futur dirigeant du Front al-Nousra.

1984 : L'Iran émet un timbre-poste « à la mémoire du martyre de Sayyid Qotb ».

1985 (février) Liban : création officielle du Hezballah.

1985 (22 mars) Liban : début des opérations d'enlèvement des otages étrangers.

1985 (environ) Publication au Pakistan de *Rejoins la caravane !* par Abdallah Azzam.

1986 (15 avril) Libye : bombardement du palais de Kadhafi à Tripoli par l'aviation américaine.

1987 (7 novembre) Tunisie : fin du mandat d'Habib Bourguiba, destitué par Zein al-Abidine Ben Ali.

1987 (décembre) Début de la première Intifada, ou « révolte des pierres ».

1988 (18 août) Palestine/Israël : publication de la Charte du Hamas.

1988 (20 août) Fin de la guerre Iran-Irak.

1988 (4 octobre) Algérie : émeutes. Les dirigeants islamistes reçus par le pouvoir.

1988 (21 décembre) Royaume-Uni : attentat contre un Boeing 747 de la Pan Am commandité par Kadhafi, qui explose au-dessus de Lockerbie en Écosse.

1989 (14 février) Iran : fatwa de Khomeyni condamnant à mort Salman Rushdie, auteur des *Versets sataniques*.

1989 (15 février) Afghanistan : retrait de l'Armée rouge de Kaboul.

1989 (mars) Algérie : création du Front islamique du salut (FIS) à la mosquée Ben Badis.

1989 (3 juin) Iran : mort de Khomeyni.

1989 (30 juin) Soudan : coup d'État du général Omar al-Bechir, dont l'éminence grise est le prédicateur Hassan al-Tourabi.

1989 (18 septembre) France : affaire du voile islamique au collège de Creil (Oise).

1989 (3 août) Iran : élection de Hashemi Rafsandjani à la présidence de la République.

1989 (19 septembre) Ténéré : attentat contre un avion de la compagnie française UTA commandité par Kadhafi.

1989 (22 octobre) Arabie saoudite : signature des accords de Taëf mettant fin à la guerre civile libanaise.

1989 (9 novembre) Allemagne : chute du mur de Berlin.

1989 (24 novembre) Pakistan : assassinat d'Abdallah Azzam à Peshawar.

1990 (22 mai) Yémen : réunification du Yémen-Nord et du Yémen-Sud marxiste, par Ali Abdallah Saleh.

1990 (juin) Algérie : élections municipales remportées par le FIS.

1990 (2 août) Koweït : invasion par l'armée irakienne sur ordre de Saddam Hussein.

1991 (15 janvier) Irak : début de l'opération américaine « Tempête du désert » pour libérer le Koweït. Première guerre du Golfe.

1991 Début de la guerre civile en ex-Yougoslavie.

1991 (25 avril) Soudan : Hassan al-Tourabi convoque la première des quatre « Conférences populaires arabes et islamiques ».

1991 (mai) Arabie saoudite : des prédicateurs wahhabites, dont Salman al-'Auda, adressent une « lettre de réclamations » au roi Fahd.

1991 (juin) Arabie saoudite : pèlerinage du cheikh égyptien Omar Abdel Rahman.

1991 (28 novembre) Algérie : assaut d'un poste militaire à Guemmar par des jihadistes, qui décapitent les conscrits pour commémorer le « martyre » d'Abdallah Azzam.

1991 (26 décembre) Algérie : premier tour des élections législatives, remporté par le FIS.

1992 (11 janvier) Algérie : le président Chadli est destitué par l'armée.

1992 (13 janvier) Algérie : l'armée suspend le processus électoral.

1992 (4 mars) Algérie : dissolution du Front islamique du salut.

1992 (8 juin) Égypte : assassinat de l'écrivain laïque Farag Foda. Coup d'envoi du jihad.

1992 (octobre) Algérie : création du Groupe islamique armé (GIA).

1992 (décembre) Somalie : opération « Restore Hope ». Envoi d'un contingent international par l'ONU. Les forces américaines attaquées par des jihadistes se retirent : « syndrome *vietmalien* ».

1992 Parution de *La fin de l'Histoire*, par Francis Fukuyama, selon lequel la démocratie libérale est l'aboutissement de l'histoire humaine.

1992 (13 décembre) Israël : enlèvement d'un sous-officier à Lod, retrouvé poignardé en Cisjordanie. Arrestation de 417 dirigeants et activistes du Hamas et du Jihad islamique par Yitzhak Rabin, déportés à Marj al-Zouhour au Liban.

1992 (décembre) Norvège : l'OLP entame des pourparlers secrets avec Israël pour préparer les futurs accords d'Oslo.

1993 Soudan : le terroriste Carlos, marxiste converti à l'islam, se réfugie à Khartoum.

1993 (26 février) États-Unis : premier attentat contre le World Trade Center, imputé au cheikh Omar Abdel Rahman, leader de la Gama'a al-Islamiyya égyptienne.

1993 (mars) Algérie : Abdelhaq Layada, leader du GIA, se réclame du Jihad afghan en s'inspirant d'Abdallah Azzam.

1993 (mai) Arabie saoudite : les contestataires créent l'organisation « Comité de défense des droits légitimes ».

1993 (juillet) Royaume-Uni : publication du bulletin jihadiste *Al-Ansar*, soutien du GIA algérien, par des jihadistes exilés au « Londonistan », dont Abou Moussab al-Souri.

1993 (13 septembre) Washington : signature des accords d'Oslo par Arafat et Rabin.

1994 Soudan : Carlos est enlevé par les services de renseignement français.

1994 (25 février) Palestine/Israël : massacre dans le sanctuaire d'Hébron de trente musulmans en prière par un colon juif.

1994 (avril) Arabie saoudite : le leader des contestataires, Mohammed al-Massari, part en exil pour Londres.

1994 (13 mai) Algérie : plusieurs dirigeants du FIS font allégeance au GIA.

1994 (18 juillet) Algérie : l'Instance exécutive du FIS à l'étranger (IEFE) crée l'Armée islamique du salut.

1994 (27 octobre) Algérie : Djamel Zitouni prend la tête du GIA.

1994 (octobre) Égypte : le Prix Nobel de littérature Naguib Mahfouz est poignardé par un jihadiste.

1994 (24 décembre) Détournement d'un vol Air France Alger-Paris par le GIA

1995 (26 juin) Éthiopie : tentative d'assassinat contre le président égyptien Hosni Moubarak lors du sommet de l'Organisation de l'unité africaine.

1995 (28 juin) Qatar : l'émir Hamad renverse son père et prend le pouvoir.

1995 (11 juillet-17 octobre) France : série d'attentats commis par le GIA à l'initiative de Khaled Kelkal.

1995 (4 novembre) Israël : assassinat d'Yitzak Rabin par un activiste juif.

1995 (13 novembre) Arabie saoudite : attentat contre des forces américaines à Riyad.

1996 Qatar : création de la chaîne de télévision satellitaire Al-Jazeera.

1996 États-Unis : publication du *Choc des civilisations* par Samuel Huntington, opposant l'islam (et le confucianisme) à l'Occident.

1996 (mars) Égypte : dix-huit touristes grecs sont abattus au Caire par la Gama'a al-Islamiyya.

1996 (29 mars) France : des jihadistes de retour de Bosnie sont débusqués et tués à Roubaix.

1996 (29 juin) Libye : exécution de 1 200 jihadistes par Kadhafi à la prison d'Abou Slim de Tripoli, par rétorsion à trois tentatives d'assassinat.

1996 (26 août) Afghanistan : publication de la « Déclaration de jihad contre les Américains occupant la terre des deux Lieux saints (La Mecque et Médine) », par Oussama Ben Laden.

1997 (29 août-23 septembre) Algérie : massacres de Raïs et de Bentalha, plusieurs centaines de personnes sont assassinées par le GIA.

1997 (21 septembre) Algérie : l'Armée islamique du salut (AIS) appelle à la trêve.

1997 (27 septembre) Algérie : fin de l'existence du GIA.

1997 (17 novembre) Égypte : la Gama'a al-Islamiyya massacre 60 touristes à Louxor.

1998 (23 février) Afghanistan : publication de la charte fondatrice du « Front islamique mondial contre les juifs et les croisés » par Oussama Ben Laden et Ayman al-Zawahiri.

1998 (7 août) Kenya et Tanzanie : attentats simultanés contre les ambassades américaines.

1998 (20 août) Soudan et Afghanistan : une usine et un camp d'entraînement de jihadistes sont anéantis par des missiles de croisière américains.

1999 (19 février) Irak : exécution de l'ayatollah Mohamed Sadiq al-Sadr, par le régime de Saddam Hussein.

1999 (6 mars) Bahreïn : intronisation de l'émir Hamed, et promesses de réformes politiques.

1999 (27 avril) Algérie : Abdelaziz Bouteflika arrive au pouvoir et promeut la « concorde nationale ».

2000 (6 février) Russie : reprise de Groznyï (Tchétchénie) par les troupes russes.

2000 (11-25 juillet) États-Unis : Yasser Arafat réitère le droit au retour des réfugiés palestiniens lors d'une rencontre à Camp David avec Ehud Barak et Bill Clinton.

2000 (28 septembre) : Palestine/Israël : début de la seconde Intifada à la suite de la « promenade » d'Ariel Sharon sur l'esplanade des Mosquées.

2000 (30 septembre) Palestine : mort de l'adolescent Mohammed al-Dourah, tué dans les bras de son père par une balle israélienne, filmé par la télévision.

2000 (12 octobre) Yémen : attentat jihadiste contre le contre-torpilleur américain *USS Cole* dans le port d'Aden.

2001 Turquie : publication de *Profondeur stratégique* par Ahmet Davutoglu, futur ministre des Affaires étrangères puis Premier ministre du président Erdogan.

2001 (février) Israël : Ariel Sharon devient Premier ministre.

2001 (9 septembre) Afghanistan : assassinat du commandant Ahmed Chah Massoud par des jihadistes à l'instigation d'Abou Iyadh al-Tounsi.

2001 (11 septembre) États-Unis : attentats simultanés perpétrés par l'organisation al-Qaïda à New York et Washington. 2 977 morts.

2001 (7 octobre) Afghanistan : début des opérations américaines contre les Talibans – « guerre contre la Terreur ».

2001 (2 décembre) Publication de *Cavaliers sous la bannière du Prophète* par Ayman al-Zawahiri dans la presse arabe.

2002 (29 janvier) États-Unis : « Discours sur l'État de l'Union » de George W. Bush, où il inclut plusieurs pays, dont l'Iran, dans l'« axe du Mal ».

2002 (avril) Tunisie : attentat contre la synagogue de la Ghriba à Djerba, imputé à Abou Iyadh al-Tounsi.

2003 (5 février) Déclaration du secrétaire d'État américain Colin Powell à l'ONU concernant les armes de destruction massive qu'aurait détenues Saddam Hussein et son lien avec l'organisation Al-Qaïda.

2003 (20 mars) Irak : début de l'invasion américaine contre le régime de Saddam Hussein.

2003 (9 avril) Irak : chute de Bagdad, symbolisée par le renversement de la statue de Saddam Hussein sur la place du Paradis.

2003 (10 avril) Irak : assassinat de l'ayatollah Abd al-Majid al-Khoï à Najaf, imputé à Moqtada al-Sadr.

2003 (22 avril) Irak : pèlerinage à Karbala commémorant le 40e jour du décès de l'imam Hussein, organisé par Moqtada al-Sadr, auquel participent 4 millions de chiites.

2003 (12 mai) Irak : retour d'Iran de l'ayatollah Mohammed Baqir al-Hakim, fondateur du Conseil suprême pour la révolution islamique en Irak et des brigades Badr.

2003 (16 mai) Maroc : attentats à Casablanca revendiqués par Al-Qaïda.

2003 (7 août) Irak : attentat contre l'ambassade de Jordanie.

2003 (12 août) Irak : attentat contre le siège de l'ONU.

2003 (29 août) Irak : assassinat de l'ayatollah Mohammed Baqir al-Hakim au cours d'un attentat-suicide imputé à Abou Moussab al-Zarqawi.

2004 (mars) Malaisie : l'émir jihadiste libyen Abd al-Hakim Belhaj est arrêté et livré au régime de Kadhafi.

2004 Irak : fondation de l'armée du Mahdi par Moqtada al-Sadr.

2004 (janvier) Irak : incarcération d'Abou Bakr al-Baghdadi, futur « calife », à Camp Bucca.

2004 (15 mars) France : interdiction du port de « signes religieux ostentatoires » dans les établissements scolaires publics.

2004 (11 mars) Espagne : attentat à Madrid contre quatre trains de banlieue qui se dirigeaient vers la gare d'Atocha (cent quatre-vingt-onze morts).

2004 (7 mai) Irak : exécution de l'entrepreneur américain Nicholas Berg par Abou Moussab al-Zarqawi, diffusée par vidéo.

2004 (2 novembre) Pays-Bas : assassinat à Amsterdam du vidéaste Theo van Gogh pour son film *Soumission* par un jihadiste néerlando-marocain.

2004 (11 novembre) France : décès de Yasser Arafat à l'hôpital militaire de Clamart.

2005 (janvier) Parution en ligne de l'*Appel à la Résistance islamique mondiale*, d'Abou Moussab al-Souri.

2005 (14 février) Liban : assassinat du Premier ministre Rafiq Hariri.

2005 (14 février) États-Unis : YouTube obtient sa licence d'exploitation en Californie.

2005 (avril) Liban : fin de l'occupation militaire syrienne à la suite du « printemps du Cèdre ».

2005 (juin) Irak : gouvernement régional du Kurdistan, basé à Erbil, présidé par Massoud Barzani.

2005 (7 juillet) Royaume-Uni : attentats à Londres revendiqués par Al-Qaïda – 56 morts et 700 blessés.

2005 (août) Iran : arrivée à la présidence de Mahmoud Ahmadinejad.

2005 (30 septembre) Campagne contre la publication des caricatures du Prophète par le quotidien danois *Jyllands-Posten*.

2005 (novembre-décembre) Égypte : scrutin parlementaire, les Frères musulmans emportent 88 sièges sur 518.

2006 (janvier) Palestine : le parti islamiste Hamas remporte les élections.

2006 (février) Yémen : des jihadistes détenus à Sanaa s'évadent.

2006 (17 février) Libye : manifestation devant le consulat italien à Benghazi – un ministre à Rome ayant porté un tee-shirt arborant les caricatures du prophète du *Jyllands-Posten*. La répression cause des dizaines de morts.

2006 (22 février) Irak : attentat par Abou Moussab al-Zarqawi contre la mosquée Al-Askari de Samarra, abritant le tombeau de l'un des imams du chiisme, et l'entrée de la grotte où aurait disparu le Mahdi.

2006 (7 juin) Irak : élimination d'Abou Moussab al-Zarqawi par l'armée américaine.

2006 (12 juillet-14 août) Liban : « guerre des trente-trois jours » entre le Hezballah et l'armée israélienne, qui subit un échec célébré dans tout le monde arabe.

2007 (juin) Palestine : le Hamas prend les pleins pouvoirs à Gaza.

2008 (6 avril) Égypte : débrayage de l'usine textile de Mahalla al-Kobra.

2009 Iran : manifestations contre la réélection de Mahmoud Ahmadinejad.

2010 (6 juin) Égypte : mort à Alexandrie de Khaled Saïd après des tortures de la police.

2010 (10 octobre) Irak : décès du jihadiste Abou Omar al-Baghdadi, émir de l'« État islamique », dans un raid américain.

2010 (17 décembre) Tunisie : Tarek Bouazizi s'immole par le feu à Sidi Bouzid après une altercation avec une policière. Événement déclencheur des « printemps arabes ».

2010 (décembre) Égypte : élections législatives manipulées par le régime.

2010 (31 décembre) Égypte : attentat dans une église copte d'Alexandrie – 23 morts.

2011 (14 janvier) Tunisie : le président Ben Ali fuit le pays.

2011 (25 janvier) Égypte : début des manifestations sur la place Tahrir, au Caire.

2011 (28 janvier) Égypte : les Frères musulmans se rendent sur la place Tahrir.

2011 (3 février) Yémen : la démission de Ben Ali est célébrée à Sanaa. Rassemblements de rebelles place de l'Université.

2011 (11 février) Égypte : démission du président Hosni Moubarak.

2011 (14 février) Bahreïn : des dizaines de milliers de manifestants place de la Perle à Manama.

2011 (18 février) Égypte : au Caire, prière du vendredi qui suit la chute de Moubarak. Le Frère musulman Youssef al-Qaradawi prononce le sermon place Tahrir.

2011 (21 février) Tunisie : violentes manifestations devant la Kasbah de Tunis.

2011 (15 février) Libye : émeutes à Benghazi à la suite de l'arrestation d'un militant des droits de l'homme le 14 février.

2011 (25 février) Libye : les rebelles prennent le pouvoir à Benghazi en Cyrénaïque.

2011 (27 février) Libye : un Conseil national de transition (CNT) s'installe à Benghazi.

2011 (5 mars) Libye : le CNT se proclame seul représentant légitime du pays.

2011 (6 mars) Syrie : enlèvement de quinze collégiens pour des graffitis antirégime à Deraa.

2011 (14 mars) Bahreïn : les forces armées du CCEAG pénètrent à Manama.

2011 (15-16 mars) Syrie : manifestations à Damas, Alep, et dans les grandes villes.

2011 (16 mars) Bahreïn : le sit-in de la place de la Perle est évacué par les chars saoudiens.

2011 (17 mars) Libye : l'ONU autorise des mesures militaires de protection du peuple.

2011 (18 mars) Syrie : intensification des manifestations populaires à Deraa à la suite de l'enlèvement des collégiens le 6 mars.

2011 (19 mars) Libye : la colonne de chars de Kadhafi anéantie par des bombardements occidentaux près de Benghazi.

2011 (février et mars) Tunisie : retour des opposants politiques en exil.

2011 (fin mars) Syrie : le régime réprime durement les manifestations populaires.

2011 (31 mars) Tunisie : retour du fondateur du parti Nahda Rached Ghannouchi.

2011 (avril) Égypte : dissolution du Parti national démocrate de l'ancien régime de Hosni Moubarak.

2011 (2 mai) Pakistan : élimination d'Oussama Ben Laden par les forces américaines.

2011 (juin) Égypte : création de partis politiques islamistes pour les élections : le parti Liberté et Justice (Frères musulmans) et le parti de la Lumière (salafiste).

2011 (8 juillet) Égypte : des militants laïques commencent à camper sur la place Tahrir.

2011 (29 juillet) Égypte : de nombreux militants salafistes venus de tout le pays se rendent sur la place Tahrir et exigent un État islamique.

2011 (juillet) Syrie : création du PYD (Parti de l'union démocratique) kurde.

2011 (20 et 21 août) Libye : chute de Tripoli qui tombe aux mains des rebelles. Le jihadiste Abd al-Hakim Belhaj entre dans le palais présidentiel sous les caméras de la chaîne Al-Jazeera.

2011 (octobre) Tunisie : victoire du parti islamiste Nahda à l'Assemblée nationale constituante.

2011 (automne) Syrie : début de la bataille de Homs.

2011 (20 octobre) Libye : mort de Mouammar Kadhafi lynché près de Syrte, après un bombardement de l'OTAN.

2011 (29 octobre) Tunisie : Hamadi Jebali, Premier ministre nommé par Nahda, explique que son parti s'est distancié de l'héritage totalitaire des Frères musulmans.

2011 (novembre) Tunisie : arrivée au pouvoir de la « troïka », dirigée par Hamadi Jebali (Ennahda), Moncef Marzouki (Congrès pour la République) et Moustapha Ben Jaafar (Ettakatol)

2011 (23 décembre) Syrie : attentat contre un bâtiment des renseignements à Damas par le Front al-Nousra.

2012 (23 janvier) Première vidéo publiée par Daesh, fixant l'objectif d'un État islamique en Syrie.

2012 (23 février) Tunisie : première réunion des « Amis de la Syrie ».

2012 (11-22 mars) France : assassinats de Toulouse et de Montauban, perpétrés par Mohammed Merah.

2012 (30 juin) Égypte : élection à la présidence du Frère musulman Mohammed Morsi.

2012 (juillet) Libye : élections législatives organisées sous supervision internationale.

2012 (19 juillet) Syrie : la partie orientale d'Alep est prise par les rebelles.

2012 (juillet) États-Unis : Barack Obama évoque l'utilisation des armes chimiques par le régime syrien comme une « ligne rouge » à ne pas franchir, sous peine d'intervention étrangère.

2012 (5 septembre) Tunisie : mise à sac du dernier bar de Sidi Bouzid par les jihadistes.

2012 (11 septembre) Libye : l'ambassadeur des États-Unis est tué par des manifestants islamistes à Benghazi.

2012 (12 septembre) Tunisie : le président de la République Moncef Marzouki décrit les militants de Nahda comme des « démocrates avec une forte connotation religieuse ».

2012 (juin) Tunisie : au palais Abdellia de La Marsa, une exposition est saccagée par des salafistes. Les artistes exposants sont poursuivis en justice pour « atteinte au sacré ».

2012 (11 novembre) Qatar : les « Amis de la Syrie » se réunissent pour organiser une « coalition nationale » à Doha.

2013 (janvier) Mali : début de l'opération « Serval » (intervention militaire française contre la prise de Tombouctou et Gao par des jihadistes venus de Libye).

2013 (6 février) Tunisie : assassinat de l'avocat nassérien Chokri Belaïd par Boubakeur al-Hakim, au nom de Daesh.

2013 (6 mars) Syrie : Raqqa tombe aux mains des rebelles.

2013 (avril) Égypte : création du mouvement Tamarrod, soutenu par les militants du 25 janvier 2011.

2013 (7 avril) Message de soutien d'Ayman al-Zawahiri au Front al-Nousra.

2013 (8 avril) Syrie/Irak : proclamation de l'« État islamique en Irak et au Shâm » (Daesh).

2013 (4 juin) Syrie : reprise de la ville insurgée de Qusayr par l'armée loyaliste aidée du Hezballah libanais.

2013 (14 juin) Iran : élection d'Hassan Rouhani.

2013 (22 juin) Qatar : dernière réunion des « Amis de la Syrie » à Doha.

2013 (28 juin) Qatar : l'émir annonce son abdication en faveur du prince héritier Tamim.

2013 (30 juin) Égypte : manifestation de masse contre le président Mohammed Morsi, organisée par Tamarrod et accompagnée par les hélicoptères de l'armée.

2013 (3 juillet) Égypte : destitution de Morsi. Le maréchal Al-Sissi prend le pouvoir. Le chef du parti salafiste An Nour lui apporte son soutien.

2013 (25 juillet) Tunisie : assassinat de Mohammed Brahmi, député de Sidi Bouzid, par Boubakeur al-Hakim, au nom de Daesh.

2013 (14 août) Égypte : des manifestations des Frères musulmans au Caire sont violemment réprimées par l'armée. Plusieurs centaines de morts.

2013 (21 août) : Syrie : attaque chimique par le régime syrien sur la banlieue insurgée de la Ghouta (1 400 morts).

2013 (9 septembre) États-Unis : le président Obama consulte le Congrès pour engager une intervention en Syrie, qui n'aboutira pas malgré la « ligne rouge » franchie avec l'utilisation des armes chimiques. Renonciation des Occidentaux à des frappes aériennes.

2013 (14 septembre) Suisse : accord entre les ministres des Affaires étrangères Sergueï Lavrov (Russie) et John Kerry (États-Unis) à Genève pour procéder à la destruction de l'arsenal chimique syrien sous contrôle de l'ONU.

2014 (7 janvier) Syrie : le porte-parole de Daesh, Abou Mohammed al-Adnani, prononce le *takfir* (anathème) contre les autres groupes rebelles.

2014 (mi-janvier) Syrie : Raqqa passe sous contrôle total de Daesh.

2014 (29 janvier) Tunisie : Mehdi Jomaa nommé chef du Gouvernement d'unité nationale.

2014 (10 juin) Irak : conquête de Mossoul par les jihadistes de Daesh.

2014 (12 juin) Irak : massacre antichiite sur la base de Camp Speicher, commis par Daesh, déferlement des troupes jihadistes vers Bagdad.

2014 (13 juin) Irak : fatwa de l'ayatollah Sistani appelant au jihad contre Daesh et création de la « Mobilisation populaire » (*Hachd Cha'abi*).

2014 (29 juin) Irak : proclamation du « califat » d'Abou Bakr al-Baghdadi.

2014 (4 juillet) Sermon du vendredi du « calife » à la mosquée al-Nouri de Mossoul.

2014 (25 juillet) Irak : l'ayatollah Sistani critique ouvertement le Premier ministre Nouri al-Maleki.

2014 (11 août) Irak : Haïdar al-Abadi devient Premier ministre.

2014 (septembre) Yémen : les rebelles houthistes s'emparent de la capitale Sanaa.

2014 (13 septembre) Syrie : début de la bataille de Kobané, entre Daesh et les milices kurdes des YPG.

2014 (novembre) Égypte : le groupe jihadiste du Sinaï Ansar Bayt al-Maqdiss prête allégeance au calife de Daesh, et devient la « *wilayat* [province] du Sinaï ».

2014 (13 décembre) Syrie : le pilote jordanien Moazz al-Kassasbeh, capturé par Daesh, sera brûlé vif dans une cage quelques jours plus tard, scène filmée par vidéo.

2014 (31 décembre) Tunisie : Béji Caïd Essebsi (Nida Tunis) devient président de la République.

2015 (4 janvier) Twitter : le jihadiste Maxime Hauchard publie des menaces contre la France.

2015 (7 janvier) France : attentat des frères Kouachi contre la rédaction de *Charlie Hebdo*.

2015 (9 janvier) France : attentat d'Amedy Coulibaly contre le supermarché Hyper Cacher.

2015 (26 janvier) Syrie : Daesh perd la ville de Kobané à la suite des bombardements par l'aviation américaine et de la résistance kurde.

2015 (27 janvier) Libye : attentat contre l'hôtel Corinthia à Tripoli revendiqué par Daesh.

2015 (16 février) Libye : Daesh diffuse une vidéo montrant l'égorgement de 21 travailleurs immigrés coptes égyptiens sur une plage.

2015 (mars) Yémen : début d'une coalition militaire internationale menée par l'Arabie saoudite contre les Houthis.

2015 (18 mars) Tunisie : attentat au musée du Bardo, revendiqué par Daesh – 22 morts.

2015 (27 mai) Interview d'Abou Mohammed al-Jolani sur la chaîne qatarie Al-Jazeera.

2015 (26 juin) Tunisie : assassinat par Daesh de 38 touristes sur la plage d'un hôtel de Sousse.

2015 (26 juin) France : un chef d'entreprise est décapité par un salarié qui fiche sa tête sur une pique à côté de drapeaux de Daesh.

2015 (14 juillet) Autriche : accords de Vienne sur le programme nucléaire iranien (JCPOA).

2015 (30 septembre) Syrie : début de l'intervention russe en Syrie à partir de la base de Hmeimim, avec des bombardements dans la région de Homs.

2015 (31 octobre) Égypte : attentat contre un avion russe au départ de Charm al-Cheikh, causant 222 morts, revendiqué par Daesh.

2015 (18 octobre) Égypte : mort du romancier Gamal al-Ghitani.

2015 (13 novembre) France : attentats à Paris et à Saint-Denis revendiqués par Daesh – 130 morts.

2015 (24 novembre) Syrie : un chasseur russe est abattu au-dessus de la frontière turque. Crise entre les deux pays.

2015 (15 décembre) Libye : processus de médiation engagé par l'ONU entre les gouvernements rivaux de Benghazi et Tripoli.

2016 (7 mars) Tunisie : la ville de Ben Gardane, est investie par des jihadistes de Daesh en provenance de Libye (70 tués).

2016 (7-26 mars) Syrie : première reconquête de Palmyre par les forces loyalistes.

2016 (5 mai) Syrie : concert de musique classique organisé par Vladimir Poutine à Palmyre.

2016 (13 juin) France : assassinat du policier J.-B. Salvaing et de son épouse à Magnanville (Yvelines) par Larossi Aballah au nom de Daesh, qui appelle à tuer intellectuels et journalistes nommément désignés – dont G. Kepel.

2016 (15 juillet) Turquie : tentative de coup d'État contre Erdogan, attribuée par le régime aux partisans de Fethüllah Gülen, suivie de la réconciliation russo-turque.

2016 (24 août) Syrie : l'armée turque débute l'opération « Bouclier de l'Euphrate ».

2016 (24-26 août) Syrie : les forces turques et les rebelles de l'Armée syrienne libre (ASL) chassent Daesh des villes frontalières d'al-Raï et de Jarablus.

2016 (26 août) Tunisie : le parti laïque Nida Tunis et le parti islamiste Nahda établissent une majorité d'unité nationale.

2016 (27 août) Tunisie : Youssef Chahed est nommé chef du gouvernement.

2016 (27-30 août) Syrie : les troupes turques et rebelles bombardent les FDS et les YPG kurdes pour les contraindre, en vain, à quitter Manbij, ville majoritairement arabe.

2016 (11 décembre) Égypte : attentat contre des coptes, revendiqué par Daesh.

2016 (11 décembre) Syrie : reconquête de Palmyre par les jihadistes de Daesh.

2016 (décembre) Libye : Benghazi est reprise des mains des jihadistes par les troupes du maréchal Haftar.

2016 (20 décembre) Turquie : rencontre entre des officiels russes, turcs et iraniens pour organiser l'évacuation d'Alep par les rebelles.

2017 (8 janvier) Iran : mort de l'ayatollah Hashemi Rafsandjani.

2017 (20 janvier) États-Unis : prise de fonctions de Donald Trump à la Maison-Blanche.

2017 (14 janvier-2 mars) Syrie : reconquête finale de Palmyre par les forces loyalistes.

2017 (7 avril) Syrie : Donald Trump fait bombarder la base aérienne loyaliste de Shayrat, d'où est partie une attaque chimique contre la ville de Khan Sheikhoun.

2017 (9 avril) Égypte : attentat contre des coptes, revendiqué par Daesh.

2017 (9 mai) Russie : rencontre entre Vladimir Poutine et Benjamin Netanyahou, à l'occasion du défilé de la victoire contre le nazisme.

2017 (21-22 mai) Arabie saoudite : premier voyage à l'étranger de Donald Trump, consacré à la lutte contre le terrorisme, ciblant principalement l'Iran, en soutien à Riyad et Abou Dhabi.

2017 (26 mai) Égypte : attentat contre des coptes, revendiqué par Daesh.

2017 (5-6 juin) Le « bloc saoudien » (Arabie, Émirats arabes unis, Bahreïn, Égypte) rompt ses relations diplomatiques avec le Qatar et lui impose un blocus.

2017 (6 juin) Syrie : début de la reconquête de Raqqa par la coalition internationale et les FDS.

2017 (21 juin) Irak : Daesh dynamite la mosquée al-Nouri de Mossoul.

2017 (21 juin) Arabie saoudite : Mohammed Ben Nayef, ministre de l'Intérieur et prince héritier, est relevé de ses fonctions et assigné à résidence.

2017 (juillet) Libye : les derniers réduits jihadistes sont reconquis à Benghazi.

2017 (9-10 juillet) Irak : Mossoul est reprise aux jihadistes par la coalition internationale.

2017 (juillet) Moqtada al-Sadr rend visite aux princes héritiers saoudien et émirati.

2017 (juillet-septembre) Kazakhstan : conférence d'Astana pour résoudre le conflit syrien, entre la Russie, l'Iran et la Turquie.

2017 (juillet) Kazakhstan : le jihadiste Mohammed Alloush (armée de l'Islam) annonce qu'une « zone de désescalade » sera instaurée dans la Ghouta.

2017 (octobre) Palestine : retour partiel de l'Autorité palestinienne à Gaza.

2017 (5 octobre) Russie : première visite d'un monarque saoudien, le roi Salman.

2017 (13 octobre) États-Unis : Donald Trump annonce qu'il ne fournira pas la certification américaine pour le traité de Vienne sur le nucléaire iranien.

2017 (17 octobre) Syrie : Raqqa, « capitale » de Daesh, est reprise par les milices kurdes des YPG et la coalition internationale.

2017 (17 octobre) Irak : les forces kurdes quittent la ville de Kirkouk investie par des milices chiites.

2017 (24 octobre) Arabie saoudite : le prince héritier Mohammed Ben Salman (MBS) inaugure à l'hôtel Ritz-Carlton la *Future Investment Initiative* destinée à attirer des placements étrangers, et annonce une série de réformes économiques, sociales, culturelles et religieuses.

2017 (4 novembre) Arabie saoudite : MBS fait enfermer 200 dignitaires du royaume au Ritz-Carlton dans le cadre de la lutte anticorruption.

2017 (24 novembre) Égypte : massacre à la mosquée soufie de Rawda (bourgade de Bir al-Abed) durant la prière du vendredi, par un groupe lié à Daesh. Mort de plus de 300 fidèles.

2017 (4 décembre) Yémen : l'ancien président Ali Abdallah Saleh est assassiné par les rebelles houthistes qui l'accusent de les avoir trahis.

2017 (11 décembre) Syrie : escale à la base de Hmeimim de Vladimir Poutine, qui déclare que la guerre en Syrie a été gagnée. Rencontre avec Bashar al-Assad.

2017 (17 décembre) Libye : le maréchal Haftar dénonce le processus de paix engagé par l'ONU.

2017 (décembre) Iran : troubles et diverses manifestations anti-régime contre la cherté de la vie.

2018 (3 janvier) Iran : le général Jaafari, chef des Pasdarans, déclare la fin de la *fitna* (« sédition ») des manifestations.

2018 (12 janvier) Donald Trump demande aux États du « P5 + 1 » de prendre de nouvelles mesures coercitives contre l'Iran à échéance de 120 jours, sous peine de dénoncer le JCPOA.

2018 (20 janvier) Syrie : début de l'opération militaire turque « Rameau d'olivier » à Afrin.

2018 (1er février) Tunisie : discours d'Emmanuel Macron au Parlement reconnaissant la responsabilité occidentale dans la situation d'anomie en Libye.

2018 (2 février) Tunisie : Rached Ghannouchi réitère son souhait de ne pas exercer le pouvoir en prise directe mais au sein d'un consensus avec Nida Tunis.

2018 (10 février) Syrie : un chasseur israélien est abattu au-dessus de la Syrie par un missile syrien.

2018 (mars) Qatar : le président Erdogan annonce l'augmentation du nombre des troupes turques sur leur base du Qatar (3 000 hommes).

2018 (mars) États-Unis : Mike Pompeo est nommé secrétaire d'État, et John Bolton conseiller à la Sécurité nationale.

2018 (18 mars) Syrie : la ville à majorité kurde d'Afrin tombe aux mains de l'armée turque.

2018 (21 mars) France : Nicolas Sarkozy est mis en examen dans le cadre d'une enquête sur le financement de sa campagne pour l'élection présidentielle de 2007 par la Libye de Kadhafi.

2018 (30 mars) États-Unis : Donald Trump déclare que les troupes américaines vont se désengager rapidement de Syrie.

2018 (2 avril) États-Unis : dans un entretien paru dans *The Atlantic*, MBS déclare que la révolution iranienne a engendré un régime basé sur « une idéologie de mal absolu ».

2018 (7 avril) Syrie : attaque chimique présumée contre la région de Douma par les forces loyalistes – 40 morts.

2018 (9 avril) Russie : le ministre des Affaires étrangères appelle la Turquie à rendre au gouvernement syrien les positions conquises récemment en Syrie (Afrin).

2018 (9 avril) Syrie : bombardements israéliens de cibles tenues par le Hezballah et la force Qods des Gardiens de la Révolution, causant la mort de plusieurs conseillers iraniens.

2018 (11 avril) Syrie : fin de la reconquête de la banlieue de Damas par les forces loyalistes.

2018 (14 avril) Syrie : frappe tripartite de la coalition occidentale (États-Unis, France, Royaume-Uni) contre des positions loyalistes, sans causer de victimes, en rétorsion aux bombardements présumés à l'arme chimique du 7.

2018 (26 avril) Syrie : bombardements israéliens.

2018 (mai) Le baril de Brent atteint 70 euros / 80 dollars, en hausse de 45 % en un an.

2018 (6 mai) Liban : élections législatives. Le Hezballah et ses alliés sortent vainqueurs, malgré une percée importante de Samir Geagea et des Forces libanaises dans le Nord.

2018 (8 mai) États-Unis : Donald Trump annonce le retrait de l'accord de Vienne sur le nucléaire iranien (JCPOA).

2018 (8 mai) Russie : visite de Benjamin Netanyahou à Moscou qui déclare que le Kremlin le laisse libre de mener des opérations pour assurer la sécurité d'Israël.

2018 (9 mai) Israël/Syrie : des roquettes iraniennes sont tirées sur des positions israéliennes au Golan, opération imputée à la force Qods du général Qassem Solaymani. Par rétorsion, une trentaine d'avions israéliens bombardent les cibles militaires iraniennes et alliées en Syrie.

2018 (14 mai) Israël : transfert de l'ambassade américaine de Tel-Aviv à Jérusalem. Répression des manifestations palestiniennes à Gaza à l'approche de la ligne de démarcation – 58 morts.

2018 (14 mai) Russie : Bashar al-Assad est convoqué à Sotchi pour rencontrer Vladimir Poutine afin de préparer une transition politique après la défaite de l'insurrection.

2018 (mai) Irak : campagne pour les élections parlementaires. Moqtada al-Sadr lance une liste commune avec le Parti communiste irakien (*Sa'iroun*, « En marche »).

2018 (19 mai) Irak : la liste « En marche » arrive en tête avec 54 sièges.

2018 (19 mai) Russie : Alexandre Lavrentiev, représentant du

Kremlin pour la Syrie, appelle l'ensemble des contingents militaires en Syrie à quitter le pays.

2018 (21 mai) Syrie : reconquête du quartier de Yarmouk à Damas par les forces loyalistes.

2018 (21 mai) États-Unis : discours de Mike Pompeo devant l'Heritage Foundation, où il énonce douze exigences au pouvoir iranien, équivalant à une capitulation, sous peine de reprise des sanctions internationales.

2018 (24 mai) Liban : Saad Hariri, malgré la défaite de son parti aux élections législatives, est reconduit comme Premier ministre.

2018 (29 mai) France : réunion organisée à l'Élysée par Emmanuel Macron avec le chef du gouvernement d'Accord national libyen, Fayez al-Sarraj, et le maréchal Haftar, ainsi que des représentants des instances élues, pour préparer une sortie de crise.

2018 (29 mai) Israël : nombreux tirs de roquettes en provenance de Gaza.

2018 (5 juin) États-Unis : visite du ministre turc des Affaires étrangères chez son homologue américain Mike Pompeo. Les forces kurdes des YPG quittent Manbij.

2018 (14 juin) Russie : Vladimir Poutine reçoit Mohammed Ben Salman à Moscou pour le coup d'envoi de la Coupe du monde de football. La Russie bat l'Arabie saoudite 5-0 au match inaugural.

2018 (24 juin) Turquie : victoire de M. Erdogan et de son parti aux élections présidentielle et législatives anticipées.

2018 (24 juin) Arabie saoudite : mise en œuvre effective du décret royal autorisant les femmes à conduire.

2018 (12 juillet) Reprise de la ville de Deraa, foyer de la révolution syrienne, par l'armée loyaliste.

2018 (15 juillet) L'équipe de France métissée remporte la Coupe du monde de football.

2018 (16 juillet) Rencontre à Helsinki entre Donald Trump et Vladimir Poutine.

Chronologie établie par Damien Saverot.

INDEX

11 mars 2004, attentats du (Madrid) : 145-146.
11 septembre 2001, attentats du (USA) : 18, 23, 57, 60, 77, 104, 107, 109, 113, 115, 117, 122, 125-127, 129-130, 132-134, 141-142, 145-149, 151, 186, 231, 238, 271, 312, 344-345, 415, 449, 456.
13 novembre 2015, attentats du (Paris) : 99, 390.

ABADI, Haïdar, al- : 334, 367, 370, 376.
Abbassides : 293.
Abbotabad : 290.
ABBOUD, Hassan : 308.
ABDALLAH (roi de Jordanie) : 150.
ABDEL RAHMAN, Omar (cheikh) : 53, 91.
Abou Dhabi : 275, 277, 341-343, 345, 347.
Abou Ghraib, camp d' : 138.
ABOU IYADH : 178, 183, 185, 272.

ABOU JIHAD : 38.
Abou Slim, prison d' : 226, 232, 237, 320.
ABOU ZEID, Nasr : 92, 183.
ABOUL FOUTOUH, Abdelmonim : 215-216.
Abyan : 267, 270, 272.
Addis-Abeba : 94, 109.
Aden : 113, 115, 265, 270, 272, 274, 276.
ADNANI, Abou Mohammed, al- : 310, 314.
Afghanistan : 17, 27, 40, 45-46, 49, 52, 58, 68, 72-73, 76, 78, 82, 84, 95, 97-98, 105, 107, 109-112, 114, 123, 126, 130-131, 133, 136, 138, 144, 148, 150, 178, 223, 233, 237, 243, 270, 278, 283-284, 290, 294, 298, 318, 358, 401, 416, 420, 432, 439-440, 449.
Afrin : 327, 337, 382, 389, 391-394, 427, 429.
Afrique du Nord : 19, 54, 149,

DEUXIÈME PARTIE

DES « PRINTEMPS ARABES »
AU « CALIFAT » JIHADISTE

Table 513

TROISIÈME PARTIE
APRÈS DAESH : DÉSAGRÉGATION ET RECOMPOSITIONS

CONCLUSION GÉNÉRALE

APPENDICES

Composition : Nord Compo
Achevé d'imprimer sur Timson
par Normandie Roto Impression s.a.s.
61250 Lonrai en septembre 2018
Dépôt légal : septembre 2018
Numéro d'imprimeur : 1804149
ISBN 978-2-07-277047-0 / Imprimé en France

329207